李天綱 主編

浦東歷代要籍選刊編纂委員會 編

朱豹集 石英中集 朱察卿集

[明]朱豹 石英中 朱察卿 撰

戎默 整理

復旦大學出版社

朱福州集卷一

上海朱豹子文

詩

早朝

千門曙色禁鐘催天樂聲中鳳輦來雲滿赤墀籠玉筍雪晴金闕麗蓬萊　袞衣日照龍顏近寶篆烟分雉尾開朝罷侍臣歸畫省紫薇花下認三台

國家圖書館藏明嘉靖刻本《朱福州集》書影一

朱福州集序

朱福州集者故福州守上海朱公之所著也公諱豹字子文以進士知奉化縣有異政察舉能治劇改知餘姚餘姚復以最稱擢貴州道監察御史居　廷中謇謇有直聲數上書言便宜事章數十上皆經國大猷多見嘉納其言慎擇郡守尤切當世之病未幾出為福州守以卒而福人之德公

國家圖書館藏明嘉靖刻本《朱福州集》書影二

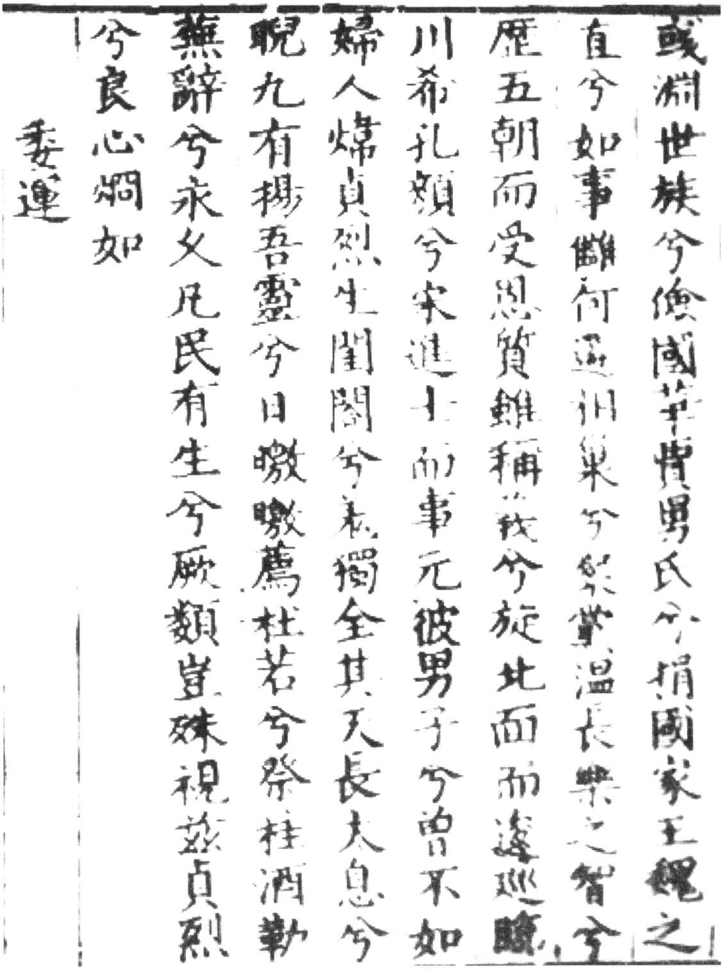

或淵世族兮僉國華貴男氏兮捐國家王繩之
直兮如事斷何遜卅巢兮紫棠溫長樂之智㝎
歷五朝而受恩寶雖稱哉兮旋北面而遂巡矑
川希孔顏兮宋進士而事元彼男子兮曾不如
婦人婦貞烈生閨閤兮永獨全其天長太息兮
睨九有捌吾靈兮日曒曒薦杜若兮祭桂酒勤
蕪辭兮永久凡民有生兮厥類豈殊視茲貞烈
兮良心炯如
委運

上海圖書館藏明萬曆刻本《石比部集》書影

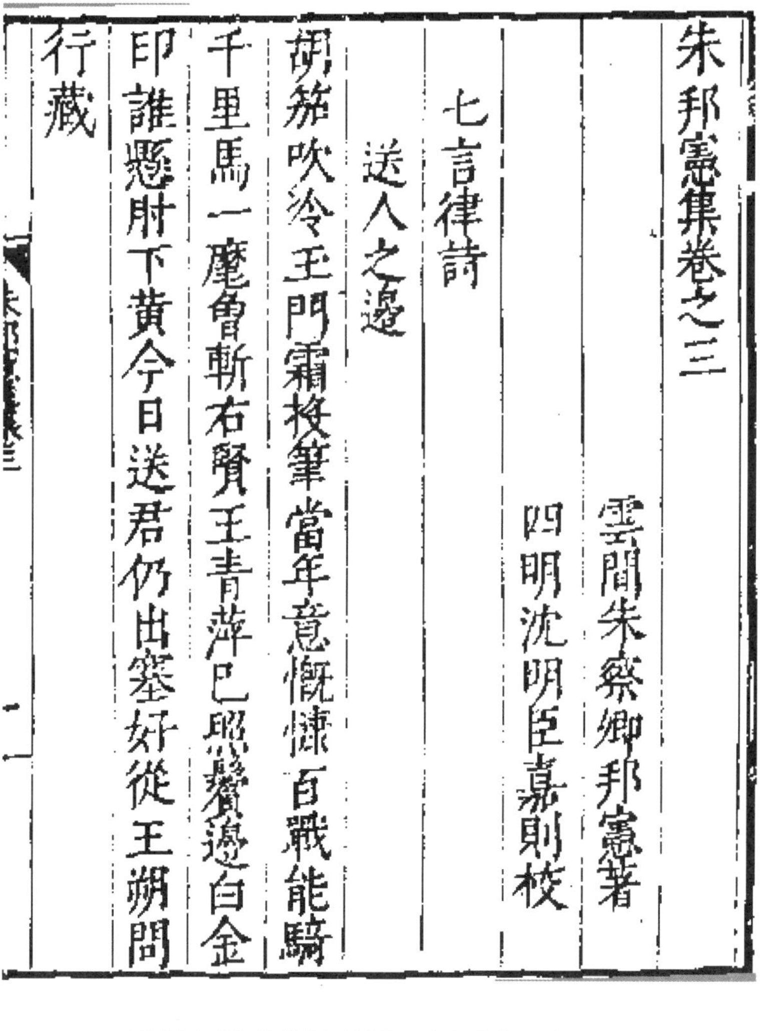

朱邦憲集卷之三

雲間朱察卿邦憲著

四明沈明臣嘉則校

七言律詩

送人之邊

胡笳吹冷玉門霜拔筆當年意慨慷百戰能騎千里馬一麾曾斬右賢王青萍已照鬢邊白金印誰懸肘下黄今日送君仍出塞好從王朔問行藏

國家圖書館藏明萬曆刻本《朱邦憲集》書影

浦東歷代要籍選刊　編纂委員會

主　任　吴泉國

副主任　秦泉林　葛方耀　柴志光　吴才珺

委　員　丁麗華　朱峻峰　吴昊蕻　沈樂平　金達輝　孟　淵　邵　薇　施利民
　　唐湘根　唐正觀　莊　崚　馬春雷　許　芳　陳長華　陳偉忠　張劍容
　　張建明　張　堅　張澤賢　梁大慶　景亞南　費美榮　湯明飛　喬　漪
　　溫愛珍　楊　雋　潘　浩　趙鴻剛　盧　嵐　龍鴻彬

上海市浦東新區地方誌辦公室
上海市浦東新區政協學習和文史委員會　**編**

主　編　李天綱

副主編　柴志光　陳長華　金達輝　許　芳　張劍容

總序

葛劍雄

改革開放以來，浦東以新區的設立和其日新月異的發展面貌聞名於世，而此前還只是一個附屬於上海的地名。但這並不等於浦東的歷史是從二十世紀九十年代纔開始的，更不意味着此前的浦東没有自己的文化積累。

由於今上海市一帶至遲在西元十世紀已將河流稱之爲「浦」，如使上海得名的那條河即爲上海浦，一條河的東面就能被稱之爲「浦東」。因而「浦東」可以不止一個，但只有其中依託於比較大的、重要的「浦」而得名的「浦東」，方能成爲一個專用地名，並且能長期使用和流傳。這個「浦」自然非黄浦莫屬。

廣義的浦東是指黄浦江以東的地域，自然得名于黄浦江形成之後，但在兩千多年前的秦漢時期已經開始成陸，此後不斷擴大。黄浦這一名稱始見於南宋紹興二十八年（一一五八），是指吴淞江南岸的一條曾被稱爲東江的支流。此後河面漸寬，到明初已被稱爲大黄浦。永樂年間經夏元吉疏浚，黄浦水道折向西北，在今吴淞口流入長江。正德十六年（一五二一），經疏浚後的吳淞江下游河道流入黄浦，此後，原在黄浦以東的吳淞江故道逐漸堙没，吳淞江成爲黄浦的支流，而黄浦成了上海地區最大河流。

南宋以降，相當於此後黄浦以東地屬兩浙路華亭縣。元至元二十九年（一二九二）析華亭縣置上海縣，此地大部改屬上海縣，南部仍屬華亭縣，北部一小塊自南宋嘉定十五年（一二二二）起屬嘉定縣。在明代黄浦下游河道形成後，黄浦以東地的隸屬關係並無變化。清雍正三年（一七二五）寶山縣設立，黄浦東原屬嘉定縣的北端改屬寶山。雍正四年，黄浦以東地的大部分設置了奉賢縣和南匯縣。嘉慶十五年（一八一〇），以上海縣東部濱海和南匯北部置川沙撫民廳（簡稱川沙廳），民國元年（一九一二）建川沙縣。但上海縣的轄境始終有一塊在黄浦之東，寶山縣也有一小塊轄境處於高橋以西至黄浦以東，故狹義的浦東往往專指這兩處。

一八四三年上海開埠後，租界與華界逐漸連成一片，形成大都市。一九二七年上海設特别市，至一九三〇年改上海市，其轄境均包括黄浦江以東部分，一般所稱浦東即此。一九五八年至一九六一年一度設縣，即以浦東爲名。川沙、南匯二縣雖屬江蘇，但與上海市區關係密切，故仍被視爲浦東，或稱浦東川沙、浦東南匯。一九五八年二縣由江蘇劃歸上海市後更是如此。

改革開放後，浦東新區於一九九二年成立，轄有南市、黄浦、楊浦三區黄浦江以東地、上海縣三林鄉，川沙縣撤銷後全部併入。至二〇〇九年五月，南匯區也撤銷併入浦東新區，則浦東已臻名實相符。

故浦東雖仍有上海市域最年輕的土地，且每年續有增加，但其歷史文化仍可追溯一千多年。特別是上海建鎮、設縣以後，浦東地屬江南富裕地區，經濟發達，文教昌隆，自宋至清産生進士一百多名以及衆多舉人、貢生和秀才，留下大量著作和詩文。上海開埠和設市後，浦東作爲都市近鄰，頗得風氣之先，出現了具有全國影響的人物和著作。

據專家調查，浦東地區一九三七年前的人物傳世著作共有一千三百八十九種，其中收入四庫全書者十二種，列入四庫全書存目者十餘種，在小説、詩文、經學和醫學中均不乏一流作品。但其中部分已成孤本秘笈，本地久無收藏。大多問世後迄未再版，有失傳之虞。由於長期未進行搜集匯總，專業研究人員也難窺全貌，公衆不易查閲瞭解，外界更鮮爲人知。

浦東新區政府珍惜本地歷史文化，重視文化建設，滿足公衆精神需求，支持政協委員提案，決定由新區政協文史資料委員會和地方志辦公室聯合編纂浦東歷代要籍選刊。計劃以至少三年時間，選取整理宋代至民國初年浦東人著作一百種，近千萬字，分數十册出版。此舉不僅使浦東鄉邦文獻得以永續傳承，也使新老浦東人得以瞭解本地歷史和傳統文化，並使世人更全面認識浦東新區，理解浦東實施改革開放的內因和前景。

長期以來，流傳着西方人的到來使上海從一個小漁村變成了大都會的錯誤説法，完全掩蓋了此前上海由一聚落而成大鎮、由鎮而縣、由縣而設置國家江海關的歷史。這固然是外人蓄意誤導的結果，也是本地人對自己的歷史和文化瞭解不夠、傳播更少所致。浦東自改革開放以來，外界也往往只見其高新技術產品密集於昔日農舍田疇，巨型建築崛起於荒野灘塗，而忽視了此前已存在的千年歷史和鬱鬱人文。況新浦東人不少來自外地和海外，又多科研、理工、財經、企管、行政專業人士，使他們全面深入瞭解浦東的歷史文化，更具現實和長遠的意義。

我自浦西移居浦東十餘年，目睹發展巨變，享受優美環境，今又躬逢浦東歷代要籍選刊編纂出版之盛事，曷其幸哉！是爲序。

二〇一四年六月於浦東康橋寓所

主編序

地名：浦東之淵源

李天綱

「浦東」，現在作爲一個「開發區」的概念，留在世人的印象中。一九九〇年代，「浦東」是國内外媒體上出現頻率最高的詞之一。一九九三年一月成立上海市政府直屬地方銀行，以「浦東發展銀行」命名，可見當代「浦東」之於上海的重要性。一九九二年十月，上海市政府執行國家「浦東開發」戰略，以川沙縣全境爲主體，將上海縣位於浦東的三林鄉，當年曾劃歸楊浦、黄浦、南市等市區管理的「浦東」部分合併，設立「浦東新區」。二〇〇九年，上海市政府又決定將地處黄浦江以東的南匯區（縣）全境劃入，成爲一個轄境一千四百二十九點六七平方公里的副省級行政單位，高於上海的一般區縣。「浦東」，作爲一個獨立的行政區劃概念，以强勢的面貌，出現於當代，爲世界矚目。

「浦東」一詞出現得晚，但絶不是没有來歷。浦東和古老的上海、松江和江南一起發展，已經有了上千年的歷史。固然，浦東新區全境都在三千年前形成的古岡身帶以東，所有陸地都是由長江、錢塘江攜帶的泥沙，與東海海潮的沖頂推湧，在唐代以後才形成的。上海博物館的考古隊，没有在浦東地區找到明以前的豪華墓葬。但是，這裏的土地、人物和歷史，與上海縣、松江府和江蘇省相聯繫，是江南地區吴越文明的繁衍與延伸。經過唐、宋時期的墾殖、開發和耕耘，浦東地區的經濟、社會和文化在明、清兩代登峯造極。川沙、周浦、横沔、新場這樣的鄉鎮日臻發達，絶非舊時的一句「斥鹵之地」所能輕視。

浦東新區由原屬上海市位於黄浦江東部的數縣，包括了川沙、南匯和上海縣部分鄉鎮重組而成。從行政統屬來看，浦東新區原屬各縣設立較晚。清代雍正四年（一七二六），從上海縣析出長人鄉，設立南匯縣；嘉慶十五年（一八一〇），由上海縣析出高昌鄉，南匯縣析出長人鄉，加上八、九兩團，合併設立川沙撫民廳，簡稱川沙廳。開埠以後，租界及鄰近地區合併發展，迅速成爲「大上海」，上海、寶山、川沙等縣份受「洋場」影響，捲入到現代都市圈。南匯縣則因爲離市區較遠，和川沙仍皆隸屬於江蘇省松江府。一九一一年，中華民國建立後，廢除州、府、廳建制，南匯縣歸江蘇省管轄，川沙廳改稱川沙縣，亦直屬江蘇省。一九二八年，國民政府在上海設立特別市，浦東地區原屬寶山、川沙縣的鄉鎮高橋、高行、陸行、洋涇、塘橋、楊思等劃入市區。一九三七年以後，日僞建立上海市大道政府、上海特別市政府，將川沙、南匯從江蘇省劃出，隸於「大上海市」。一九四五年抗戰勝利以後，國民政府恢復一九一一年建置，川沙、南匯仍然隸於江蘇省。一九五〇年，中華人民共和國公佈省、市建置，以上海、寶山兩縣舊境設立上海直轄市。浦東地區的川沙、南匯兩縣，歸由江蘇省松江專員行政公署管轄。一九五八年十月，中華人民共和國國務院將浦東的川沙、南匯兩縣，及江蘇省所轄松江、青浦、奉賢、金山、崇明等五縣一起，併入上海市直轄市。此前，一九五八年一月，江蘇省嘉定縣已先期劃歸上海市管理。

「浦東新區」之前，已經有過用「浦東」命名的行政區劃，此即一九五八年到一九六一年設置的「浦東縣」。一九五八年，爲「大躍進」發展的需要，上海市政府在原川沙縣西北臨近黃浦江地區，設立「浦東縣」，躍躍欲試地要跨江發展，開發浦東。「浦東縣」政府設在浦東南路，轄高橋、洋涇、楊思三個鎮，共十一個公社，六個街道。一九六一年一月，因工業化遭遇重大挫折，上海市政府在「三年自然災害」中撤銷了「浦東縣」，把東部農業型「東郊」區域的洋涇、楊思、高橋等鄉鎮，劃歸到川沙縣管理。沿黃浦江的「東昌」狹長工業地帶，則由對岸的老市區楊浦區、黃浦區、南市區接手管轄。「浦東縣」在上海歷史上雖然只存在了三年，卻顯示了上海人的一貫志向。即使在一九五〇年代的極端困難條件下，仍然懷揣著「開發浦東」的百年夢想，只要有機會，就想幹一下。

現代的「大上海」，原來是從上海、寶山兩縣的土地上生長起來的。明代以前，上海、寶山仍以吳淞江（後稱「蘇州河」）劃界。吳淞江以北的「淞北」，屬寶山縣；吳淞江以南的「淞南」，屬上海縣。吳淞江是松江府之源，「松江」，原名就是「淞江」，「府因以名」。按明正德松江府志的説法，「吳淞江，後以水災，去水從松，亦曰松陵江」。水克火，木生火，「淞江」去「水」，從「木」爲「松江」，上海果然「火」了。清代以前，上海士人寫的方志、筆記、小説，以及他們的堂號室名，都用「吳淞」、「淞南」作爲郡望。一六〇七年，徐光啟和利瑪竇合譯幾何原本，在北京刊刻，便是署名「泰西利瑪竇口譯，吳淞徐光啟筆受」，自稱「吳淞」人。另外，清嘉慶年間上海南匯人楊光輔編淞南樂府，光緒年間南匯人黄式權編淞南夢影録，昆山寓滬文人王韜（一八二八—一八九七）作淞隱漫録、淞濱瑣話，採用「淞南」、「吳淞」之名説上海，可見明、清文人學士，都用吳淞江作爲上海的標誌。吳淞江是上海的母親河，而「黄浦江是母親河」，只是一九八〇年代以後冒出的無知説法。

明、清時期的黄浦是一條大河，卻不是首要的幹流。方志裏的「水道圖」，都把「吳淞江」置於「黄浦」之前。「黄浦」，一説「黄歇浦」的簡稱，僅是一「浦」，並不稱「江」。在上海方言中，「浦」大於河，小於江，如周浦、桃浦、月浦、上海浦、下海浦……黄浦流經太湖流域，水流較清，經閔行、烏泥涇、龍華等鎮，匯入吳淞江。吳淞江受到長江泥沙的影響，水流較濁，淤泥沉澱，元代以後逐漸堰塞。於是，原來較爲窄小的黃浦不斷受流，成爲松江府「南境巨川」。明代永樂元年（一四〇三），上海人葉宗行建議開鑿范家浜，引黃浦水入吳淞江，共赴長江。從此，江浦合流，黃浦佔用了吳淞江下游河道。黃浦江的受水量和徑流量，大約在明代已經超過吳淞江了。但是在人們的觀念中，黃浦江仍然没有吳淞江重要，經濟、交通和人文價值還不及後者。康熙上海縣志的「水道圖」，仍然把吳淞江和黃浦畫得一樣寬大。從地名遺跡來看，地處吳淞江下游的「江灣」，並非黃浦之灣，而是吳淞江之灣。同理，今天黃浦江的入口，並不稱爲「黃浦口」，依然是「吳淞口」。

黃浦江以東地區在唐代成陸，大規模的土地開發則是在宋代開始，於明代興盛。宋、元兩代，浦東地區産業以鹽田爲主，是屬華亭縣的「下砂鹽場」。從南匯的杭州灣，到川沙的長江口，「大團」到「九團」一字排開，團中間還有各「竈」的開設。聯繫各「竈」，設立爲「場」，爲當年的曬鹽場，「大團」、「六竈」、「新場」的地名沿用至今。隨著海水不斷退卻，海岸不斷東移，鹽業衰落，明代以後浦東地區便繼之以大規模的圍海造田，農業墾殖。早期的浦東開發，在泥濘中築堤、圍墾、挖河、開渠、種植，異常艱辛。爲了鼓勵浦東開發，元代至元年間的松江知府張之翰向中央申請減税，他描寫浦東人的苦惱，詩曰：「黃浦春風正怒號，扁舟一葉渡驚濤；諸君來問民間苦，何用潮頭幾丈高。」算是一位瞭解民間疾苦，懂得讓利培本的地方官。

隨著浦東的早期開發,以及浦東人的財富積累,「浦東」以獨特的形象登上了歷史舞臺。「黃浦江」的概念在清末變得重要起來,上海人的地理觀念由此也經歷了從「淞南—淞北」到「浦東—浦西」的轉變。至晚在明中葉,「浦東」一詞已經在上海人的日常生活中使用。萬曆上海縣志載:「由閘江而下,若鹽鐵塘、沈家莊,若周浦,若三林塘,若楊淄樓,此爲浦東之水也。」「閘江」,即後之「閘港」,在南匯境内;「鹽鐵塘」、「沈家莊」,今天已不傳,地域在南匯、川沙交界處;「周浦」、「三林塘」在川沙境内;「楊淄樓」在今「楊家渡」附近。「浦東」,顧名思義是東海之内、黃浦以東的廣大地區,是泛稱,非確指。明清時,因爲黃浦到楊樹浦、周家嘴匯入吴淞江,故「浦東」只指南匯、川沙地區,還没有包括當時在吴淞江對岸、屬寶山縣的高橋地區。歷史上的「浦東」一詞,只是方位,並非地名。同治上海縣志卷首「上海縣南境水道圖」中解釋:「是圖南起黃浦中界蒲匯塘,而浦東、西之支水在南境者並屬焉。」這裏的「浦東」,仍然僅僅是指示方位。通觀清代文獻,「浦東」一詞並没有作爲地名,在自然地理、行政地理的敘述中使用。

時至清末,「黃浦」的重要性終於超過「吴淞江」,同治上海縣志説:「(松江)一郡之要害在上海,上海之要害在黃浦,黃浦之要害在吴淞所。」黃浦取得了地理上的重要性,主要是它成爲中外貿易的要道,近代上海是從黃浦江上崛起的。一八四三年,上海開埠以後,華界的南市(十六鋪)和英租界(外灘)、法租界(洋涇浜)、美租界(虹口)連爲一體,在幾十年間迅速崛起,這一段河道，只屬於黃浦，不屬於吳淞江。更致命的是，一八四八年上海道臺麟桂和英國領事阿禮國修訂上海租地章程的時候，英語中把「吳淞江」翻譯成了「蘇州河」(Soo Choo River)，作爲英租界的北界。「蘇州河」以外灘爲終點，從此以後，吳淞江下游包括提籃橋、楊樹浦、軍工路、吳淞鎮的岸線，在現代上海人的心目中就專屬「黃浦」，「黃浦」由此升格爲「黃浦江」。囊括上海、寶山、川沙三縣的「大上海」，也正式地分爲「浦東」和「浦西」。「後殖民理論」的批評者，可以指責英國殖民者用「蘇州河」取代「吳淞江」，還捏造出一條「黃浦江」。但是，我們的解釋原理是既尊重歷史，也承認現實。從自然地理來看，原來用東西向的吳淞江，把上海分爲「淞南」、「淞北」，是一個局促的概念，確實不及用南北向的黃浦江分爲「浦西」、「浦東」更爲大氣與合理。地理上的重新區分，順應了上海的空間發展，以及上海人的觀念演化，更反映了上海的「近代化」。

認同：浦東之人文

浦東的地理，順著吳淞江、黃浦江東擴；浦東的人文，自然也是上海、寶山地區生活方式的延續與傳承。「開發浦東」是長江三角洲移民運動的結果。明清時期的上海，已經是一個移民導入地區，北方人、南方人來此營生的比比皆是。但是，當時的「浦東開發」，基本上是上海人民的自主行爲，具有主體性。四百多年前，歷史上最爲傑出的上海人徐光啟，就是浦東開發的先驅。徐光啟是上海城裏人，中國天主教會領袖，編農政全書，號召國人農墾。話説有一位姓張的北京人，是帝都裏最早的天主教徒，他「由利瑪竇手領洗，後來徐光啟領他到上海，在徐宅服務。不久，即在黄浦江邊墾種新漲出之地，因而居留焉」。京城的張姓移民，在徐光啟的幫助下站住腳跟，歸化爲上海人。徐光啟後裔徐宗澤在中國天主教傳教史概論中説，這塊灘地，就是現在浦東的「張家樓」。

元代黄巖人陶宗儀，因家鄉動亂，移民上海，「避兵三吳間，有田一廛，家於淞南，作勞之暇，每以筆墨自隨」，遂作南村輟耕録。松江府華亭（上海）一帶果然是逃避戰亂、修生養息、耕讀傳家的好地方。上海的一個神奇之處，就在於這一片魚米之鄉，還總有灘地從江邊、海邊生長出來，而且平坦肥沃，風調雨順，易於開墾。願意吃苦的本地人、外地人，都很容易在浦東獲得更多的土地，過上好日子。子孫繁衍，數代之後就成爲佔據了整村、整鎮的大家族。「朱、張、顧、陸」，史稱江東大族，浦東的衆姓分佈也是如此。南匯縣周浦鎮朱氏，以萬曆年間朱永泰一族的事跡最堪稱道。徐光啟没有及第之前，永泰曾請他來浦東教授自家私塾。徐光啟位居相位之後，召他兒子入京辦事，永泰居然婉拒。直到順治十六年，永泰的孫子朱錦在南京一舉考取南榜「會元」，選爲庶吉士。朱錦秉承家風，「決意仕途，優游林下」（閲世編），淡泊利禄，不久就致仕回浦東，讀書自怡，專心著述。浦東士人，因爲生活優裕，方能富而好禮。

浦東張氏，舉新場鎮張元始家族爲例。張元始爲崇禎元年進士，曾爲户部侍郎。滿洲入侵的關頭，他回到松江、蘇州地區爲支用短缺的崇禎皇帝籌集軍餉，調運大批錢糧，北上抗清。東林黨争，他「彈劾不避權貴」（閱世編），「性方嚴，不妄交游，留心經濟」（光緒南匯縣志）。浦東籍的士人，多有耿直性格。浦東顧氏，舉合慶鎮顧彰爲例。江南顧氏，傳説是西漢封王顧余侯之後，川沙顧氏則是明代弘治十八年狀元顧鼎臣家族傳人。顧鼎臣（一四七三—一五四〇），昆山人，位居禮部尚書，任武英殿大學士，明中葉以後家族繁衍，散佈在昆山、嘉定、寶山、川沙一帶。太平天國戰亂之後，江南經濟恢復，川沙人顧彰在村裏開設一家店鋪，額爲「顧合慶」。生意成功，周圍店家不斷開設，數年之内，幡招林立，成了市鎮，人稱「合慶鎮」。顧彰「開發浦東」有功，兩江總督端方請朝廷賞了顧彰的長子懿淵一個五品頭銜，顧彰的孫子占魁也被録取爲縣庠生。浦東陸氏，我們更可以舉出富有傳奇的陸深家族爲例。陸深（一四七七—一五四四），松江府上海縣人，高祖陸餘慶以上世居馬橋鎮，元季喪亂，曾祖德衡遷居到黄浦岸邊的洋涇鎮。這樣一户普通的陸姓人家，累三世之耕讀，到陸深時已經成爲浦東的文教之家。弘治十四年（一五〇一），陸家院内的一棵從不開花的牡丹，忽然開出百朵鮮花，當年陸深在南京鄉試中便一舉奪得「解元」。後來大名鼎鼎的昆山「狀元」顧鼎臣和陸深同榜，這次卻被他壓在下面。陸深點了翰林，做過國子監祭酒，也給嘉靖皇帝做過經筵講官，但接下來的官運卻遠遠不及顧鼎臣，只在山西、浙江、四川外放了幾次布政使。陸深去世後，嘉靖皇帝懷念上課時的快樂時光，也只給他加贈了一個「禮部侍郎」的副部級頭銜。不過，陸深給上海留下了一個大名頭：陸家宅邸、園林和墳塋地塊，在黄浦江和吴淞江的交界處，尖尖的一嘴，清代以後，人稱「陸家嘴」。

浦東地區的南匯、川沙，原屬上海縣，這裏和江南的其他地區一樣，物産豐富，人物鼎盛，文教繁榮，産生了許許多多的世家大族。「朱、張、顧、陸」的繁衍，是浦東本地著名大姓的例子。事實上，外來移民只要肯融入上海，即使孤身一人，也能在浦東成家立業，樹立自己的家族。無錫華氏家族，元代末年有一位華嶽（字太行），因戰亂離散，來到上海，在浦東橫沔鎮蘇家入贅。按本地習俗，人稱爲「招女婿」，近似於「打工仔」。然而，華嶽一表人才，並不見外，奮身於鄉里，他「風姿英爽，遇事周詳，一鄉倚以爲重」（轉引自吴仁安明清時期上海地區著姓望族）。這位「引進人才」在蘇家積極工作，耕地開店，帶領全村發家致富，族人居然允許他自立門户，用華氏名義傳宗接代。乾隆初年，華氏子孫「增建市房，廛舍相望」（南匯縣志·疆域·邑鎮），這就是浦東名鎮「橫沔鎮」的起源。管窺蠡測，我們在浦東橫沔鎮華氏家族的復興故事中，看到了明、清時期上海社會接納外來移民的良性模式。寄居浦東，入籍上海，認同江南，融入本土社會，這是外來者成功的關鍵。「海納百川」，是上海本地人的博大胸襟；「融入本土」，則更應該是外來移民的必要自覺。浦東人講：「吃哪里嗒飯，做哪里嗒事體，講哪里嗒閒話。」熱愛鄉土，服務當地民衆福祉，維護地方文化認同，如天經地義一般重要。

南匯、川沙原來都屬於上海縣，清代雍正、嘉慶年間剛剛分別設邑，爲什麽會在清末就有一個和上海「浦西」相對應的「浦東人」的認同發生？這是值得思考的問題。「浦東人」，就是明、清時期的「上海人」，他們在近代歷史上形成了一個子認同(sub-identity)。二十世紀開始，「浦東人」和黃浦江對岸的「大上海」既有聯繫，又有分別，大致可以用文化理論中的「子認同」來描述。十九、二十世紀中，浦東的地方語言，和上海市區方言差距拉大；浦東的農耕生活，和市區的大工業、大商業有些不同。儘管朱其昂、張文虎、賈步緯、楊斯盛、陶桂松、李平書、黄炎培、葉惠鈞、穆藕初、杜月笙等一大批川沙、南匯籍人士活躍於上海，但是「浦東」是他們口中念念的家鄉，「上海」是他們心中一個異樣的「洋場」，因爲「大上海」的文化認同更加寬泛。

清末民初時期，占人口約百分之十的上海本地人，接納了約百分之九十的外地人、外國人，這裏熔鑄出一種新型的文化。「華洋雜居」，五方雜處」，現代上海人的認同要素中，不但包括了蘇州、寧波、蘇北、廣東、福建、南京、杭州、安徽、山東人帶來的文化因數，還有很多英國、法國、美國、德國、日本的文化因數。「阿拉上海人」，是一個較大範圍的城市文化認同(identity)；「我伲浦東人」則是一個區域性的自我身份(status)。熟悉上海歷史的人都知道，兩者之間確有一些微妙的差異。但是，這種不同，互相補充，互爲激蕩，屬於同一個文化整體。這種差異性，正說明上海文化的内部，自身也充滿了各種「多樣性」(diversity)，並非一個專制體。文化，是拿來欣賞的，不是用作統治的。上海的「新文化」，有過一種文化上的均勢，曾經對「五方」、「華洋」的不同文化加以欣賞。在這個過程中，浦東地區保存的本土傳統生活方式，是「大上海」的母體文化，支撑了一種新文明。無論浦東文化是如何迅速地變異和動盪，變得不像過去那樣傳統，但它卻真的曾以「壁立千仞，海納百川」的胸襟，接納過世界各地來的移民。它是上海近代文化(俗所謂「海派文化」)的淵源，我們應該加倍地尊重和珍視纔是。

傳承：浦東之著述

直到明、清，以及中華民國的初期，江南士人的身份意識仍然是按照鄉、鎮、縣、府、省的單位，一級一級，自然而然，由下往上地漸次建立起來的。日常生活中，江南士人都主動或被動以自己的地望作爲身份，如「徐上海」、「錢常熟」、「顧崑山」地交際應酬，不會只用一個「中國人」的表面身份來隱藏自己。只有當公車顛沛，到了「帝都魏闕」，或則身擠進了「午門大閲」，沾上些許皇帝的虚驕，纔會偶爾感到自己是個「中國人」。儒家推崇由近及遠，由裏而外，漸次推廣的傳統人際關係，有相當的合理性。在此過程中，不同地域的人羣學會了尊重各自的方言、禮節、習俗、飲食和價值觀念，在一個「多樣性」的社會下生存。今天，「多元文化觀」在「國家主義」盛行的二十世紀，以及「全球化」横掃的二十一世紀，面臨著巨大的困窘。如何在當今社會發掘傳統，面對危機，重建認同，是一件很重要的事情。

二十世紀中，在現代化「大上海」的崛起中，上海地區的學者和出版家，一直努力將江南學術的優秀傳統，匯入「國際大都市」的文化建設，出版地方性的文獻叢書便是一種做法。一九三六年，負責編寫上海通志的上海通社整理刊刻了上海掌故叢書第一集十四種，後因「抗戰」、「内戰」發生，没有延續。一九八七年，華東師範大學出版社編輯影印了上海文獻叢書，共五種。一九八九年，上海古籍出版社標點排印了上海灘與上海人叢書，共二十三種。縣區一級的文獻叢書，有松江文獻系列叢書（上海社會科學院出版社，二〇〇〇年），共十二種；嘉定歷史文獻叢書（中華書局，二〇〇六年），線裝，二輯。在基層文化遺産保護前景堪憂的大局勢下，地方傳統文獻的整理出版工作倒是在各地區有識之士的堅持下，努力從事。上海浦東新區地方志辦公室的同仁們，亟願爲浦東文化留下一份遺産，編輯一套浦東歷代要籍選刊。復旦大學出版社憑藉獨有的學術組織能力和編輯實力，積極參與這一出版使命。這樣的工作，對開掘浦東的傳統内涵，維護當地的生活方式，發展自己的文化認同，都具有重要意義，無疑應該各盡其力，加以支持。

編纂浦東歷代要籍選刊，首要問題是如何釐定作者的本籍，將上海地區的「浦東人」作者挑選出來。清代中葉之前，現在浦東新區範圍内的土地和人民並不自立，當時並没有「浦東人」。但是，明、清時期江南地區的鄉鎮社會異常發達，大部分讀書人的籍貫，往往可以追究到鎮一級。爲此，我們在確定明、清時期的浦東籍作者時，都以鎮屬爲依據。那些或出生，或原居，或移居，或寓居在現在浦東地區鄉鎮的作者，儘管著述都以「上海縣」、「華亭縣」、「嘉定縣」標署，但隨著清代初年「南匯縣」、「川沙縣」，以及後來「浦東縣」、「浦東新區」的設立，理應歸入「浦東」籍。

例如：高橋籍舉人孫元化（一五八一——一六三二）追隨徐光啟，有著作幾何體用、幾何演算法、泰西算要等傳世。當時的高橋鎮在黄浦東岸，屬嘉定縣，孫元化的籍貫當然是嘉定。清代雍正二年（一七二四），嘉定縣析出寶山縣，孫元化曾被視爲寶山人。一九二八年，高橋鎮劃入上海特別市的浦東部分，從此孫元化可以被認定爲「浦東人」。陸深的浦東籍貫身份，也可以如此確定。明史本傳稱：「陸深，字子淵，上海人。」按葉夢珠閱世編·門祚記載，陸深科舉成功後曾移居上海城裏，居東門，稱「東門陸氏」。然而，陸深的祖居地及其墳塋，均在浦東陸家嘴，理當被視爲「浦東人」。相對於原本就出生在浦東地區的陸深、孫元化而言，黄體仁自陳「黄氏世爲上海人」（曾大父汝洪公曾大母任氏行實，收入黃體仁集），進士及第爲官後，即在城裏南門内擴建宅邸，黃家裏巷命名爲黃家弄（黃家路）。另外，黃體仁的父母去世後，也安葬在西門外周涇（西藏南路）的黃家祖塋（參見先考中山府君先妣瞿孺人繼妣沈孺人行實），是地地道道的上海人。黃體仁之所以被認定爲浦東人，是因爲他在九歲的時候，爲躲避倭寇劫掠，曾隨祖母和母親在浦東避難，並佔用金山衛學的學額，考取秀才，進而中舉、及第。科場得意以後，他才回到上海城裏，終老於斯。明代之浦東，屬於上海縣，他甚至不能算是「流寓」川沙。然而，從黃體仁的曲折經歷，以及後來的行政劃分來看，他在川沙居住很久，確實也可以被劃爲「浦東人」。

選擇什麽樣的作者，將哪一些的著述列入出版，這是編纂浦東歷代要籍選刊的第二個難點。唐宋以前，浦東地區尚未開發，撰人和著述很少，可以不論。到了明、清時期，浦東地區開發有年，文教大族紛紛湧現，人才輩出，著述繁盛，堪稱「海濱鄒魯」，絶非中原學人所謂「斥鹵之地」可以藐視。按復旦大學古籍整理研究所近年來數篇博士論文的收集和研究，明、清時期上海浦東地區的著者人數，不亞於松江府、蘇州府其他各縣。據初步研究統計，清代中前期有著作存世的松江府作者人數共五百二十五人，其中華亭縣（府城）一百四十七人，上海縣一百二十三人，婁縣六十五人，青浦縣六十人，金山縣五十一人，南匯縣三十一人，奉賢縣二十二人，川沙縣二人，未詳二人。這其中，南匯、川沙屬於今天浦東新區，都是剛剛從上海縣劃分出來。以南匯縣本籍作者三十一人爲例，加上列在上海縣的不少浦東籍作者，這個新建邑城境内的文風一點不比其他縣份遜色。此項統計，可參見杜怡順復旦大學博士論文上海清代中前期著述研究。

明代天啟、崇禎年間，以松江地區爲中心，有「復社」、「幾社」的建立。那幾年，江南士人的文章風流和人物氣節，盡在蘇、松、太一帶。經歷了清代順治、康熙年間的高壓窒息，到乾隆、嘉慶年間，上海地區的文風又有恢復。順應蘇州、松江地區的「樸學」發展，「家家許鄭，人人賈馬」，這裏做考據學問的人也越來越多。因此，浦東學者也和其他江南學者一樣，在經、史、子、集的研究上下過功夫。易、書、詩、禮、樂、春秋的「經學」，二十四史之「史學」，天文、地理、曆算、農、醫、兵、雜、小説，詩文詞曲，釋、道教，「三教九流」的學問都有人做。在這樣豐富的人物著述中，挑選和編輯浦東歷代要籍選刊，是綽綽有餘，裕付自如。

浦東地區設縣（南匯、川沙）之後的二百年間，各類學者層出不窮。以清末學者爲例，周浦鎮人張文虎（一八〇八—一八八五）以諸生出生，專研經學，學力深厚，卓然成家。道光年間，他幫助金山縣藏書家錢熙祚校刻守山閣叢書，一舉成名。一八七一年，張文虎受邀進入曾國藩幕府，破格録用，負責「同光中興」中的文教事業。他刊刻船山遺書，管理江南官書局，最後還擔任南菁書院山長。張文虎學貫四部，天文、算學、經學、音韻學，樣樣精通。按當代南匯縣志的統計，他著有舒藝室雜著、鼠壤餘蔬、周初朔望考、懷舊雜記、索笑詞、舒藝室隨筆、古今樂律考、春秋朔閏考、駁義餘編、湖樓校書記和詩存、詩續存、尺牘偶存等著作，實在是清末「西學」普及之前少見的「經世」型學者。

一八四三年，上海開埠以後，浦東地區的學者得風氣之先，來上海學習「西學」，成爲中國最早的一批精通西方學術的學者。李杕（一八四〇—一九一一），名浩然，字問漁，幼年在川沙鎮從鎮人莊松樓經師學習儒家經學。一八五一年，李杕來上海，入徐家匯依納爵公學，學習法文、文學和科學。一八六二年加入耶穌會，一八七二年按立爲神父，一九〇六年繼馬相伯之後，擔任震旦學院哲學教授和教務長。李杕創辦和主編益聞報、格致彙報、聖心報等現代刊物，傳播西方科學、哲學和神學，著有理窟、古文拾級、新經譯義、宗徒大事録等，還編輯有徐文定公集、墨井集等。這樣一位貫通中西的複合型學者，在清末只有他的同班同學馬相伯等寥寥數人堪與之比。如果説明、清時期的浦東士人還是在追步江南，與蘇、松、太、杭、嘉、湖學風「和其光，同其塵」的話，那開埠以後的浦東學者在「西學」方面確是脱穎而出，顯山露水。

「且頑老人」李平書（一八五一—一九二七）是高橋鎮人，父親爲寶山縣諸生，太平天國佔領江蘇時以難民身份逃到上海。十七八歲時，纔獲得本邑學生資格，進入龍門書院學習。這位浦東學子聰明好學，進步神速，不久就擔任字林報、滬報主筆，在城廂内外宣導「改良」，開設自來水廠。一八八五年，經清廷考試，破格録用他爲知縣，在廣東、臺灣、湖北等地爲張之洞辦理洋務，樣樣「事體」做得出色，且一心維護清朝利益。李鴻章遇見他後，酸溜溜地説「君從上海來，不像上海人」，算是對他的肯定與表揚。李平書確是少見的洋務人才，他奉行「中體西用」，一手創建了上海城廂工程局、警察局、救火會、醫院、陳列所等。最後，他還從張之洞手中要到了「地方自治權」，擔任上海自治公所的總董（市長）。李平書在一九一一年辛亥革命高潮中轉而支持革命黨，可見「且頑老人」是一位深明大義的上海人——浦東人。在仍然提倡士宦合一、知行合一的清末，李平書也有重要著述，他的新加坡風土記、且頑老人七十自述、上海自治志都是上海社會變革的佐證。

浦東地區的文人士大夫，經歷了明清易代，又看到了清朝覆滅，還親手創建了中華民國，所謂「歷代」，愈來愈精彩，浦東人參與的歷史也愈來愈重要。孫元化、陳于階（康橋鎮百曲村）等浦東人，爲抗禦清朝獻出生命；李平書、黄炎培、穆湘玥一代浦東人，參與締造了中華民國；黄自、傅雷這樣的浦東人，爲中國的現代藝術做出了獨特貢獻；還有像張聞天、宋慶齡這樣的浦東人，厠身於中國的共産主義運動。這些浦東人都有著述存世，品類繁多，卷帙浩瀚，選擇起來頗費斟酌。我們以爲，刊印浦東歷代要籍選刊應該本著「厚古薄今」的原則，對那些本來數量不多，且又較少流傳的古籍，包括在上海圖書館、復旦大學圖書館收藏的刻本、稿本和抄本，盡可能地借此機會搶救和印製出來，以饗讀者。至於在民國期間，直到現在經常用平裝書、精裝書形式大量出版的近現代浦東人的著作，則選擇性收入。

出版一部完善的地方文獻叢書，還會遇到很多諸如資金、體例、版式、字體、設計等人力、物力方面的問題。好在有浦東新區政協文史委員會和地方志辦公室的鼎力支持，復旦大學出版社的精心組織，加上全國和復旦大學歷年畢業的學者，以及相關專業的博士後、博士生的積極參與，浦東歷代要籍選刊一定能圓滿完成。受浦東新區政協文史委員會和地方志辦公室，以及復旦大學出版社的邀請，由我擔任本叢書主編，感到榮幸的同時，也覺得有不少責任。因教學、研究事務繁鉅，不能從事更多工作，但一定會承擔相應的策劃、遴選、審讀、校看和復核任務，做出一部能夠流傳、方便使用的文獻集刊，傳承浦東精神，接續上海文化。

二〇一四年八月十五日

暑假，於上海徐匯陽光新景寓所

浦東歷代要籍選刊　編纂凡例

一、地域範圍。選刊所稱之浦東，其地域範圍為今黃浦江以東浦東新區和閔行區浦江鎮所屬區域。

二、人物界定。祖籍浦東並居住在浦東的人物，祖籍浦東但寓居於外地（包括今上海其他地區）的人物，長期寓居於浦東的外地籍（包括今上海其他地區）人物，其撰寫的著作均在選刊範圍之內。清初浦東地區行政設置前，人物籍貫以浦東地區鄉鎮為準。

三、年代時限。所選著作的形成時間範圍，為南宋至國民政府時期（一一二七—一九四九）。

四、選錄標準。南宋至清嘉慶時期（一一二七—一八二〇）浦東人物所撰寫的著作原則上均予刊錄；清道光至民國末年（一八二一—一九四九）浦東人物所撰寫的著作擇要選刊。本籍人士所撰經、史、子、集四部著作，或日記、年譜、回憶錄等近代著述，不分軒輊，擇其影響重大者刊印。

五、編纂方式。依據古籍整理的通行規則，刊印文獻均用新式標點，直排繁體。選擇較早的底本，參照各本，並撰寫整理説明，編輯附録。除附書影外，凡有人物像和手跡者亦附録。尊重原著標題、卷次及文字，以存原始。

六、版本來源。所選各底本，力求原始。底本多據上海圖書館、復旦大學圖書館藏本，絕大多數著作為首次整理和刊佈。

總目

朱豹集

〔明〕朱豹　撰
戎默　整理

整理説明

朱豹(一四八一—一五三三),字子文,五世祖在元末由蘇州遷居浦東新場里,故爲浦東新場人,至豹乃在浦西建家宅。明正德十二年(一五一七)進士。先後授奉化、餘姚令,頗有善政,抑制豪右,振作庠校,捐俸建社學,民皆稱便。擢任貴州道監察御史,上疏指陳國事,由是得旨清理江西軍務。時江西被宸濠之變未久,百廢待興,豹發粟賑饑,全活無數。又薦楊一清、伍文定等於朝,皆爲録用。後改任福建道監察御史,獻時政十事,言極剴切,天子嘉納,詔加獎諭。晚年又調任福州守,政績顯著,吏部考爲上上,爲「天下第一人」。後世遂稱爲朱福州。在福州任上聞父訃,「一日起行」,歸而哀毁過甚,以至遘疾,三年後竟卒。

豹勤於爲政,詩文乃餘事,四庫提要稱其「詩學中唐,以流麗清切爲主」。身後有朱福州集六卷,其中詩三卷,奏疏三卷,乃友人馮遷及子察卿搜集編纂,於嘉靖三十一年梓行,四庫全書存目叢書即據國家圖書館所藏此本影印。本次刊行朱豹集,亦據此嘉靖本進行整理校點。舛誤之處,尚祈方家指正爲幸。

目録

卷二……三三

卷三……四九

詩……四九

朱福州集序

朱福州集者，故福州守上海朱公之所著也。公諱豹，字子文，以進士知奉化縣，有異政，察舉能治劇，改知餘姚，餘姚復以最稱，擢貴州道監察御史。居廷中，謇謇有直聲。數上書言便宜事，章數十上，皆經國大猷，多見嘉納。其言慎，擇郡守尤切當世之病。未幾，出爲福州守以卒，而福人之德公不減治邑時也。公平生所爲詩文甚多，有萬緑堂、淞野、内臺、洪城、閩中等集，公卒後，其弟國子生子明謁選京師，槖之自隨，將爲校閲以傳者，而子明以客死，藁遂散軼。至是，公之子察卿極意搜拾，僅得詩百五十五篇，合奏草十篇，爲六卷，刻之，而屬余爲之序。

夫君子之學，求以行其道而已矣。託之空言，固不如見之行事之深切著明也。今公入而建白，既有以資聖學，裨廟籌，贊道化，以安元元；出而臨民，則所居民安樂之，歿或烝嘗其地。公之所恃以不亡者，其果在於言語文字之傳乎？及讀公之詩，則清新婉麗，興寄玄遠，深得風人之旨。而其所奏白者，皆忠實簡亮，疏通練達，無不可行于世。則雖公之所就，無所加於上下，世猶宜誦之不忘，而况民固尸而祝之矣。其言可不重乎？余於是深惜公之遺文不幸散軼，而其存者猶幸，公之有子而傳也。且嘗聞公之先自厥考清江公而上，凡四世，世世以詩鳴，人各有集。至公承其家學弗墜益昌，而其一時奏御之言，往往鯁切無諱，君子於此，謂尤可以考其世焉。察卿所爲刻而布之人人，蓋非徒爲手澤存焉已也。而察卿好古有文，嚮進不凡，所以大公之傳而益顯于世者，又於是乎在。昔人有言：「活千人者有後。」公之使江西也，嘗請分便地以恤配伍，出内帑以賑饑民，捐侵賄以釋淹繫，此其所活，豈止千人哉。公之有後，蓋天道也。

前進士承德郎禮部儀制司主事長洲陸師道謹序

朱福州集序

朱福州集詩、奏疏各三卷。公名豹，字子文，號青岡居士。以進士令奉化、餘姚二縣擢監察御史，至福州守，因名福州集云。公雅以詩名，又立朝表表有聲蹟。所裒集甚富，其弟子明携以自隨，後殁于京師，散失焉。子察卿檢其遺及人所傳誦，僅及此。又公嘗戒其子，凡糾劾章疏，其人他令聞或不可廢，不可使聞於後世。至于廟朝大議，故非可傳布，悉焚棄之。嗟乎，大人君子之言，所遺于世多矣，豈必盡傳哉。

按朱氏居上海，自公而上，世敦行義，復有藝文相禪，邑中薰其德，莫不稱朱氏。多長者，其四世祖木嘗以布衣召至公車，上安邊十二策，適丁榜。葛剌國進麒麟，因獻麒麟頌，有靜翁集藏于家。其子元振，世其業，有壽梅集。孫佑仕江西南昌府同知，工詞翰，有治才，著葵軒藁。佑生曜，提舉清江司，有玉洲集，公其子也。五世皆以文學見郡邑志，殆人間所少，又况行義稱長者哉。予嘗承公奉化之後，見遺民稱公善政，守其條約種種不忍忘，未嘗不歎公其治有狀也。其所羅致門下士，悉興于時，有宦業可觀。至于今莫不稱我公，請爲尸祝之祀。兹其表見于世，又豈必一藝學哉。至于福州之政，諸有碑志可考，大率嚴于自持，寬而得民，非有學術者不能，其稱重於鄉邑，非徒然者也。察卿，字邦憲，行有家法而崇文業，可謂餘慶洋洋，足徵其世矣。

嘉靖壬子仲春郡人徐獻忠

卷一

詩

早朝

千門曙色禁鐘催，天樂聲中鳳輦來。雲滿赤墀籠玉笱，雪晴金闕麗蓬萊。衮衣日照龍顔近，寶篆烟分雉尾開。朝罷侍臣歸畫省，紫薇花下認三台。

謁天壽山次何侍御韻

山崖險壯由天造，檜栢盤旋發地靈。一代帝陵依斗位，千年王氣繞龍形。鼎湖望斷雲封樹，鸞馭歸來月滿庭。七廟深恩成累洽，褒揚都屬太常銘。

謁泰陵

松陰下馬頓凄然，聖主垂衣憶往年。獨秉憂勤追禹德，已將歌頌祝堯天。鸞輿隱約青山暮，金殿陰森玉磬懸。斜日小臣瞻拜罷，不勝悲淚灑郊田。

春陰

新年六十日，幾日見天晴。鶯早聲猶澁，花寒色未明。病緣愁後劇，詩向夢中生。况近清明節，春雲滿帝城。

送張文儀員外還南都

長安春早物華新，千里征軺動曉塵。客裏舊懷憐對酒，江南芳草望歸人。心懸閶闔偏憂國，路出河梁不問津。回首日邊雲氣繞，要看高閣畫麒麟。

送顧經歷之福建

京華倦羈旅，歸路喜南天。烟柳山頭驛，春溪樹杪船。官清蓮幕静，地暖荔枝鮮。况值干戈少，詩篇紀歲年。

顧郎中見招陰雨不赴

荒城下餘照，深樹留殘雨。庭空寒雀喧，風静落葉舞。索寞思晤言，泥塗畏艱阻。人生會合難，把盞獨延佇。

謝蔣子雲見過

高情蔣水部，騎馬出都城。寂寞憐羈旅，杯盤叙遠征。日斜還賭墅，院静有啼鶯。古道憑君挽，□□酒謾傾。

北征次劉考功韻二首

細柳營邊按轡停，貔貅百萬擁郊迎。朔方地勝新巡將，太白星高欲用兵。涼月五更悲畫角，黄塵千里暗飛旌。桓桓去病真輕敵，輦下何人阻北征。

黄雲城上挂斜曛，玉帳讙歌動地聞。争賀虜平成大捷，肯言師老怯孤軍。相沿荒堡笳如訴，誰寄征衣錦織文。爲念神京根本地，龍輿須轉策奇勳。

秋日遣懷二首

雲物蕭條僧舍荒，砌封蒼蘚半廻廊。坐來草樹俱摇落，望入關山更渺茫。憂國淚邊秋色老，思家夢裏雨聲長。臨風却羨天涯鴈，去啄江南晚稻香。

山堂虛敞泬寥天，客裏愁懷正黯然。籬菊吐時寒有信，鄉愁多處酒無權。一庭吟思高梧外，千里音書落鴈邊。坐久無端成獨嘯，却因衰鬢感流年。

送徐朝咨

駐楫臨江縣，錢唐東復東。西堂方夜雨，南浦又秋風。片鳥歸帆外，孤雲客夢中。不堪分手處，天際叫新鴻。

待月

吟待中庭月，如何不肯明。夜闌看斗轉，坐久厭蛩鳴。耿耿深秋思，蕭蕭遠客情。四更山欲吐，高詠使人驚。

十四夜簡顧秋官與行

客懷如洗酒如泉，月魄今宵又欲圓。粉署仙郎騎馬至，芙蓉花下共高眠。

送張宗之

扁舟漫作子長遊，燕趙奇書滿篋收。旅食忽驚寒鴈雨，還家已過菊花秋。天涯尊酒交情合，江上青山夕照留。世難相看須努力，未容簑笠卧滄洲。

九日漫興二首

異鄉今日是重陽，庭菊含芳似故鄉。對酒更無知己共，登高那復去年狂。白雲天遠情何限，黄葉秋深病已强。憑仗短吟酬節序，晚來餘興入蒼茫。

寂寞山居菊自開，登臨無地獨徘徊。涼分細竹風初定，雲薄疎簾雨欲來。鏡裏年華驚漸改，寒邊刀尺倩誰裁。羈懷病思渾無賴，强對茱萸醉欲頹。

送鄉人南還

三月長安杏子青，宫袍初試午雲晴。忽思鄉井因君去，懶逐風花聽鳥鳴。春暮虎丘真似畫，雨餘燕筍正宜羹。解鞍沉醉吴門月，翻笑□塵錯遠征。

宫詞二首

赤闌干外鳳仙開，明月光寒浸玉堦。睡起不知清露重，摘花輕插鳳凰釵。

一自承恩入禁宫，嬌姿渾不數芙蓉。曉風吹醒巫山夢，知在湘簾第幾重。

送郁子静使浙

水部才名重一時，分司南下曲江湄。雖因國計傾葵藿，定恤民窮薄繭絲。湖上青山三竺杳，月明畫舫六橋垂。莫將公暇成孤負，秋半登臨已訂期。

送程侍御

客中送客復南浦，浦上籠雲瀉寒雨。錦楓歷歷照行旌，一路清風動寰宇。

至日

官衙初散午陰陰，至日山城酒自斟。雲物謾書南國異，江鱸空繫故園心。天涯白鴈聲何遠，庭下青松色更深。留滯海隅如夢裏，歲華人事轉侵尋。

立春日

煦煦青皇令，條風和以輕。端居撫流序，式愜長吏情。朝暾明遠郭，浮靄散孤城。林花茜微露，砌草青欲生。匪直人意豁，山禽亦新聲。占年徧田父，豈必蓍卜誠。緬言茲辰佳，農事擬有成。倏聞荅暢忭，往慮稍稍平。昨歲苦眚沴，艱糴里閈驚。惕惕靦尸素，亨屯百懷嬰。爰覲新易故，勾神秉虔迎。斯兆倘非誣，萬井休禎并。

郊行

風日初冉冉，出城山可憐。碧烟生野屋，新水滿溪田。于耜春農早，提壺午餉便。長官還自慰，□兆定豐年。

獨坐

晝永文書静，庭閑候吏稀。緬懷期保障，退食耻甘肥。砌草茸茸緑，春禽款款飛。忽驚花片舞，下石點苔衣。

山行

山頂聞靈鵲，呼晴未得晴。雨多溪水急，春晚徑花明。鳥擇深枝宿，人衝濕霧行。前途有燈火，驛吏遠相迎。

夜坐聽雪

滿天風雪是新年，片片斜侵紙幌穿。疎竹凍欹呈勁節，小堂寒重聳吟肩。曉來自辦遊梁屐，客裏誰乘訪戴船。試掃一鐺烹細茗，個中清味幾人傳。

喜雪

卧聞密密響殘蕉，早起看山粉黛嬌。殘臘隔春還幾日，一年吉瑞又今朝。寒光入樹欺梅蘂，餘潤分林到柳條。獨憶牛衣禁不得，朱樓何處擁重貂。

題畫

漠漠蘆洲野鴨眠，撩人楊柳弄輕烟。看山長泛斜陽棹，滿樹流鶯似管絃。

病中懷于東江

病來十日卧林丘，縮地無因憶舊游。月滿屋梁魂夢斷，詩多齋閣鬼神愁。世途直道憑詹尹，海國高名重柳州。愧我未能酬素願，幾回搔首仲宣樓。

雙泉

雙泉汩汩下靈湫，卧聽寒聲檻外流。風静並張青玉案，月明同浸水晶鈎。春分灌藥垂絲綆，晚汲烹茶泛碧甌。笑比蘇家真不忝，滿庭香橘護清秋。

雨窗不寐

風梭雨線逗窗紗，織出新愁似亂麻。寶鼎有香閒刻篆，青燈無種自生花。夢回已悟身非蝶，病瘥纔知影是蛇。蕭颯素絲雙鬢改，異鄉空自惜年華。

貢院刻竹

碧玉森森蔭緑苔，歲寒風節不凡材。洞簫吹徹霓裳調，月下驚看紫鳳來。

野興

山頭日氣含殘雨，溪上雲陰送晚風。欲散幽懷還獨步，薜蘿深徑有殘紅。

溪上

差差細水煖浮藍，深樹花明宿雨含。篷底好山看不厭，又携春色過溪南。

象山道中

日日驅馳匹馬艱，朝來又過幾重山。路逢白石堪留賞，人走紅塵未得閒。輕霧乍收孤嶼外，餘寒多在萬松間。客鄉日暮聞啼鳥，無限愁懷鬢欲斑。

出南郭

早春南郭路，景色已暄妍。雪霽孤村日，山青萬井烟。聽鶯經竹嶼，立馬看松泉。芳草天涯遍，離情忽黯然。

寧海道中

重疊林丘鳥亂鳴，依稀樹裏見人行。萬山不斷雲常濕，一雨初收鳥獨明。石磴崎嶇如世路，黄塵狼籍繫鄉情。東風送我溪南去，詩思俄從勝地生。

留别奉化

雪竇峯高眼正青，除書誰捧到山城。頻年菜色慚無補，一寸葵心喜自明。樹影獨憐征馬瘦，江流不減野人情。秋風渡口重回首，惠政橋西雨未晴。

十四夜對月

月色清秋好，羈人獨夜看。光涵山館静，影瀉竹窗寒。亂杵隨風急，鳴蛩促漏殘。所思雲共遠，搔首發長嘆。

留别張艾庵員外

忽報新恩下日邊，嫩涼池館鵲聲便。極知疎拙民猶病，未徧登臨我自憐。多愧故人頻酌水，獨攜孤鶴再朝天。大江西上重回首，夜半龍泉月正圓。

贈山人王德升有序

予自餘姚被召，客有遺予頌德卷，敘其端者，乃王德升氏，文古雅可愛，予實未識其人。叩之，知爲山人也。山人少事舉子業，中爲數奇棄去，高卧龍泉山下，殆古之所謂徵君者流。予令姚六月而不得與高士通，俗狀可想也。因賦此，以表其行云。

蚤與世不合，便令人事疎。淵明貧自樂，徐孺老甘鋤。長嘯時呼酒，孤眠只枕書。漫勞雲錦贈，高誼却慚余。

贈僧

高僧蹤跡老青山，金錫秋空鶴共還。静裏光陰常入定，半窗松影白雲間。

卷二

詩

北上留別諸同年

西風吹馬度黄塵，雪後梅花凍色匀。天地有身皆是客，江山無處不宜人。十年聚散真浮梗，千里驅馳欲問津。此去衡寒重回首，隔年離思柳條新。

晚下馬鞍山

萬丈丹峯倚碧霄，千年飛塔麗岧嶢。洞門花雨常成陣，遠浦漁舟欲趁潮。芳樹暖香生澗底，夕陽寒影挂山椒。遲歸更愛西溪晚，不減濠梁昔日招。

遊桃源洞

清泉曲曲遠分源，野蝶隨人到石門。松下一亭宜日午，洞中三月正春温。烟雲花鳥掀髯笑，廊廟江湖握手論。可奈客情消不盡，欲將吟賞付清尊。

次王子升侍御登姑蘇臺二首

春暮香凝九陌埃，東風吊古獨登臺。烟雲漠漠山城外，燕雀飛飛水樹隈。感慨未償觀物興，澄清欲展濟時才。夕陽驄馬歸來晚，一路殘紅點緑苔。

鳥銜花雨過幽亭，隔水輕陰使節停。歷歷數峯當面起，亭亭孤栢向人青。雲邊怪石晴猶潤，竹裏僧房晝亦扃。極目平臺因坐久，晚風吹面酒微醒。

登虎丘次胡可泉韻

千年霸業一青丘，落日澄江空自流。石上舊題泉品定，山頭寒氣劍光浮。閒雲半卷僧開閣，白鶴孤飛客倚樓。謾説興亡多感慨，却憐人世幾同遊。

宿瑞菴山房疊前韻

夕陽攜客度松丘，汩汩清泉繞澗流。臺上群花隨雨下，望中千劫與雲浮。林深塔影山頭月，夜半鐘聲樹杪樓。明日參禪先有約，欲從老衲問天遊。

遊南峯

塵緣方擾擾，清賞獨悠悠。蒼翠千峯聳，茵蒀萬木稠。聽泉心自爽，眠石興偏幽。更轉溪南路，穿山未肯休。

登天平山

怪石巉巉似虎蹲，萬峯深處鎖龍門。崖顛古樹和雲黑，澗道流泉帶雨渾。極目蒼茫隨去鳥，濕衣寒翠近黃昏。孤亭徙倚空長嘆，古寺淒涼舊刻存。

宿白雲僧舍

駐馬投僧舍，煩襟頓覺清。空庭松影落，白石蘚斑生。山古多幽事，雲深薄宦情。數峯明月静，獨宿聽猿聲。

遊靈巖山

南上靈巖路未窮，尋幽曲曲萬松中。湖心波浪連天白，山頂雲霞近日紅。草緑琴臺人去遠，烟迷香徑鶴巢空。老僧莫説前朝事，石上高歌坐晚風。

過北峯寺

石上青松長，峯在山之北。度溪一來尋，院幽僧亦獨。竹深聽鳥鳴，愛此山中宿。

西山道中

度嶺穿林落照紅，鳥聲多在緑陰中。好山處處行遊遍，今是雲深第幾重。

遊海雲寺

西巖返照欲黄昏，十里肩輿破蘚痕。白石清泉溪上路，長松疎竹寺前村。登山客到先尋主，採藥僧歸正啓門。坐久却疑塵世隔，飛飛翠羽出雲根。

登鄧蔚山

石梯廻轉漸高峯，烟鎖樓臺第幾重。過雨山頭春靄靄，落霞湖面水溶溶。薜蘿徑遶多啼鳥，松竹雲深有暮鐘。相對老僧尋往事，千年芳草闔閭宫。

遊觀音山寺

青山低處寺門開，一派寒泉樹裏來。遥指前峯拂衣去，笑聲還在白雲隈。

過一雲

茂林深入午風微，度水殘花點客衣。曲徑緑鋪烟草軟，半山紅綻雨梅肥。鶴歸溪上穿松麓，僧向雲邊扣竹扉。便欲逃名依谷口，碧厓丹巘採新薇。

宿敬堂僧舍

雲房分榻亦良緣，謾爇罏檀説往年。萬壑松風宜鶴夢，半窗山月共僧眠。塵心頓覺如秋水，色相何能學老禪。自是夜深吟吻渴，旋烹石鼎起茶烟。

滸墅别舍弟子明

北飛雲鴈是新歧，别恨離懷各自知。江上晚山青杳杳，雨餘芳草緑差差。願於眠食頻加愛，好寄平安慰所思。他日秋風看鶚薦，高堂垂白喜無涯。

直河道中

風光春欲暮，遊子不勝情。芳草天涯緑，晚山江上青。一官將短鬢，千里只浮名。舊業吴淞曲，眠雲看耦耕。

憶江南

荻芽初長鱖初肥，江上茅齋竹掩扉。慙愧微名遠行役，北堂應欲寄春衣。

下邳道中

僕僕倦行役，淮陰春可憐。麥隨新雨長，鷗傍暖沙眠。客思午多睡，鄉書遠未便。夕陽聊自遣，貰酒更烹鮮。

過沛縣

落日青林鳥雀多，沛中非復漢山河。北風暗地黄塵起，壯士依然躍馬過。

魯橋見楊柳偶作

楊柳青青節序更，天涯倚棹不勝情。白頭老父癡兒女，正卜金錢問遠行。

開河道中

春日江南思，烟帆雨後程。緑蕪連野色，新柳繫歸情。雲共平川遠，風隨舞燕輕。客愁渾欲滅，倚棹畫中行。

賤妾嘆途中見内臣發遣南行，勢甚落莫而作。

憶昔承顔多意態，忽驚遺落頓蕭條。王孫不愛纏頭舞，飛燕難爲掌上嬌。雨濕湘裙顔色褪，花飛燕榭珮聲遥。已知昨日非今日，清夜燈前首重搔。

晚次流河驛

帆飛來遠浦，棹艤臨荒驛。蕩蕩風起波，昏昏日沉夕。鐘鳴山寺杳，鳥宿沙汀白。親舍尚迢遥，挑燈未眠客。

送定清僧南歸

風塵遠道喜還鄉，江郭禪房菊正芳。錫杖忽驚松鶴夢，袈裟猶帶御爐香。登壇説法天花亂，卧石看經貝葉黄。了却浮生惟入定，真慚京國馬蹄忙。

送王承之南還

燕臺九月送飛旌，漠漠霜天旅鴈鳴。故國已籬黄菊酒，長亭先慰白雲情。風塵遠道三千里，江浦孤帆十二程。歸去草堂仍舊業，莫將書劍負平生。

謝張水南惠酒

竹爆桃符處處忙，那堪除夕是他鄉。多情賴有張公子，尊酒猶能慰客腸。

夜雨書懷二首

西風吹雨過山房，茗碗爐香共燭光。孤客未還愁似織，寒更帶雨夜偏長。人生去住真難定，歲序推移總自忙。坐抱殘編成假寐，恍然魂夢到高堂。

一燈枯坐夜如何，庭竹蕭蕭振玉珂。家信却從秋後得，客愁偏向雨中多。浮名繫我猶奔走，世路驚人欲嘯歌。奈爾西鄰忽吹笛，數聲清怨耳邊過。

送僧鎡還鄉

飛錫遥從上國歸，天花時傍衲衣飛。閒來入定心如水，獨有雲山伴竹扉。

送王崇教河南僉憲

天台自昔稱文物，況爾才華海内稀。客裏經年勞慰藉，天涯此日又相違。黄塵岐路多悲感，青史功名有是非。須遣音書慰岑寂，北風鴻鴈正南飛。

送王克清主事

客裏相逢喜欲狂，西風寒驛又催裝。簡書已了公家事，省覲兼開春酒香。萍梗獨憐猶繫我，烟波若個不思鄉。從來南浦多離别，沙白江空去路長。

散愁

久客思歸心已切，琳宫暫借一盤桓。半生勳業欲看鏡，此地登臨獨倚欄。花雨晝飛簾影亂，麥秋風動苧衣寒。篙師明日理舟楫，想到江南暑未殘。

渡淮

舟泛長淮正曉天，浪平風息櫓聲便。鄉音漸與吴儂似，相唤漁郎買小鮮。

登鐵甕城望金焦二山

渺渺滄江城下流，望中佳境託神遊。雙峯蹴浪烟雲繞，一水連空殿閣浮。吊古欲追甘露寺，題詩空記摘星樓。海門日暮春潮起，畫鷁西飛白鷺洲。

登雞鳴山憑虛閣

華閣峥嶸倚半空，遊人疑在水晶宫。天開霽色東南勝，簾捲山光旦暮同。坐久不知身是客，樹高忽見鳥銜風。未因吊古成悲愴，多少奇觀落照中。

登牛首山

登登牛首寺，曲磴轉霏微。下見諸峯小，遥看遠樹稀。蒼茫含日氣，空翠撲人衣。幽事關吾況，雲閒野鶴飛。

遊靈谷寺

十里松陰逐勝遊，西風黄葉寺門秋。石間泉水如僧眼，樹杪山容上佛頭。雲護竹堂閑白日，鶴迎仙客下丹丘。浮生且付吟邊酒，鐵馬金戈老未休。

過戚里廢宅

風動疎簾喧鳥雀，舊時流水見豪華。夕陽不管興亡恨，猶上危墻影落花。

贈九峯鄒山人

少年曾夢筆如椽，處士高名北斗邊。江館醉眠梅里月，竹爐香煮惠山泉。清風屢下陳蕃榻，勝覽常移范蠡船。邂逅又逢淞水上，一川雲鳥興悠然。

王舜次陸儼山韻

西風江館客停車，共愛新葩淡不華。野質故應開白露，雅容翻覺妬紅霞。高人賞識逢佳節，學士栽培向軟沙。莫把榮枯問朝夕，自憐荆璧本無瑕。

喜沈原德至

燕子穿簾日正長，喜逢知己過西堂。夜深話舊渾忘倦，醉裏呼盧漫作狂。隔塢茶烟花自落，灑窗梅雨葛生涼。十年雞黍曾相約，江上秋高一棹將。

送秦元甫北上

髫年椽筆掃千軍，三十猶憐志未伸。淮海壯遊餘寶劍，京華旅食尚青春。重緣難困天邊羽，高價終歸席上珍。坐對寒花應悵別，月明何處寄雙鱗。

過静安寺

空山無事易黄昏，僧抱孤雲卧竹根。寂寂迴廊春欲暮，落花滿地不開門。

寄程以道

隴梅堤柳又春風，客子光陰似轉蓬。此日天涯千里隔，昔年花底一尊同。西川蹤跡孤雲外，南浦離愁細雨中。早晚瞿塘新水發，雙魚煩爾下巴東。

山居即事

山齋清晝永，掃地獨焚香。布穀催耕早，溪流引興長。竹深窺雀鬬，花老覺蜂忙。世事雙蓬鬢，高歌半酒狂。

夏日漫興

江上青山一草堂，竹梧交影晝初長。飽諳世味須高卧，病感流年懶縱狂。花雨亂飛侵藥鼎，燕泥時落污書床。南鄰賴有知音客，珍重詩筒過短墻。

承韋大夫見過

水鄉二月高軒過，鵲度殘枝噪晚風。千里江湖今會少，九天閶闔舊趨同。才名此日皋王粲，人物當年重孔融。此夜一尊須盡醉，燭花偏向故人紅。

郊行

楊柳含風晝漏稀，水光山色總詩題。踏青歸去還攜鶴，子午橋頭日未西。

龍江歌送曹月川北上

龍江淼淼春茫茫，晴光灩灩烟蒼蒼。飛花點衣爛如綺，流雲凝席移相將。月川先生多慨慷，虬鬚虎視仍廣顙。腹中貯書一萬卷，筆下奔濤走千丈。買臣五十富貴來，觀光一笑登金臺。金臺二月鶯聲早，絶勝龍江漫春草。龍江亭上張離筵，亭前楊柳青眼圓。吴姬當壚日未午，青絲玉瓶酒如泉。丈夫意氣青雲上，肯使蕭條卧窮巷。棟梁清廟須喬松，老驥一售天閑空。斜陽影亂忽不見，帆飽東風疾如箭。相思何處到君前，明月龍江夢君面。

遊静安寺

古剎乘閒到，紅塵路已賒。洞門虛歲月，壇樹鎖烟霞。谷静泉逾響，山空日易斜。坐聽清梵久，落盡木蘭花。

吊妓溺江和陸太史

風捲吳姝赴急流，傷心不似採蓮舟。蛾眉拭浪低雙黛，羅韈凌波冷一鈎。塵夢洗醒秋水净，香魂漂泊海天遊。憑誰江上招魂去，一葉青萍逐雨浮。

送徐夢鶴之新昌

不向新昌去，那知山水嘉。湖光明使節，嵐翠擁公衙。邑小偏宜卧，官清未足誇。年年勸農後，飽喫雨前茶。

九月十日同諸友登丹鳳樓

雲樓百尺眼前空，昨日登高興未窮。江上潮聲今古在，雨餘山色有無中。酒酣黄菊憑欹鬢，老去流年付轉蓬。倚遍曲闌無限好，西風回鴈落霞紅。

宋宮人斜

落花滿地無人掃，白骨青山幾暮春。夜半幽魂常問月，趙家宮殿屬何人。

遊福田寺

偶入福田寺，西風黃葉深。江聲來野閣，僧語隔松林。古刻摩荒蘚，高吟見遠岑。無緣謝塵鞅，霜鬢苦相侵。

宿福田寺

旅宿招提夢亦清，兩峯寒月送猿聲。風迴古殿簷雲冷，香燼殘更佛火明。塵世已知經萬劫，竹房今喜話三生。朝來又復趨城市，却笑塵緣尚未醒。

卷三

詩

曉渡錢塘

烟斂吴山霽色浮，長年清曉唤登舟。西風旋作江豚浪，白露偏催海樹秋。歲序逼人驚易改，乾坤何地是安流。往來却笑成勞役，自在真慚水上鷗。

客愁

聽唱竹枝曲，因悲遊子情。異鄉爲客久，寒月照窗明。捧檄憐毛義，傷時哭賈生。天涯歸未得，豺虎正縱横。

嚴子陵釣臺

山古風高老樹青，釣臺長日水泠泠。江湖滿地千年迴，更有何人應客星。

蘭溪舟中月夜

宿鳥依林薄，停橈戀晚陰。溪聲和月動，愁思與秋深。野渡留昏霧，山城送擣砧。夜闌添寂寞，孤坐發長吟。

新埠夜泊

山村暮靄暗荒津，篷底孤尊對客身。繞樹溪聲偏入耳，隔汀漁火故依人。舟中自覺琴書懶，旅次偏於僮僕親。銷盡芸烟不成寐，有懷千里獨傷神。

蘭溪道中四首

叢叢緑竹繞溪涯，竹外山樊一樹斜。忽聽踏歌聲隱隱，始知深處有人家。

山脚澄潭長緑蒲，雙雙水鳥自相呼。日斜漁父收綸去，欲向前村問酒沽。

傍山茅屋自成村，燕子飛飛過石門。一道長溪杳然去，雲深疑是武陵源。
半山紅綻野梅肥，度水殘花點客衣。越鳥一聲深樹裏，隔溪烟雨正霏霏。

宿白沙

荒村仍水宿，候吏復舟迎。山月半更吐，江濤徹夜鳴。

弋陽九日喜黃伯貞至

西風黃菊吐秋芳，吴客鄉心正渺茫。花下幾迴還獨笑，天涯今日過重陽。溪楓半落官衙靜，山雨欲來人意涼。軒蓋喜逢黃太史，十年肝膽共清觴。

貴溪舟中別夏公謹給事

十年筋骨走塵埃，碧水丹山此再來。喜見故人清格在，不妨公暇笑顔開。盤餐更遣清溪別，烟月仍煩小棹迴。明日相思渺何處，落霞孤鶩獨登臺。

題夏公謹象麓堂

愛爾山陰新草堂，時來文客渡滄浪。一雙白鶴當堦舞，千尺蒼松繞屋長。南岫看雲時獨往，小亭吟月故清狂。莫將經濟空投老，青瑣恩光未可忘。

九日同陳石峯、程初亭、顧與行登陽和軒有感

九日同今賞，齊山感昔遊。青尊欺短髮，黃菊帶新愁。聚散渾無定，興亡各有由。爲憐歌舞地，寒雀滿青樓。

芙蓉花下次程初亭韻二首

晚來微雨濕花臺，秋水芙蓉自在開。折取一枝閒入手，偷香蝴蝶去還來。

庭院深深落照明，看花那有侍兒迎。無言忽憶芙蓉帳，漂泊秋風惱客情。

風雨言懷次初亭韻

秋雲密密布，庭栢因風號。空堂振衣坐，俛首案牘勞。惠然貽詩章，閭里悲瀟瀟。兹懷諒

同志，絲繭誰輕傜。唐堯有洚水，吁咈多夔陶。民瘼乃遼隔，慙余□清朝。補衮需綺縠，安用蒙茸貂。願言强策勵，清標佩申椒。資爾麗澤益，前途漫迢迢。同胞共仁壽，永固齊松喬。

過東林寺次初亭韻二首

卓錫當年寺已非，依然白石滿寒溪。探幽可奈藤蘿密，昏黑啼猿路正迷。

院深鐘磬月中鳴，碑斷莓苔雨後生。三笑已隨流水逝，隔溪搔首聽松聲。

廬山道中

驅馬出城北，匡廬望轉遥。山城衝曉滑，野燒入春嬌。隔嶺聞樵笛，穿雲度石橋。平生丘壑興，未惜路迢迢。

月軒

梅横軒外月，月照軒中人。軒中人老月如昨，清光不放空金尊。爾醉明月酒，我歌明月詩。願言人月共長久，月明夜夜題烏絲。

春日行廬山下

東風吹散匡廬雲，擎天五老青嶙峋。諸峯羅立似孫子，芙蓉秀朵明芳春。緑羅含烟綰絲弱，紫蘭過雨飄香新。披襟遠眺心自爽，中有福地藏至人。玉驄馳馳草如織，一飲渴吻清泉濱。欲從曲徑入長谷，君恩未報非吾身。山靈莫遣烟霞笑，季真有日投簪紳。

遊開先寺

躍馬開先破曉烟，長松千箇夾雲邊。萬山秀色春如染，深樹奇花雨更妍。看到清泉忘却轉，興來白石自高眠。因知惠遠專丘壑，翻笑紅塵是俗緣。

月夜懷程初亭

南浦霜寒白鴈浮，城頭鼓角迴悲秋。不眠貪看三台氣，無病思爲五老遊。幾處尺書俱落落，百年雙鬢獨悠悠。懷人可奈天涯遠，月色風聲入夢愁。

建昌道中

百里西寧道，鶯花春正深。曉峯青帶雨，烟鷺白穿林。折柳江南思，看山物外心。却慚塵碌碌，衰鬢欲侵尋。

書懷

楊柳風和試葛衣，菜花香細蜜蜂飛。故園春酒今應熟，遊子天涯恨未歸。

雨坐

山村日多雨，時時生薄寒。野溪流水闊，叢木暮雲團。爲客倦行役，傷春愁倚闌。忽聽雙鵲噪，應喜寄平安。

小園獨步偶成

公餘無所作，徘徊桑樹陰。白石堪玩弄，比此堅貞心。方塘有止水，聊以洗煩襟。芭蕉自舒卷，此理常相尋。黄鳥從東來，娛我以好音。晴暉射遠甸，浮雲薄遥岑。忽有世途感，躑躅憂思深。春風花不知，灼灼開東林。

雨中

瑞州城中細雨，高安郭外飛花。牧豎時時吹笛，行人處處思家。

瑞州察院春日書懷

江南三月暮，行役未能休。鳥沸驚春夢，花殘動客愁。白雲鄉國遠，落日此亭幽。苦被浮名縛，東風愧野鷗。

客懷次壁間吴東湖韻

役役他鄉客，勞勞報主身。鶯花空逸興，湖海有閒人。江上鱗鴻杳，天涯風俗親。韶光忽初夏，庭竹又抽新。

蘭山小憩

山閣無煩暑，孤眠□自消。寺門人跡少，野樹鳥聲嬌。僧鉢臨流洗，茶鐺掃葉燒。好風清客話，時復慰蕭條。

重過豐城

一月豐城兩度過，東西萍跡更如何。風塵千里皇華節，烟雨孤舟鴇羽歌。聽鵲病懷思問訊，倚闌佳序屬清和。午窗忽感滄洲夢，笑逐吳農唱踏莎。

深夜

短燭虛堂静，寒蛩故故鳴。綺疏含落月，刁斗入殘更。客久愁長在，眠孤夢屢驚。狂歌與清嘯，湖海未歸情。

餘干舟中

行縣復停棹，觀風時捲簾。岸吞秋水闊，山露晚峯尖。病得新涼減，愁隨客路添。異鄉今夜月，清賞恨相兼。

日暮

院静無人聲，庭鳥自相語。西風吹我衣，鄉心亂愁緒。欲遣苦未能，家在江南渚。日暮復興嗟，脉脉天涯雨。

遊白雲寺次壁間王陽明韻

曲溪秋水净，深樹晚霞明。雲暝宜僧定，松寒動客情。山容終日好，世路幾時平。白石堪孤坐，林廻無鳥聲。

浦城山行

山霧濛濛午未晴，亂禽啼處惱離情。雨花細點征袍濕，遥指前峯問幾程。

泊劍浦驛

劍浦橋西泊，松深見驛樓。溪聲來夾樹，巖影落中流。旅鴈催寒色，村砧動客愁。白沙連皓月，蘆荻夜颼颼。

度仙霞嶺

萬山深處度仙霞，石磴迷雲十里賒。自笑浮名長役役，鄉關回首隔天涯。

陶園

不辭衝雨過陶園，城市真憐有洞天。白鶴一聲松壑裏，芙蓉千樹草塘邊。深穿竹徑烟光暝，徙倚山亭日影偏。無數清芬滌煩俗，桃源何必訪神仙。

安溪夜泊

晚烟小艇駐江村，傍水人家正掩門。萬里江湖生白髮，高堂燈火自黄昏。丹楓瑟瑟隨風下，寒雀啾啾隔樹喧。世味客途聊復爾，倚篷搔首更何言。

除夕

客夢山川遠，家書道路遲。綵衣慚曠闊，斑鬢惜驅馳。一歲秖今夜，百年能幾時。擬將歸老意，先報白鷗知。

元日寫懷

萬里風烟接海隅，十年奔走歎微軀。乘驄謾憶長安道，杖鉞聊專刺史符。遶郭桃花春事早，隔江山色吏情迂。忽看南國椒盤頌，又憶高堂菽水娱。

登薛老峯次林榕江韻

竹杖青鞋尋薛老，捫蘿直上第三盤。雲深長嘯謝安石，松下狂歌陸務觀。絶壁倒明霞結綺，千峯廻合樹成團。高標已出塵凡外，相望冥飛欲附翰。

飲謝活水萬緑堂

柱史茅堂背郭開，風流儒雅日追陪。賦詩笑傲有餘樂，載酒登臨還幾廻。深樹鳥歌春欲盡，晚山雲膩雨將來。鈎簾又報庭花落，縱飲須傾琥珀杯。

題郭方巖見南書屋

芰檵闢深圃，窅然疎竹堂。南山日日見，白鶴時時翔。蘭茝拂苔石，梧桐蔭藤床。窗下有圖史，朋來具壺漿。談道探物理，哦詩燦嵐光。清泉注小沼，紅蓼亦自芳。濯纓適吾意，寄興如滄浪。倦來謝賓客，悠然到羲皇。羡爾獨得趣，愧我俗吏忙。東山豈終卧，蒼生共相望。

過林榕江别業

曲曲城東路，幽幽江上村。逃名因散髮，問字却移尊。砌擁巖花落，松依野鶴蹲。明朝擬重過，無限欲相論。

登烏石山亭

百尺孤亭怪石旁，越南憑望海茫茫。平蕪落鴈銜寒水，萬木鳴蟬帶夕陽。畫角風前初轉騎，行人秋半未還鄉。登臨此日情何限，强對巖花醉一觴。

遊九仙觀

峻閣含風午瘴開，憑高渺渺見蓬萊。仙人騎鶴去千載，遊子悲秋此一來。雲外丹梯偏窈窕，山中古木半摧頹。莫嫌詞客多才思，一地黄花點翠苔。

卷四

疏

題爲開延訪以廣聰明事

仰惟皇上踐阼以來，疏通言路，辟用正人，汰革冗員，省抑妄費，中外共稱明聖。臣僚期覩太平，由是而不倦，周成王、漢文帝不足侔矣。然政有當舉者，諸臣言之已詳，竊意陛下必將次第施行，而今所當先而不可忽者，延訪是已，願陛下留神焉。

臣聞詢岳咨牧，堯、舜所以成放勳、重華之治；拜言訪道，禹、武所以致允殖、永清之休。非君臣之常接，則肝膽之曷通？「堂下百里，漸成壅蔽」，故古有三公坐而論道之禮，而卿士百司不時進見，亦得承顔色而納忠諫，無非欲聞道而求治也。下逮漢、唐、宋，明睿之主莫不舉而行之，有曰「宣問」，有曰「奏見」，有曰「召對」，有曰「請對」，或見於便殿，或宣至内廷，論定而行，鮮有敗事，史册班班，不能殫述。若太祖高皇帝、太宗文皇帝，聖心高明，愈不滿假，當時廷臣之以才德著者，日賜燕問。其中劉基、宋濂、陶安、胡廣、楊士奇、金幼孜、夏原、吉蹇義等，尤見親洽，不但賞罰生殺，一切大政，相與委曲講求，雖纖悉細務，亦一一論辨，或至日昃，或至夜分，實由心樂，竟忘體倦。列聖以來，每遵前美，至於孝宗敬皇帝，尤爲虛襟求治，如徐溥、劉健、謝遷、馬文升、劉大夏、戴珊等，屢承宣召，講論移時，是在陛下左右之老成者尚親見之，不可誣也。今陛下志必希堯舜，事必法祖宗，而召問大臣之舉，尚未施行，諸臣子惓惓之心，謂陛下有待於從吉之後，如周成王之朝廟而訪落也。況夫嘉靖伊始，天下拭目，日宣公卿，以咨詢政理，此非其時乎？

臣惟先帝爲權奸所蠱，致海内虛耗，而陛下嗣之，乃當其難，有捧水、馭馬之勢，非豐亨、豫大之時，萬方之所仰賴，四夷之所觀望，誠非易矣。握髮吐哺，宵衣旰食，尚恐不給，未可以怠緩爲之也。今者公卿在位，已多得人，而遺賢漸獲起用，固皆忻忻然有鞠躬盡瘁之心，然止於奉侍經筵之頃，獲近清光而已。未聞賜以宣召，訪以政事，君臣道隔，上下情疎，有言而不得達，有懷而不得吐。陛下端拱於深宫之中，民食之有無，政理之臧否，邊境之安虞，灾祥之多少，皆何自而知之？至或參之以憸佞，指是爲非，以危爲安，亦何從而審之？所以近日之刑賞予奪，蓋有違國是，而乖衆心者矣。

易曰：「天地交，泰。」其詞曰：「上下交而其志同。」「天地不交，否。」其詞曰：「上下不交而天下無邦。」泰、否之故非細，而係於上下之交與不交，其幾微哉。故宋臣蘇軾有曰：「至治之極，至於小民皆能自通，否則，雖近臣不能自達。」誠有見於此也。夫「聖人作而萬物覩」，今陛下繼天撫世之初，當舉出震見離之道，伏願遵堯舜所垂於後世之典，體祖宗所望於陛下之心，退朝之後，燕閒之頃，凡有大政事之當商確，大疑議之當決斷，大刑賞之當裁處，大禮樂之當酌定，必召內閣老臣與之從容談論，求適其是而協于中，上可以合天道，下可以服人心。其或聖心之所欲爲，亦以明言使之調停而折衷。次及於九卿，以至於亞貳，亦令得以披其忠赤而吐其才猷。中有德望素著，議論明侃，允愜於陛下之心者，則又多賜宣召，特見施行。又講求之後，更詢以百姓之休戚何如，四方之水旱何如，立朝之人才何如，近日之政令何如，何道則治，何道則不治，必欲瞭然於心胸，而無毫髮之或昧焉。若恐諸臣承對之際，不能秉公盡心以稱盛舉，則許給事中、御史各一人，隨侍於後，因得面舉其失，是亦唐太宗令諫官隨宰相入閤議事之意也。至於翰林之設，所以備顧問而充侍從也，今皆虛其職事，違其素心，豈祖宗建官意哉？亦乞擇其問學之深長、行誼之端慤者，日侍文華門外，時承宣議，如有游息翰墨之事，俾得捧筆承硯，贊襄將順而效勞於其間。如是幾端，行之數月，則積累時日之久，接遇臣下之熟，弗憚於生疎，弗阻於勢分，情志孚而議論合，將如家人父子之相忘，雖陛下亦自樂於此，而無異於都俞吁咈之風矣。是不惟得善謀以爲政事之助，亦可以却逸游以養理義之心。聰明日廣，壅蔽自消，識邪正之真，知治亂之實，有集衆廣忠之益，無偏聽生姦之患，政令當自安。陛下真善繼善述，而天心歆格，豐登屢臻，太平之福可以永享，且將與祖宗君臣同遊之美竝垂青史，爲億萬年侈談矣。是延訪大臣之舉，言之非迂，而實爲今日之急務；行之甚易，而能致天下之傾心。所謂接賢士大夫之時多，真格心第一事也。

臣待罪言官，以此望陛下者，以堯舜待陛下也。苟有曲爲論説以沮之者，是非望之以堯舜而不愛陛下也。伏願陛下不惑於人言，斷然行之，使天下稱仰神聖，想慕風采，以共沐嘉靖維新之澤。宗社幸甚，臣亦幸甚。

題爲重民牧以安民生以固國本事

臣惟國家之安危，係於生民之休戚；生民之休戚，係於守令之賢否。而守又其要也：守良，則一郡安；不良，則一郡擾。漢宣帝曰：「庶民安其田里，而亡嘆息愁恨之聲者，政平訟理也。與我共此者，其惟良二千石乎？」所以凡拜刺史、守相，輒親見，聞治理有效，璽書勉勵，增秩賜金。唐太宗曰：「爲國養民者，惟在都督、刺史。」所以嘗疏其名於屏風，坐卧觀之，得其在官善惡之跡，皆註名下，以備黜陟。是故漢唐良吏，於是爲盛，非偶然也。

臣竊聞近來各處知府，志能向上者固有，才不稱職者實多。或貪墨肆行而清議罔恤，或殘酷是務而淫刑以逞，或粉飾虛譽而罔上行私，或軟弱無爲而玩法廢事，或更張瑣碎而事皆乖方，或頗僻深刻而民不堪命。求其誠心愛民、著實幹事者，數人中不二三也。民有寃而無所訴，時有災而若罔聞，豈能致豐穰而裨聖治哉！然則知府之職，非他官比，誠不可不選擇而使之也審矣。

臣嘗考之宋太宗時，令學士兩省、御史臺、尚書省等官，各舉一人；又嘗聞先朝大學士楊士奇建議，令京堂官各舉才堪方面知府者，不次擢用，一時號稱得人，治理之盛，有由然矣。今者重内任而輕外補，拘資序而略素履，凡知府之擢用，較歷俸之淺深，而其才之短長，人之臧否，不暇問也。及其莅任之後，見之行事，乃往往有如臣所言者。伏望皇上下惻民瘼，上念國本，以守牧之任，關係非輕，依仿先年事例，特命兩京文職四品以上、翰林五品等官，各舉所知。或立心之正大光明，或操行之廉潔端毅，或才猷之疏暢明敏，或學識之諳練老成，或居官之慈祥愷悌，或處事之謹畏縝密，凡可以長民而濟時者，或在京職，或在外任，疏名上薦。每員下或一二人，或二三人，下之吏部，編記成籍，再加詢訪，果與相符，俟有知府員缺，即以陞補。夫守既得人，則公平之政，清白之操，無擾於民，有補於事。而儀嚴範正，又足以表率各屬知縣而檢束之。廉能者知勸而益勉，貪惰者知畏而圖改，境内安寧而治效可計矣。若其滿考之後，久而不變，政蹟表表，則任之六年、九年，雖曰歲月之久，而以越次之擢報之。或陞爲布政使，或陞爲按察使，或陞以京堂四品之職，不必拘於常格也。使通十三省、兩直隸之守而皆然。則和氣可以立召，太平可以立致，而皇上孜孜圖治之心，可以仰副萬一矣。若京堂大臣薦所私昵，不得其人，他日到官，貪穢敗事，則上有國法，下有清議，彼亦何逃？或如宋端拱時舉主連坐之罪罪之，亦未爲不可也。

如蒙皇上俯採臣言，敕下吏部，特與施行。皇上嘗加之意督率，在於必舉，如宋真宗命閤門御史臺計令催促，年終無舉官狀者，即以奏行責罰。又於所舉者籍名禁中，遇有陞用時，一①親定以鼓舞諸臣，則大臣攄以人事君之誠，庶僚秉鞠躬盡瘁之誼。天下幸甚，臣亦幸甚。

題爲召用大臣脩飭邊備以裨聖政事

臣惟事克有備，古人居安思危之道；官惟其人，聖王保邦制治之圖。《詩》曰：「修爾車馬，弓矢戎兵。用戒戎作，用逷蠻方。」言當先事而爲之備也。否則，倉卒之變，無以禦之，噬臍何及哉！然才有所長，器有攸利，走九曲之坂者須王良，扛萬鈞之鼎者必烏獲。蓋能吏事者，或不

① 此處疑奪一「二」字。

優於用兵；善操觚者，或不長於握槊。必有神明操縱之術，而後可以運帷幄之籌；必有宏闊豁達之度，而後可以輯百萬之衆；必有長駕遠馭之略，而後可以濟非常之事；必有無懼不怯之勇，而後可以應叵測之變。故玁狁之侵，非吉甫不能逐；蠻荆之擾，非方叔不能征；突厥之退，必郭子儀再出而功成；蹰南之安，必李漢超久鎮而帖服。況夫邊事夷情，迥異吏治，動之有威望，制之有先聲。擅無敵之號者，邊圉之塵自清；著長城之譽者，胡馬之牧遠遁；曰黑王相公者，已奪酋虜之心；曰胸中甲兵者，先落西人之膽。苟徒以尺度之才，而寄以閫外之任，則殷浩、房琯，終以辱國而已。

臣竊以先帝數十年來，邊事頽壞，戎備廢弛，將卒頑惰，兵食缺乏，有識之士，寒心久矣。皇上臨御之後，雖嘗選將餉兵，講求武備，而久疲之後，人心怠惕，法度瀾倒，玩肆之風，漸以成習，所以各鎮軍士，每肆吶喊抗侮，至於殺壞撫臣，蔑視王章，紀綱之隳，亦已云極，比之唐藩鎮軍士擇立留後之勢，豈甚相遠？使漢之賈誼處此，不知其何如太息也。仰視祖宗朝，寧有此等氣象哉？況聞七月以來，達賊屢犯，直入數百里，殺掠數千人，未聞與之當鋒對壘，但徒諉曰「清野堅壁」，聽其自來，待其自去，此豈控御戎狄之長技哉？苟虜賊熟知虛實，易於往來，則廟堂之上，恐不能安枕而卧也。臣竊謂邊事之壞，莫甚於今日；今日之務，莫急於修邊。寧有備而無患，無寧有患而無策。然修邊之要，不得其人，不可也。如患沉痾者，必瘳於瞑眩之藥；承敝産者，必完於幹蠱之人。苟馳千里之遠，而不得追風之駿，是適見其終蹶也。

竊照致仕吏部尚書楊一清，性資英睿，器局宏敞，蘊天人之學，抱經濟之才，識見長於料事，機權足以應敵。歷官久於西北，熟知夷情，用人善於鼓舞，能收衆志。聞望懾乎邊陲，風聲動於遐邇，殆謝安、郭子儀、韓琦、范仲淹之儔匹也。修邊之寄，苟以諉之若人，或克有濟。前該巡撫湖廣右副都御史席書等，交章論薦，吏、兵二部查議起用，而皇上乃不欲煩以邊事，是固優待老臣之盛心也。然事有緩急，時有夷險，明良不易逢，事功不易就，今不早起而用之，使之當天未陰雨之時，爲綢繆牖户之計，則有用之才，置之無用之地，萬一疆場有警，徐圖委任，譬之負芻及門，乃始責幹僕以捍禦，亦已晚矣。漢文帝當海内晏然之時，尚拊髀思頗、牧，欲借才於異代，無非爲治安計耳。皇上聰明神聖，豈下於漢文，而不圖任人修武，以保億萬年之休哉？如蒙皇上軫念邊防之重，敕下吏、兵二部會議，若果臣言可採，楊一清之才宜於邊事，降敕差官起用。如憫其勞，即令徑往三邊，仍以師保之官，兼以總制之任，如李德裕以舊相鎮西夷，如裴度以宰相討淮、蔡，諉之至重之責，持之數年之久，許以便宜，毋拘文法，期以復祖宗之舊憲，期以祛將士之宿弊，期以繕修城堡，期以積聚糧餉，期以選用梟勇，期以整束驕惰，以求萬全之策，以爲永佚之圖。則英傑設施，家數自別，風聲感召，效驗頓殊，上必求副皇上之心，下必思饜天下之望。趙充國平羌之功，馬援安南之績，要終不以其老而負國家也。皇上西顧之憂，庶幾其少逭哉。

若或以其服用過侈而議之，竊謂窮奢極欲，不能隳子儀之功名；聲伎滿前，不足損天祥之忠義。尺有所短，寸有所長，可得而略也。再照南京操江左副都御史伍文定，雄才偉度，勁氣遠謀，志素樂於談兵，功近著於討叛，操江未盡其折衝之長，經略始副其淩霄之志。是亦可以佐助楊一清，而共成邊功者也。如蒙併敕吏部，查訪可用，乞將伍文定改按西北巡撫贊理之任，俾之翼輔而效力，策應以受成，亦不特邊方之幸也。仍乞敕下吏部，搜羅諏採，凡有決策禦侮，臨事發奇之才，足以幹理戎務者，皆於三邊任用。使魏尚、班超之儔，布滿於西北要害之地，則籌邊有人，斥堠無警，朔漠清而華夏安，豈非百世之永利，今日之要務哉？

臣備員言官，愧無報稱，竊懷杞人之憂，不敢尸默。伏惟聖明採納，爲邊方用人。宗社幸甚。

卷五

疏

題爲陳愚悃裨聖政以副脩省以祈天眷事

仰惟皇上御極以來，勵精圖治，專心講學，誠不世出之主也。宜底熙皞以匹唐虞，夫何四方灾異層見疊出，有往昔所未見者？邇者禮部建言，荷蒙皇上俯垂聽納，警戒脩省，舉祭告之典，議興革之宜，此則皇上畏天憂民、省躬禳灾之盛心，與古聖王同一揆也。夫灾異之來，皆臣工奉職無狀所致，而乃煩宸慮之兢惕，是皇上可以爲堯舜，而臣等無所裨益，乃臣等負皇上也。犬馬之誠，不能自已，輒敢昧死言之。

臣惟所謂祭告脩省以禳灾異者，文焉而已矣，欲召和而致祥，得乎？計今日之所急，有當脩之於内者，有當求之於外者，惟皇上垂神採納，加之意焉耳。所謂脩之於内者何？曰「接大臣」也、曰「求直言」也、曰「公賞罰」也、曰「崇節儉」也、曰「戢豪右」也。所謂求之於外者何？曰「端民牧」也、曰「足兵食」也、曰「責撫按」也、曰「戒守巡」也、曰「慎刑獄」也。是數事者，謀雖淺而或切於今，言若迂而或利於用實，不自知一得之愚，以求塞待罪言路之責。如蒙皇上不棄芻蕘，下採葑菲，萬一有毫髮之助於聖明，則仁心達於政事，仁恩徧於海宇，可致之祥無不畢至，臣之幸也，生靈之福也，宗社無疆之休也。臣不勝激切感戴之至。

其一，所謂「接大臣」者。臣惟君臣都俞，唐虞尚矣，下而漢、唐、宋，亦皆奏對、召對、請對，載之史册，可考也。我太祖高皇帝每與劉基、宋濂等商論政事，累日不怠。暨太宗文皇帝以至列聖，無不時召大臣而咨詢之。蓋以端拱深宫，君門萬里，若非延訪羣臣，則雖聖智天錫，而民生之休戚、政治之得失，無自而能詳知也。皇上視朝不倦，經筵不輟，誠有志於堯舜之盛矣，然大臣當視朝經筵之時，不過仰望清光而已。外此，安能有所奏對，以裨聖明哉？君臣懸隔，獻納無階，皇上雖有好問、好察之心，無所施也。伏願追祖宗之風烈，凡當清燕之時，數召内閣元老及部院卿貳大臣，咨訪謀猷，講求過闕。或論往古成敗，或詢臣僚臧否，或及稼穡艱難，或究邊徼疾苦，則明目達聰，壅蔽消釋，治道自然有補，而中興之大業成矣。

其二，所謂「求直言」者。臣惟國之大患，在於不得聞諫。蓋以人主操予奪之柄，有雷霆之威，虚心延納，猶恐失之，其或拒之，孰敢抵罪？是大臣持禄而不肯言，小臣畏罪而不敢言，彼此偷安，苟容竊位，自古世之不治，常由此也。故堯舜之聖，商周之王，皆云諤諤而昌，不以犯顔而罪。伏願皇上以禹拜昌言爲念，以漢招直諫爲謀，因此灾異，俯求直言，萃以成帙，留神省覽。諒直者嘉之，訐犯者義之，愚淺者恕之，狂誕者容之。於是盡天下之情，得天下之理，有所採納，必見施行。則物無遁情，政無失德，而灾沴爲之自消矣。

其三，所謂「公賞罰」者。臣惟賞罰者，人君御世之大權也。不當賞而賞則僭，當賞而不賞則乖，不當罰而罰則濫，當罰而不罰則縱。四者有一，則善無所勸，惡無所懲，政刑失中，而天心弗當矣。故古之哲王，必先致謹於此。有甚愛之事，有甚愛之人，將行之，將用之，而於法未當，必熟思而寢之；有甚惡之事，有甚惡之人，將廢之，將罪之，而於理未安，必熟思而寢之，此治之所以極盛也。伏願皇上以賞罰爲中興之要務，重其所賞，而賞弗及私；嚴其所罰，而罰不至縱。奉天之命有德，必使賞一人，而天下人知以爲勸；欽天之討有罪，必使罰一人，而天下知以爲懼。弗以喜怒而爲進退，弗以愛憎而爲予奪，則紀綱振肅，德惠昭明，人心慶於下，天道應於上，而太平可以立致矣。

其四，所謂「崇節儉」者。臣惟舜之稱禹，曰：「克儉于家。」伊尹曰：「慎乃儉德，惟懷永圖。」易曰：「節以制用，不傷財，不害民。」夫聖賢論政，而必先節儉者，蓋不儉則用度不足，用度不足，則必重斂於民，民已就窮，何以供命？饑寒所驅，必爲盜賊。昔漢文帝不作露臺，唐憲宗躬服浣濯，誠審於此故也。伏願皇上躬勤節用，事事撙約，以爲天下先。嚴命所司，可省者省之，可罷者罷之，停不急之用，抑無名之費，務足國儲，以養民力。仍乞敕下禮部，申明禮制，播告戚畹勳禄之家，居室服用，毋得過侈踰制，以及各省士民，俱要敦守廉朴，以免罪戾。則天物無暴，風俗自約，以一言裁損之恩，爲萬方富庶之本，民生阜而和氣回，無難矣。

其五，所謂「戢豪右」者。臣惟傳曰：「畜馬乘，不察於雞豚；伐冰之家，不畜牛羊。」夫雞豚牛羊，家之所自育也，而何以不察不畜？蓋以世禄之家，所入既厚，不可侵民之利也。民之利且不可侵，而況可奪民之産乎？近來勳貴戚里，與夫權豪勢要，奪人田土，受人投獻，肆其兼并，逐之流離，棄妻賣子，枵腹待斃，苦不可言。而鐘鳴鼎食之家，蒼頭伎兒方且饜飫於酒肉，小民吞寃，無所控訴，實足以醞而爲灾也。伏願皇上敕戒前項豪右，念小民爲國本，畏法度如天刑，勿收養無賴以助侵漁，勿過爲奢華以肆劫奪，保守世家，率循國憲，使田野嗤嗤，得以遂衣食而免死亡。仍乞敕下法司，自今有犯正法，繩之不得輕縱，以申無告之寃。則政治肅清，人怨消而豐穰見矣。

其六，所謂「端民牧」者。臣惟成化、弘治年間，民生富饒，熙熙樂業，由法度正而守令善也。正德以來，貪汙成風，延至今日，習而莫改。爲守令者，視其官爲傳舍，待其民猶秦越，趨高者飾虚名以遷官，趨卑者巧漁獵以肥己，閭閻困苦，漠不關心，上下雷同，大爲民害。上司蒙蔽而不知，下民赴訴而無路，於是嗷嗷載道，咨怨動天，如之何而不致水旱、召災異也！伏願敕下都察院，移文撫按衙門，振厲激揚，嚴加考覈，凡有犯贓者，從重究懲，不得輕縱，以貽一州一縣之哭。仍敕吏部，詳其詢訪，重其黜陟，勿使虛名獲進，勿容貪殘倖免。則邦憲昭明，在位知警，守令自善，民生自安，轉悲嘆爲懽欣，國家之元氣可復，而天變於是乎弭矣。

其七，所謂「足兵食」者。臣惟軍戍之苦鋒鏑之虞，通天下皆然，而惟西北邊塞爲甚。寒風裂膚，驚沙慘目，晝則荷戈而耕，夜則倚烽而覘。一聞警報，便有死亡，勤勞苦楚，千態萬狀，是必使其足食而後可望其敵愾也。奈何近來將領非人，月糧之支，使用之費，侵剋多端。上之則總兵，次之則把總，下之則頭目，各立名色，剥削無厭，一月之糧，幾何到口，以生靈之膏脂充師旅之供，億國家之大計也，而軍士或未得一温飽，既無休暇之娱，常有凍餒之色，呻吟愁嘆，上達無由，仰干天變，殆由此也。伏願敕下兵部，凡推擇將官，必公必明，期得廉仁而委任，毋容債帥之夤緣。庶其與士卒同甘苦之心，自能施檢制諸偏裨之令，而侵漁剥削之風少革矣。仍行總制撫按衙門，嚴剋削之禁，立給散之方，凡賣糧等項情弊，爲之痛加遏絶。又通行各省都司衛所，一體遵行約束，則軍士有樂生之願，兵政肅而天心康矣。

其八，所謂「責撫按」者。臣惟朝廷之黜陟，憑吏部之進退；吏部之進退，憑撫按之舉劾；則撫按舉劾之當否，實民生休戚之攸係。上關國柄，下切民命，其任誠可謂重而且專也。近來巡撫、巡按，怠於詢訪，易於欺蔽；賢能者未必舉，所舉者或及汙婪；鰥曠者未必劾，所劾者或加良直。或姑息而市恩，或愛憎而狥己，任未期年，名已薦劾。甚而獎勞濫及親知，貪墨於是乎肆行，小民由之而喪氣。則下僚之匪人，緣撫按之失職，灾異之生，亦有由矣。伏願敕下都察院，轉行各處巡撫、巡按衙門，上體國法，下恤民窮，廣詢博訪，不偏不惰，毋受佞於奉承，毋受欺於粉飾，所舉所劾，必實必真。振揚風采，使汙濫望塵而解綬；求盡職業，使奸宄畏罪而落膽。不得仍前，因循玩愒，以庇尸素，以抑賢良。如舉者非其人，惡者不能去，及其敗露，罪有攸歸。則守令改其故習，百姓遂其所生，而灾變爲祥矣。

其九，所謂「戒守巡」者。臣惟今之分守、分巡，古監司之官也。宋神宗謂其職任至重，一道慘舒係焉。蓋其總糧儲，理刑名，治水利，督屯田，清軍政，以至公私奸弊之察，官吏廉貪之辨，所司不爲不繁，所委不爲不重，必其勤於巡歷，而後民瘼以知，政事以舉。若巡撫、巡按，亦總其綱，仰其成而已。奈何近來各省守、巡官員，懷土之心多，體國之念少；一歲之出巡，不過兩、三月；一月之所歷，不知幾州縣；望其綜核於職也難矣。民之利弊弗知，官之賢否弗辨，稅糧之飛詭者未究，刑獄之屈抑者莫伸。水利廢矣，屯田荒矣，軍政怠矣，支吾歲月，應酬故事，雖賢能不盡，然而若此者强半，民生何自而遂哉？伏願敕下吏部，咨行都察院，轉行巡撫、巡按衙門，自今凡註守、巡考語，或臧或否，不必文采，據事實書。如刑名、水利之類，則云「所雪者某獄」、「所濬者某河」，庶可再加詢訪，以爲黜陟。其或撫按開註不實，罪以失職，彼亦何辭？仍須撫按督其出巡，春初出司，至夏方回，秋初出司，至冬方回，回亦不許久住，以妨公事。年終換道之日，備將出巡，行過事蹟，造册二本，呈送巡按，轉呈吏部、都察院以俟查考。則職業庶乎其修，民隱庶乎其悉，而四方之休戚有賴矣。

其十，所謂「慎刑獄」者。臣惟刑者，聖人輔治之具，不得已而用之，用而不當，則幽枉傷殘，而神人共怒矣。律於故勘故入者，罪每從重，誠欽恤致謹之意也。奈何近來直隸各省問刑官員，蔑畏國法，輕視民命，斷理之際，任情使氣。觸犯忌諱，則深文鍛鍊；偏執己見，則肆意羅織；諂阿好尚，則遷就爲能；聽行苞苴，則虧枉不恤。不加研審，不行勘結，不究鄰證，不辨年月，嚴刑慘毒，孰不招承？或不待畫招而輒已擬罪，或不必取供而止摘口詞。甚至供招不見一字，文書已自申詳，徒流充軍，聽其所加，大而死獄，亦復如是。上官邈然不知，據招即便，依擬縱奏，訴以求伸，礙原問而莫理。遂使殺身亡家，有寃莫訴，法度之壞，至此極矣。幽明飲恨，致干和氣，饑饉頻仍，多在於此。伏願敕下都察院，通行兩直隸、十三省撫按衙門，嚴加戒敕大小問刑官員，今後斷理訟獄，務要痛革前弊，必公必明，必平必允，下求以活愚民，上求以壽國脉。如再執迷，致有幽枉，事或發覺，從重罷黜。撫按亦要精詳研審，毋得怠惰依憑，以遂欺蔽之私，以招糊塗之誚。其有寃獄未雪，訴奏申明者，撫按須委隔别公正衙門，虛心勘報，毋原問成案之拘泥，必疑獄沉寃之獲昭。則國法正，人心平，陰陽和，而水旱時矣。

題爲陳膚見以裨軍政事

臣聞兵政乃國家之大務，所以威遠而禦侮，誠不可一日忽者也。奈法久而弛，軍伍空缺，在在爲然，竊謂軍政之弊，至此時極矣。雖欲更法區處，而歷朝條例所頒，近日兵部所議，已爲詳悉，復何所加？然因時損益，使法立而可行，又有不可以不講求焉者。臣奉命江西提督，清理軍伍，謹以得之詢訪，出之臆見者，開款上聞，伏乞聖明採納。

一，互查考，以杜詐僞。臣惟解軍各省，止憑批迴，有司非不比較，而奸民玩法，往往僞印銷繳，各省隔別，難從查驗。其已赴衛者，又多隨到隨逃，及衛所不才官員賣放，容其回還，輒稱給有批差，里老不敢呈報，官府何由知之？迨至發册坐勾，則衛申於司，司繳於部，部復發司，動經一二年歲，如正德十六年發册，至今年方能降到。奸頑得志，行伍空虛，職此故也。乞敕兵部議處，合無通行各該清軍御史，今後各屬清理起解之後，獲有批迴者類造揭帖開送清軍御史處：「某軍某年月日起解，某年月日批迴。」清軍御史收候。類於春秋二季，移文各省清軍御史：「某軍某年月日解，某衛所獲有批，收。」要見是否真批，曾否在衛。彼處清軍御史行查的實，回文「不曾在衛」者，即拘軍解里老究治，從重解發。彼此互相行文查考，或專差人役，或順帶賫文，或入鋪遞行，量其地里遠近遲速而爲之。則遠者公文往還不過四、五月，近者公文往還不過一、二月，前弊可稽，詐僞可杜，而軍伍庶幾有補矣。

一，分南北，以便解發。臣惟南北之風氣固殊，民生之性習亦異，南人之不耐苦寒，猶北人之不堪瘴癘也。先年，北人發極南邊衛，南人發極北邊衛，充軍者往往死亡，以是人多巧避，兩不着伍。該大學士楊士奇建言，各照南北查發，當時稱便。蓋爲清出舊軍該解者言也，而未及新軍之編發者。向來各省按衙門定衛，遵照條例，多以南人發北極邊，北人發南極邊，其有疾惡之甚者，所發動經七、八千里，各犯畏避，知就死地，百計規免，五、六年不肯起解。其有解者，少見生還，況一軍即有二解，長解之行，每有死於中途者，屍骨野棄，是一人犯罪，而累及兩家抱恨也。竊惟充軍之罪，所以懲奸頑而待之以不死，今犯前罪而往往累死，非所以養國家元氣也。其不死者乃以奸避得免，是法又有所不行矣。乞敕兵部議處，合無通行各該撫按衙門，今後編發新軍，罪該邊衛者，查照前例，南人發南，北人發北，庶乎水土服習，免於死亡。人既樂赴而法行，伍亦不缺而用濟。仍須查照條例，内有「該極邊」字樣，方發極邊；如無「極」字者，遠不過三千里，程限不過一、二月。不惟軍人易於發遣，而長解亦免無辜累死之苦矣。

一，申舊例，以充行伍。臣查得軍政條例内一款，宣德四年兵部頒降條例：内開逃軍自首及紀録出幼者，俱發附近衛所收操。又一款，正統三年計議事例：山東等處人民，原充兩廣等處衛分軍役，今次清出，改補東西北一帶邊衛補伍；兩廣等處人民，原充遼東等處衛分軍役，今次清出，改發南方各處邊衛補伍。其北人有原係北方，南人有原係南方邊衛者，俱照舊解補，不必改動。誠皆救敝濟時之法，有補軍政者也。但例久而有司忽於奉行，時遠而軍人謂爲難信。所以逃軍不肯自首，紀録捏未出幼，埋没之軍，里老不肯報出，軍伍月漸消耗，而末流有瀾倒之弊矣。乞敕兵部議處，合無將前例重行申明，通行各該清軍御史，大書告示刊布所屬，除册勾有丁仍舊清解外，凡逃軍自首，并紀録單丁出幼者，訴改附近衛所，仍不出二、三百里之外。埋没、作絶軍丁，府縣清出，并里老呈報者，俱照舊例，南人改南，北人改北，則逃軍不遠避而肯首，紀録不推奸而肯解，埋没不苦於道遠，而漸有報出者矣。如是而仍作巧犯法，清查得出，或被人告發，重治發遣以戒其餘，弊豈有不革，而軍伍豈有不充者哉？

以上事宜雖管蠡之見，不足以裨治理之萬一，而芻蕘之言，或有可録者，願採擇焉。如蒙敕下兵部，從長查議，俯賜施行，軍民幸甚。

卷六

疏

題爲急賑恤以安窮民責預備以濟時用事

伏覩憲綱内一款：「風憲爲朝廷耳目，宣上德，達下情，乃其職任。所至之處，須訪問軍民休戚，及利所當興，害所當革者，隨即舉行。或有水旱灾傷當奏者，即具奏。不可因循苟且，曠廢其職。欽此欽遵。」臣奉命江西等處清理軍伍，按屬之時，切見南昌等府，連年荒歉，今復水灾異常，蝗食晚禾，十無一收，嗷嗷缺食。以致盗賊縱横，肆行劫掠，鄉市居民，不能安生。至於百十成群，白日劫庫殺人，横行鄱陽湖中，殺死巡捕官兵，漫無忌憚，日有警報，令人駭愕。臣目擊斯害，輒敢冒昧一言，所謂急賑恤以安窮民者。

臣惟江西一省人民，困於逆濠誅求者已數十餘年，又經兵革殺戮之後，大家小户，俱已空竭。今乃遭此水蝗，匱乏益甚，比之他省不同。餓莩載道，枵腹待食，拾取草實，日無一餐，詢之民隱，有不樂生之意。而爲之守令者，亦多因循玩愒，未見有着實憂民救荒之謀，如昔之富弼、趙抃，經畫活民之舉。所以各處盜賊日多，瀕死亡而不顧。夫凶荒之歲，民心易動，況多山險，素習爲亂，久之乏食，萬一嘯聚，爲害匪輕。每見地方士民，深爲此慮。且憂及冬盡春初，窮困已極，不可不早爲之撫定也。往年姚源之賊，擾害幾年，兵費無算，此豈可不先幾而預待之哉？

臣聞周禮救荒之政，以散利爲首。我祖宗朝，各處奏報凶荒，亦嘗撥内帑之銀，遣官賑濟矣。近該撫按等官陳琳等疏奏水灾，已蒙敕下該部查勘蠲免，及聞脩省敕諭，内有被灾軍民之家，各遣官巡視量行賑濟之命，固盛惠矣。但張口待哺者，有急欲得食之心；生計已窮者，有大施賑恤之望。如人沉痾垂絶，非厚劑參朮以藥之，不可以復其元氣也。況此處倉庫空虚，無可發之財；閭里蕭條，無可貸之粟。非斷自宸衷，輸之内帑，賑恤僅爲虚名，何以惠貧民而安地方哉。如蒙皇上軫念江西地方窮困，因罹逆濠之慘，凶年復在，大軍之後，宜比别省倍加優恤，出内帑幾萬之貲，遣才望大臣一員，賫赴賑給。酌量各府被灾重輕，查審人户上下等，則除上中户免賑外，惟一意賑恤貧民。復責令有司，多方拯援，則菜色垂死之人，不惟有可生之路；而一方蠢蠢之衆，鼎沸傳揚。朝廷遣官大賫，出於常數異於各省，皇上憂念一體之仁，雖婦人稚子，無不知而感之，不啻投醪、挾纊之恩，亦足以弭其盜心，而地方或少安矣。若内帑近多費於邊儲，而於是有所不暇，乞如宋時被灾之處不足，則轉漕他路粟以給之故事，裁度可否，依仿行之。或於浙江鄰近省府無灾去處，查其庫藏有餘，撥借若干，以救此處一時之急。俟其倉庫積累逐漸，解送補償，亦通融權宜不得已之一策也。臣又聞宋臣蘇軾謂：「熙寧中荒政之弊，費多而無益於民，以救之遲故也。」然則今日灾傷之虞，盗賊之警，不早爲之所，豈謀之善哉？臣目觸時艱，不容坐默，廟堂之上，必有至計。伏望敕下該部查議，如以臣言爲可採，早賜施行，豈徒西江之民之幸哉！所謂責預備以濟時用者，臣又因今灾傷府縣無積，而竊有所感。嘗聞之宣德、天順間，府縣守令之官，報國有實心，養民有實政，每□三年、六年考滿，亦以預備倉蓄積多寡爲殿最，所以歲凶民饑往往有賴。比來時移法玩，大不如前，倉名雖存，其實已廢，官及陞代，所積全無，或僅有之，亦多沙粃，不足充口。以是一遇水旱，便至袖手無策，百姓死亡，委之天數，良可浩嘆。兹者江西之灾，訪之各府縣，或無可發之粟，或有而不彀，所散之數，類以空言虚文塞責云耳。孤父母之責，負朝廷之望，滋弊日甚，蓋不特江西一省爲然也。

伏望敕下該部，准臣所言，移文各省撫按衙門，凡遇府、州、縣正官考滿，遵照舊例，查勘任内積有、措置、收贖稻穀若干，比之事例所限曾否滿數，委官查盤堪否濟用，然後許其給由。有不及數者，量行參究，不許起送，仍行令司、府、州、縣，按季申報季中積穀若干，以憑查較多寡，分別勤惰。責成守巡官不時巡歷查考，嚴加優禮戒敕，以爲勸懲。則希功名者效勞，畏罪戾者勉力，倉廩漸充而緩急足賴，實效可臻而吏治有補。天下幸甚，臣亦幸甚。

題爲實省飭以禳災異事

臣近巡歷至吉安府，忽見通報，開有十月十二日京師地震者，臣不勝駭愕。竊惟皇上改元以來，春則火災風變旬日迭見，夏則湖江諸省水災異常，秋則應天等府漂没數萬，而今乃京師地震。春秋所紀災異，期月之間，未有若是之甚也。方今聖明御極，百度維新，與春秋衰微之世甚異，是何災異之變乃過之耶？夫妖祥之興，神實尸之，各以類告，夫豈虚發？謹按前志：「陽伏而不能出，陰迫而不能升，於是有地震。」是謂不陰。坤爲陰體，臣道也，女道也，夷狄之道也。陽薄於陰而不能勝，相乘而震。且京師，天下根本，君德所在而天之警告若是，臣愚未解其由。漢永、元間，郡國地震，説者謂戚畹恣盛之應。建、光間，郡國又震，説者謂中常侍江京等擅恣之應。宋仁宗時，忻、代間地震，説者謂西北元昊猖獗之應。則夫今日之震，誠何咎徵而然也？春秋之義，舉往以明來，觀著而思微，天地之變，國家之事，粲然皆見，無所疑矣。伏願皇上考之往古，驗之今日，求於天端，推於人事，晨思夕惕，默察心融，必究其所以致之之由，而脩夫所以禳之之道，不可視爲尋常事，文具以爲省也。夫「動民以行不以言，應天以實不以文」，先儒之讜議也。故宋景公以熒惑守心，不忍移臣庶之咎，子韋稱有至德之言，熒惑必徒三舍，此則以實應天之效也。唐明皇以太陽虧蝕，悉令赦徒隸之人，宋璟謂可以至誠動天，不在德音頻降，此則以文應天之弊也。今者皇上齋戒祭告，敕下群臣，同加脩省，是可仰見遇災而懼之心，而群臣不能體國之咎，亦知所戒矣。使惟是之爲而不於其要者圖之，則政治終或乖違，聰明終或窒抑，而非以實應天之意，天或倦而且怒，將默而爲殃矣。伏願皇上因譴告之迹，體仁愛之心，據易圖難，即今懲昔，奮揚君德，執持主威，以繩墨守家法，以兢畏保天命，爲天下節財用，爲國論明賞罰。於九宫闈戚里，祈恩丐賞，日月不乏者，俱當斷而不聽，以示至公，亦以制其過盛，以保其後。左右近習必加訓敕，有「思不出位」之美，實封章疏務親省覽，無壅蔽欺罔之虞。使刑賞一出於正大而人心服，予奪不陷於偏陂而國憲昭。至於邊防戎務，尤須講求，料理大要，在於選擇主閫，興復廢墜，黜昔時之債帥，飽今日之餓卒。繕修城堡，揀汰老弱，明軍法以整驕惰，蓄糧餉以備警急，有戰勝守固之具，革苟且怠泄之圖。豈非懼災禳變之實，久安長治之道哉。然而端本之務，則又在於皇上之慎脩，講學以實也；翰林儒臣時，賜顧問，以知政治之得失，親賢以實也；公卿老臣，常獲召對，以復祖宗之舊規，聽言以實也；言官論列，必見施行，用人以實也。冗員僭濫，俱從裁減，則理義由之而正，綱維由之而肅。而前之三事，當節制者自節制，當脩舉者自脩舉，而無所扞格矣。何天心之不可回，何天變之不可弭，何和氣之不可召，何祥瑞之不可獲？海内豐穰，國家康謐，豈特朝廷億萬年之福哉！戚畹長享富貴之福也，左右永有榮禄之福也，邊士安保室家之福也，商高宗、周宣王脩德事天之效，豈得專美於前哉。

臣職居言路，見今灾變異常，且恐憸人以脂韋、善柔之説，移皇上憂勞之志，安皇上克責之心，致皇上不實意以恤灾，而誤國家之大事也。輒敢昧死一言，伏惟聖慈留神。關於朝廷者，俯賜採擇；係於該部者，敕下議行。宗社幸甚，天下幸甚。

題爲清理久淹獄囚以副脩省事

伏覩正德十六年四月二十二日明詔内一款：「内外各衙門囚犯該追贓物，係還官給主，銀貨至五十兩以上，并入官。至一百兩以上，監追一年之外，及正犯身死，拘禁家屬，各勘無家産堪以變賣、陪納者，招具所犯情罪奏請定奪。其不及前數，監追半年之外，及正犯身死，各勘無家産，并例該追罰馬牛等項，悉與宥免。查照發落，若係埋葬銀，正犯見在者，仍依律追給。欽此，欽遵。」誠皇上曠蕩之恩，恐獄囚久淹致死，以干和氣，即大舜欽恤之心也。奈何各省大小問刑衙門奉行未至，憚於奏請，稽於釋放，因循歲月，德意成虚。甚或惡各犯之過惡，縱久監而不顧家産已無，終難辦納。隆冬盛暑，瘟疫傳染，饑寒迫侵，竟死於獄。暴屍數日，鵶啄鼠嚙，必待獄卒、獄吏相驗，文移完日，方得給與屍親。其無屍親者，將棄諸墟野，充狐狗之腸矣。所司漠無經心，謂其自取，以至年計月算，死者不知其幾矣。刑莫重於死，人命、强盗之類，有犯亦□□心。

今以贓銀而乃獄死，雖其迹不同，而爲死則一也。天地以好生爲心，而使死者非其罪，拂天地之心矣，豈不有干於和氣哉？比來四方灾異迭見，饑饉相仍，固不獨由於此，而此其致灾之一端也。

臣奉命江西，清理軍伍，按屬以來，雖此非專責，而詢訪所及，竊知各府縣前項囚犯甚多，有監至五年以上，尚不能辦納者，其不得所死亦已多矣。又有徒杖納贖，監追一年之外，亦坐病死。臣實惻然，況近奉修省敕諭，益加惕懼，嘗案行司府，將納贖監追年久者，遵奉詔例，改擬發落。外獨贓銀數多，例該奏請定奪，輒敢僭越一言。切惟追贓囚犯，非侵欺錢糧之人，則駈騙嚇詐之徒，或以無業而謀充糧解，或以無賴而出入衙門。跡其所犯，固爲可惡，而恒心壞於無産，廉耻喪於饑寒，亦勢然也。況昔日所侵，一時花費，今欲盡追，何産可鬻？以獄爲家，有死而已。此弊則各省皆然，而惟江西爲甚。蓋百姓頑狡，侵欺贓物，比之各省過多，故各屬囚犯，盈溢囹圄，比之各省迥别。若不督責區處，則贓既無償，人亦徒死，德惠未沛，和煦未洽，非所以變灾致祥之道也。皇上臨御以來，蠲免民租，恩覃四海，而獨可使獄囚之未沾洪澤耶？矧江西饑荒日急，盗賊縱横，甚於各處，此囚久監，終無生理。如蒙皇上擴脩省之心，終矜宥之惠，敕下都察院裁議，行令江西巡按監察御史，查委各府廉能幹濟同知、推官，及才能知縣，分投各府，遵奉詔書事理，嚴加清審。凡囚犯贓物，係還官給主，入官至五十兩。一百兩以上，自嘉靖元年以前侵欺，監追年久者，拘集里老、鄰佑審勘，除能營辦者，嚴限追併，不許久監。外其果無産業可變，家徒壁立，取具里老、鄰佑重甘結狀，即與釋放，該充軍者即與起解。及雖有産業，而贓銀數多，産業價少者，亦與估計量追一半或追三分之一，并與不及前數者，查照發遣，事完類本具奏。若俟奏請而後發落，則往回之間，動經幾月，方春饑荒多疫，恐有不及受惠而死者矣。此實出於聖恩，非臣之所敢必也。仍乞通行各省巡按御史，一體着實清審，疎放施行。則待斃之囚忽有生路，易嗟怨爲歡喜，而皇上仁心至德，上通冥漠，和氣即是可回，變異由是可禳矣。昔文王埋骼人，謂之澤及枯骨，天下仰之。況能活未死之人，感頌當何如哉！伏惟聖慈採納，天下幸甚。

題爲薦用風力賢行方面官員以勵庶僚事

照得江西地方，民狡素稱難治，而法度之廢愒，始於逆藩之掣肘；山險昔習爲盗，而劫掠之猖獗，加於凶年之枵腹。官守多因循怠泄之習，政事罕振勵著實之圖，公案山積，潢池時警，未全革也。訪得按察司僉事余珊，志節不凡，才猷卓異，剛明振乎百廢而所至風清，綜核由於一勤而凡事紀肅。且心存近古，無邀譽空言之陋；志在安民，非推奸避險之儔。如設立鄉兵，身親督戰，捕獲自稱「崗主將軍」劇賊鍾體江、邢魁端等二起，共一百二十餘人。探入巢穴，皆不辭危難，不伐功勞，而袁州等府，地方近獲安息。巡歷所屬，煮粥濟饑，孜孜爲民，力矯故習，而南昌一道，輒沸頌聲誠一時，有益於國於民之才，非尋常充位者比。使用之各省，固無不可，而於江西凋敝之後，尤其宜也。臣叨按諸省，知而不舉，則賢者無以勸，惰者無以激，有負朝廷耳目之責矣。如蒙敕下吏部，再加查訪，如果臣言相符，遇有江西臬司員缺，不次擢用，庶於地方有補，而在位者皆知勵矣。

題爲薦用賢能官員事

伏覩憲綱内一款：「所至之處，博採諸司，官吏行止廉勤公謹者，禮待之、薦舉之；汚濫奸佞者，戒敕之、糾舉之。勸懲得體，人自敬服。欽此，欽遵。」爲照江西方面官員，多有起用人數，如僉事余珊等，近已遷官。其未蒙擢用而盡心職守者，臣不敢知而不舉。訪得布政司右參議謝迪，秉心誠諒，持身廉潔。幹理精勤，公事絶無積案；撫牧明恕，所至輒有頌聲。饒州府知府李熙，心行古朴，風節孤狷。以廉静而撫傷殘，深得衆心；持簡默而馭煩劇，足稱循吏。蓋皆有補治理，不愧官箴者也。況二臣者，遭權姦之廢斥，際聖明而起用，科甲已深，名位未顯。越階甄擢，以風群工輿論，僉於聖世有望焉。如蒙乞敕吏部再加查訪，如果臣言不謬，將謝迪、李熙量加擢用，則振淹求舊之體以崇，獎直命賢之典兼錫，不特二臣感恩圖報，而有位皆知所勸矣。

書朱福州集後

右福州集六卷，爲詩歌者三，爲奏疏者三，此福州守、上海青岡朱公所作也。公少時即有聲黌校，所著時文，往往爲時輩傳誦。未幾，登甲科，出宰奉化，更賢餘姚，餘姚號劇邑而有惠政，人多感之，文章、政事卓然爲一時人物之表，衆莫不以大用期之，由是晋陟侍御，漸顯矣。乃以疏上守令，久任不合當道，遂出守福州，尋以憂歸而卒。今觀詩歌所詠，和平温雅，具見所養，而章疏之辭，則明白剴切，又可考見其經濟一時，人物卓然表表者，信爲不虚，若大用以副衆望，則不能得爲可惜也。然公言雖剴切，未見施行，而詩詞所發，多有幽憂思歸之意，必其不與時合，以自展其才猷，讀是集又可想見此有志者所共慨也。公子察卿輯而編之，公可謂有子矣。刻成辱示予，予書其尾而歸之。

嘉靖壬子仲春，郡人張世美書。

余友上海朱邦憲出其先公福州集六卷見示，命良俊書一言於末簡。良俊讀公奏疏，竊有深念焉。方公爲侍御史時，今天子初膺寶曆，稽故實，正典禮，直欲比隆唐虞，自漢以下諸君勿[1]屑也。而公之章奏，但以開延訪、重民牧、修飭邊備、求直言、崇節儉、足兵食爲言，初無奇謀異計，可以少裨聖思。余意當時人必訾議公，謂細瑣[2]聞奏，不稱。然余觀頃年以來，海内[3]民力日困，虜騎充斥疆圉，宰相日夕調兵食，常懼不給，則公之所言，無乃正爲今日耶？昔漢文帝玄默躬化，論者比之成、康，而賈生所陳政事書，至爲痛哭流涕，當時雖謂爲過，卒之終漢之世，其言皆見施用。宋之真皇，世稱賢主，李文靖公爲相日，凡四方奏報祥瑞，必故爲滅裂之，一有災異，則反覆啓告，謂爲失德之招，雖王文正猶不然之。後天書事起，告祀群神，海内匱竭，人始服公識度之遠。大抵人主希心殊眇者，常忽於微；人臣[4]體國忠誠者，每防其漸。余獨恨當時不能盡公之用，然即今猶可及也。苟能取公之疏，舉而措之[5]，則於斯世不其有濟乎？公詩清便可喜，足窺作者堂廡，余不論，特論其大者著之。

① 勿，何翰林集作「弗」。
② 細瑣，何翰林集作「瑣屑」。
③ 海内，何翰林集作「四方」。
④ 人臣，何翰林集作「臣子」。
⑤ 舉而措之，何翰林集作「次第修而舉之」。

嘉靖壬子仲春三日，東海何良俊書。

余嘗言世之淺丈夫，生無顯行，殁無令名，不足比數，嗟哉！草木鈞腐耳。是故古之志士，思所以樹不朽之業，匪直以富貴其身已焉。青岡朱先生，少有文行，且生當盛際，爲名大夫，特天不假年，弗克究厥用以亡，茲可惜也。乃先生之子察卿與余游，雅善，嘗出其遺札書示余，讀之，其詩閎雅有風人之致，其章疏侃侃見之行事，有裨化理古之所謂不朽者，不在是乎？今其子察卿能世其業，將益以文顯，而諸孫濟濟皆俊朗可念，宜先生之令名無窮矣。

邑人後學張之象題。

右朱福州集六卷，鄉先生青岡朱公之所作，而其子察卿邦憲父之所編刻者也。公詩雅潤和平，出入岑、孟，雖觸景會心，隨興所至，多憂時戀國之辭，而思親求退之志每見其中。蓋公雅性疏朗，雖跡在周行而情懽在野，故其蕭閒冲遠之度，居然可想。奏疏諸篇，才謂敏贍，而慮事精詳，明白剴切，得告君之體，所謂憂盛世而危明主者，每溢言外。雖刊削散佚之餘，所存僅此，然皆可傳也已。昔人謂文章、政事，不能並稱，而實出於一本。若公以文章飾吏事者幾二十年，遂使忠言嘉謨既效於當時，而文采風流，□傳於後世，亦近時之所希覯者也。惜□□□年，未見其止，而公聲績茂著，以德□□，所至表表，古稱「三不朽」者，庶幾近之，則公之傳又不專在於是也。余竊謂子美有詩才而流離夔峽，多羈窮旅人之思，敬輿蒙難盡言而德宗視如棄梗，千載而下猶有餘慨。視公所遭際，其遇不遇又當何如也？朱氏世有文名，至公益大振，邦憲復好德而文以世其業。是集之成，他日考家學之淵源，信文獻之足徵者，必自茲始，而余復何言哉！

同邑後學董宜陽書于雅歌齋。

詩不易傳也，自唐以前尚矣。明興，襲宋之弊，拘以章句，志仕進者非是毋繇，末益務爲剽緝以希進取，他藝悉鄙不爲知者，殆鮮望其作而傳也，復可得哉？福州先生以通才妙學，窮治經業，兼騖藝圃，少時爲詩，即多清俊語，爲人傳誦。既仕爲御史、爲郡守，賢聲懋績，赫著一時，然觀覽紓懷大肆，聲律尤益俊雅，綽有唐風，其爲傳也無疑。先生詩學，乃自家世，四世祖静菴公能詩，曾大父怡閒公能詩，大父葵軒公能詩，父玉洲公能詩，子察卿又能詩，方深造詣，若良駒之馳下坂，不可知其止。極要古今以詩世其家，期以相傳若先生家者，殆未多見。還生晚，不及執鞭，幸與察卿游，雅相契好，因出所藏遺藁讀之，深致歆慕，遂相與編次，定爲三卷。外疏三卷，昔居臺時奏草也，皆剴剔世弊，以裨益治體。此又大節不可泯没焉者，故并輯以傳後學。

古婁馮遷書。

附録

四庫提要・朱福州集六卷 浙江汪汝瑮家藏本

明朱豹撰。豹字子文，上海人。正德丁丑進士，官至福州府知府。是集爲其子察卿及其友馮遷所編，凡詩三卷、奏疏三卷。詩學中唐，以流麗清切爲主。

嘉慶松江府志卷五十二古今人傳四

朱豹，字子文，上海人。父曜，以貢授清江提舉，操履剛正，人方之陳太邱。豹正德十二年進士，知奉化縣，豪右屏息。調任餘姚，革里甲、短解之弊，以最擢監察御史。數上封事，薦楊一清、伍文定。奉敕清理江西軍務，江西當宸濠變後，歲屢荒，盜賊竊發，豹至，發粟賑飢，活數萬人，釋大辟囚三十餘人。尋守福州，聞父訃音，即日徒跣行三十里，士民追送，有泣下者。豹性孝友，父在，行里中，未嘗乘肩輿。與兄弟處，同食遞衣，友愛無間。好施與，宗黨多待以舉火。

所著有福州集行世。

同治上海縣志卷十八

朱豹，字子文，號青岡。父曜，以貢授清江提舉，願慤端毅，時人比之陳太邱，有玉洲集。豹正德十二年進士，除奉化令，曜戒之曰：「我生平慕包孝肅為人，若不持一硯歸，乃我子也。」豹受誡惟謹，所至有冰蘗聲，豪右奉法，凡害禮傷教者，皆禁絶之。振刷庠序，捐俸建社學，養士有成效。調知餘姚，革里甲、短解之弊，至今遵其法。兩邑皆祀名宦。擢御史，益以直道自任，薦楊一清、伍文定。及召對，豹又密陳災異，裨聖政十事，言極剴切。奉敕清理江西軍務，江西自宸濠變後，災盗數起，豹至，發粟活數萬人，釋大辟因三十餘人，又嘗請兩京五品以上官各舉郡守不稱者坐之。語多忤時，遷守福州。聞父訃，即日徒跣行三十里，送者遮道。性孝友，父存日，未嘗乘車，與昆季處，衣履相易，而宗黨多待以舉火。卒，祀鄉賢，著有福州集。

光緒南匯縣志卷十三人物誌

朱豹，字子文，新場人。父曜，操履剛正，以貢授清江提舉。豹正德丁丑進士，知奉化縣，豪右屏息，凡害禮傷教者，皆禁絶之。調任餘姚，革里甲、短解之弊。兩邑皆祀名宦。擢監察御史，薦楊一清、伍文定。召對，密陳災異，獻時政十事，言極剴切。敕清理江西軍務，當宸濠變後，歲荒多盜，豹發粟賑飢，全活無數，釋大辟囚三十餘人。尋守福州，聞父訃即日徒跣行三十里，士民追送，有泣下者。里居未嘗乘肩輿，與兄弟處，同食遞衣，友愛無間。好施與，宗黨多待以舉火。

石英中集

〔明〕石英中　撰
戎默　整理

整理説明

石英中（一五〇六—一五二九），字子珍，號見山。先世居浦東十六保，後遷浦西。明嘉靖二年（一五二三）進士，四年或因大禮議被囚[①]，爲人所稱道之七宣紀夢擬古樂府諸作即作於此次獄中。後來被釋。嘉靖七年，尚充鄉試考官，考畢還朝，八年（一五二九）又因「家難」作，繫於臺獄，「遂客死」，享年不過二十四歲，[②]「立朝日短而夭折」（從子應魁先仲父見山行狀），爲後人所嘆惜。

見山性情敏感，常爲一物喜、一事悲，而才氣横溢，清康熙南匯縣志稱其「意氣豪舉，千萬言

① 嘉靖三年楊用修因大禮議謫戍雲南，先仲父見山行狀載見山曾與踐行並賦詩，「揮袂去，而公亦隨罹難」，知見山被囚也是因爲大禮議。

② 此次再被繫，或即嘉靖四年被囚之後繼。見山本人的説法是「守身無狀，忝天子官，以干重法」（伯母哀辭），而「家難」之説，或見山没後石家諱飾之語，故而從子應魁自云「昔童年亡知，諱不敢言」。見山没後「六十年所」，「懸車之日」（俞顯卿跋石比部集）的應魁有時間緊迫感，自云「旦夕死」，搜錄見山所存詩文「付諸剞氏」，又作先仲父見山行狀稱仲父「名以禍没」，「不應澌滅無傳」，乞人「鼎言賜銘」，「或爲洗寃」。

援筆立就」，少時頗負文名，時稱「人倫鑒」的上海令鄭思齋洛書許其爲「盧、駱再生也」。

身後有石比部集八卷，乃從子石應魁於萬曆年間整理刊刻。今湖南圖書館僅藏後四卷，四庫全書存目叢書據此殘本影印，而上海圖書館藏有全本。此次整理石英中集，即以上海圖書館所藏八卷爲底本校點而成。華東師範大學古籍研究所的趙嘉同學，在整理過程中給予了很多幫助，謹此感謝。

目録

卷之二……一四三

詩……一四三

卷之八

石比部集序

臨江守石君啓文聞過予，稱□先仲父見山先生之才，警敏□絶，意無古人，髫年聲欻起，□□鄉闈，取進士高等，拜尚書比部郎，漸顯矣，而競以家難夭折。□士大夫耳習先生者，腕猶扼□傷哉。復手一編曰：「已矣，仲父亡可見矣。不佞魁紇其遺言，願徼寵靈以柔翰華衮之，令毋泯泯。而不佞魁無涯之感，亦籍以少慰。」

曩予童子時，侍先封公，則聞譚石先生才，如啓文君言，然嘗怪天以厚畀私石先生，而勒令其終，以先生之奇，抱文辭而不少概見，可謂不幸。及讀啓文所示先生詩若文，始慨然曰：「嗟乎，先生不可謂不幸矣。在昔瓌偉奇士，負跅弛而捍當世之網，若馬遷、班固輩，何可勝道。迺其所結撰，如遷之史、固之書，莫不琬琰詞林，膾炙千古，則雖謂二子者未嘗死可也。先生既麗于難，遂覃思著述，爲古樂府 紀夢 七宣等作數萬言，説者稱七宣超軼枚乘，鞭撻陳思，河東生而下無論也。其樂府即無當干唐山安世之古以則，豈不渢渢乎哉？極先生才而假之年，則所表見當不止此，然虎炳豹蔚，即一斑可窺其全，是亦足以震耀耳目，揚聲後世矣。而先生悲遺伯道，女謝中郎，非啓文紹明家學，遠搜蠹簡，表而章之。則荆山棄璞，疇能國寶奕代；合浦遺珍，豈得照車前後十二乘哉？於戲！遷史傳於外孫，班書續于女弟，先生果不可謂不幸矣。

予遂論次其事，以塞啓文之請，若其行履世系，則顧尚寶志及啓文狀詳哉其言之矣。茲不著。

後學秦嘉楫撰

先仲父見山先生文集序

世廟登極之元年，是爲壬午，鄭公思齋令海上，甫下車，試諸生，得先仲父見山公卷而三歎焉，蓋曰："「正始之音，幾於絶響夫，夫振藻風雅，其有寄乎？金紫浮榮，無論也。」是秋獲雋。越明年癸未，舉進士高等，拜比部尚書郎。噫，鄭公之人倫，何其明於獨照也。

惟仲父綺歲通仕籍，立朝日淺，無功德可紀，獨翱翔藝林，含英咀華，撰述不愧古人，手題其稿曰："「吾嘗自評紀夢，博雅富麗，可亞七宣一跋，特壯而警，如東坡所謂赤手捕龍蛇者。夫自譬文字，歐陽子醉乃爾，吾醒人也，而作醉語何？良恐一旦泯滅無聞，且告子弟，不敢不實也。」又示魁曰："「汝姑藏之，後世必有知我者。」時先水部既即世，魁蚤孤無學，不省何謂。迨束髮，捧而讀之，語高旨玄，未易俄而曉也。亡何，仲父曁先大父比部相繼捐館舍，魁上侍二母，藜藿困心，日屈首制科文，即欲爲仲父圖不朽，未能也。後幸録于鄉，叨刺全州，束於吏事。迨同守筠州，暇日亟舉仲父集，燕坐焚膏讐校，單言隻字，莫非吉光之羽，一讀一嘆，無淚可揮。竊念三百篇後文，莫盛於湘纍，太史公稱其志「與日月爭光」，而「好色不淫，怨誹不亂」，兼有國風、小雅之致。

班固氏乃譏其揚才露己，忿懟不平，自隕厥生，然卒不枉其才，而稱之曰「博雅富麗，爲詞賦宗」。良以原之才華忠憤，生不遇於君而没後又遭彈射，非掄才之公也。逮建安、黄初，最號多才，人人自謂握靈蛇之珠，然皆不能飛騫絶跡，一舉千里。而偉長、阮瑀、仲宣、孔璋之徒，各以偏長推讓，亦以才難故耳。我仲父天才高朗而濟之以博洽，束髮秇文，不十載而卒然罹難，詞章繁富，不下千篇，惜乎逸者七八，所存纔二三。詩律數章，雖不敢上擬蘇、李，庶幾名家流亞矣。紀夢七宣，幽憤激烈，寓志托詞，曲中矩矱。擬古樂府多古今詞人所未道，每遇風晨月夕，嘗令壼事小史諷而誦之。思深哉，其有屈氏之遺風乎？

邇者魁老歸田家，弟朝淪喪，神氣消沮，即欲操觚而苦於闇劣，如以蠡測海，淺乎睹矣。第恐先狗馬填溝壑，子孫蒙昧，輕其家丘，使連城之璧掩於流沙，亡以慰仲父夜臺之思也。謹乞序於名賢，次而刻之，庶藉玄宴先生爲太冲，重以冀垂之不朽云。

從子石應魁撰

卷之一

賦

節婦賦有序

閩有節婦，氏陳，其甥王子崇禮道其詳，余爲賦之。

肇清寧之奠儀兮，剛柔法以定位。制義閑有家兮，化權輿乎内治。女利貞迺吉兮，誼從一而弗貳。芣苡嗟懷人兮，王風式識叶。柏舟之矢死兮，千古垂誠叶。胡氣蝕而世降兮，耻薄慾熾。泛駕以蕩軌兮，狂奔逸駟。猗淑人之邁德兮，正躬總轡。值天宇傾覆兮，閟邃閭以永訣叶。抱憾窮昏旦兮，神往容滅叶。謀族息以延嗣兮，弱哺長惎。玄隧豈不幽阻兮，肝膽洞視。焉世譽之紛美兮，弗誼者義。製純白以爲衣兮，礪貞堅以爲珮。登三壽以令終兮，夫固神之所庇。神聰明以正直兮，鑒昭節而福萃。握完璧以覿良人兮，亢顔無愧。死生契濶申信誓兮，互欷歔以慷慨叶。殫厥精以何覬兮，令名載德而四曁。倬郡伯之崇化兮，馳簡書以表懿。絲綸熠其下嘉兮，爲流俗立赤幟。生義而死榮兮，逾百祀其猶述叶。彼肆情以毁則兮，溷攘同棄。持悠戮以易促娱兮，愚智奚以異？將賦質懸高下兮，善不可僞抑。王綱之解會兮，俗師師而罔弼叶。旌一而勸萬兮，有教無類。惟君子之揚休風兮，孰矢而弗靡叶。

亂曰：碩人履信，遵國維兮。静方克終，懷好仇兮。於爍譽命，吉大來兮。示民不恌，樹景規兮。

哀貞烈文

周公子配王鳳林子女兄也，以貞烈死，鳳林子碑其墓坊，誦其文有感焉。託楚聲哀之，爲哀俗勵。其詞曰：

明明上天兮，賦民有神。泰山可砥兮，滄海可塵。凋三光兮瘁萬物，緊民之神兮不可奪。泚吾目兮髭如戟，託蕪辭兮哀貞烈。玉爲姿兮繡爲腸，倚傅姆兮不下堂。灼爍兮若春日之升扶桑，綽綽兮如朝霞之映空。盛年婉娩兮，宛若秋蘭吐幽芳。諳讀詩習禮兮，知大義之明明。粹質兮義方，既姱兮以貞，緊先人兮範厥邦。忠與節兮揚明廷，蓀之生兮類以良。佩寶璐兮珥明月，青霓爲環兮白虹爲玦。飲沆瀣兮飡素雪，幽都之增冰兮不足以方潔也。雎鳩之關關兮，在彼河洲。受衿鞶之明誨兮，來爲君子仇。斵辛夷兮棄芳椒，闢桂牖兮張蕙綢。迓百□□行消遥，邁瑶臺兮陋秦樓。鳳凰于飛兮鳴相求，採荇菜兮中流。夙夜唯敬兮，色思其柔。德耀之女梁兮，吾與儔。羌娱樂兮，萬歲千秋。吁嗟□□兮，逢天不祥。時幾何兮喪厥雙，五内摧兮面目傷。痛入天兮晝冥冥，秋霖爲我傾悲風，爲我鳴。婦有天兮願天之久長，嗟若是兮吾安用此生？謇良人之好脩兮，信瑚璉之偉姿。鳴白珩之琅琅兮，冠母追之峨峨。既耿介以踔絶兮，又多才而多藝。筆凌内史兮，巧奪由基。朋與歸我偎兮，謂文武之兼才。育德庭闈兮，抱利器其未試。胡黔嬴之佻賊兮，倏獨貽此禍灾。嘉時不可再兮，徒嗄慟兮奚爲？祝良人兮我竢兮，捐吾軀兮若遺。幽堂閉兮夜何長，求良人兮獲其雙。駕駢鸞兮驂兩龍，吾與良人游兮于帝鄉，形則解兮心不亡。吾與三辰兮争曜，與元氣兮齊齡。謁沅湘之二妃兮，招衛國之共姜。仍伯姬于盟豬兮，攜宋女以同行。延杞妻於淄水兮，召高行於大梁。左皇甫之清揚兮，右夏侯之潔方。前堅土□□烈兮，後希孟之輝光。紛總總其並駕兮，女貞清風皆侍旁。繽吾萃此衆靈兮，爛昭昭兮翱翔。上列缺之寥廓兮，下大野之渺茫。吾與良人□□兮，時流睇乎故鄉。鄉之人兮哀貞魂，疏懿軌兮達帝閽，宸聰邇兮覃洪恩。激衰俗兮貴幽泉，瑋題貞烈刊堅珉。佳城京域鬱何盤，暑寒環遷萬億年。憯悽焄蒿兮，爽靈之彌存也。于嗟怛怛，天之罔祐兮。毁棄雙璧，搒埃土矣。茫茫大塊，予若取兮。嗟美淑人，死得所兮。反求吾心，烱若睹兮。龍光爛兩曜不朽兮，嗟美淑人，又何吁矣。

重曰：長江西導，嗡呴萬里兮，經壙漭兮登嵬崔。汾分流合，槩潏沭漷潏潨漫減兮，荆門砉然倚天開。雖百折必東之兮，淙巨海兮不顧回。巨海北遶燕山，燕山巍巍。維江與山兮，下經厚地，上摩蒼天兮，無崩竭時。繄貞烈兮，高風粹節，昭揭宇宙，山邪江何悠哉。好生惡死兮人豈異，而胡貞烈兮甘如飴？上天賦民兮，厥心孔神。臣有死國兮，子有死親。謇事人之不二兮，惟此良心。役俗不知兮，貪生喪厥仁。行父使齊兮，宰嚭降越。莽有揚雄兮，操有荀彧。淵世族兮儉國華，賈舅氏兮捐國家。王魏之直兮如事讎，何遘相巢兮粲黨温。長樂之智兮，歷五朝而受恩；質雖稱義兮，旋北面而逡巡。臨川希孔顔兮，宋進士而事元，彼男子兮，曾不如婦人。煒貞烈生閨閤兮，羌獨全其天。長太息兮晲九有，揚吾靈兮日曒曒。薦杜若兮祭桂酒，勒蕪辭兮永久。凡民有生兮厥類，豈殊視兹貞烈兮良心炯如。

委運

浩流光之馳兮，萬物以隨。故禪新繼兮，尸者其誰？少復壯兮老將至，而觀大化兮邈焉遐思？萬古一息兮，去此安之？寄形宇宙兮，忽若游絲。嗟衆生之蒙兮，行路嶮巇。役心摇精兮營其私。昏昏逐逐兮將何爲？達人委運兮忘所悲。神游六合兮侣安期，飄飄白裾兮風倒吹，遨遊兮蓬萊之嫣。青雲爲裳兮，明月爲觿。鳳凰擎蓋兮，麒麟御輜。下山兮濯足，上山兮採芝，保元含真兮芙蓉姿。凌九天兮翻翻飛，俯視萬象兮何參差？西游扶桑兮略彭蠡，王母醉我兮，麻姑持贈我以千歲之桃，期我于白雲之居。倚劍兮長嘯，揮光斥景兮徜徉以嬉。念此樂兮不忍言，往從之兮奚疑。

詩

和唐女郎光威裒韻漁女道士名玄機者常和之

投珠未結神僊偶，握粲遥憐窈窕三。賦就斑姬羞月扇，夢回潘岳鬭春衫。雲低金屋彤花隱，日落瑶臺錦帳啣。才羡大家重見女，瑞占太姒百斯男。連城白璧酬難直，一曲陽春和轉慙。最愛鳳凰聲噦噦，生憎燕雀語喃喃。廻文巧妬秦蛾杼，舞絮狂飄謝女簪。蜂隊亂飛心暗許，鵲橋悵望意空含。争棋苦恨鶻兒鬧，待月偏猜婢子諳。取次分香伴獨睡，自從窺玉懶禪參。願齊蘭蕙同芬馥，肯學荼薺異苦甘。千載風流今寂寞，巫山雨暗鴈征南。

丘壑

丘壑峻以玄，幽人協佳趣。青天漾漁舟，白雲迷烏樹。萬竅宣宫商，百昌滋華素。目送懸象飛，坐移落葉聚。會心屬怡曠，息機謝馳鶩。赤松期不來，紅顔徂難駐。獨採商山芝，飡英嘆朝露。

贈閫制趙東山 四言

上馬繫賊，下馬草檄。在昔鷹揚，乃今龍覿。厥覿云誰，維趙將軍。有猷有守，允武允文。燕頷猿臂，弱冠臨戎。克夷劇寇，屢奏奇功。天子曰咨，不允金城。余愾而敵，而動余旌。推轂宣命，制閫專征。形兮赤紱，載纛啓行。驕虜怙獷，脅醜侵軼。百中命奇，一鼓成列。身先致果，士奮蹀血。豚膊僨牛，螗肢膏轍。狼宿滅景，龍庭掃迹。踠足騰槽，餘勇投石。玉關置邑，蘭錡韜戟。瘢耆鼓腹，童土秀麥。既降戎器，亦閑文事。下帷絶編，蓄德多識。雄詞躍矛，回光奪幟。素業名家，束手驚視。倚馬萬言，河懸峽注。屈、宋風騷，馬、班詞賦。筆陣横空，飄雲鬱霧。擅場兩絶，振古七步。於倬將軍，呈瑞昭代。一舉無雙，逸塵絶配。豈伊干城，國之鼎鼐。終始令猷，茅土攸賚。

問花津一首 追賦

棠舟蘭楫問花津，無奈花風解逐人。水沸笙歌昏白日，山啣樓閣映青春。紫蜂結隊邀陳壽，青雀横橋度洛神。雲霧氣融騰翡翠，瀟湘紋亂隱麒麟。新調錦瑟嬌傳譜，故奪瑶簪僞正巾。侍女潛窺廻暗笑，背人邪立欲微嗔。行遊交珮鳴雕玉，咳唾垂珠落綉茵。袖拂鳳釵香乍散，影廻鸞鏡粉初匀。争巢鶯看鴉兒鬧，亂局喧傳猧子馴。金屋嬋媛歡易歇，陽臺寂莫夢空頻。最羨碧湖芳草外，一雙鸂鶒自相親。

觀博聯句 二十韻

謫僊苦索居，博也娱朝夕。刻畫灾文蘭見山，點綴資牙骼。雙陸競梟盧東溪，三十森劍戟。襲談笑決雌雄見山，推行辨主客。捷足透重防東溪，危機伺巧獲。固守玉關嚴見山，交争劍道窄。連蔡肅啣枚東溪，畏蜀慙遺幘。閧烈鄒魯聲見山，戰餘楚漢跡。小斂期萬全東溪，大叫判一擲。急攻多恣笑喧見山，屢挫揚怒嚇。鬪縱窮寇歸東溪，闔乘孤軍隔。初强戒驟驕見山，終亂緣微隙。謬動招衆蒼黄東溪，互擊混黑白。蟻聚驃騎營見山，駿發皇華驛。運謀輕勞神東溪，務勝渾落魄。良悟博譏見山，偶敗還自惜東溪。變態俄頃分，局面須臾易見山。勝負本無常，料想竟何益東溪。

中趣東溪，世事春冰釋見山。

孫子東溪卜寓有獨樹當門亭亭可愛約石子見山共賦之得十韻

卜寓依幽户東溪，開門獨樹迎。扶踈山雨霽見山，蓊鬱野雲平。會意明含笑東溪，忘形暗結盟。脩枝凝露重見山，飄莢逐風輕。咄咄憐予蹇東溪，盈盈羨汝榮。索居閒鑒物見山，中立解忘情。不受絲蘿附東溪，何慙松栢貞。空庭流素影見山，明月散餘清。共坐欣知己東溪，相逢愧晚生。披襟揮短韻見山，擲地作金聲東溪。

勗内十四韻

厄運興多難，春深隔二喬。别離宫柳放，羈滯井梧飄。悵望空揮淚，悲辛屢折腰。裝衣知密禱，供膳料親調。短札傳蠅字，飛蓬捐翠翹。傷秋同有淚，見月各無聊。愁緒憑絲結，衰容覺鬢凋。金風催景暮，銀漢杳雲霄。木爲良先伐，膏因明自燒。虚誇才貌敵，實恨語音遥。蝶夢啼痕破，鸞驚粧黛銷。相思惟潔白，辛苦度瀟條。劍拆終當合，珠還不用招。私心何所恃，生也幸逢堯。

昔李白繫獄，有寄内詩，予才不逮古人，而窮過之，因仿其故事，作此詩。

述憂十八韻

漢法今逾密，嚴關晝不開。禍因群小搆，迹爲衆公猜。幽隙延孤月，鳴鉊拂隱雷。鴈聲銜角起，霾陣逼人來。伏枕思東海，書空望上台。三秋長嘆息，五夜獨徘徊。蹇拙書生命，虛無術士推。自憐參也魯，誰是禍之胎。潔白招緇涅，青黄乃木灾。淵魚元忌察，羅雀正啣哀。故故顔凋渥，凄凄心欲灰。詩緣愁自得，病與悶俱催。清淚時雙下，柔腸日九廻。狐悲應爲兔，瓶罄却羞罍。籲帝浮雲隔，懷親幽夢回。敢論羑里屈，肯惜洛陽才。莫訝人情薄，終期天網恢。乾坤如有意，霜雪不辭摧。

忝竊三十一韻

忝竊斯文誼，迍邅特共憂。所嗟今日事，殊作故人羞。自分遐遺必，翻驚枉顧稠。長鳴開素臆，重惜豁青眸。心事公能悉，訛言衆所尤。懷疑真盜鐵，積羽亦沉舟。本爲狂輿蔽，仍招昏椽仇。曾參元不殺，李白却長流。賢達皆如此，踈頑後怨疇。帝關雲萬里，吏獄日三秋。龍拆延平劍，貂餘季子裘。文章失鸑鷟，勳業憶驊騮。家室同漂梗，生涯若贅疣。一朝淪汩没，五内凛戈矛。僻陋音容改，顛危氣節揉。時移叛童僕，路險悖朋儔。夙昔聯清署，衣冠處上游。艱難逢此日，傳播動中州。大辱翻疑夢，奇凶不自謀。朔風飄逸思，夜雨滴深愁。已任三尸訴，難將雙豎牧。哀笳纏屋角，急鼓戰城頭。中夜嚴秦法，南冠泣楚囚。無緣歸碧海，有夢到滄洲。入網憐青鳳，忘機羨白鷗。心肝空犬馬，性命欲蜉蝣。蕭傅剛難及，鄒生疏未投。寃人瞻定國，聖代斥來侯。公論行當白，餘光定燭幽。黃金心怯注，白璧志難酬。敢借吹噓力，乾坤守一丘。

有所思絶句十首

晝靜風微罷弈棋，垂簾無語重相思。襄王誤結陽臺夢，暮雨朝雲十二時。

石錦凝波含細雨，桂花流影拂輕雲。眼前風景還依舊，愁見天邊鴻鴈群。

一斛明珠邀艷女，千金寶馬博妖童。青樓翠箔留歌舞，惆悵明河路未通。

雲入巫山情態別，雨歸湘浦淚痕多。誰教春鳥闗春睡，喚醒相思可奈何。

小桃纖柳鬬妖嬈，飛燕流鶯語正調。遥憶當年携手處，白雲杳杳路迢迢。

紫燕雙雙繞畫梁，呢喃宛轉望昭陽。羅幃綉幕沉青瑣，謾憶當時墮馬粧。

玉女金童事渺茫，珠袍空瑣鬱金香。憑將千里瀟湘水，不及相思淚兩行。

幾番花雨送殘春，愁坐無聊獨愴神。最是支機石難覓，靈槎何處問通津。

僊郎覓得錦芙蓉，擎出深深玳瑁宮。可恨東風情事薄，無端吹散並頭紅。

淺絳輕風開芍藥，細香踈雨度薔薇。春深小院無人見，玉鏡徘徊淚滿衣。

憶東溪絶句十首

當年曾遇葛僊翁，聯騎同朝太乙宫。一别青山淹歲月，那知塵世又逢公。

公才未許曹、劉敵，物論同歸班、馬間。却笑子雲無一事，草玄寂寞解希顔。

廿載論交總未真，與君相見即相親。東溪剩有閒風月，秀水奇山願卜鄰。

羽旄到處羡文星，無數篇章勒汗青。相憶獨披漫稿看，精神恍惚已忘形。

别來濕熱苦相仍，况爲多愁病轉增。雲浄碧空連水濶，生憎鵬鶚擅飛騰。

畫閣風薰錦綉香，碧蓮和露隱鴛鴦。東溪樂事知多少，悵望令人欲斷腸。

風弄槐陰酒力驕，無端詩思轉飄飖。分明寫出相思句，苦恨天邊鴈寂寥。

藥裹書籤常自檢，酒樽棋局爲誰開。閒愁恰似堦前草，日日牽連自出來。

銀燭幽暉侵半床，風吹哀角落空梁。由來懶僻渾貪睡，秖爲思君覺夜長。

自從吾道屬艱難，阮籍還將青眼看。無奈天涯容易别，山川間阻路曼曼。

憶栢崖邵子絶句十首

從教月色幾回新，分與荒齋燈火親。自是傷神愁見月，非關月色解傷人。

淮海相逢意氣真，慇勤險阸振迷津。可憐世路悠悠者，多少秦人視越人。

買池鋭塌右軍字，伐石重刊左氏文。戚畹長安聯甲第，幾人風雅得如君。

早拖金紫映青春，朝罷争看五色麟。一别停雲千里隔，芙蓉秋水見精神。

曆應金風爽氣開，蒼梧一葉報秋來。欲憑尺素傳消息，江上征鴻唤不回。

蒲萄久熟青山酒，橘樹閒開白日棋。白日青山多樂事，相從行樂是何時。

俗緣未卜遊僊枕，人世難逢銷恨花。一片相思何處着，晚風孤鴈落平沙。

相憶轉憐憐轉憶，多愁添病病添愁。遥知七夕月明夜，半拂青簾獨倚樓。

閒掃飛花揜緑苔，每從雲氣望蓬萊。游雲亦是多情者，半落巫山半鄴臺。

浪喜得書晴鵲報，翻愁入夢曉鴉催。陽春有曲憑誰和，花謝楓凋厭酒杯。

卧病一首 和翁冬官韻

清秋卧病秖自憐，書空作字懷往年。露凋葉散五溪柳，風急帆欹三峽船。空嗟泛海銀槎杳，却羡文機錦石圓。何事覊棲獨惆悵，窮途早覺阮生賢。

憶釣一首和翁冬官韻

楓凋梧老雨橫秋，回首滄浪憶釣舟。淹留却訝乾坤窄，醉夢從教日月流。稷下黄雎虚白馬，函關紫氣自青牛。安得長風幾萬里，遠凌蓬海恣遨遊。

夢親

熒惑凌黄道，乾坤困腐儒。三秋餘涕泗，五夜數驚呼。月落雲迷鴈，風高霜泣烏。親幃頻□夢，倏翼阻鵬圖。

書懷二首

昏椓睊睊怒逐臣，不將金璧買麒麟。但教金璧磨呈斗，管放麒麟踏舊春。放得麒麟歸舊林，不愁白璧與黄金。秖緣金璧無從覓，鐵鎖沉沉夜夜心。

送楊子之紹興任

楊生本曠達，仕宦不辭卑。所樂山水勝，兼無吏事持。朝登吴淞南，暮宿浙江湄。况有麒麟兒，五色爛文詞。裁成太平頌，被之清廟絲。君當拂衣歸，試讀羊公碑。

贈楊用脩謫滇南

策馬濡翰坰外來，不憐逐客是僊才。兜鍪束髮酬明主，鐵戟凌霜立羽臺。度雨千山鳴匣劍，占星六詔净邊埃。人生譚嘯可勛烈，豈直孤忠凌九垓。

炎伏小坐有感和東溪

炎爀蒸人情思昏，試憑簟玉賦招魂。故園滄海經離别，疊浪浮雲自吐吞。李白文章懸寶劍，杜陵風雅付金樽。白衣蒼狗渾閒事，一卷黄庭費討論。

述懷用東溪限韻

紛紛心事爲誰言，愁對黄昏獨揜門。萬里關山雙下淚，五更鼓角一消魂。乾坤自恨同漂梗，日月何當照覆盆。早悟莊生齊物論，肯將斥鷃羨鵬鯤。

辱東溪諸君子惠顧以詩奉謝

嗟君高誼薄層霄，獨踰嚴關慰寂寥。抱拙向人空泣玉，論文起我解聞韶。霜飛炎伏寃應徹，海變桑田恨未消。憑伏東風早嘘拂，自憐生也幸逢堯。

呈同署諸公二首

萬里辭親戀一官，朔風六月起嚴寒。皇輿自擬登騏驥，法網誰憐鎖鳳鸞。此日窮途悲阮藉，何時小棹識張翰。明星亦解幽人恨，故放餘輝照楚冠。

異鄉遘禍秖緣官，深夜幽思毛骨寒。今日塞垣真失馬，明時枳棘亦棲鸞。半生心事雙漣淚，千古功名一羽翰。擬向吴江最清處，東風遲日濯危冠。

代人送其友之藩府官

萬里封章謁帝閽，天池雷雨起靈鯤。衣冠今日光家緒，劍佩清秋拜國恩。藩府喜瞻風雅望，關山重把别離樽。燕沙漠漠平蕪没，立馬遥看獨鶴翻。

中秋

乾坤同此月，今古幾中秋。鼓角悲聲壯，星河爽氣浮。幽懷空對酒，佳節倍生愁。忽憶閨中婦，擣衣應未休。

中秋有懷往歲

去歲中秋屆，高筵接友生。盃承金露重，句得玉壺清。往事翻疑夢，幽歌一愴神。可憐今夜月，猶似舊時明。

家兄顧余于難忽欲辭歸詩以留之

花蕚樓成心事違，雲沙交鬭北風威。紫荆剩喜鶺鴒在，貝錦翻驚鴻鴈飛。契濶百年惟有淚，瀟條萬里更無衣。古來急難憑兄弟，努力周旋莫浪歸。

和東溪韻因贈之

玉色金聲繫我思，相逢自恨得君遲。名高日映蒼龍仗，地迥雲迷老鳳枝。世上風波真是夢，天邊雨露不曾私。匣中久貯芙蓉劍，贈爾慇勤結故知。

用東溪韻寄所思

愛爾風流可意人，相逢一度一精神。鸞情鳳想全勝舊，燕語鶯啼巧弄新。巫峽雲濃常作雨，藍田日煖剩生春。三秋悵望愁多少，淚盡衡陽書信頻。

憶舊遊一首和東溪韻

吳江夾岸起朱樓，是處笙歌破客愁。淑氣催花薰艷醉，東風拂柳舞嬌羞。雲歸遠樹驚山出，鷗狎輕舟信水流。水碧山青依舊在，幾回竚望擬重遊。

賀新婚二首

駐得紅顔樂事濃，煖風深院月溶溶。八銖花簇耀毹帳，百和香浮琥珀鍾。畫錦堂開金芍藥，春羅扇掩玉芙蓉。鸞歌鳳吹争歡笑，共指僊人欲跨龍。

洞府僊人下碧空，瀟湘秋水湛雙瞳。鮫綃細逐行雲捲，翡翠斜分淡月籠。環珮聲交金鎖闥，麝蘭香散玉霄宮。人間亦有吹簫客，歲歲瑶臺會裡逢。

憶家書不至有感

四月忽欲盡，家書期不來。傷人堪下淚，扶病强登臺。故國久栽竹，行厨新薦梅。物華催歲序，王粲有餘哀。

惻惻

我生多病藥餌扶，春去無聊嘗惻惻。四月紫薇花欲紅，半簾楊柳絲無力。索居空復著文詞，知己不得見顔色。何當舉翼一翻飛，萬里雲霄開素臆。

春日贈别友生

春入湖山媚，鶯啼花竹繁。美人歸故國，獨客倚晴軒。此别重可惜，相思不敢言。爲君鼓朱瑟，曲盡一消魂。

懷釣

我懷清江垂釣者，索居蒼莽之荒野。山空日落猶未歸，持竿獨看白鶴下。

試誦

游子行日邁，秋風急暮天。鸞鶴心冥絶，獨坐草太玄。緬懷謫僊人，披錦歸釣船。泛月浮空明，棹發宫商宣。鄉關望不極，離思忽悠然。且對樽中酒，試誦白雲篇。

睡起

渺渺遠山臨細水，娟娟雙鷺立孤汀。瀟瀟風雨秋天晚，漠漠江湖客夢醒。

長歎

月出溪水寒，高人發長歎。芳蘭膏空山，群鳥舞孤鸖。努力事文章，餘光昭雲漢。長歎復高歌，拂衣當夜半。

宫詞

淺絳輕風開芍藥，細香踈雨度薔薇。春深小院無人見，玉鏡徘徊淚滿衣。

閨怨

望君君不歸，悲思日緩帶。何處妾斷腸，孤鴈青山外。

夜酌 六言

春色常隨水緑，交情只比山青。十年燈火一夢，半生琴劍孤亭。月出踈林隱隱，鳥歸遠岫冥冥。共君今夜大醉，笑我明朝未醒。

題扇 六言

天襯遠山近山，雲迷高樹低樹。真僊妙侶歸來，白鶴青松深處。

卷之二

詩

送鄭思齋内召二首

迢迢帝畿水，赫赫漢官儀。穆穆太乙府，煌煌紫薇居。皎皎彩鳳質，倬倬虎豹姿。上章天之象，下羅地之維。王事豈不貴，春風懷我思。我思良獨苦，玉壺結青絲。

我有一片心，味同青蓮苦。魚服蹇白龍，矯首思雲雨。寂寞三十年，壯志空懷古。知我者夫子，獎激頗自樹。今吾將遠行，拔劍爲君舞。不惜青蓮心，慷慨君前吐。

夢李白

千載謫僊人，才名懸白日。悠然入我夢，大醉狂歌逸。倒披紫綺裘，横持青玉筆。贈我游俠篇，白雲繞一室。踈窗來鍾聲，相失何倉卒。月黑行路迷，思君一凛慄。相知在千載，長嘯理素瑟。

挽卧白山人

卧白山人騎白鶴，青袍羽扇游冥漠。人間不見山人歸，浪語九原不可作。山人有名懸白日，山人有子五色筆。借我試作山人歌，杜鵑聲急風瑟瑟。

漂母祠二首

咸陽甲第半南冠，厩下嗚駒玉粒殘。獨有王孫窮到骨，翻令漂母薄壺餐。

昔聞漂母事，今見漂母祠。一飯亦何有，廟貎千古儀。所濟正英雄，當時詎能知？

栢亭

栢亭主人栢作亭，夜深月落風泠泠。主人秉燭讀素經，玉聲琅琅鶴夢醒。水繞亭下山作屏，四面賸有花冥冥。歲寒栢葉常青青，主人卧起只栢亭。

遠送

十月江南向江北，骨肉遠送百里程。雨飄翠幙酒力薄，風打白鷗波浪輕。歡娱賴有博弈在，談笑肯令笙鼓鳴。滄洲夜泊更秉燭，拂衣忽訝東方明。

寄唐子

與子論交閱十年，翻思往事一茫然。碧桃青草並騎馬，緑髮紅顔不羡僊。東海競傳明月引，清宵同賦白雲篇。今日相思不相見，令人空憶剡溪船。

雙冬青淮陰官署後

江南處處有冬青，誰種一雙當小庭。風雨夜深疑共語，土泉根近定通靈。無花明白憎蝴蝶，細葉暗連巢鸛鴿。退食無聊頻佇看，寒烟繞樹鬱冥冥。

題扇景四言

佳木叢生，蓊鬱成林。踈枝密葉，四布清陰。于兹息駕，良愜素心。山高峯秀，江澄水深。

有美一人，扁舟會吟。悠逝者魚，和鳴者禽。爰有佳趣，冷然開襟。

同前

蒼江流轉亂峯陰，談笑清分水石音。白日飛殘天地運，浮雲變盡古今心。神游太始兼名隱，景會幽關信口吟。何事子猷移棹晚，滄浪一曲興難禁。

過高郵

湖光百里撼高郵，打鼓迎風發使舟。破浪聲翻鷩虎鬭，奔雲影落和蛟游。孤帆渺渺歸何處，一水茫茫泛客愁。日暮烟波歎飄泊，人生端不用封侯。

送邊子刺高郵

使君才氣雄今古，四十專城正未遲。朝野文章傳棣萼，江淮草木賁旌旗。分符喜得湖山勝，製錦同推廊廟姿。千里維楊車馬道，行人應識峴山碑。

出淮城

平明小騎出淮城，一水遥連江樹晴。絶岸桓桓飛獨鶴，輕雲片片逐游旌。氣蒸青草凍不死，風戀遠帆舟亂征。入眼分明添客恨，悔將踈達絆浮名。

送吴子

月落平湖夜未央，美人起舞肅行裝。楊花欲净海雲碧，綵鹢獨憐吴水長。劍氣連天衝北斗，離思繫我繞空梁。遥期後會知何處，太乙池邊近太陽。

送友人會試

秋入空江水氣平，美人小棹百花迎。踈風千里劍光白，長嘯一聲斗柄横。青紫元非吾黨志，文章肯負大方名。對揚須展匡時策，國是于今屬俊英。

復湛川子 湛川即潘笠翁少保

歲暮燕山憶湛川，忽驚來使寄長篇。與君已是兩年别，過我何妨共榻眠。海上交游真寂寞，客邊詩意喜周旋。千年鷄黍風流盡，肯信吾曹是後賢。

送友人吴生東歸兼約再至

同上三秋萬里船，獨歸十月小春天。寒山吐月喧烏鵲，久客思家聞杜鵑。縱酒秪應離思苦，耽詩惟有故人憐。明年春老鶯花煖，早促驪駒白玉鞭。

夜坐書懷用秦子韻

獨客空庭延月光，迢迢骨肉倍思量。側身西北風霜苦，回首東南道路長。消渴馬卿猶戀國，覊棲張翰未還鄉。此生懷抱何時好，一樹梅花書滿床。

夜入淮

白馬圍紅燭，鳴珂夜入淮。戍烏啼落月，□□繞輕霾。奔走東微禄，簿書非素懷。廟堂憂未已，湖海興多乖。

敬勞

敬勞張子筆，細寫見山詩。兩絶吾安敢，八分人共知。憐才應不厭，舞劍亦相資。只恐蛟龍鬭，懸愁赤手持。

過盂城

盂城一片水，應識見山心。世路共奔走，天機誰淺深。雨雪冬欲盡，鄉關思轉侵。開窗時遠望，無語獨蕭森。

衝雪

平野見山早，孤舟衝雪遲。亂風成舞絮，弱纜戰危枝。性拙爲官懶，時危秖自悲。獨行無一事，索筆漫題詩。

賦歸用前韻

獨客賦歸急，人來相迓遲。難憑魚有信，空負鵲鳴枝。半嶺雲全黑，寒江風正悲。所思不可見，惆悵偶成詩。

小棹暮春行

山碧雨纔過，鳥啼天欲晴。草含風細細，魚出水冥冥。江漢雙蓬鬢，浮萍一令名。東吴千里勝，小棹暮春行。

過吕梁用元實限韻

秋風鳴急水，凄切動琵琶。噴激摇危磴，縈廻瀉落沙。廟堂悲獨客，舟棹憶三巴。頻年重度此，風景較全差。

送客

行色燕雲暮，空山落日飛。送君頻看劍，留我一沾衣。柳爲愁難折，春迎人共歸。吴中如有鴈，莫遣尺書稀。

病懷

客邊情事惡，多病苦侵尋。瘦骨羞看鏡，幽懷獨擁衾。方書時解註，勝地廢登臨。風雨仍相妬，停舟抱夕陰。

不寐

秋宵渾不寐，獨坐拂長纓。細水連孤月，踈風聽五更。悠悠懷舊事，碌碌只浮名。澤國憐飄泊，愁聞鴻鴈聲。

送王太史省親

僊郎廻玉騎，宫錦試斑衣。忠孝開皇極，文章重紫微。雲明鄉國近，春早雪霜稀。萬里應傳語，人從天上歸。

丹陽道中

殘雪隱高岸，清江行役人。鳥巢踈木出，魚窟逼船嗔。樂事鄉關近，生涯詩酒親。高歌翻作惡，獨立一悲辛。

閨情

千里東風引畫船，花枝爛熳照平川。鴛鴦亦解嬋娟意，相向和鳴最一憐。五湖雲薄山光媚，六月風微蓮葉香。天上鵲橋須早度，試將玉鏡理新粧。

壽太安人

潞國聲華舊，共舟節義新。箕裘傳冷子，封爵慰亡人。庭蔭三槐日，堂開五綵春。一時傳勝事，七袠尚精神。玉杖玄鳩飾，瑶堦青鳥馴。樂分僊府奏，殽列洞庭珍。多福徵餘慶，名賢況絶倫。斑姑垂聖史，孟母卜芳鄰。忝結通家誼，兼連骨肉親。願脩山海祝，不惜捧盃頻。

雪中舟發廣陵

暮冬天雨雪，凄切下平湖。獨客仍多病，浮名不愛軀。鄉關山水隔，舟楫鴈鳧俱。最是梅花色，令人思轉孤。

丹陽遇埧上民船夜行遇雨

客況自憐久，歸心不肯遲。晚行仍遇雨，窮坐一棲枝。辛苦丈夫事，凄涼兒女悲。僕夫私怨語，猶自愛吟詩。

訝吴子不至

獨客翩翩江上回，天涯不見故人來。每逢小棹遥疑是，錯把芳尊容易開。殘雪朦迷安道路，閒雲半落楚王臺。相思欲借金錢卜，有約不來空自猜。

寓金臺懷家二首

辛苦到京國，春深紅杏多。紅杏入眼新，白雲舉頭峩。心隨白雲遠，夢繞青山過。歸期日眇茫，歲月漸蹉跎。此身已許國，家鄉將若何。

剔盡殘燈漏轉深，忽聞鳴鴈獨傷心。一官迢遥覊千里，兩字平安直萬金。穉子歡迎惟入夢，故人愁語偶成吟。要知離恨何時重，月在紗窗風在林。

寄弟一首

風雨黄昏落葉頻，香銷燭冷陪酸辛。忍揮别淚歸殘歲，預訂來期在暮春。草入池塘空夢汝，烟籠水國正愁人。江南冀北三千里，孤住孤飛各愴神。

夜坐

城頭月色暗，城下柝聲悲。游子懷故鄉，孤燈鎖青眉。迢迢東南路，欲見不可期。相思復相思，願憑好風吹。

述懷

紅顔對白日，披襟來素風。静裏客愁重，悠然望長空。碧光浮海氣，明没雙飛鴻。鴻高不可呼，尺書寄無從。虚名密羅網，念此下雙瞳。

憶西莊

沉吟坐窗下，憶我讀書莊。莊中何所有，翠竹夾垂楊。徑曲深花木，波清躍鯉魴。好鳥時來鳴，好風時送香。弟兄自師友，談笑皆文章。有琴不張絃，有書不盈廂。三月天氣好，摘花野路傍。四月農務始，持扇看插秧。六月薰風至，滿座生微涼。九月登高望，野人收稻粱。呼童挾彈來，驚起雙鴛鴦。黄菊出踈籬，小橋横野塘。落霞照面紅，晚色入野蒼。歸來烹黄鷄，問酒解鷫鸘。長嘯入高堂，聚首燈燭光。有客忽推户，相逢喜欲狂。主人不勸酒，倏忽空壺觴。明月出浦上，看月行相將。月明水光寒，水濶月色長。欲棹水中月，擊玉宣宫商。水月共一色，得意忘昏黄。此樂一入夢，令人熱中腸。

扇景

船泊古岸幽，月出山頭小。竹響清風來，心閒白雲繞。散髪狎鷗群，長歌震木杪。飄然欲遺世，此味人知少。

思家

黄沙作雨暗山城，回首江南入畫屏。幾度思歸歸未得，夜深無語向空庭。

憶友

清夜琴聲空繞梁，知音人去倍凄涼。可憐一片相思月，一照紗窗一斷腸。

壽希顔父母六十

採得黄精煮白雲，雙吹碧玉鳳凰城。須臾甲子人間過，别樣乾坤洞裏春。青鳥下來桃子熟，靈槎飛渡海潮新。庭前寶樹僊人贈，畫紙敲棋醉葛巾。

示弟

花發新枝好，登科多少年。人生不自勉，長大有誰憐。鞭愧祖生後，文傳蘇子賢。欲將名姓顯，燈火理青編。

憶家書不至

捷音騰兩月，一字北來無。身倚殘燈寂，心隨落月孤。上林空對鴈，太史未占凫。應是山行險，還疑水道枯。喜來塞外鵲，愁聽嶺頭烏。冉冉高堂髮，呱呱小輩雛。紫荊田氏寶，玉樹謝家珠。多病藥頻煮，消愁酒暫沽。到家惟有夢，對鏡自憐癯。開篋黄金盡，清毫紫電俱。水山供諷詠，詩句强歡娱。夢憶家鄉好，人生名利拘。晚眠呼睡僕，早起問征夫。會有平安信，燈花昨夜殊。

送胡后坡即赤牛子

文譽東南抵掌收，笑將霜劍上皇州。瑶樓玉宇神遊勝，柳絮梨花情事幽。千里逢君容易别，十年知我自懷羞。月明半夜遥相憶，離夢悠悠江水流。

送孫德夫之太守任

壯郡試龍泉，繞朝俱贈鞭。福星臨一路，好雨滿前川。借寇自今始，徵黄應後年。縵帷到城去，天子欲需賢。

思家

一别鄉關五月餘，風沙滿目故人踈。夢魂野岸頻穿屐，詩債青山常對廬。雲暗自憐歸去路，鴈稀誰帶寄來書。出門便覺家鄉好，莫笑山人獨種蔬。

遣興

人生少如意，達者貴知足。萬物各有分，外慕空碌碌。彩雲斑太空，斂迹一何速。世事本弈棋，反覆如車軸。所以柱下史，默默常守谷。所以晋處士，悠然醉黄菊。意氣安足恃，且飡盤中肉。灼灼臺前花，青青園後竹。物性皆自得，會心莫娱目。如何阮家兒，盡日窮途哭。

憶秀才

紅日未生人事生，馬頭南北盡風塵。從來總道儒冠誤，始解儒冠樂自真。

晚坐述懷

客思凄凄多苦辛，鳴鳩巢燕總傷神。斷雲偏着思歸眼，落照斜含獨坐身。兩字誤人行及我，一生笑我不如人。閒來謾讀莊生賦，始悟浮名未是真。

午日

去年午日舟中過，今歲還從客邸逢。黍粽謾誇官裡賜，硃砂親解故人封。偶看野婦簪蒲虎，遥憶家兒鬬角弓。未擬天台採僊藥，春衣欲典小桃紅。

寄友

塵世相逢不可期，飄飄征袖北風吹。亂山無數阻歸路，明月有懷思故知。興逐山鳥投遠樹，望迷雲鴈下沙堤。何時更結論文會，試擊文犀一吐奇。

得家書

新雨初收花宿苔，天涯獨使突如來。書從竹篋眼纔見，笑向紗窗手自開。且喜雙親携婦至，只愁小弟仗書裁。一家骨肉分南北，清夜思量腸欲摧。

聞家累與湛川内子聯舟賦此

我生亦何幸，與子百事同。願結千載交，日白顔常紅。昨夢遊蓬萊，笑向紫薇宫。授我長生訣，挾以兩玉童。寶書燦星月，豁然開我蒙。願騎雙白鶴，同上蓬萊峯。赤黻不可辭，素懷托清風。

月邊雲

青楊掛明月，是我思家時。雲從月邊過，試問欲何之。若向東南去，片心寄爾爲。惟爾月邊雲，應知游子悲。

夜眠喜得家書

客邊情事惡，夜半夢魂寒。骨肉去年别，家書今日看。一身悲寂莫，萬里慰平安。搔首空庭立，歸心逐鴈行。

壽李尚書

一世大名懸白日，兩朝勳業等浮雲。丹成丘壑元醫國，身擬蓬瀛只愛君。甲子幾年桃又熟，松花滿徑鶴成群。經綸收拾詩千首，散遍瑶臺五色雲。

送客

一劍横秋出帝都，風吹行色長菰蒲。十年燈火舊遊處，千里江山新畫圖。此去誰人堪賭墅，來秋有客共呼盧。金陵佳勝同心事，一羨君家一歎吾。

有所思

落日故鄉思，危樓獨客身。舊山心共遠，歸鴈語相親。寂寞暮雲合，徘徊秋月新。長歌對樽酒，涕泗欲霑巾。

送兩峯李侍御按蜀

絳節銀章映錦袍，玉驄危度棧雲高。兩峯霜雪清炎服，三峽星河照羽旄。彈壓久摽風紀望，馳驅肯爲簿書勞。遥知八月秋空霽，白帝城邊威鳳翱。

代人送其姻西歸

約約者蘿，依彼喬木。君子宵征，白鹿文轂。維喬有木，蘿則附之。君子宵征，曷不遐思？蘿之約約，木之矆矆。我送君子，金罍以酌。厥豆伊何，維猩及鯺。君子遠我，載驅載跱。

約約者蘿四章，章四句。

送見素翁有跋

公輿有僕，矯然御而。肅肅大夫，祇載瞻而。太息公歸，日方升而。
公輿有馬，翩然駕而。濟濟多士，祇載攀而。太息公歸，月幾望而。
公輿有旌，賁然樹而。民止靡麗，祇載拜而。太息公歸，浮雲揚而。
公輿三章，章六句。
公仕，志也；止，義也。志不勝義，歸於可。可仕仕，可止止，時也。聖人之用，公有焉。奚而太息？太息，有感也。作公輿志感，蓋有憂之，抑公豈異哉？詩曰：「心之憂矣，不遑假寐。」

歌

七歌

黑沙霾日黃雲飛，玄鶴鎩翮棲圜扉。夜半哀鳴聲出屋，雙眼迸血横縞衣。鴟鴞喧叫舞神怪，戰慄四顧儔侶稀，嗚呼一歌兮歌已哀，孤鴈爲我從南來。

鼓柝徹夜不成睡，中腸百結形容悴。若有人兮持薜荔，躩躍向予笑且詈。驚悸攬衣起諦視，神魂恍惚杳難致。嗚呼二歌兮歌再陳，凄風爲我揚輕塵。

明星欲没東方旦，仰視白日發長歎。我生有命何獨苦，晝夜沉憂皓髮亂。緘詞往愬閶闔扃，五内冰雪兼炎瘴。嗚呼三歌兮歌正長，青楓葉赤天雨霜。

我父我母天一方，南北道路阻且長。携家仕宦嬰禍殃，高堂垂白貽怖惶。不辭委骨膏異鄉，劬勞莫報心悲傷。嗚呼四歌兮歌聲咽，草木黄落金石裂。

有弟有弟業儒生，抛書疾走來視兄。衝風擊膚慘欲坼，相見痛哭各失聲。骨肉意重性命輕，紫荆根蔕同枯榮。嗚呼五歌兮歌思澁，零雨墮地寒流急。

有女有女瓊瑶質，眉目宛孌皎如漆。五歲失母自知榔，今也憶我淚汨汨。念此胸臆叢矛戟，沉鬱展轉抱狂疾。嗚呼六歌兮歌欲竟，昊天爲我廻斗柄。

蒼鱗擁紱毛甲赤，蛟龍失據離窟宅。少年怙猛輕彈射，雷電晦冥争廻劃。神物下謫帝怒嚇，帝也仁聖臣命厄。嗚呼七歌兮魂魄消，日落猿嘯風瀟瀟。

贈别友生

天冥冥兮欲雨，老鶴倦兮不舞。倚孤松兮短歌，懷彼峯兮天姥。若有人兮辭予，薄言歸兮故閭。托征鴈兮尺素，書何所贈兮玉蟾蜍。

城上烏謡

城上烏，啣赤符。豪俠子，執金吾。騎白馬，凌萬夫。馬翩翩，走平原，蛇弓羽箭黄金韃。日暮馳歸卸玉鞍，美人迎入雕闌干。東鄰楊子宅，蓬頭持燭點周易。

古道吟贈侍御張南川

請君息新聲，聽我古道吟。自從混沌破，古道呵神靈。女媧補天堯射日，祥雲繞道光瑟瑟。群僊下拾金光草，天公爲築白玉室。白玉室，何巍哉，下有萬頃蛟龍池，中有百尺鳳凰臺。霞摽隱隱清霄立，朱門正正白日開。不隔山，不阻水，祇在平途咫尺耳。如何世遠岐路多，千載亡羊竟誰是。坐令古道生荆棘，衆生盡逐塵寰死。群僊上訴玉帝耻，六丁敕賜南川子。只今古道直如矢，萬里康莊騁緑駬。

壽歌

卿雲明，青鳥下。玉童御，僊人跨。容成結交君平亞。瑶華築臺霞壘榭，水漿淋漉銀河瀉。白鶴雙雙飛繞舍，千歲萬歲何時夜。

贈二錦衣小歌

皜日欲出星宿稀，六龍肅駕雙鳳飛。鳳凰啣下紫泥誥，敕賜忠良二錦衣。二錦衣，平生不好武，胸中浩浩包今古。半將白眼看愚人，全把赤心事明主。玉書繫肘紫氣騰，寶劍懸腰寒光吐。談笑折衝樽俎間，妖氛浄掃青海灣。蘭陵美酒貯百斛，酩然直透太平關。太平天子重脩文，繼述先志何慇勤。編摩典册靡遺墜，垂耀萬世功多君。吁嗟，二錦衣兮，才兼文武超逸群。夾陛日侍五色雲，麒麟閣上標殊勳。

挽武略將軍

玉山頹，扶不起，將舊物，還太始。野馬無聲日夜馳，贏得芳名滿人耳。陰雲繞隴頭，寒鴉棲暮樹。月明華表鶴一聲，武略將軍在何處。

青氈送同年童君教諭

勒馬催换酒，爲君吟青氈。風吹白楊樹，魚鳥自山川。由來官事壺中了，先生穩向青氈眠。日出團團照古栢，流霞滿座羅群賢。文章不用黄金買，瑚璉還將白玉鑴。花影覆壺瑶草碧，悠然懶問沽酒錢。弦歌遠振我續響，詩句應教海内傳。他年天子遥相召，明月圖書載滿船，青氈青氈同爾旋。

西山吟

西山青，高摩霄漢耀日星。白雲吐吞月明滅，壁立萬仞何亭亭。西山青，悠然分色入我襟。時有黄鸝横飛過，飛入西山不下汀。西山青，止有積雪白瑩瑩。雪消春水來玉河，夜静聲清客夢醒。西山青，誰人斵此碧玉屏。障固神京雄氣勢，千秋萬載呵神靈。

食李吟

京城佳李天下稀，欲食不食思寄歸。歸人不可得，令我心獨飛。忽思六月江南味，翠盤擎出冰楊梅。何當携之來，兩物應相猜。

行

妾命薄

賤妾昔未笄，自矜芙蓉姿。弄鏡不出户，肯使旁人窺。縱有好顏色，家貧無餘貲。麄布縫衣裳，華蘿撩山居。世人重富貴，貧賤俗所嗤。十八已長成，空閨閉脩眉。蘭蕙豈不芳，幽谷採者遺。寂莫發長嘆，背面羞侍兒。君子上國來，散金求佳麗。佳麗三千人，賤妾絶等夷。白玉雕作床，黄金織成衣。手弄明月璫，口吟行雲辭。青苔撩落翠，曲水棄餘脂。自信寵愛深，千載無終期。寧知時事變，君子生別離。別離忽三歲，恩情從此虧。左擁邯鄲女，右持秦中姬。笑語春風香，君子心如癡。貝錦眩雙目，白日黄塵吹。斷金不自保，盗鐵何多疑。翻將松栢心，誤作桃李姿。桃李多輕薄，翩翩逐風欹。松栢抱孤貞，至死心不移。君子不我諒，應有皇天知。日出登高臺，夜深泣空帷。娟娟窗前月，夜夜常相隨。見月誰不喜，賤妾心獨悲。願言照君子，明我常相思。古來妾薄命，捐棄良所宜。恐非君子心，路遠言多枝。但令君子愛，殺身安足辭。

惜春行

三月清明天氣熙，桃花片片繫遊絲。風吹桃花上楊樹，樹摇花落點客衣。金勒白玉鞍，誰家少年兒？雙飄紫羅帶，奕如流星馳。明珠翠羽袖，誰家少年女？寶髻壓蛾眉，揜面歌白苧。鞦韆斜傍海棠枝，海棠枝上蝴蝶飛。蝴蝶雙飛過柳塘，兩兩鴛鴦戲石磯。兒郎下馬立，女郎背面泣。相逢不相識，無語羅襦濕。金丸那忍彈鴛鴦，青樓那忍宿齊娼。樹上烏啼催落陽，回頭不見各斷腸。今年桃花片片如去年，去年白顔面，去年勝紅蓮。百歲流光一擲梭，少年不樂老奈何？君不見昔年游人車馬過，今年白骨埋青螺。

昔我中秋行

昔我中秋籍金閨，長安大道馬驕嘶。今我中秋拘犴狴，荒堦日落風凄凄。感時撫景長歎息，垂頭不語神魂迷。黄宰高誼薄虹霓，青冥垂翅窺塗泥。酌我以燕京甘露之白酒，歆我以青州白雪之香梨。落魄狂歌蘿月暗，開懷起舞松雲低。歌舞暫歇愁還來，嚬眉玉筯雙頰啼。僉夫敢戮麟，仁人乃放麛。大化陶冶本一橐，賢愚用心苦不齊。嗟哉黄宰古君子兮，慇勤投我以白圭，何以報之雙文犀。

夢雙美人行

我有雙美人，碧梧雙紫鳳。一別歲月深，夜夜托青夢。鮫綃細捲瀟湘紋，花枝亂拂陽臺雲。握手脉脉嬌無語，神魂恍惚徒慇勤。覺來天空白露滴，西風吹散鴻鴈群。娥眉宛轉嬋娟面，杳杳雲山不可見。相思秋夜長，玉漏遲金箭。口吟竇氏之廻文，手弄班姬之團扇。古今惟此二美人，踈遠思情更婉孌。

出門行

送君出門去，歸來入門凄以悲。登高望車蓋，浮雲楊楊蔽我爲。拔劍指樹咄，汝烏慎莫啼。人生不願富貴，願勿生別離。生別離，多苦辛，肝腸爲之摧，異鄉不可親。今時和平高張皇，極願各自愛，努力崇明德，干將煌煌萬夫特。

贈行篇

白日飄西陸，游雲征東阿。念此遠别離，相思其奈何？高栢結嚴霜，青蒲激素波。丈夫貴樹立，及時勿蹉跎。莫以紈錦麗，棄捐布素思。莫以鍾鼎貴，而忘經濟姿。鳳凰飡琅玕，麒麟啖紫芝。太平有玄象，勵翼以爲期。

啓

壽邃翁

伏以壽域弘開，驗帝心之佑德；頌聲遐布，徵民性之秉彝。瑞祉駢臻，天人交應。恭惟老先生大人，朝中元宰，天下達尊，金石銘勳，絃歌聲德。坐列巫峯十二，乞老養高；門迎珠履三千，厚施食報。觀頤貞吉，視履元旋。籠放華亭鶴，聲徹九天；壺添海屋籌，懽騰四海。某遥聞盛事，無任誠忻。望太山之巖巖，敢忘私祝；瞻慶雲之藹藹，益驗禎祥。卜日幣將效誠芹獻。利見切大人之敬，快覩愧后夫之占。某無任祝願之至。

代壽邃菴啓

伏以四海仰文明之會，極御一元；百年挺豪傑之期，休徵五福。蓋惟天降祥在德，而惟德獲壽與名。恭惟邃翁老先生閤下，三台重望，九鼎元勳。可以仕而仕，壯心堯舜君民；當其憂而夏，素位江湖廊廟。山中宰相，恩來丹詔再三；天下達尊，人在瑶臺第一。聿逢嶽降，再覩河清。吴東日月，長慶雲兆瑞；袖裡乾坤，大南極耿光。門植三槐，白玉闌前陰午；庭馴九鶴，黄金臺上聲高。今以始人御僊槎，日可俟籌盈海屋。某遥聞盛事，無任誠歡。目望太山，竊效華封之祝；心馳北斗，徒懷芹曝之誠。用布赤忱，聊陳素幣。某無任欣躍拜賀之至。

賀玉洲受封御史代作

昭代尚賢，式舉推恩之典；碩人定爵，聿章報德之公。恭惟朱老先生大人，斯文羽翼，士類楷模。青廂學富，吴東人傑地靈；白玉聲高，海上言傳德盛。推其餘以淑諸人，潤厥躬式穀似子。眼中犀角，墀上鳳毛。榮服綉衣，顯簪白筆。任紀綱之重地，義方訓已得家傳；兼清要之美官，老成材宜膺國寵。謾誇麒麟入殿，再見鸂鶒來灘。煒煒丹書，春色交輝蘭閣墨；煌煌紫誥，布袍親惹御爐香。豹尾懸車，豸冠華首。光生閭里，喜動鄉邦。三槐信手栽，驗厚施之食報；九鶴從天降，徵休瑞之開先。桓學士稽古何慚，韋大夫遺經既效。雖珊瑚入海，不受鈎於虹蜺；而珠玉在山，終吐華於日月。法家拂士，今以始閥閲增輝；名宰巨卿，日可俟簪纓出色。銷金紈扇，羡益州之能文；種玉藍田，知西平之有子。聊陳短曲，用托微情。

詞

東溪書草堂詞因效爲之名未詳

孤枕寒衾，殘燈敗壁，相思羸得腰肢窄。素月遥侵幽隙流，凄風慣向踈櫺射。秋水杳，春山隔，淚痕白。

可惜巫峯眼前逼，可惜明河不盈尺，青鸞折却凌雲翮。傷心蕭寺五更鍾，對面寒山一片石。强合眼，猛擡頭，消魂魄。

調

瑞鶴僊

紫薇花帶雨。訝喜鵲南來，雙雙對語。風光應有主。看瑞烟金殿，彩雲玉宇。薰風吹下鳳皇音，君恩如許。望帝城縹緲，天邊遥見，碧霞僊羽。畫閣珠簾高捲，紈扇輕摇，謾歌金縷。

瓊巵緑醆，燒寶篆，佳賓聚。且休誇車馬盈門喧鬧，好把君恩記取。願太平常似今年，莫勞當宁。

卷之三

擬古樂府

獨漉篇有跋

獨漉獨漉，蛟蟠蜮伏。將子母涉，懼爲彼戮。一解。
啾啾雙燕，巢我寢殿。我欲彈燕，遠徙不見。二解。
朔風嗚號，草木齊凋。言採松栢，北山逍遥。三解。
顧瞻河流，載泛虛舟。俯察鷗鳥，心與之遊。四解。
軒轅寶鏡，藏之千年。肝膽善照，矧伊媸妍。持贈知己，淚下成川。所或蓋愆，有如昊天。五解。

一解，惕禍也，人之弗臧，禍斯肇。二解，善微也，迪之弗豫，微斯濫。三解，勵操也，變之弗經，操斯刓。四解，悔機也，心之弗虛，機斯設。五解，明隱也，迹之弗白，隱斯幽。

楊叛兒有跋

莫唱楊叛兒，禍水令人唾。蝃蝀經太虛，昏氣侵帝座。符不來，水益大，楚妃死，漸臺破。鬋如戟，志殊惬，褚郎拒，夫人挫。千古生氣凛，八極芳聲播。楊叛兒，誰爲作？響遏行雲人莫和。

叛兒瀆亂宫闈，負辟遐征，萬世興憤。然宣淫者，太后也。聞楚夫人守符蹈溺之風，可以愧死。褚彦回秉義塞愆，闇室伸節，有足多者。叛兒奴孺，豈敢望此？先民不云乎：「君子好義，則下不偷。」

古有所思行有序

夫宣忠察情，暢鬱貞分，不以賤妨貴，不以迹遺心，不以法固抑，不以窮廢才，古之道也。我思古人，實獲我心。作古有所思行。

我所思兮，乃在羲皇千載前。宇宙塞太和，萬物各熙然。日月含清朗，無爲尸太玄。大盗舞私智，仙聖皆播遷。真淳日以漓，一去不復旋。設機乃欺狙，淫戮如烹鮮。慷慨蹈東海，皜皜魯仲連。我欲往從之，玉山掩黄泉。登高遠望長歎息，安得乘槎一問天。

古朗月行有序

夫懸象著明，莫大乎月。而或蝕之，則黯然無光，壅蔽可畏也。決壅達蔽，照及覆盆矣。作古朗月行。

玉鏡臨丹闕，清暉燭大荒。陰精虚素魄，遥借太陽光。一爲蟾蜍蝕，玉兔反蒼黄。桂蠹枝葉茂，斧柯勤吴剛。廣寒十二殿，寂歷飛皚霜。嫦娥握靈藥，對影空嗟傷。

辟邪伎鼓改雉子斑曲辭有序

夫戡亂靖難，振旅凱旋，軍容止郊，天子勞之。于是乎重以燕享，寵之詩章，藏於太史，播諸天下。紀武功，述賢勞，警宴佚，興太平，咸在焉。作辟邪伎鼓改雉子斑曲辭。

辟邪伎鼓雷霆驚，雉子斑曲鸞鳳鳴。卿子冠軍大破虜，凱旋振旅舉國迎。擁三十萬騎，連七百里營。四海寧，沙漠清。劍履趨上殿，天子倚長城。龍韜偃武，麟閣懸名。力牧資至理，襄童頌太平。黎園歌，句驪舞。雉子斑，日方午。跪進萬年觴，兢業以師古。

登高丘而望遠海有序

詩有之：「無田甫田，無思遠人。」言不願外也。侈心勝則務武略，貪心勝則求神仙驅生靈而赴炎海，無難矣。嗚呼，世安有仙？兵者凶器，不得已而用之。斯言也，可爲金鑑。作登高丘而望遠海。

登高丘，望遠海。鯨鯢噴射湧雪山，元氣蒸鬱騰光彩。茫茫浩浩，偉哉造化之真宰。五山連綿碧崔嵬，仙人拍掌遥相待。弱水不容舠，魚鱉梁安在？秦王死不休，漢武晚乃悔。嗟哉長生寶符求亦謬，胡爲驅師百萬征遼寇。精衛成功不可望，風捲樓船須臾覆。龍鳳姿，殆天授。中原地窄猶堪舞，伏艦試聽鼉鼉吼。萬古限華夷，人無金石壽。一盃陵土成飄塵，鴨緑之險誰爲守？

明妃曲　青塚歎有序

明妃，戀君懷國者也。觀其問嗣子以爲漢爲胡？對曰，爲胡。即伏毒而死，死而塚青。明妃，不忘漢也。故曰：「明妃，戀君懷國者也。」後世賦之者，有曰：「咫尺長門閉阿嬌，人生失意無南北。」有曰：「漢恩自淺胡自深，人生樂在相知心。」有曰：「休翻胡語入漢宫，祇恐伶人如畫工。」怨而怒，失明妃意矣，予無取焉。作明妃曲青塚歎。

曲一

一笑城國傾，千古指褒妲。毀容却禍始，況敢工塗抹。六宮忽遠憂，黃金賈薦達。安得起漆室，握手肝膽豁。

曲二

官闈咫尺間，黃金易醜妍。是非賢不肖，回首俱茫然。君王一朝悟，政理日以宣。願因瀚海波，遥占太平年。

曲三

朝辭明光宮，暮馳玉關道。燕山六月寒，悲風棲白草。勒馬奏琵琶，胡騎皆絕倒。謀臣試五餌，賤妾絕域老。

曲四

胡樂合四野，駱漿羅穹廬。對此翻不樂，慰我術已疎。賤妾長已矣，君王當自如。敬憑南征鴈，投寄一緘書。

青塚歎

將爲漢，將爲胡？胡不爲漢令人嗟以吁。將爲胡，將爲漢？胡不爲漢令人憤以歎。龍庭常懸漢家月，蛾眉老向胡沙没。玉關夜歸魂，青塚空埋骨。還留琵琶怨，咿唔中夜發。漢宮譯得琵琶音，漢帝沉吟淚滿襟。淚滴披香殿前水，泠泠流出明妃心。

玉階怨有序

婦思夫，臣慕君，士懷友，其致一也。或思而弗亮，慕而弗獲，懷而弗答，怨斯生焉。怨而不怒，詩道也。君子之事也。作玉階怨。

玉斗掛窗牖，玉階生莓苔。徘徊望明月，欲墮銅雀臺。

關山月有序

夫衽金革，死鼙鼓，爲國捍，難。非武夫所難，而思國家太平，相安無事，其慮遠矣。是故謀身逃敵者弗勇，逸賊邀君者弗忠。與其弗忠也，寧弗勇，勇而忠，難矣夫。作關山月。

月出關塞寒，征夫抱玉鞍。胡沙白如練，輕兵襲可汗。霜凋旌旄盡，血灑枯草丹。争先效軀命，回顧摧心肝。思射天狼滅，罷築將軍壇。

白紵辭 有序

詞貴清麗，作者難之。白紵辭，古今凡兩見：鮑明遠、李太白也。然其語氣音節多相類，説者謂是詞之體宜然。意者其然乎？幽憤無聊，偶一效爲之。其於二公肖耶？否耶？世當有辨之者。

其一

摘櫻桃，折楊柳，小蠻腰肢樊素口。玉斗淺瀉新豐酒，清商一曲爲君壽。博山爐飄蘇合香，石榴花刺羅綺裳。蛾眉皓齒儼成行，青春紫宮樂未央。

其二

明河皎月臨高臺，霜清水碧芙蓉開。煩絃急管夜徘徊，子夜吴歌清且哀，美人醉寢喚不回。喚不回，奈若何？牽牛織女遥相望，館娃宫中樂事多。

其三

銅盤捧露白雪瑩，玉碗浮來解宿酲。佯羞笑倚金雀屏，寶釵按擊琉璃瓶。微吟白紵邀君聽，徵歌練舞耀廣庭，願採仙藥延脩齡。

久别離有序

情無賢不肖，一也。别離而思，情也。故古者相别則執手，既别則致書詞，又不得已而形諸詠歌，皆所以宣其情也。情也者，仁所基焉，義所節焉，禮所表焉，智所達焉。聖人緣情以立教，君子和情以達理。作久别離。

别離春復秋，風飄梧葉滿高樓。别離秋復春，雪暗楊花不見人。鴈南鴈北無信音，花落花開離恨深。房室空張緑綺琴，難寫相思一片心。巫山若賣陽臺夢，十二峯前堆遍金。

陌上桑有序

古辭云：「使君自有婦，羅敷自有夫。」斯言也，似俚而實經，雖雜之國風，可以無愧。嗚呼，男女之義，别而已。别斯貞，貞斯義，義斯利生。不别斯淫，淫斯慝，慝則災害生。身之禍福，家之否泰，世之治亂，俗之升降，悉由乎此。是故以言教别者訟，以刑教别者凶。作陌上桑。

採桑大道傍，五馬天上落。踟躕相顧盼，調笑令人愕。遊魚樂深淵，飛鳥翔寥廓。物情各有適，丹心空妄托。兔絲張弩弦，黑鉛鑄劍鍔。勞苦終無成，徒貽世人謔。容以冶誨淫，珠以賄招索。非關使君愚，人心難忖度。使君爾回顧，青天流孤鶴。

邯鄲才人嫁爲廝養卒婦有序

紅顔命薄，才子數窮，吾聞其語矣。三復斯言，五内摧裂。窮，數也，數，氣所乘也，氣，命所定也。是故君子俟命，不怨天，不尤人，内明外順，文王以之。作邯鄲才人嫁爲廝養卒婦。

憶在邯鄲宫，每愛題紅葉。流水本無情，飄零翻誤妾。引領崇臺間，卷袖啼紅頰。君如青天月，妾如西風莢。茫茫隔霄壤，形神詎能接。粧衣羅綢絲，不敢暫開篋。恐逐陽臺雲，化作雙蝴蝶。

結襪子有序

報怨者小人，報德者君子。人所好者，生也；所惡者，死也；所樂者，適也；所戚者，拘也。是故拯人於難，德莫大焉；報人以死，義莫重焉。雖非中道，君子與之。作結襪子。

其一

玉匣寶劍直千金，時人拂拭龍虎鳴。提携感激報知己，仰視白虹天外横。

其二

意氣所激山嶽摧，精誠能令金石開。漸離剔目賈餘勇，舞陽失色同死灰。

相逢行有序

夫君臣、夫婦、友朋之相遇，至樂也。及其相棄也，至悲也。棄矣而復遇，至幸也，機也。此而復不遇，斯已矣。是故諷之之道，貴婉而切。惟婉易入，惟切易悟。作相逢行。

相逢狹斜裏，轂擊聲如雷。攀幰疾相問，君從何處回？玉樓錦帳鴛鴦被，從君别後生塵埃。

樹荆棘有序

孔子稱：「惟女子小人爲難養，近之不孫，遠之怨。」不孫之極也，凶于身，禍于家。怨止於叛去耳矣。是故女子小人，皆荆棘也。非徒無益，而又害之，毁義宣淫居闈造，慝黨朋，蓋奸乘勢，嫁禍甚矣，其荆棘也。作樹荆棘。

樹荆棘，樹荆棘，夏不得休息。秋高霜露嚴，鋒利還相逼。二儀含陰陽，萬物分淑慝。知士覩未萌，況乃呈形色。抱膝淚琳琅，愧無金鏡識。悔不樹，松與栢，玄冬凛凛握勁力。悔不樹，桃與李，朱實離離饋珍食。青桂飄天香，碧梧棲鳳翼。淇園之竹商山芝，種種皆嘉植，胡爲樹荆棘？樹荆棘，一何愚，拊心長歎息。四顧獨踟躕，祇今萬事如覆水，令人擊碎雙明珠。

枯魚過河泣有序

天有時，地有利，人有命，物有數。雖有美材，不如得數；雖有厚德，不如俟命。是故君子愛人不虐其窮，仁物不傷其困，仆者植之，溺者援之，縶者弛之，鬱者暢之，厚之至也。作枯魚過河泣。

三月龍門錦浪生，群鯉躩躍試龍鳴。枯魚枯魚，爾獨赬尾眊雙睛。河伯大怒，揮叱轟雷聲。枯魚泣，前致詞：「嗟河伯，怒何爲？薄遊昆明，豫且困之。載徙于陸，涸轍幾危。遭際險艱，羽翼安施？謀拙途窮，勿我遐遺。彼躍者龍，昔嘗低眉。風雲感會，所貴乘時。」河伯聽詞，反面支頤。愀然長嘯河之隅，不敢復相天下魚。

估客行有序

夫重利輕别，以射四方，估客之情薄矣。而婦人懷之，惟恐其忘歸，感以精誠，而思通以媒理。蓋子不視父爲孝，臣不視君爲忠，弟不視兄爲悌，婦不視夫爲守。處于貞保之極，天地之義也。作估客行。

其一

雙櫓夾輕舟，飄如鳧鴈浮。行行早來歸，莫學水東流。

其二

江上逢歸舟，慇勤多問訊。恐是同鄉人，數寄平安信。

其三

君發楊子江，妾上潤州山。回頭照石鏡，雙鬢一時斑。

其四

潮回有信候，郎歸無前期。安得青鸞羽，一報長相思。

雙燕離有序

夫慕榮鄙辱，勢在則聚，勢去則散者，小人之情也。相彼燕矣，猶求主人，何以人而不如鳥乎？作雙燕離。

白玉堂，黄金梁，昭陽新建錦繡光。雙燕翔，舞玄裳。苔蝕碑，風捲帷，吴宫覆蕩巢壘危。雙燕離，悲孤棲。門户興廢，誰能逆知？托爲主人，安危共之。故雄驚散，當在郊畿。鴛言追隨，接翅同歸。足上有素縷，慇勤衛家妃。懸愁紫泥污，翩翩摩天飛。

沐浴子有序

天不擇覆，萬物戴焉。海不擇容，衆流歸焉。故曰：「至察無徒。」又曰：「見淵魚者不祥。」古人之言，豈欺我哉？作沐浴子。

磽磽易缺，皎皎易污。至人和物，淵德忘吾。國君含垢，大賢如愚。毀聰黜明，乃天之徒。彈冠振衣，爲衆所惡。凡今之人，沐浴胡爲乎？

臨江王節士歌有序

夫節動以義，則頑激懦立，足以表風俗，勵廉恥，國家賴之。動以氣，則所謂「暴虎憑河，死而無悔」者，君子奚取焉？義氣之幾甚微，而其流甚大，是故以理制勇則不亂，以智用膽則不困，以思止憤則不猛，以順御暴則不争。若夫遊俠之雄，縉紳所耻言也。作臨江王節士歌。

離雉鳴，雄風生。節士憤，白虹横。怒髮撼危冠，裂眦耀赤精。生不五鼎食，死即五鼎烹。意氣太山重，軀命鴻毛輕。大羽箭射南山虎，長鋏劍斬北海鯨。君不見華周不入五乘賓，莒城越炭揚烈聲。

于闐採花有序

蔡琰失節妻虜，學士所羞稱。余嘗讀其詞，嘉其才且憐其志，未嘗一日忘漢，竊謂琰之没虜，身夷而心華，世固有身華而心夷者，則琰之罪人也。作于闐採花。

鐵騎乘秋出，奪得燕支歸。于闐採花人，皎若明月暉。道逢蔡文姬，琵琶獨歔欷。登高望青塚，隨淚丹染衣。願逐瀚海鴻，南向玉關飛。

黄鳥篇有跋

種葛北山陰，灌葛南山澤。盈盈折芳條，綿綿覆倄陌。皎皎楚國妃，札札理素機。五月朱火流，織成絺綌衣。寄贈遠遊客，衣到時已非。木葉飄洞庭，涼飈奪天威。棄捐復何道，所嗟妾意違。

「種」而「灌」者，功以序也。「北山」、「南山」者，用以利也。「盈盈」、「綿綿」者，生以漸也。「五月」而「織」者，治以時也。慎此以往，而猶不免棄捐，責有歸矣。然不咎其人，而托以時之非，則忠厚之至也，精誠之極也，可以爲賢矣。

幽澗泉有序

夫在市則争，在野則寧，食朝多憂，食家多休。古之幽人，抱貞肥遯，與物偕樂，是因無求于世，而世亦莫知之者。然羽儀朝著，激勵風俗，實斯人之爲。是故巖穴頑石，可以攻美玉；山林朽材，可以支大厦。自古哲王賢輔，未有不以招隱逸，揚側陋而成治者。作幽澗泉。

終南山，鬱嵯峩。幽澗泉，揚白波。倚松調玉琴，神曠松風和。世無鍾子期，調高空爾爲？野馬解仰秣，游魚出深池。物情既以適，安往無相知。幽澗泉，鳴聲悲，夜寒山高月出遲。

大堤曲有序

古人有言：「人之相知，貴相知心。」言知己之難也。知己難矣，而固有得之於卒然會晤之頃者，然卒而合，卒而離，形迹暌異而精神流通。不以譽親，不以毁踈，不以達附，不以窮遺，斯其所以爲知己歟？作大堤曲。

朝發襄陽山，暮涉大堤水。大堤女如花，倚門明皓齒。贈之紫綺襦，報我青絲履。相別一何速，去去弦上矢。憑將金錯刀，慇勤剖雙鯉。

緑水曲有序

緑水曲者，女悦男之詞也。始而望之專，繼而思之至，既而不勝其情，至於行露，幾于佚矣。然卒歸于正，以清白自守，詩曰：「江之廣矣，不可方思。漢有游女，不可求思。」此之謂也。

其一

横塘臨緑水，日日郎經過。莫弄青銅鏡，低頭聽棹歌。

其二

江水緑於染，汲將濯翠簟。期郎郎不來，蛾眉一雙歛。

其三

折花緑水畔，中有雙鴛鴦。貪看鴛鴦戲，花露濕羅裳。

其四

緑水清見底，妾心比水清。挑取浮萍草，中流漾月明。

戍婦詞有序

夫役之苦，有過戍者乎？思之悲，有過戍婦者乎？事之樂，有過戍而歸者乎？望之專，有過戍婦之望其夫歸者乎？若是則苟可以歸，足矣。而能以勳業相期，不溺於燕昵，其思遠，其志勤，其義隱而諷，其詞和而莊。「雖曰未學，吾必謂之學矣」。作戍婦詞。

葉落梧桐秋，青天素月流。鴻鴈東南飛，直度燕子樓。樓中少婦正愁思，開窗拾得雲錦字。延月燭錦字，羅襦横涕泗。去年戰，燕支山。今年戰，黄河曲。北征霜雪繁，南征瘴癘毒。良人何自苦？衹爲功名束。不惜心斷金，自憐顔如玉。深夜空幃刻漏遲，卷衾撫枕遥相思。床前水滿琉璃碗，愛侵雙頭茉莉枝。茉莉雙頭令人羡，河梁一别不相見。傳説朝廷賀太平，如何關塞未休戰。將軍恐是霍嫖姚，電擊千里破天驕。但願生還酒泉郡，歸來應插侍中貂。

行樂詞　效李賀體有序

夫志淫則業荒，物妖則人灾，古之戒也。是故思自樹者乘時，懷不朽者愛日，不以無用費有用，不以千載易一時，則君子所貴，此行樂詞所以作也。或曰：「子欲節樂，乃助之乎？」曰：「孔子取諷諫，吾以爲諷也，非助之也。」

密房幽窗燒絳燭，春風圍幙人如玉。紫霞疊裙花欲燃，寶髻摇釵聲相觸。鳳笙間鼓延清宵，鸞瑟和筝候朝旭。浮白大醉葡萄漿，落紅亂點芙蓉褥。香飄烟霧繞麒麟，筆落珠璣濺鸜鵒。黄金願鑄魯陽戈，歡樂只嫌光景促。

長安少年行有序

倚富貴，矜意氣，縱游俠，不事詩書，少年之習也。不知百年飄忽，如行雲流水，生無所爲而死無所傳，草木耳矣，安在其爲人？是故天地間，萬形皆有敝，惟名爲不朽。力所不能奪，智所不能襲，數所不能窮，化所不能移者，名之謂也。太上以德名，次以功名，又次以文名。德吾不敢，功吾不能，至於文，非曰能之，願學焉。孔子曰：「君子疾没世而名不稱。」作長安少年行。

長安少年兒，白馬挑青絲。朝出平原騁遊樂，五陵豪貴相追隨。大父貂冠專鼎鼐，季父鵲印擁旌麾。長兄總戎虎豹窟，仲兄新奪鳳凰池。姊妹承恩明光裡，易置將相只指頤。將作起第尚方食，中使絡繹光路岐。俯仰萬事足，行樂當及時。意氣遥凌萬户侯，金吾執戟猶嫌卑。拂拭青蓮邀俠士，狂歌白紵調吴姬。吴姬顔如雪，俠士心如鐵。願爲刎頸交，甘作同心結。玉盤珍羞羅綺筵，清歌妙舞紛滿前。名花恰似紫霞錦，美酒甘於玉井泉。美酒名花容易得，白日慣向青山匿。榮華況值青春逼，千金一笑開胸臆。碧草綿綿狐兔肥，晴天嚦嚦鴈群飛。腰懸赤羽流星箭，一發疊雙連騎歸。鶯留紫陌嬌啼樹，燕蹴游絲争繞衣。十里香風開直道，深閨少婦啓朱扉。瑶琴寶瑟發幽響，緑窗繡户含清暉。珠璣錯落錦作燕，美人對對鬬芳菲。家樂絶勝青樓妓，如此歡娱世所稀。歡娱且博眼前醉，身後虚名空是非。

子夜吴歌 有序

吴歌者，吴歌也。是故其氣柔以和，其節紆以徐，其聲輕以揚，其調懌以暢，蓋水土風氣然也。然和而能介，徐而能皎，揚而能斂，暢而能止，偕俗而不流，好色而不淫，有國風之義焉。被于管絃，用之燕享，可以善俗矣。

其一

吴江三月煖，兩岸夾桃花。約伴遊山寺，明粧映彩霞。不識東風意，游絲莫浪遮。

其二

太湖三百里，獨泛採蓮舟。波浪兼風湧，停橈信水流。欲唱採蓮曲，逢人半欲羞。

其三

朱雀橋邊月，光鋪閶闔門。玉簫何處發，聽罷一消魂。須騎綵鸞去，應得減啼痕。

其四

姑蘇臺上柳，太半雪中枯。獨有西山栢，青青秀色殊。西施浮棹去，千載歎羅敷。

藕歌有序

藕有四德：虚中通理，一也；甘節可貞，二也；色涅而不緇，三也；絲牽而不亂，四也。若夫充旨歑，膏吉鼎，登象筵，娛嘉賓。津楊妃之玉魚，薦漢武之金露。珍美清越，冠絶品類。余且將賦之。

太液池上蓮如血，太液池下藕如雪。十五紅娥洗玉盤，笑拂金刀乎親鍔。大片婉孌疊瑶玦，小片錯落飄瓊屑。大片小片絲暗牽，連根帶蔕情難絶。虚心不染污泥涅，出水尚握菖蒲節。一株價重青琅玕，金莖懸知讓芳洌。

夢雙美人行有序①

義大君臣，恩重父子，情切夫婦，人之紀也。室家康寧，琴瑟友之，和樂且耽，于于閑

① 按此篇與卷二重出。

閑，豈非生人之幸？不幸而暌違阻隔，幽鬱戀慕，於是乎有夢，蓋情之所鍾，而思之所形也。夫情，君子所不廢，和則經，乖則僻，經則不瀆，乖則無別，君子慎之。作夢雙美人行。

我有雙美人，碧梧雙紫鳳。一別歲月深，夜夜托清夢。鮫綃細捲瀟湘紋，花枝亂拂陽臺雲。握手脉脉嬌無語，神魂恍惚徒慇勤。覺來青天白露滴，西風吹散鴻鴈群。蛾眉宛轉嬋娟面，杳杳雲山不可見。相思秋夜長，玉漏遲金箭。口吟竇氏之回文，手弄斑姬之團扇。古今惟此二美人，踈遠恩情更婉孌。

萬憤辭 有序

夫市虎三人，投杼再至，鄰子盜鐵，同舍竊金，所從來遠矣。蓋形之所搆，情隱弗能見；衆之所咻，賢聖弗能察；疑之所結，誠懇弗能達；勢之所禁，辭令弗能解。嗚呼，垢抑凶辱，中心藏之，運蹇數窮，命所定矣。造我命者，不在太虛，而在美人。詩有之：「彼美人兮，西方之人兮。」作萬憤辭。

玉繩澹澹浮雲賖，西風颯起天之涯。風吹浮雲散八極，層霄歷歷上黃沙。沙激矢雲飄輕槎，驚皓魄之蝦蟇。時有幽人謫居而惕禍，獨抱膝以長嗟。渴莫飲醴泉液，願烹玉川茶。饑莫食玄圃禾，願種青門瓜。莫言醴泉玄圃美，中有百尺斷蛟剸象之莫邪。朝崢嶸兮駟馬，暮險怖兮三巴。

良驥伏櫪兮羞蹇騧，神龍魚服兮羡蛟虵。喚我愁者急鼓悲笳，亂我心者晨鷄暮鴉。積瀛量垢，瀛卑若窪。驅嶽效憤，嶽眇於媧。淚滂沱兮揮雨，氣鬱結兮凝霞。束寸丹兮入窈忽，遊眞神兮馳荒遐。金何神兮百鍊而愈精，玉何辜兮一擊而多瑕。虛名浮榮等飄瓦，利鉗密網紛織麻。嗚球建葆兮閶闔啓，重玄積冥兮遊塵遮。嚴關鐵鏁晝不啓，頑卒虎視人無譁。坐令壯士凋顔色，悲歌動天天雨花。若有人兮拂雲車，啓玉齒兮燦奇葩。投我尺素書，書中意良嘉。天地一氣回陽豔，春風還開桃李花。

卷之四

七宣有序

自枚乘作七發，傅毅、張衡、崔駰、曹植、張協繼之，作七激、七辯、七依、七啓、七命，皆瑰麗辯博，詞家宗焉。然要其歸，不詭聖王之道者，鮮矣。余遂作七宣，私附諸子。

中黄子涵玄熒之純彝，抱憓靖之淑紀，潤雝肅之嘉儀，馳熿晰之令譽。懷寶賁丘，亢躬遯世，卜築陽禺之幽。誅茅結宇，滋蘭藝桂，將終老焉。棲遲愷悌，徵聘之使，冠蓋相望，纏璧弓旌，接踵旁戾。迺拊膝長嘯，洗耳肥遯，翻黄鵠以遐征，嚇腐鼠而揜背，探巢由之幽窟，漱務光之澄齋，飄若游鴻，曶如鶩蟬。

天子臨軒側席，啓懷延佇，惄如調饑，慨然歎曰：「嗟爾群大夫，獨不能爲朕來此人乎？」昭文子方侍，因跪進曰：「臣請來之。臣聞中黄子蓋有道之士，未易以虛禮拘也。臣將設卮衍之辯述吊詭之詞，申之以讜議，徵之以明信，庶幾一來。」上欣然可之。於是命容成選吉乖雅飭，輿陽子序驥孅阿，操馭衍惠，公孫、淳于、儀、秦之徒，疏附參預其間。虞莚肅莽，野廬清逵，謁者達刺臏臚，相儀凡三往返，始獲見。

中黃子且激瑶池之水，以灌芝田。昭文子北面，傴僂緩趾，適珮脩辭，前曰：「某少負幽憂之疾，游歷寰寓，竊慕夫子之義，願一望見清光。竊觀夫子所治者九扈之事，悴絀跼蹐，堀堁撴溷，窟窕寥戾，聶肩疴厽，非達人魁士，名賢偉聖之行，某竊羞之。願夫子寬狂謬之誅，採兼聽之義，使蒭蕘輿人獲伸辭左右。」中黃子曰：「甚善，客教我，固鄙人所樂聞也，敢不虛心以俟。」

昭文子遂再拜，就席盱衡而言曰：「洼蕒陽穇，桄粉穰屑，轢以磥碾，疊霰飄雪。汲華池之素液，浮金莖之玉英，振青桑之頹葉，延陰火之炎精。迺命伊尹宰庖，易牙佐之，陸剸玄熊蒼麑，水網赤鯉白黿，霄繳碧鷄靚鶴，林搜翠羽文鴛。揮鸞刀，破蟬翼，和五味，餗九鉽，芬芳發，羶臊匿。簌以海苔、石華、紫筍、縹葴，雜以烏柿、餘甘、答遝、蔌葯。豆琢琬琰，藉用蘂蘅，縱疏衡密，列宿錯陳，品甲命乙，競瑰躍珍，潚滓屬厭，矧伊契唇。於是荊楚之纖腰，吴越之雉質，約皓腕，拂脩袖，揚蛾眉，飄輕縠，含睇微笑，雀躍鴈進，酌九四酎蒲萄之酒，捧觴稱壽。此亦天下味之美者，敢以累君子之腹矣。」中黃子曰：「厚味則胃脯，胃脯則氣瘀，氣瘀則志躁，志躁則神痺。是故醲醇甘脆，自伐之精者也。敬俟後命。」

昭文子曰：「天地之中，厥有息壤，沃腴靈傑，爽愷博衍，風雨之所交會，靈神之所偃蹇，祥祉之所叢萃，太和之所流演。爾迺枕崇巖，瀆飛湍，鏡端臬，基洪磐，剥衡岳之楠枏，刈淇澳之琅玕，仆瀛黛之文玉，剔朱垠之臒丹，程斑爾之巧藝，搆大厦之巑岏，翼孤稜之峭拔，紛翬翟以矯翰，層臺峩以造天。浮柱宛其游極，猗蘭桷與文楠，燦崑金而間漂碧。白環錯簾，紫貝敷璧，珂珹拂阿，瑊珉承碣。青鎖藻帶，撩映輝爀，琳璣玫瑰，褭褭的皪。曲房潛通，燈道交織，反宇延景，熻熻眩逼。飛虹橫波，朱櫺列植，魚龍瀺灂，鵁鶄啾唧。爾迺肆瓊筵，召佳客，展歌舞，陳金石，悵忘歸，促膝席，彈六博，浮飛白。連袂臨軒，覩角觝、衝狹、鷰濯、丸劍之戲，呈捷鬭巧，緣險犯鋭，博一笑以争千金之射。解珮脱纓，磐礴倨坐，側睇陽阿西荆疊雪廻風之舞，蹁躚㛹娟，蹴躃躡蹀，如飛繭曳緒以徘徊，又如玄鶴乘風厲天而側翼。毛嬙西施，麗姬鄧曼，摩肩援臂，引吭頓足，歌陽春幽蘭之曲，歌曰：『幽蘭凋兮白露零，青陽謝兮華髮侵，而我方少壯，何不日鼓琴？春榮滋兮鳥和鳴，窈俯仰兮蕩春心，今夕何夕兮與子同衾？』清然數部笙竽凌空並發，遏流雲，振棲塵，停翔翮，引潛鱗，庭柯怒拆，造化回鈞，饑者以忘食，行人以迷津。此亦娱耳目，佚形體之靡麗奇妙者，夫子不樂此乎？」中黄子曰：「仲尼氏稱：『放鄭聲』，荀卿有言：『宫室臺榭，所以避燥濕，養德也。』異客所以教我者，願客易辭。」

昭文子曰：「開梧樂浪之間，有地方數千里，南通越裳，北望熐蠡，表以碣石，極於扶桑。山雄蛾眉、太華者千數，澤吞孟諸雲夢者八九。支浦別嶰，弗可勝紀。草木繁蔚，禽獸彌侈，將飾車乘會獵氏夷溝塹。剪棘枳，樹峭峈，標壁壘，纖經捷獵，連白爛漫，罘罝罜麗，屹闐聳閈。爾迺披鮫函，乘纖驪，馳玉軑，擁雲芝，弦繁弱之良珧，簇夏服之勁𧲸，珮純鈎之寶劍，仗屈盧之雄䗕。車攻騎猛，械銛士伾，靈鼓轟震，赤羽星馳。瞋目鼓譟，水沸山移，日月映薄，鋒鍔參差。迺縱烏獲，許少佽，飛甘蠅，倞憨獷，猣剽疾。巧捷之士，尾虘鱐，角犎爕，鬅鬅𤢬，蹴獖犕，㧺貙獏，撥麋麳，揚狻猊，跐狿虎，骨飛遽，拘游騏，連鴻鵠，疊鶬鴖，掇狡鶻，留翾鵬。鷙鳥精眩而塌翼，猛獸股栗以斂鬖。虛發斜墮，訛指橫尸。或搪撞踣仆，膏枯木朽枝；或騰躍顛隕，遺幽壑殘骴。或衝擊迅輪，糜骨灰肢；或觸突利刃，洞臆達脾。殪不越處，中必前期，鋒完舊鋭，士賈新剞，仆表決漏，曾未踰時而較獲數積，已瀰谷布野，禪封突坻，與峻嶺争崇卑矣。若夫剛鵝在韝，韓盧伏縶，挾迢景之逸材，握碎石之利器，棄犬用人，故抑而弗試也。於是斂餘勇，休逸駕，張帟幄，列罍犖。割鮮則霞錦絢爍，賦酌則河漢懸瀉，遷輿則雷霆乍驚，揚旆則星宿迭射。士飽馬騰，踴躍騑騑，按轡弭節，薄言旋歸。溢車屈轂，恣捐輕揮，華轙金較，納曜流輝。此亦天下羽獵之翊侈雄特者，願執鞭爲子前驅。」中黄子曰：「老氏不云乎：『馳騁遊獵，令人心發狂』，罔念作狂，是重余不德也。無寧以他詔我。」

昭文子曰：「勾芒司令，和轡麗奎，滔風應律，百昌奮開。澍雨新霽，言陟層臺，瞻望中岳，佳氣赴懷。遂脂輶軒，秣名駿，授造父以策，疾驅而至其麓，辭軾却立，試覽山之形勝。危峯峭崿，重崗複壁，嶪豣岌嶧，嵯崨嶅嶱，沓翠層碧，森矛矗戟。或嚶岪偃臥，或崋嵂角立。或峥嶸巀嶭，如猛士赴鬬；或峳嵲嶙峋，如縉紳交揖。或屼嵽以奮飛，或嵧窟以側匿。或嵣峼倚嶠而貤靡，或崱屴臨谿而踧踖。於是攀脩藤，發閿石，附樛木，躡峻級，猿引魚貫，熊經鳥伸，躋翠微之巔以息焉。仰眺雲物，茸奔角觫，懸釜植華，蒼衣白狗，飄車輕槎，感重華卿雲之歌；俯睽九州，欲吴噴越，挈趙提荆，襟齊帶魏，囊蜀包秦，徵鄒衍物外之論；旁撫萬族，鳩鵬異適，菌椿異年，鳧鶴異脛，槆梓異權，快莊生齊物之辯；緬懷古今，方是方非，方生方死，野馬疾馳，臨壑激矢，慨詩人幾何之詠，而悠然遐思矣。迺降睞河洛，南遵廣陵，縱觀渤澥，漭沆瀰漫，浩汗瀇滓，匒匌呀呷，澎湃潏汩。撼薄霄漢，吞吐日月，奇相鼓颷，陽侯蕩碣。烟葐蒀弖滃鬱，蜃晻翳兮恍惚。天吴憑怒而敦圉，鯨鯢揚鬛以突兀。皚皓皓兮虎蛟噴雪，炪爥爥兮鮫人弄玥。砰磅礚磕兮駭雷起，蚺蜧茈豸兮巨靈没。此亦天下之壯遊大觀也，夫子獨無意耶？」中黄子始笑而言曰：「是既聞命矣，客又將何以教之？」

昭文子曰：「姑余之北，崑崚積石，命曰『群仙之府』。其谷紫泥始青，承濶大荒；其山鈞影及雲，閶風純陽；其水石腦玉醴，丹赮玄漿；其産浮金丸玉，靈鏡神香。其羽毛白鳳青雀，細鳥玉鷰，丹豹赤麟，飛骸吉光；其夭喬建木琪樹，丹藋明莖，鳳葵龍薤，華平蒼筤。於是拂戴勝，曳翻鴻，杖蝦鬚，御景風，駕靈光而絶弱水，舄赤鳧以越鴻濛，表獨立於山上，雲承趾而溶溶。爾乃刻肉代毛，奮昆吾之鴻刀；反骨洗髓，濯碧津之玄醪。滌六塵之煩溷，沃五蓋之焨熬，捐敝履於坌壤，摶扶搖以逍遥。約安期，招昌容，徵羨門，儌王公，儷征嶠，侣赤松，登玉樓，俯金鏞。列水藻之扆，垂烟繡之櫳，張雲和之瑟，竅霜條之箭，發懸黎之磬，奏碧㲉之鍾。吸六氣，吞九丹，裂豹髓，盉馬肝，青瞳方，白日翰，跨玄鶴，蹍文鸞。翱翔九陽，揮斥八極，衡騎兩曜，傲睨群息。瑶繩懸躡，閶闔旁昃，四宇反景，萬象倒植。下視五岳四海，七丘十洲，譬覆杯水於堂坳，泛宵羽而浮芥舟。此養生者之上乘而飛仙之勝事也，夫子亦有意於行乎？」中黄子瞿聞而喜，既憮然以思，有間，曰：「棘端母猴，詭而不情；玉巵無當，麗而無用。客所言，將無同耶？願聞所以異此者。」

昭文子曰：「將爲夫子妙選俊異之才，博延雄辯藝術之士，從容燕坐，述所嘗師習者。朱翟荀鷃，腕列騈鼇，尹鈃韓臏，□鬻慎施，各立門户，别態殊姿。離操柄，鑿員矩方，規是非，糾纆角，立撑拒，議論互激，辯鋒交舉，析朋聯鄰，黨同仇異。子革礪刃，淮陰拔幟，鬭厲連鶏，擊猛鷙雉，辯擬懸河，捷同脱轡，飛唇激丹，怒目裂眥。爾迺拂髯揮羽，徐諭之曰：『吾將使市南宜僚弄丸，以解兩家之兵。因召宋玉、景差、相如、賈誼、曹植，前授以筆札，使爲詞賦，宣諸家之旨。五子操筆拂几，命意匠，揮郢斤，鳴天籟，賁人文，摛逸藻，吐奇芬。思若神運，口謝吻嗚，手不停運，波瀾横生。依種命意，左右具宜，既會乃趣，亦指厥疵。瑕瑜不揜，如堊與緇，好言自口，匪夷所思。夫其險怪奇特，則危峯孤松，下懸飛沬，神龍薄陽，雲霧霍豁也。其淑瑰姸麗，則時女靚服，含笑臨淵，春花捧露，迎風翩翾也。其典雅高潔，則韶箾南籥，脩容序晋，碧梧鳳毛，霜月交潤也。其嚴謹壯厲，則良將列屯，冰雪凝涸，猛士赴敵，趫虓喑啞也。』諸子側聞，皆縮脰淟汗，卷舌息辯，於是啓蘭臺之秘，發孔壁之跧，採河間之所獻，訂伏生之所傳。闡龜畫，疇龍圖，述麟趾，歌騶虞，塞邪徑，闢康衢，破連環，握貞符。以爻象爲準，以典訓爲樞，以禮樂爲檢，以雅頌爲隅。發千聖之精蘊，指百氏之迷途。夫子而留意，是天未喪斯文也。」中黄子曰：「唯唯。願藉客寵靈，從事於斯。」

昭文子遂推而進曰：「聖帝御乾，祇默啚泰，精感昊玄，良弼攸賚，厥孚交如，謨諧道會，光協三台，袞章五繪。爾乃翼飛龍之皇輿，遵邁古之遐軌，和五色以鍊石，儀九鳥而達矢。陋衰季之齷齪，嘉羲昊之駿美，挽太和於億祀，媲古今乎一揆。羽振鷺，銷金虎，斥讒罷，拔俊武，陟謇諤，黜媚嫵，抑宫鄰，懲宦賈，登勵翼，殛跋扈，飭三事，脩六府，熙帝載，裕父蠱，篤天隱，涣征聚，定天保，寧海宇。野靡攸伏，人蘇疴瘵，蛛螫劃網，疏屬揮械。金城弛柝，玉關拓界，敕幾惟時，師古匪懈。藉田秉耒躬三推，明堂會辟緝五瑞。彤弓御射發潛陽，黄鉞講武握利器。袒割更老，撝謙于辟雍；旁揖耆碩，咨道于黌宫。闡禮運，展國容，章聖化，暢王風。樹以羽旄旗旐，昭以黼黻袞冕，節以元英大夏，和以鳴鑾珩璩。振曠古之儀，立昭代之典。冠帶環橋，縉紳趨輦，肄業雜戎狄之子，橫經推俊髦之選。右文斯輿，錦天錫陳圖而奎璧畫顯。三才宣叙，品物藻飾，胏石廢懸，墨幪遯色。化越髾以章甫，施虞繢於幗幅。蚩氓遵路，僉黨壞植，弦歌樂土，揖遜壽域。坰息夜吠之警，市寢晨飲之慝，窮六合以塞皇猷，合兩儀而流帝德。聲暨韎株，傑任化洽，毛角趾翼，干時神符。天剖靈契，地呈象緯，晶熒河嶽，謐清甘露湛。五芝并，寶鼎效，玉衡平，岐鳳族集，渥馬彙征。指上林素烏赤鴈剺狨，顧靈囿黑章白質峥嶸。兹明王之嘉瑞，聖世之休禎，太公所弗謀而就載，伊尹屑負鼎以成名者也。蓋聞周德遺蒸非仁，食土後君非義，果行棄時非哲，没世滅名非①。夫數者，君子所弗出也，夫子獨胡爲取哉？」於是中黄子離席再拜曰：「微客言，幾敗教傷義，夫折衷余行，使協于極，客之賜也。敢不布四體以聽。」遂裂芰荷，飾組綬，彈冠拂衣，面山謝曰：「明天子在上，吾將仕矣。請從此辭。」

紀夢有跋

日者剢剔家耻，頑豎即刑，力也不忠，壅蔽造慝。名藉刑書，身黨犴狴，袵凶伏垢，抱抑叢辱。止則伾伾殟殟，行則慌慌忽忽，食則呿呿睢睢，寐則㦿㦿愁愁，瞀瞀忶忶。精氣之所遺，神

① 按：「非」下疑奪一字。

魂之所覿，以人則魘瘿瘇躄，疽痤尪傴，蝨僥開禺，羽裸鳥喙，孑臂三面，黑齒冗胸，妖醜畢呈焉；以物則虎豻鸗獶，鷗蛆鴸□，封狐雄虺，赤螘玄蠭，鋸牙戳爪，錞鬣錍毛，毒涎蚖沫，劍翼穫角，怪猛列著焉；以地則寠巖垚埊，碕胥尖崦，巃嵷窟暎，嶰碞灞垷，搏木攢樹，搢天續樠，沸水積金，鳥谷誇野，險惡備歷焉；以事則□戰戕擊，詬詈争怓，叱咤嗚咽，窘迫褫劫，侮譎搪突，哆聲忞嗕，窒□蹣閉，絿餤□塎，厲逆不祥之爲，殊態別狀，彙集環連，膺服而躬承焉。

迺己丑仲春，律中夾鍾，日宿纏軫，讀書倦勤，滅膏就寢。夢有赤駝從天而下，停驂廣庭，被以錦韉，絡以珠纓，翼以緌旆，引以華旌，夾以赤豹，從以文貍，使者縪幘玄衣，鍮帶象笏，前致詞曰：「上帝有命，筮予召君，騎從戒嚴，庶幾一往。」授余頳轡，介以遄征，經閬風，跨蓬瀛，亘玄圃，指庸城。浴于九光之淵，易冠裳，飾容止，屏息曲躬，踵朱霞之門俟命。門啓，趨入，蒲伏陛下，私睨殿額，署曰「無極之殿」。峥嶸突兀，邃穆巃嵸，倚薄日月，蔽虧星辰，玉繩藻井，左右映帶，崇牙樹羽，序列兩階。僊官繽紛，神衛賁赫，天鷄三唱，六龍承旂，鳳鵬翼駕，豸鵔清儀。帝始出御，余再拜稽首稱臣，進曰：「不佞之臣，伏匿坋壤，專慾犯怒，血氣洶溢。廝輿無賴，狡諼詭閃，交鬭其間，使陷大訧。方旦夕戮滅以忝皇天之命，是懼拜召之辱。臣也何德以堪之？」於是帝親啓玉齒，發音詔之曰：「嗟，小子汨垢，濁蹪水火，觸機麗罟，以自勞苦久矣。惟是光碧之堂，瓊華之室，余一人嘗命汝治。汝不共有職，逞其侈心，抉雲汝衣，裂霓汝裳，剸太陰之精澤汝珮，劃勾陳之曜耀汝冠。遨紫微，凌黄道，排閶闔，掀華蓋，晞髪九陽之阿，濯足天河之津。戲援崑崙而投之河源，用埡蕩爲夷軌，耆牛女交射，宣淫無度以瀆我彝典。爾因竊有機杼，縱横姸巧，與河漢争光。朝霞、淪陰、正陽、沆瀣、玄、黄，是六氣者，真人尸之，藻飾品物。汝惘然無忌，暴起而奪之柄，雷使百神，指頤揮肱，探天綱，鈎地維，抽幽秘，啓玄扃，搜太始，鑿混茫，貪功憍能，淫威以逞。余一人實惟汝怒，是因謫汝下土底汝罰，令玄翳蝕精鬭汝釁，匪人毁則憑汝憤，群力鼓暴盈汝戾，非類鍛詞崇汝辜。械之牿之，校之纆之，震以不測之懼，凌以艱忍之辱，鞠以坎窞之凶，厚飲以未嘗之苦，申以醜怪險逆不祥之夢，將玉汝於悔且悟以改也。汝既有瘳矣，余一人將復汝治。」命使者導之入所謂光碧瓊華者，至則復閣層樓，飛甍走拱，赬欄游龍，璇題納鶡。畫壁撰勝，網户角色，玉樹矗蒼，珍草綿碧。祥烟上浮，佳氣周鬱，異香繚繞，晴絲絡繹。若有一人爲之内主。覆黄鏐之蓋，倚紫莖之屏，御雕璞之扆，籠輕霧之幕。遠而望之，乍隱乍見，倏有倏無；迫而諦之，綽約窈窕，脩姱端麗。毛壽眩睇，離婁奪明，蓋僅得其彷彿，弗可以物肖而繪傳矣。乃如二八列侍，淑順好比，膩理曼睩，脩眉潤鬋，流顔迴笑，競靡争姸，姑射陽臺之選也。蘭席璚瑱，珊豆玻卮，虹幪霞帔，間飾翡璣，組衿纖縭，冰繭之絲，陳輝瀉彩陽皜春熙，太乙東皇之頒也。交鼓促節，清瑟疏越，笙宣歌激，翻揚舞列，八音諧奏，感召雲物，鸞鳳雝止，玄鶴翔截，鈞天洞府之什也。腥唇臙翠，象約鳳丸，駱菌麟醢，甘攎崑蘋，述蕩之掔，雲夢之芹，玄山之禾，瑶池之液，蒸之以元氣，漱之以陰陽，盉之以金露，調之以瓊漿，謝兩儀，凋三光，長生久視之珍也。余周覽四視，徬徨錯愕，既欣既悸，屢進屢却，精魂馳騖，流汗揮霍。二青衣捧皓玉之簡，摛丹篆之文，傳內主意觴余，余爲辭謝。未竟，寤然以覺，覺而盼蠁恍惚，音容有遺焉。攬衣起坐，蟾蜍匿景，壺漏奏績，東方晞矣。因援筆而書之爲記。

列子稱僕夫夜夢爲君，覺而自樂。噫，是想也，君人者之事，形神所接也。若今所陳，則非所接矣。胡爲乎夢？晉衛玠嘗以是問樂廣，廣答曰：「因夫所謂因者。」將無同佛氏旨耶？吾聞四海之外，無極之垠，有十洲三島者，神人實居之。且夫四時之運也，迭寒迭暑；風雨、雲雷、霜露、雹雪之變也，迭興迭止；萬物之托形宇宙間也，迭生迭死。要必有主之者。主之者非神人也耶？故士之瓌異雄特，不偶於世，類神人下謫而受天罰者也。徵之古今，豈不或信？吾是以作紀夢自慰，復叙論之，使覽者明余意，非以侈詞爲也。

卷之五

讀書録

詩經

周南

夫道始乎夫婦而化基于衽席。后妃之德，關雎以端本，葛覃以躬勤，卷耳以貞操，樛木 螽斯以逮下。故俗有麟趾之仁厚，國有桃夭之宜家，芣苢之和平，野人 兔罝之賢才。漸被于南國，有江漢 汝墳之遵化，微之顯，誠之不可掩也。匡衡説詩，稱后妃夫人之行侔天地，吾謂儀刑文王，敬德日聚，有美含之而代有終，以言乎地道，斯可矣。

召南

聖人傳易曰：「正家而天下定。」夫天下者，合天下之家而爲之者也。君人者之家，又天下之家之所表率焉者也。文王、太姒脩德于身，刑于家而家化；御于畿域，家畿域者舉化；延于邦國，家邦國者舉化。吾徵諸詩召南，如鵲巢 草蟲 采蘩 采蘋 小星 江汜言諸侯夫人、大夫婦之賢，行露 摽梅 殷其靁 野有死麕，言士民之妻之女之賢；何彼襛矣，則本之王姬，以見南國之化，始自王國，凡皆特詳於家人。其甘棠歌召伯之德，羔羊美在位之儉，騶虞詠澤物之仁，亦既略矣。此子程子所謂「天下之家正，則天下治」者也。噫，吾迺今知周之所以興。

邶鄘衛

邶、鄘入衛，皆衛地也。其土卑以薄，其風柔以蕩，其人偷以溺，其俗褻以縱，其政散，其倫瀆，其志荒，其音靡。是故嬖媵擅寵則貞嫡廢矣，世族崇慾則氓婦放矣，賢人隱鬱則士民離矣，灾禍忘恤則與國嗟矣。而莫醜於薔茨 鶉奔，莫慘於二子乘舟。先民有言：「天生民而令有別，有別人之義也。」衛無義斯甚，此亡國風也。乃若栢舟之矢死秉節，載馳之閔宗止義，定中之勵精興衰，淇澳之懿戒敏德，泉水 竹竿 河廣之鑒禮奪情，皆能自拔異，不咻於流風。噫，豈先王之澤耶？抑所謂豪傑者耶？

王

周之興也以后妃，其衰也以褒姒，丘麻、采葛，遵昏以肆。傳有之：「上之所爲，民之歸也」，雖大車大夫刑政自邑，不利即淫，然特畏而不敢，視江漢 行露斯遠矣。夫志淫則荒，荒則暴慢，俗僻則濫，濫則乖散。以暴慢之政，馭乖散之俗，於是乎有葛藟之流離，有兔爰之罹凶，有中谷之棄捐，有于役之勞怨。骨肉化爲仇讎，宗廟蕩爲禾黍，雖有善者亦無如之何矣。故其詩曰：「悠悠蒼天，此何人哉？」曰「尚寐無吪」，曰「尚寐無覺」，曰「尚寐無聰」。人情呼天而懷死，則窮之極者也。氣鬱而懟，音凄而悲，節促而迫，宜王之不爲雅而爲風。君子是以有感於世變也。

鄭

鄭土俗風氣類衛，而詩淫靡過之。且復以女先男，不有其躬，破檢毀則，狥情滅性。濡而汩乎，炎而熾乎，遞滑湣乎，于喁相和乎。衛猶舉刺淫者，鄭則如魚之於江湖，相與忘之矣。是故聞其音樂者，酶乎如酲，惘乎如狂，眲乎其似喜，蕩乎其弗能自止，常始乎治而卒乎鄙。故孔子獨稱「鄭聲淫」而不及衛，以鄭甚於衛也。夫鄭、衛土俗風氣類也，又何以異？吾嘗求之。衛遭狄禍，時有饑饉流離之苦，猶懼而能懲。鄭詩大抵多佚樂而少憂危，宜其日以縱而不返也已。噫，斯時也，而有鷄鳴之警戒，縞衣之娱樂，其人顧不賢矣哉。

齊

齊，四戰之國也，擅東海之利，太公治之以尊賢尚功，其君類勤政而治，其民多材武，喜射藝。俊者思以功名自著，椎魯者亦力致富饒，以業其生。矯矯乎無淫溺偷惰之風，而齊以彊聞天下。是故讀鷄鳴可以觀君德，讀還與盧令與甫田，可以觀民俗。逮其弊也，則昏禮廢而彼姝即室矣，會朝之不時而樊圃興刺矣。又其甚也，則朱鞹發夕，雄狐懷止，瀆禮而賊親矣。嗚呼，斯豈太公之教也歟？其敝笱稱從者之衆多，載驅稱齊子之豈弟，猗嗟稱我甥之才美，而文姜之蔑耻亂倫，莊公之縱毋敗禮，隱然自見於言外。婉而切，微而諷，嗟歎有餘情焉。衰世之聲，得此可以爲難矣。

魏

君子之爲國也，奢則示之以儉，儉則示之以禮。禮可以飾政，可以定志，鄙可使寬，薄可使敦，甚矣，其可以爲人國也。魏土隘民貧，俗勤苦而儉嗇，侈非所懼也，懼其固也。爲政者不務和之以禮，復以儉臨之，是琴瑟專一，而以水濟水也。養士也，廉而責之也詳；使民也，勞而董之也峻。狹迫瑣屑，令人囂然喪其和樂之心。辟之簡髮而櫛，數米而炊，不可以行於家人，而況於國乎？夫是以來葛屨之刺，貽「公路」之譏。其君子則思退，棲十畝，自食其力而不願仕；其小人不聊其生，相與運而之樂土。國之所恃，在士與民，不有士民，其何能國？故其詩曰：「心之憂矣，其誰知之？」且夫魏，舜、禹之所都，其遺風猶有存者。有國者誠知禮以承之，雖至今存可也。

唐

余讀唐風，於揚之水曰：「小惠勤民，民戴之若父母而歸之如流水，枝茂而本蹶，誰實啓之？」於杕杜曰：「死喪急難，非兄弟莫及也，其有隱憂乎？」於鴇羽曰：「説以使民，民忘其勞，苛役盡力以傷孝子，王澤竭矣，所謂毆民者非歟？」於無衣曰：「下盈其慝，上賞其奸，寵賂彰而紀綱廢，天下莫知君也已。」於有杕之杜曰：「賢人，國之紀也，吾未見好賢而不興者也。」於采苓曰：「讒言逞則亂之本無信，無然，斯有瘳矣乎？」於葛生曰：「是夫婦之變也『之死矢靡他』，可以言貞矣。」於蟋蟀曰：「樂而不忘憂以思其職，是其民也，質其俗也，儉其力也，勤其思也，遠其遺風也。由放勳乎？吾是以知聖人之化之遠也。」

秦

秦僻處西戎，逼其邁難，憂勤勞瘁以生植積聚，疾耕勇戰以拓土擅疆，君臣戮力，上下一心，如家人然。蓋不特岐、豐王者之澤，其俗重厚則然也。是故君有寺人車馬，則賦車鄰；有田獵射御，則賦駟驖，有錦狐繡紱，則賦終南。所謂民樂其樂者有焉。無衣之同仇相死，小戎之先義後情，所謂民憂其憂者有焉。君人者，誠以仁義忠厚臨之，可以王矣。迺貪殘狠虐，使之以酷烈，而董之以苛峻。君之於民，如猛虎御群羊，恣其啖食，不復顧惜；民之於君，如雷電鬼神，不敢迫視。以此而强亦以此而亡。説者謂一壞於范雎，再壞於商鞅，而大壞於李斯。噫，是豈三子之罪哉？三良之死，擅命淫戮，作法于暴，後必甚焉。三子者，逆而助之耳。故讀黄鳥一詩，而知賢人之所以隱，民之所以怨叛，秦之所以亡，亡秦者，穆公也。左氏特謂不復東征焉者，淺説也。

陳

陳，隱居之詩一，衡門是也；刺不善之詩一，墓門有棘是也。餘皆男女歌舞歡樂，會遇思念之辭耳。噫，何其蕩也。蓋其地廣以平，無名山巨川之限，其人多淺薄儇率，輕喜而易動，太姬又以巫覡歌舞導之於開國之始，風氣之所咻，習俗之所染，其流而莫知返也固宜。昔太公治齊，尊賢尚功，周公曰：「後世必有篡弒之臣。」周公治魯，親親尚德，太公曰：「後世寖微矣。」夫二公之所以治其國以法子孫者，皆盛德之事，猶以弊終，巫覡歌舞，其何法之有馴？至靈公破君人之檢，而即嗤氓之私，身死國亂，爲天下笑，則太姬之教也。噫，后妃之化，行於南國，而不能化其家人，豈所謂下愚不移者歟？寡妻之弗刑，則滿其罪矣。

檜

齊桓好衣紫，至十素不易一紫；衛君好長纓，纓價騰踴比于黃金。「上有好者，下必甚焉。」俗之美惡，國之貧富所係，弗可弗慎也。是以明主御鹿裘、服澣濯，示儉朴爲天下先。檜君何爲者哉？獨潔服遨遊之好，君子憂之，故其詩曰：「羔裘如膏，日出有曜。豈不爾思，中心是悼」。服之不衷則費出無經，而征斂無藝，下民其咨矣。故其詩曰：「隰有萇楚，樂子之無知。」夫欲爲萇楚之無知，疾苦而甚之之辭也。其志乖，其氣鬱，其聲怨，其節促，有亡國之徵焉。使天子之令行，則將赴愬于天子，易其臣之不肖而與賢，更其政之不善而歸諸善，貶其君之爵使有懲以遷，甚則奪而與諸宗室之有德者，陳亦未遽亡也。王室而既卑則强暴者滅之而已矣。故其詩曰：「顧瞻周道，中心怛兮。」又曰：「誰將西歸，懷之好音。」是非思周也，思檜也；非悲周之衰也，悲檜之所以亡也。吾是以讀檜詩而知其國之多君子，何也？以「匪風」、「素冠」之詠，皆識微而懷古，非夫人所能及也。

曹

曹，國小而逼，君侈而無禮，近小人，遠君子，此有國者所戒也。「彼其之子，三百赤芾」，是親而寵之爵位：「婉兮孌兮，季女斯饑」，困阨又甚焉矣。是故以晋公子之賢，從者之才一婦人能辨之，而其君欲觀其駢脅，至薄之於裸，此不特父兄之教不豫，亦在位者皆小人，無君子以規正之也。在易：「負乘，致寇至。」已足以致寇矣，而又無禮以速焉。「自貽伊慼」，其是之謂乎？夫禮所以安國家，定社稷，利後嗣者也。故曰：「其儀不忒，正是四國。」又曰：「正是國人，胡不萬年？」言壽考以有禮無禮者，遄死而已矣。噫，周室弗綱，故君暴慢，君暴慢，故小人得志，小人得志，故政貪殘而國以困敝，此下泉思周之詩所由作也。詩人之慮，遠矣哉。

豳

豳之有七月也，是王業之本也。其有鴟鴞也，是周治亂之幾也。夫曜中而昃，序成而改，器盈而覆，物極而反，此天地人事之經。周自后稷以農桑起家，而太王，而王季，而文王、武王，賢聖奕世，可謂極矣，能無變乎？是故以周公之聖且親與有功德於國也，而管叔譏之，以成王之仁且明也，信管叔之譏而疑之。凜凜乎周之治且一變而亂矣。「公孫碩膚，赤舄几几」，此周公所以處變者：安而不慼，其迹順以白；謙而不矜，其氣和以平；婉而切，其詞暢以達；公而斷，其動時以勇。程子所謂盡力以扶持，至誠以感動，明禮義，杜蔽惑者，公有焉。是以昊天鑒而風雷警，成王悟而金縢發，家有元老，民有父母，國有典刑，政有蓍龜，變而克正，非至聖，孰能之？故豳之爲風也，變而正者也，繫國風之終，者言變之可正也。吾斯有取於王通氏。

左傳

左氏之文，其思精，其聞洽。精，故造語也辨；洽，故序事也麗。宛轉萬態，合於一軌，不費斵削，畢達其趣，三代而下，自六經外求文之工者，止是矣。而昌黎氏乃譏其浮誇，吾謂辨且麗也，安得而不浮誇？且其言曰：「易奇而法，詩正而葩，春秋謹嚴，左氏浮誇。」不與諸子並稱而厠之經，既尊之矣，尊而不忘譏，論文固主嚴也哉？

韓非子

昔人評戰國文章，孟莊而下，孫韓最善，又謂左氏國語之亞。夫孟之純正嚴潔，不宜瀆，比諸子固矣。若莊以肆，韓以檢；孫輕以明，韓重而隱；左辨以麗，韓奥而核；卓然自爲一家。如碧梧翠竹，列植輝映；如麟趾鳳羽，翔武自適。顔貌不肖，其爲珍且瑞一也。從而輕重之，其臆說也乎？或又病非不難亡韓以規秦利者，余視其言，蓋以韓利關秦而説以存韓者也。顧其書持法甚酷，猜疑甚峻，使君人者之視臣下，嘗若虎豹犬豕然，謹伺密防而預之戮，然少顧惜，秦以不仁亡，非與有力矣。

莊子

莊生之言，以虛爲軌，以自然爲輿，以一爲適，以無窮爲涯，爲荒唐、悠謬、渺茫、曼衍爲遊。其處己和神而遺形，其與人率真而遺情，其應天下萬物任精而遺心，博以宏達之趣，昌以奇詭之辯，述以俶儻之辭。會六經之精而不名，統百氏之宗而不設，破經世之檢而不由，探群形之變而不汩。上窺窈冥，下鈎淵玄，中淩萬象，旁拆八極。讀之使人倘乎邈哉，遺形骸、耳目、心志，而齊愛惡、榮辱、死生之變。寓言之精，其感人者如此。

老子

老子之術，大要以柔勝剛，以弱制强，以與爲取，以翕爲張，伏雌守牝，匿玄處默，不先福，不始禍，不尸名，不府謀，約之以淡薄，休之以恬静，而持之以堅忍。其無爲也，乃所以有爲也。是故師其説以脩身則神全，而天和可以養生；以治國則清淨，而不擾可以安民。然其弊也，廉之極反而爲貪，慈之極反而爲忍，讓之極反而爲賊，朴之極反而爲險。始欲死聖人以止大盗，而卒爲大盗資，後世亂臣賊子操其餘説，遂以竊人之國。然則老氏之禍，豈直倡申韓慘刻已哉。

吕氏春秋

不韋既得志，挾富貴之資，招致賓客、游士著書，其言環偉辯博，統貫條理，計非一人所能爲。其人類材甚高者，不減荀卿，下者猶當頡視李斯，而名不聞，後非不韋攘之歟？夫不韋嘗貨異人而博侯相，又竊材士之能以市名，後世信姦人之雄者也。當其書成，市諸咸陽門，以千金令國中增減一字，人率畏其威詐，莫之敢，故楊子雲恨不生其時，車載金而歸。以吾言之，吕書有純有駁，瑕瑜不相揜，夫人而知之，非特楊子能增減之也。顧其文詞，使楊子爲之，未必能過之也。若夫時紀所書君人者祀享之數，政事之宜，衣服之度，飲食之節甚詳，誠解其拘，審其要，時而行之，未必無益。八覽、六論，則於古今人事之述略備，有志用世者，將有取焉。以其人而廢之，烏乎可？

秦漢文

夫有虞、夏、商、周之文，而後有春秋、戰國之文，有春秋、戰國之文，而後有秦漢之文。秦漢文者，四累之下也。何以稱古文？以其近於古也。吾讀其詞，信乎雄偉深厚，鼎彝鍾吕，形聲自別。豈斯人之能？氣實使然也。然漢視秦，已不能無異，而兩漢又自有優劣，則氣日降而文逾弊矣。吾聞氣命於性，善學者明性，性明而氣隨之，文豈終弊哉？

韓柳文

夫言所以達意，夫文所以約言，文無他，書吾意所欲言耳矣，而舉難之。雕琢則綺麗，簡率則鄙俚，師故則臭腐，好奇則艱澁，析文與意與言三之，而格愈卑而氣愈靡，自後漢歷晉、魏以及唐極矣。韓柳氏相與起而振之，洞視百世，砭劑諸子，洗滌澆陋，與古爲徒，有意而成言，有言而成文，起伏相承，清濁相感，疾徐長短，各識其職，不爲險僻齟齬之辭而氣格自然高古。一時人士嚮風，文章丕變而盛，二子之力也。或乃謂韓之琴操，子厚不能作，歐陽子稱韓不稱柳，以爲優劣。余竊笑之。二子，敵才也，韓之有琴操，猶柳之有鐃歌鼓吹曲也，亦謂韓弗能爲，可乎？二子之文，不能兼有，正如雲物斑空，爲輪、爲山、爲人物，不一其態，如水行地中，方圓廣狹異者，異所値也，雲與水有異材哉？歐陽子稱韓不稱柳，則嗜好各異，且夫觀文者而取於人，無所用觀爲矣。

歐陽文

吾嘗取歐陽氏論三蘇氏語，在讀蘇文録中，歐陽子之文附見矣。

三蘇文

宇宙大矣，以文章名者，代不數人，蘇氏父子師友，眉山隱然，名動京師，其所著書，傳播天下，漢唐以來所未有也。三子復生，余願爲執鞭矣。當時有歐陽子以古文自任，原述六經，採獵百氏，卓然名家，以較老泉，如元戎、冢宰坐于堂上，尊嚴若神。縉紳之士，嗚金珮玉，從容揖遜於前，雖其氣不爲之少懾，而威儀精采，何可同語？東坡天才逸邁，明暢洞達，其文無意於古而自不作世人語，其自謂行吾所當行，止吾所不得不止，乃與歐陽子頡頏而時過之。穎濱之温雅平淡，簡而切，拙而不俚，庶幾歐陽子而未達者也。夫以歐陽子之有聲一代，僅能過子由，子瞻乃其所畏，老泉又非其敵，則蘇氏所得可知。夫老泉氣壯而學深，識精而志果，宏奥瑰偉，鋒鍔凛然，有秦漢間風，唐自韓子外，無及者，當爲一代文宗。蓋其少困于科舉，壯而讀書，積既久而後發之，故所成特異。子瞻、子由，未二十已能射策取高第，斐聲公卿間，故二子之不及老泉，非特才氣異，用之也，輕而發之也，早其不及，固宜也。然可謂奇矣。余少小喜讀蘇文，今復一閲之，若有所得也，乃妄論著如此。

文選

自戰國秦漢迄梁，文人述作，所以傳世者，統之力也。而或譏其去取失當，孰與文典紛逸，泯没不傳耶？或又以蘭亭記「管絃絲竹」之語衍而複，統故不取，非也。嬾真子謂四字出張禹傳，夫有所受，亦非也。蓋文選所取，例對偶綺麗之文，蘭亭簫散遠淡，特異于統，是以弗取爾。且「管絃絲竹」語果不衍而複，出恒人，不害爲佳；果衍而複，雖出漢書，其爲病固也。貴古而賤今，吾無取焉。獨東坡氏謂高唐、神女賦，皆賦也，不宜裂而爲序，此最得之。其謂李陵與蘇武書非西漢文字，余未敢信，西漢文皆深重，此書特俊逸，稱陵之才，然其氣格猶夫西漢也，齊、梁間人有此語言否？若夫諸體高下以時異，工拙以才異，踈密以學異，純駁以識異，壯茬以氣異，貞僻以志異，在審所尚而已矣。

戰國策

周之衰，禮樂征伐不自天子出，列國相吞滅，以攻戰爲賢。勝則拓地千里，同列懾從；敗則境土削弱，宗社不守。一時游説之士，乘時奮起，抵掌立談之頃，能令國君擁帚長跽，不惜兼金閒錦，連璧駟車，高官大爵以結其歡，以求效其計，凡所欲得，無弗如意，如持券取物，不爽毫髮。是何也？誠有以動之也。余讀其書，辯博變化，循環無端，如開闔户，如别黑白、數一二，如雷電起滅，探之以情則肆，張之以譽則矜，動之以慾則喜，激之以辱則怒，數之以禍則憂，托之以喻則悟，欺之以方則信，劫之以威則怯，溢之以有餘則勇，千變萬態，語意益奇。然要其歸，一言蔽之，曰「術」是也。二言以蔽之，曰「利害」是也。縱横家者，各利其利，各害其害者也。夫縱人所謂利，即横人所謂害，横人所謂害，即縱人所謂利，利害亦異矣。兩家者，易而言之，而皆中其形，不失其情，信天下之善辯也。

卷之六

書

上鄭思齋爲諸生時

愚聞悦芝蘭，慕少艾，人之至情，然未若好賢之爲甚，所謂賢者，皆天民之秀傑而厚之，以異於天下者也。爲賢者亦自負其異，而不肯與凡民伍。三代而上，出於鄉舉里選；春秋戰國，出於游士；唐宋以來，出於科舉。其群而出，群而入，並而事事者，何可勝數？皆賢矣乎？曰：不。不能皆賢，而卓然名天下、聞後代者則賢，太史亦異其能，從而特書，不一書而足。愚自知讀史，蓋未嘗不竊歎，以爲數千載間，中天地而人者，知其幾億億，以賢名者僅僅若此。且什伯爲群，有人焉以才自見，未始不敬且愛，矧夫絶類離倫，舉一世而下之，以名於千百載之後，其爲人宜何如？此愚所以每三嘆不能已。既又聞之人曰：我國家有某人者，其德行幾古某人者，其功業幾古某人者，其文章幾古，則又歎且奮。

歲丁丑，某生二十年矣①，邑之與試者歸謂曰：「今天子教化久，人才日異，登第者皆極時選，且云執事與倫公三四輩，猶年少才奇，士類咸歸。因自思馬牛之齒日長，曾不得與觀天下豪傑，世果有斯人矣，將奔走京師，趨下風承教。告諸父母，則驚且疑，謀諸朋友親戚，則笑以爲狂，度不可遂，乃求其鄉里宗族及其父兄，問其聲容而默思其學業，聊以自慰。

己卯之秋，就試南都，慨然有志一獲，非一獲之爲利，而得游京師，揖名公，以償其夙昔之願爲慰也。監試楊公一閱其文，過許曰：「是必能得」。特呼謄録者，命好爲之。卒以失有司程度，不録，慙負楊公之知，又恨幾年欲承教於執事者，一朝遂已，蓋不能甘味安寢者累月，時時舉首發聲，天其困我也耶？

秋且暮，會京師傳語云，繼尹吾邑者，莆田鄭公。不覺色喜，洒然如脱沉痾，楊然如獲至寶，私自慶幸。及見矣，且意執事以少年挾雄才，將震耀英明，令人喪失神氣。及至之日，其容色温然以和也，其言語、其禮度欿然虚以謙也。抱出群之才而守之以朴，負蓋世之名而濟之以恭，處

① 據見山從子石應魁先仲父見山行狀，見山與思齋「拜忘年交」，而思齋生於弘治十一年戊午（一四九八）。若丁丑時見山生二十年，則與思齋同齡矣。故此「二十年」乃「十二年」之誤。

高人之位而行之以謙遜，非德之大過人而安能此？退而處，茫然自失，平昔望慕之心，日以益甚。欲以書自達於執事，忽思才如退之，三千時相不報，老泉受知，莫如永叔，然得其書，辭未暇讀，況如愚萬萬不及古人者乎？則又恐而止，如是者再。復取二子之書讀之，類皆矜其辭，張其能，空四海盡出己下，將以取重於人，則冀其引薦，僥倖富貴。夫挾驕滿之氣，持爲利之心，此固賢者所笑，而望其説之行難矣，若愚則安敢然？曰：吾邑之才凡幾，不敢自謂其異也；天下之才凡幾，不敢自謂其同也；古之賢才凡幾，不敢以自期，而亦未嘗不是之學。故凡所以求於執事，爲今之古人，愚則古人而未能，願有以賜教。且執事固尹吾邑，而愚固爲邑諸生，養育人才，非執事之責而誰責？況久於慕望如愚，篤於求教如愚者乎？至於朝廷爵禄，所以富貴天下賢才，非愚所望，安敢以干執事哉？謹以舊所爲治論文論兩篇，及時論四篇爲獻，惟願削其繁靡，正其訛謬，培其根而使之食其實，則自今日以往，皆執事之賜矣。

上朱大巡

某聞古君子之事君以身，忠也；以人，大忠也。古君子之以人事君出於己，智也；公於人，大智也。夫忠且智，士大夫誰不樂爲者？患在獨任狹聽，則賢者伏而不彰，避嫌疑，存形迹，則雖知其人之賢，而卷舌於當路，不敢一發聲矣。夫如是，所謂忠與智者，安得而有之？

恭惟執事在臺昌言論人物，據天下之公以聞。其所不肖，欲推諸野；其所賢，惟恐其不亟用。今又以天子命按江南，凡江南之有司皆得而黜陟，是有志進人而又操其權者也。且爽愷博大，明光俊偉，傑然有摩礪金石之才，震撼山嶽之操，而將之以容與，良易與人開示肺腑，如青天白日，不爲隱蔽。動容正色，進退揖遜，恭而不矜，若將使人人充其志者。則所謂獨任狹聽，執事非其人，而避嫌疑，存形迹，又非所以事執事者也。故敢畢心悉辭，進一賢於執事。

伏見上海令鄭某，有逸群之才，稽古之學，經世之志，絶俗之介，飾吏事以儒術，得民心以王道，軌胥束隸，肅奸剗弊，議獄平訟，賑窮恤乏，有未易一一言者。其爲政，崇大體，務遠猷，始海之士，多矜恃資禀，鮮競于學。自鄭之來，躬親講論，日徵月考，賞勤勸怠，士皆争奮，且惓惓①不愧聖賢，不負所學相勉諭。故士風丕變，率多成材，學校之振，爲南畿望。小民無知，或有迫於貧，火葬其親者，鄭聞而痛之，曰：「非民之罪，令之不德也。」乃爲之闢義冢數十，明表樹，立禁約，述孝思，啓昏蔽，而火葬遂絶。邑素多訟，至庭下者每千人，鄭曰：「民之多争，禮之廢也。」乃百家爲里，里有師；十里爲鄉，鄉有老，茂選德望者充之。每朔望，則老與師率其鄉人子弟，行揖遜禮，講書歌詩，録善紀惡，於是民競自脩飾，重於犯義，而訟且鮮矣。吴下風俗浮靡，婚姻喪

① 此處疑奪一「以」字。

葬，多至破産，乘靡費之極，或欲趨約，迫於俗議，鄙吝强爲侈觀。鄭則勒爲成書，不瀆不僭，民皆宜之，咸適於禮。而又懸鍾以待冤，設磬以聞道，屈己以來諫，博採以省風，政績日著，民心丕和，鄰邑不決之獄，多奔走來訴，鄭固辭之，曰：「吾不敢越職也。」不得已而爲之剖析數辭，各喜服引去。歲時以公事至府，城中之民皆群聚觀之，偶遇新雨，民消息其來也，布糠於橋，以寧從者，其得他邑之民心如此。然果於行志，篤於愛民，廢請謁，絶交際，非愛民深而謀國至者，其孰以聞於執事也？

某故不自揆度，以所知見者悉陳於前，執事試察之。有狗私干好，不如所言，則絶於大賢之門，無悔也。若夫寵之薦引，公之廟堂，執事事也，某何敢贅哉？

柬蕭先生

東南士風敝矣，自我公視政，端軌範，彰條教，明賞罰，行之以至誠，出之以大公，而持之以果斷，士皆曉然知所趨就，相高以名節，相勵以廉耻，相講以道學，相效以敦朴，昔之不羈者，舉聞風興起。噫，何感化之速如此哉？凡人之性舉好善，其爲不善者動於欲，動斯流，流而莫之制，斯害矣。故罰也者，制其欲而趨諸善者也。雖然，善之趨也有機，機非賞不作不速。故賞也者，所以趨人於善之權也。自夫以文賞而賞，自夫以文罰而罰，非夫以文賞、以文罰，則有德與否，孰從而辨？ 豈惟無辨，或又從而逆施？ 於是工文者曰肆，而質厚寡文者曰困。 肆，故之惡也輕；困，故爲善也怠。 嗚呼，其所由來漸矣。 能識其所由來，辨其機，操其權，遏其横流而防之中道，非公，吾將孰與？

往公移文群校，謂：「吾賞不以文，苟敦行，雖弗能文，吾猶賞；吾罰亦不以文，苟弗競於行，雖言語妙天下，吾不敢不黜。」士舉愕不信，既而公卒履其説，始争自濯磨，不敢爲非，如愚前所陳者，信也，非譽也。 今公復以天子命移師河南，河南固天下中土，風氣古稱厚，公且以教東南者行之，其爲效宜益大。 古人有言：「雖無老成人，尚有典刑。」公之典刑，東南固在也，河南士豈得獨私？

某忝東南一介，辱我公拔之人人中，發其潛，使有光，揚其氣，使知所樹立。 蒙知最深，惟恐一朝遺墜，以賈罪戾。 故悉以公之所以教，士之所以起者陳於下執事，亦欲覺此心，毋爲公負，且幸公終教之也。

柬朱王洲

古人難相知，誠難也，若某者，可不謂幸？ 我公以文章鳴數十年，某晚數十年出，公獨許之揚之。 曩召諸士夫宴，獨以相示，有以某文呈者，不問知某作。 噫，以此號天下，無問賢不肖，有不謂知己者乎？ 昔歐陽公得子瞻文，遽許其有古孟軻風，且曰：「子吾徒。」某何敢自擬蘇子，而公之賢非歐陽子莫比，謂古今人不相及哉？抑惟公可以陳此言，不然將笑我狂，由是言之，知己之難，誠難也。

柬陸儼山

我公師天下，天下士皆興起，不獨某，而某於公，則鄉子弟也。薰德最久且深，獨異天下，某之事公，將不得與天下比。況公又賜之顔色，重之教誨，待某者復異天下，某之事公，將不得與天下士比。每見天下士之佳者，舉從公門出，知之預，教之時，①其材，公真天下師，某不得私。然某以公之愛，誇於天下士，士皆聳然異於人人中，公之榮寵，某實竊私之，天下士不得有也。某亦何幸。我公來京有期，某且日侍教，又何幸。私心願望，惟自玉爲道，使後學永有範，某敬與天下共之，不敢私。

柬趙曲江

某往時未履公庭，心馳焉，既通於下執事，甚喜，獲我心也。公有禮貌之異，話言之親，則有

① 「其」上疑奪一字。

憂之，恐負也。來京首謁令器，狎公愛也。望令器之才且賢，心竊自喜，副我私也。既而令器愛我日深，德我日厚，又有憂之，恐重負也。舉動必謀之令嗣，求臧且以無負也。舉以爲公鳴志德也。抑中心之誠，有弗能已於言者。以公之庇，忝天子官，謹稽首拜書，白心承教，冀相與以有成立效也。暑涼弗時，惟公善頤自玉，敢以規下執事，而某之仰望，匪辭則盡也。

柬沈西津

某聞之，君子處世，和衆非難，而不容於人之難；無高位非患，而無令名之患。孔子曰：「君子疾没世而名不稱。」又曰：「不容然後見君子。」言至孔子極矣。爲士而不惟孔子之言是法，將誰法？今世誦法孔子，自五尺童已然，惜其所謂法，名焉耳，非誠，誠法之，將不爲位戚，不爲人疢，夫戚且疢，日不得爲君子。執事既君子矣。執事直節雄才，天下士誰不知？清朝高卧，有識憤歎，執事獨昂然笑談，弗少介意。然士人相聚語，稱有才識好節氣者，必及公；有才識好節氣而弗獲大用者，必及公。執事雖去國，聲滿天下矣。自有天地至今，據通津顯位者，何限舉？泯無聲，所共敬慕必厚施薄食，直道而不容於時者，有志者將安取哉？公辱知最深，是故舉首發辭，一爲我公鳴，欲公之自信自頤，且使某永有範也。

柬徐伯陳

曩會吾兄頃耳，便有深契，相愛重如平生，僕與足下皆弗能自知也。意者神情冥合，有弗可解心者耶？爾後不得時見，以僕之有意，足下之未始忘僕，每遇士大夫必稱足下，知者首肯，不知者亦嘆曰：「世有斯人乎？子見，子幸，吾且因子見求。」幸而聞之人，足下之譽某也益過，僕何以得此於足下也。古人相思，千里命駕，僕與吾兄，隔越纔百里，竟不能相過，古今人不相及，共此愧矣。今日偶爲此官相羈，會面殊未可卜，方自悔恨往年之俗，弗可追已。連欲寄柬，弗得便，兹因家人回，謹布此，不次不次。

柬劉先生

某往年，頑然童耳。賴我公命之知好學，不意遄歸，弗獲卒業，且十年弗瞻顔範，致書辭，時時西望，遥見雲物，回憶舊游，一室一石，耿耿在懷，撫然流涕，於我師宜何如？迺自慰曰：「我師必録有司，當遇。」又自奮曰：「某必録有司，當遇。」迺今果然。夫厶之録也，我師之教也，奸師之力爲己能，厶何敢？我師之録也，天以賜厶也，貪天之功爲己有，厶亦何敢？天之賜我師之教，皆弗能解於心，是故辭之弗能已也。敢布之從者。

柬孫黄溪

與賢郎遊益久，知公益詳，鄉邦之光，士大夫之式，僕之慕望，何可云喻？每舉事，竊仰高風而門墻遼遠，未能奔走請教，則謀之賢郎，是可弗違公否？曰「然」，然後敢從事。夫以公爲之的，而又得賢郎者挽之俱前，不令獨墮後，僕之受恩，至死之年皆是矣。感激懷仰，時形夢寐間，惟仗中書君諸友布誠左右，適妻父以解事來京，得遂所圖，良足欣慰。江頭送别時，有爲妻父賀者曰：「是行胡憂？有恃矣。」問其説，則曰：「黄溪公方作顯官，據要途而愛乃壻，夫壻與翁，至親也，愛夫人而及其至親，情也。行矣。」公且左右，若事易，若夷；難，若阻困。妻父因自慶，凡聞言者舉爲之慶，然則僕之受恩至親黨皆是矣。妻父者，某姓，曩有爲編脩者，其祖也。家業異昔，禮節踈簡，亦惟恩之於不報之地，此在大人君子樂爲，而屑屑自鳴以情不能已。希照察。

代柬鄭山齋

吾莆望天下，吾族望天下，而我公又爲天下望。三望者，某庇也，亦懼也，何者有大善焉？祇足以繼而一疵，則人皆指而議之矣，是故不敢不懼。某嘗聞，懼，德之繩也，福之基也。是故不敢弛繩隳基以弗寧朝夕。而又嘗聞之，懼而無道，無爲也。是故將就有道正焉。惟公之爲見適得，命弗果行，退而恍然自失。惟公昭德揚烈，永佐天子，使某有休，庇且有則，某敢不拜賜。

代柬沈西津

某自瞻顏範，聆教言，知公爲天下偉人。而某且獲禮，殊自賀；既而公去我西也，殊自恨；則求所以如公者從事焉，然學而未能，殊自失。迺慕望見公，有謂某者，公且朝子將無同，私獨幸喜。適又有謂某者，公在常，且以朝子將無同，又大幸喜。夫公，我師也，舍師無所於依，某有依矣。是故戒行李，肅心官，求以從執事之下者。以某之求庇之專，知公之不我遐棄也，某也敢不拜賜。

代柬節推朱公

自某知學時，久仰高名，不獲見。丁丑歲，群試春官，幸從執事偕登第，奇也。既而相善，又奇也。既而得官交之鄉邦，又奇也。雖然，恭厥職，勉厥志，令天下稱曰：是二人者皆賢，尤大奇也。前所云，誠已有之；而後所云，則在執事易易。某非所望，然何敢不勉？且某又聞之，執事迎西席，得黄景孚，其少同筆硯者，此又一奇矣。以賢郎美材而又得景孚之德業麗澤之，其進也孰禦？某敢不以爲賀哉？寒氣襲人，萬萬善自愛。

代東李二守

某吏茲土，去公且千里，然自閩來者，無問賢不肖，皆曰：「李公，仁人。」其自四方來者，無問賢不肖，亦曰：「聞李公，仁人。」某異之。既而閩有君子，至問焉，則曰：「李公之仁，足以生閩人；馮公之賢，足以庸李公。民是以和。」某既慶閩之蒙其澤，而又賀公之得行其道。且某亦忝民牧，惟素餐是懼，曩馮公以書見誨，謂爲學與政必先立志，公之愛某與馮公豈異也？其無以教乎？敢以請。

與徐伯陳

某既歸，矜語人人曰：「從伯陳先生游矣。」或問先生何如，曰：「貌和而莊，言簡而中，其心如其貌，其文如其言，其與人終始之以誠，古君子也。」皆曰：「是，信然，信然。子不妄語者，而獨不以其文歸乎？」曰：「先生以文若干篇爲某教，以詩一篇爲某贈。」聚而觀，惟後之恐，聞而來請者，惟弗及之憂。於是吾邑之士，舉知先生爲有道君子，而又以某之得所托爲賀矣。故樂爲先生道之。

陝之儒以省親流落京而贈之因與之書

適舍弟語我，知子流落困苦，謀諸家，得少許錢米，聊以爲贈。且聞去家七千里，携此少婦，諸小兒奚以至，必有好義者時周之，乃可。松，吾邦也，邦之士大夫必有知某者，不惜以書示，應有濟。其不知某者，此心此理，將無同示之，應有濟。松而上士大夫，何限此心此理，將無同示之，應有濟。力之不足，故樂與諸君子共之，聞元振之風者，必將與我。

代東林見素時起司寇不肯赴

某聞天下非治之難，而無大人之患；某聞道非行之難，而無所致之患。今天子聖明，大人如公者，實首登用，是治有人而道有所致矣。天下聞之，皆人人喜，既而有言者曰：「公且堅辭。」復人人疑以爲古今求治之難如此，大人不恒有於天下如此，且難於遇如此，今皆有之，而又以進爲難如此，是道終無時而行也。豈有道者固將自有餘而已耶？將進退大節，不可不慎耶？不然天子側席，士民延頸，胡爲乎遲遲也？夫大人變化，神乎神乎，非夫人可測，然其疑不可不解。某辱愛最深，教最至，故願以請，謹齋沐以俟。

代家君辭鄉師請約長

攜榼餉耕，止清陰，得兒輩報曰：「賢父母且樹學，視地之宜以廣教。」喜。既又曰：「建師惟賢，惟賢乃帥以從民，古道是復。」喜。既又曰：「師之選惟某與某，行主令，進鄉老，禮之，爲子弟率。」喜。既又曰：「以童子來，鄉之老父之爲歸。」喜。乃冠飾，乃帶治，乃禮習，而弗能；乃筋束，乃躬肅，乃力奮，而弗能。夫禮，立效；夫力，行禮。弗力弗行，弗禮弗效。是重辱子教而罪是賈。某不敏，將罪是務，去而速焉，無乃不可乎？敢辭。

柬薛子仁卿

某往年爲文字，不能狥人，至講論文字，亦不能狥人，蓋性然，非故也。忌我而謗者遂紛起，又不得丈夫者相扶翼，用是多取惡，而今且已矣。迺聞足下又然其誤耶？其亦有取於僕，不覺失聲失足耶？往見子文字，僕私獨喜，私獨語自慶，爲有知己，及見人議足下，無俟畢辭，遽笑曰：「噫，其謗也，其有以也。」張膽明目爲足下辯之，亦性然，非好辯也。而怒子者又我怒矣。夫人才不恒有，有之未易遇，有而遇之，顧忌之，謗之，亦異矣。此東坡太息篇所以作也。僕與子雖不相識，見子文，猶將愛且慕，況子又愛我，禮我，有取我，敢不自托知己？人亦有言：「士爲知己死。」無亦人情乎？予於此重有感矣。足下其時顧我，惠我好音。

與唐白屏

某之踈魯，當世鮮儷。獨大人君子謂某也，才揚之人人，有不足某者，又解之人人，謂某也直，無他。愛某之深，不自顧慮，乃至口語藉藉，皆曰「是何足」云云。而白屏顧如此，夫譽某而不悦於人，不之顧，尤大恩也。今人言，無知識至木止耳，木受雨露，皆欣欣向榮，不可謂不知感。英雖至愚，猶可爲木，而獨不知感，又背恩焉，無乃非情乎？情，人人殊，至於恩之而喜，仇之而怨，三尺孺子皆然，某獨何以異？何世之好謗者不察此也？邇誠有以大人謗於英者，曰：「白屏不足爾耶？」應曰：「吾知己也不足。」曰：「爾何敢以文章議人？」應曰：「某不能文，顧好文，夫好文者之於文也，如饑者於食，未聞饑者見珍異不之食，又從而議焉者。」此庸人所信，君子①否，抑吾白屏必能爲吾解者。無懼而譖人不止，又以某謗於白屏，此其情將奪某之恃而離其腹心，以成之謗，速之禍者也。正可供白屏一笑。顧辱玉趾過諭，愛某而恩之愈至矣。夫以白屏之明諺，誠無足慮者，顧古人云：「臣之行不如曾參，君之信臣不如曾參之母，謗臣者不特三

① 此處疑奪一「所」字。

人，某恐大人之投杼也。」是故重自傷懼，謹先鳴於侍御者，伏望愛某之卒母墮小人，某亦得時時受教以信于人，令人稱曰，自屏之譽某也信然。則豈惟某之幸，意者亦執事之願也。

代柬金都憲

執事名滿天下，天下士皆願一識，不得見者幾何人矣。某乃獲從群士後，竊望顔範。後忝宰兹邑，邑則公鄉邦也，不以某爲辱，延之、顧之、臚之，感激自思，公之愛某、禮某，異夫人矣。某非能異人，意公愛之者，教之憂民；禮之者，教之禮士。以貽恩於博且衆者歟？不然，某亦何脩而得此者也？到官以來，恭承明論，精白厥心，惟恐上負明教。恨才踈拙，方重慙懼。恭聞被命司寇南都，師表既邇，德音日聞，欣躍之情，倍萬恒品。欲奔走趨賀，職事是拘，謹薰沐卜日，布誠左右，引領屬望，如覩德容，敬肅心官，鵠俟清誨，萬萬爲國自愛，以膺多祉。某敢以己私鳴天下之願。

代柬劉都憲

某未仕，爲公門人；筮仕，又爲公屬吏，與之進，翼之有成。思念遭遇，未始不以命幸自慶，亦未始不以報稱自奮也。守官來，夙夜祗懼，不敢不勉，第賦性篤信，果於從教，良恐賈禍取怨，而卒爲之，誠恃公以無恐耳。恭惟譽命上逮，聖王明明，命下之日，天下士知公者皆爲朝廷得人慶，其知某者，亦爲某之得所恃，可以行其志喜。夫某之志，惟無負明教，而使之得行，惟上焉者爲之。誠以公重望，俯致一言，某志行矣，敢不竭駑恭事，以仰副盛德哉？官守是縻，不能躬詣堂下，布武拜賀，謹卜日肅使，用展門弟子之敬。太山在望，無任瞻仰。

代鄭公柬吴大諫

家君辱愛厚，時某方穉，未解事。學稍有知識，即欲侍左右，而先生已不家食矣。然每受庭訓，必曰：「是得之吴先生，勉無怠。」及僥倖，則又曰：「凡仕，惟吴先生是法，勉無怠。予小子謹識。」仰慕之私，日以益甚。適執事司諫南臺，某忝兹邑宰，相去無幾耳，寧不欲一布赤誠爲闇者煩？誠以位尊職要，畜縮不敢進故也。遠垂厚儀，重以華翰，先施未能，愧感交集，尚望時賜教音，輔之翼之，某日望之順時保愛，諒先得我心，何敢贅。

代鄭公柬楊邃菴

某椎魯，無他知識，獨於天下大賢，命幸，所遭遇皆與有言。某非真可者，是故語命耳。且今所謂大賢，公非其顯顯者乎？道德文章，震輝宇内，固秉彝者仝好，豈惟某哉？而某獨爲至者以見素公，公所素愛某，則其門人舉以教某者，皆公之教。故人之知公者，某皆有之，某所以知公，或非夫人所有，何者？不得見素公之門者衆。去歲過江，拜公門下，親之以款納，恩之以教誨，重之以台翰，禮之以介壽。祉酒邃菴諸集，待某者則子弟也，何可當？意者以愛見素公者推之也。感佩之私已銘心，不但書紳矣。守官來，欲一挹道範，圖便未果。勉思仰報盛德，求無負於見素公，惟才性踈拙，不足有爲，是懼。夫以公爲天下望人，某幸從四府屬吏後，朝許可，夕馳聲天下，公於某何愛？顧某無足辱耳。敢不竭駑從事，以祇承盛哉。太山在望，無任瞻仰。

代東倫彦周

往歲遊廣，得瞻清範，聆德音，已識先生爲奇珍矣。而先生所以愛僕者，更踰常分。故某每念士之相遇，信有常數，未易以偶然論也。且某閩産也，去廣千里，何由仰覩盛德？某之有廣行，是天以諸君子賜之也。第離合靡常，不見君子，鄙吝復萌，爲可恨耳。然德音在耳，何日忘之？當官蒞政，決不敢怠焉，以爲先生羞，以爲明天子負也。時事清明，正吾曹戮力之際，毋靳教言，以匡不逮。是所望於執事。

代柬王都憲

僕讀古人文字，竊慕望，學而未能，每得佳製，珍誦之，今之古人也。欲相於切磋，爲不朽計，競以官守如背而馳，此心惘然如失拱璧。執事雖才俊滿京畿，然握手論文，不言而喻，於誰取之？以是知執事愛僕，與鄙心良不異也。曩所贈文，士大夫賢者見之，稱不容口，僕與有光。想仕優而學，所得日異，又不止文而已。便中幸有以教我，輔之翼之，使自得之，令天下稱曰，「是年得人如某如某」，則敢不頌執事之賜。

卷之七

碑文

鄭侯去思碑

我上海賢令鄭侯去之明年，典刑丕著，惠澤滋深，民懷父母，士慕師傅，鄉士大夫周公翰、唐公錦再爲立碑，達民志矣。庠俊又群造予曰：「始吾侯且行以天子命，弗敢留，既行，弗已于思，吾弗自知其所以也。公雅知侯，盍書諸碑以繫我思？」某義不容辭，姑書吾所得者前後。

令吾海，侯最年少，始至，民環觀之，竊相語，侯少或未解吏事。既視政，群吏執簿書序進，從容區畫，各達其要，訟者數千立庭下，一問既辨真僞，爲陳數言，輒喜服引去，數折疑獄，人神焉。鄰邑時質厥成，徙而就居者千餘家，田賦弊積，侯議均糧，又議正經界，具有成式，其規模遠矣。嘗採古常平法斟酌之，視地弗雨爲亢，過雨爲淫，惟亢與淫，民病實均。一雨十日，水且爲灾，豈神惠民之意耶？是故白心陳辭，以達聰明，伏惟戒爾執事，斂爾雨澤，肅爾雲物，昭太陽之光，使百穀豐登，粢盛有備，廟食衎衎，神真安焉。令以天子命官兹土，神實照臨之，故苟利於民，不敢弗以告也。

代祭曹定菴文

吁嗟，我生不偶兮，未見先生，然金玉之德，松栢之操，瑚璉之才，韶鈞之文，斐四海而馳聲。余既守官于近邑，幸有望乎及門。而王事靡盬，欲至無因，顧承恩於獎譽，豈有愛而云云？

維八月之吉兮，公壽之辰。將膏吾車兮抹吾馬，祝公壽①侑公樽。不我待兮奄逝，胡造化之弗仁？病不忘余兮教之話，言曰：「子惟體國兮無我殷。」夢寐德容兮杳不可親，思公教兮耳若聞。公何歸兮，下爲河嶽，上爲星辰。英靈在天地，耿萬古而有光兮，不亡者存。獨願教未酬，使余欷歔而不可禁。有肴既旨兮，有酒既芬。跽陳辭而敬奠兮，聊寫我誠。

代家君祭外祖母文

嗟哉孺人，古之遺德。古之遺德，亦既有子，萬夫之特。萬夫之特，而報未食。昔我室氏，

① 此處疑奪一「兮」字。

孩提喪母。伺寒而衣，察饑而穀。惟賢故仁，以愛生恸。勤渠懇篤，在所生右。既而我歸，周旋婦儀。匪孺人教，斯焉取斯？有子而子，有女而女，乃命之學，舅則師汝。謂予夫婦，勉而庭教。將使舅甥，驅馳王道。耕不覩獲，炊不見熟。天胡不仁，而奪之速？遺音在耳，厚德銘心。臨風敬奠，淚血盈襟。嗟哉孺人，來格吾誠，來格吾誠。尚饗。

代子俊兄祭妻祖母文

惟靈静而能制，和以有貞。金堅玉潤，秋烈春温。下刑而化，家克之豐。躬罔踰閾，譽溢於宗。惟予之室，實靈之孫。方幼失母，而長於靈。如匱之玉，如掌之珍。愛而教之，德斯日新。既而我歸，周旋婦儀。匪靈之爲，曷至於斯？每相對言，必有以報。乃大不然，徒傷懷抱。室氏厭世，尊靈歸僊。淚痕遠近立社倉，令民以義輸穀，多寡惟意，益以訟之，願息者期年得數萬斛。各擇里之醇謹者主之，盈縮有數，歛散有期，通塞有稽，民耕歛免假貸，咸獲其濟。或值凶歲，發廪賑之，不減豐年。蓄積日崇，禾菽被野，侯乃嘆曰：「孔子言，富而教，敢俟君子。」即毁淫祠，立社學，集里師校之，得若干人，使爲子弟師，頒之條約而考其勤惰。其爲教，始于小學，絃歌揖遜，秩如雍如，雖窮鄉，童稚有成人風，民是以興獄訟日鮮，公庭閑寂，垂簾鳴琴，境内自治。每晨趨學宫，爲諸生講五經微義，卒之以忠孝大節相期勉，庸起懦立，率多成材。又立義塚，廣孝思；懸磬鐸，來諫言；設肖隸，杜勾擾；新學宮，備文物；飾壇壝，明表樹，百廢具興，時乃用乂，而不見其勞也。且留神錢穀，嘗言世之豪傑，務大遺細，指此爲粗迹，不加省以至敗事者多矣。故明簿書，謹出納，公私之費，一錢不妄，自檢尤嚴。初或以歲例爲言，侯厲聲曰：「朝廷養廉，自有常禄，如之何有法外例也？」日市菜果併所直，製小板親書，以出而視之入。每上官獎勞文移，片紙外無所受，及被命行，贐一果，卻也。行李瀟然，圖書數卷，晨出縣治，擁侯輿者餘萬人，登舟立河渚觀者，延二三十里。送者千艘，潮至櫓發，蟻附鷗翔以出姑蘇之臺，有餘情焉。父老相謂，自有海以來，民於令，始此也。

君子曰：古稱循良，吾見亦鮮矣。鄭侯仁惠民，廉律己，才逮政，果達節文，行化理，真古循良耶。有本者如是耶。遂書以貽二三子，令碑之學宮，且傳于世世。侯名洛書，字啓範，莆田人，正德丁丑進士。

行狀

明故孫母王氏孺人行狀

孺人姓王氏，諱某，怡静王公之女。幼端重慧敏，兄工部主事世某未貴時，家居讀書，孺人從旁聽，求解大義，至古賢哲婦，輒奮曰：「我不當如是耶？」父兄奇之。桂陽學正節軒孫公崇古而文，海所謂君子者，聞其賢，爲家孫聘之，即今官刑部司務朝立也。成化丙午，歸。

孫氏容辭雅飾，禮度閑止，舉族相賀得婦。事舅愛溪公、姑太孺人張氏，曲盡禮意，弗愧古書傳所云。時朝立業舉子，孺人請曰：「門以内願力治之。」朝立用是獲專于學，以文詞稱，遂中戊午鄉試。讀書南宫，南宫去海且千里，而愛溪公、太孺人、安孺人善養若朝立時侍也。正德丙寅，愛溪公卒，丁卯，太孺人繼卒。喪葬適禮，士族取法，孺人與有力焉。

子三，曰繼臣，受業國學，曰繼科，曰繼謙，並游校，績學工文，試輒冠邑，士大夫見者，必遇以國士。女一，曰某，雅有女德。

始，孺人每生子躬自乳哺，妯娌或謂之家幸不貧，何自苦如此？孺人歎曰：「儉自美德，寧以貧？且乳者性或不良，足以移兒，吾安敢任人？」聞者服其言。庚辰，朝立官京師，迎孺人，孺人處家事具有規畫，朝立遠宦無内顧之憂，則孺人之爲也。居二年，得痰疾，幾殆，謂朝立曰：「吾不恨死，恨未及見諸子成耳。且寄聲繼臣輩，死生，命也，毋吾憂，力而學問，成而名，使吾有以復舅姑地下。」既而漸愈。甲申，繼科携妻子趍侍，骨肉相見，喜極益愈。至丙戌春，竟以前疾卒于正寢，距生成化戊子，享年五十有九。

子婦三，長方伯西津沈公之女，次劉氏，又次顧氏，祖皆仕至郡守。孫男四，曰某，曰某，曰某，曰某。孫女曰某，曰某，曰某，日衍以昌，孫氏之慶未艾也。

孺人雖以勤儉起家，然憫人窮，濟之視其力，問遺戚若里，豐潔而周，故聞孺人訃，咸哭之慟。鄰嫗亦朝夕來哭，曰：「吾德孺人弗已也。」嗚呼，若孺人者，可不謂古之遺德哉？英中忝交于繼臣兄弟也厚，又官從朝立後，朝夕相與，有通家之好，知孺人最詳，謹録其實，以備採擇。嗚呼，發潛昭式，用訓于世，固大君子之責也夫。

祭文

祈晴代縣作

惟神廟食兹土，民賴厥庇，風雨時若，以茂百穀，神之職也。往年亢旱，苗且用槁，以令之弗德，隨禱而應，神忘其功，令忘其報，民實受禄，永爲神依。乃弗時雨，下民咸咨，賴神之靈，甘霖四溉。然班地，怨懷指天。衷腸耿耿，情事漫漫。臨風敬奠，涕泗交紈。嗚呼哀哉。

代祭王二尹文

維靈挺然不群，百夫之特。百夫之特，萬夫之式。疾惡如仇，惟力是視。罔惕於威，罔疚于利。予實涼德，謬宰巨邑。不有君子，其何能立？謂君也果，是憑是翼。方採厥華，未食其實。天不我諒，奪之良朋。訃音乍騰，心官震驚。人生相感，有屈則伸。哀哀王君，位不稱才，齒不酬勳。凡今之人，誰無父母？哀哀王君，禄不逮養，棺不逮撫。噫子之窮，實予所悲。茫茫九原，遐不可回。率我僚友，敬薦生芻。臨風敬奠，涕泗滂沱。嗚呼哀哉。

祭鄭君平文 代思齋作

噫嘻君平，而致是耶？將造物者多妬，抑命賦有定？雖鬼神亦莫之移。不然，如子者，宜達而窮，宜壽而夭，誰其尸之？

噫子當年，大肆厥辭。高視獨步，聲傾一時。不鄙謂我，人未子知。暫蹶奚傷，一飛斯其。耿東壁之方耀，指天魁以相期。慙余幸而獲選，慨子多而見遺。跂澠池之奮翼，遵王道以驅馳。胡天奪之速，使有懷莫施。千里聞訃，將信將疑。撫心驚愕，搔首踟躕。斂不得憑棺，葬不得執紼，獨長望而欷歔。附辭敬奠，聊哭我私。子其有知，式飲食庶幾。

代孫汝益祭妻外祖文

事固有幸不幸兮，非世之所謂智者，孰觀其終兮，不和俗而同。沸聲泯泯而衣食兮，乃大不幸；乖所志而堅節兮，實我之聖。昔公之安其室兮，既占我夢虺蛇以兆祥兮，錫之鸞鳳。命史筮之兮，得「黄裳之吉」。韞匵而寶雙璧兮，光澤以瑟。「十年乃字」兮，曰必獲良匹。顧有孫兮沈有子，以禮爲羅兮一朝而獲騏駬。全美固造物所忌兮，賢者不壽。較子淵之夭兮，相爲先後。嗟振古之節義兮，匪遭此而曷見？事所天而待亡兮，歷廿霜而靡變？將異之成性兮，亦庭訓之閑。惟天人之參和兮，能巉美而並賢。耿雙節以不磨兮，將百世傳。彼一時之榮樂兮，譬若吹烟。小人所幸兮，君子所耻。一時雖生兮，百世則死。夫人孰不願多男子兮，曷如公之有女？教子以文兮，閑女以貞。文則經邦兮，貞則流馨。公雖逝兮，而不亡者存。酒既旨兮，肉既盈。跽陳辭而敬奠，聊寫我誠。

代家君祭祖文

往者昊天弗弔，遺棄諸孤，使其負艱于躬，惟恐失墜。敬懼朝夕，上奉母氏，下教諸子，二十有五于兹。以天之靈，以祖宗之庇，以我考之遺，蔭男英中中應天鄉試，男懿中補邑學生。凡我姻戚皆謂，厚德食，報不在其躬，在其子孫。某實聞之，益興感慕，非我考之德，無以有今日，而獨不得使我考見之。某敢不嗣德率教，奉揚休烈，以慰我考之靈於地下哉。惟我考其昭鑒之，祐之申之，使子子孫孫勿替引之。

祭李夫人文

芝蘭謝兮西風泠泠，鳳凰去兮高山冥冥。聖善逝兮式昭典刑，皎皎白日兮口碑是銘。嗟夫人賢兮將世所希，式穀有子兮萬里飛。酬景運兮游帝畿，抱經綸兮策黄扉。取金紫兮耀斑衣，惟泥封之可待兮豈不遄歸？忽奄棄兮誰則尸之，寧令子慟兮鄉邦所悲，造化忌全美兮吾將尤誰？壯老相禪兮豈不亡？而德弗耀兮嗣弗昌，人罔聞知。嗟夫人之賢與有子兮，芳聲四馳。苟不亡之可恃兮，脩短有期。束生芻兮前致我詞，神之聽兮洋格思。

又

噫嘻夫人，厥有上德。弗享中壽，智者所惑。將德壽二美，造物所難？抑理數相御，常變相乘？惟其所值，莫窺其端。噫嘻夫人，數也則然，夫復何言。令子矯然鵬騫，羽儀天朝，馳聲中原。人生不可恃者身，不朽者名，德以子彰，名以德成。夫人雖亡，炳炳烺烺。不磨耿光，曷爲其傷？獨士族楷範，昭代禎祥。一朝而逝，知與不知舉爲徬徨。而況某等辱，令子休戚相將？是用束芻湑酒，陳辭爇香。冀精英之一盻，眇萬里之茫茫。

伯母哀辭

己丑秋，仲姪男英中於臺獄聞我伯母之訃，則望東南稽顙號泣，幾不能生。犴狴凶厲，殺醴疵惡，弗敢瀆清魂祭奠，乃爲文辭寄我兄妹，以時墓謁而焚之。

婦有至德，貞而弗妬。我伯母之事我伯父也，鉛粉弗御，荆簪布裙，紡木綿，操井臼，不妄言笑。我伯父之有寵貳，未嘗見憤恚詞色，處之夷然，且數十年無一語相犯訐。則我伯母之化也，雖古之賢妃、名夫人，何以加之？而潛德弗耀，名不出於族里縉紳，史氏無所紀述，皆男姪等不肖之罪也。英中幸以天之功，爲文章不愧古人，力能揚伯母休德世之。守身無狀，忝天子官，以干重法，言與身俱棄，使伯母休德泯鬱，爲罪尤大。然伏自計伯母九原神靈，當不忍忘恩英中，英中自憂罪死，無以慰我伯母哉。

維我伯母生丈夫子四人，大兄而既夭没，婦守女嫁，伯母親見之。二兄之敏達，三兄之敦正，四兄之沉方，皆可立身持家。五妹則莊重慎雅，有諸兄風。英中嘗思令諸嫂妾婈輩師之以爲女則，今日之禍，是英中師之不豫也。噫，我伯母可謂有子與女矣。

昔人有言，鹿生於山而命懸於庖。英中之命則有所懸，早晚相從我伯母地下，未可知也。故不敢覼縷，而亂之以辭曰：

太乙培德二五慨，金相玉章瑞昭代。履順相理閫以内，作法自躬流善誨。彼妬有聞愧交誶，惟德不朽貞規在。九族作孚愚者倍，噫余不肖聖明廢。猶爲人猗伏幽昧，泣血玄猩心煩憒。生負重耻死何愛，逝恐無知長捐背，吁嗟伯母見難再。

説

存濟説

周子某，楚名醫也，號存濟。重之以吾寅友陳子請予説，問曰：「何如斯可謂之存濟？」曰：「儒先有言，士苟存心愛物，於人必有濟。是之取爾。」夫説，説也二：言者，存濟之大，説具矣；抑闡其微，增其所未至，説事也。可無言也乎？

夫弗存而濟，理無是；存矣而遂忘所有事，聽其自濟，理亦無是。士大夫苟有良心，誰非愛物者？試舉古今論，濟人者幾何？是非弗存也，存而無所事事焉而未至也。夫醫亦然。天下豈有挾醫而志殺者？望其生而畏其死，醫固存愛者也。然其藥病有濟、有弗濟，甚者反從而殺之，是亦非弗存，存而無所事事焉而未至也。往讀書，見傳扁鵲者，稱其遇桑君，飲之懷中藥，洞見五臟，故醫妙天下。以吾言之，鵲之見五臟，非以其目，以其心；非以其心，以其理。觀其論虢太子與齊桓公，達陰陽之變，窮造化之微，謂不事學且至者，吾弗信也。今世操死生之權爲醫，嘗事鵲之學乎？不事其學而徒曰：「吾存愛，吾存愛。」求如鵲之濟，可得也哉？且周子之存濟，就其醫言之；儒先之存濟，自吾儒言之。吾儒之存，窮則學，達則行而致之，凡所以畏天悲人者，其説甚詳，其事甚難，舉弗敢弗力，然後迺有濟，不然則否。醫獨異是哉？南北異禀，燥濕異質，陰陽異證，君臣佐使異用，其説甚長，其義甚微，舉弗敢弗力，然後迺有濟，不然則否。此天下公理也。吾不敢私，以是爲存濟説。

武祥字説

顧子之生，尊甫夢神授之圭，名夢圭，長或字之禹錫。癸未，録春官，予忝從後，又辱交最深，相謂曰：「吾且字武祥，吾弗武，以自勵也。」某曰：「天下之武，無踰子者，祥莫大焉，而弗自足，且益武，益武益祥。夫人無實，弗武者當之。」武，美德也。今人言武弗以德，謂夫視的然，色悻然，言決然而武之。是氣也，非德也，任氣且折，折則不祥莫大焉。何謂武？夫武，所以尊己軌物，己屈非尊，物争非軌，夫武，以理伸己勝物者也。自子之少至今日視，無忤弗壯，於頎言恂恂不出口，徐行後長，於少亦弗忘敬。弱冠有文章大聲，持以謙，崑之士大夫無弗愛且敬；進魁南省，省之士大夫百倍崑，亦無弗愛且敬；又進友天下，天下士大夫百倍省，亦無弗愛且敬。愛則僞感者遠矣，敬則惡攻者遠矣。吾日見子之尊，而物之就子軌也日益衆。己尊曰伸，物軌曰勝，夫武，以理尊己勝物者也。昔衛君子德如圭，人武，圭温而栗，人德而武。子德圭，何以辭武？武，焉往而不祥？說「武祥」。

端崖說

友人唐世相，號端崖，語某，且出薛子序、潘子記相示，曰：「子獨何以贈我？」讀其文，先得我心，誠何言？然重唐請，以弗善鳴辭，安諸請？爲之說。

夫崖，山類也。蜀多山，右天下，予遊蜀矣，嘗見夫怪石巉峯，突而起，俯而曲，偃而凹，如鬼神變現，龍虎盤踞，奇形異狀，不可盡名。又見夫萬仞壁立，高摩霄漢，横揜星辰，如屏，如障，如城，如矩斯絜，如矗斯截，而山之大觀備矣。惟端崖吾有取焉。子是之取，蓋取諸象。子知之矣，「知之不如好之，好之不如樂之」，樂在我知，且好在物。子惟學乃有獲，子爲端崖；子惟弗學乃罔獲，子弗能有端崖。學斯得矣，得斯樂矣。稽古人未仕，愼厥行，利幽人之貞，厥師惟聖，厥友惟直、諒、多聞。子今未仕，子勉是。稽古人既仕，迺正天子，迺正萬民，迺經緯紀綱禮樂，以化成天下，惟終始以正，罔變厥初。子今將仕，子勉是。子能勉是，子爲端崖，子能弗勉，是子弗能有端崖。敬哉敬哉，「惟日新，日日新，又日新」。

文簡字說

石子曰：天下尚文，以治以亂；家尚文，以興以廢；人尚文，以君子以小人；物尚文，以成以否。文，善也；文而適，又善也；弊而煩，不善也；甚焉，又不善也。朝有儀，士大夫有序，覲會有禮，郊廟有樂，上下有章，紀以物，發以聲，成以容，定以名，夫是以天下治。其弊也，儀失而浮，序失而隔，禮失而苛，樂失而淫，章失而冶，物失而侈，聲失而蕩，容失而誇，於是乎亂。定省崇於父母，友恭著于弟兄，内外謹于夫婦，拜跪嚴于僮僕，揖遜都于賓主，往來雍于親戚，夫是以家興。其弊也，崇而弗篤，著而弗好，謹而弗孚，嚴而弗通，都而弗洽，雍而弗實，於是乎廢。旅讓而登堦，三揖而就位，百拜而執爵，度理而成言，審則而正武，中機而動容，夫是以君子。其弊也，期讓非讓，期揖非揖，期拜非拜，詭理非度，假則非審，作機非中，於是乎小人。法兩儀以造形，辨五方以設色，因陰陽以倚數，窮鬼神以通變，相時以利用，夫是以物成。其弊也，形乖於騁智，色殫於務奇，數亂於僭擬，變流於循私，用塞于違俗，於是乎否。故曰：文，善也；文而適，又善也；弊而煩，不善也。王子約請字黄溪先生，先生曰：「天下文日煩矣，字之文簡。」吾謂矯煩以簡，庶幾可適黄溪之意也。爲之説。

茘莊對

祁子世用，廣之高士也。好讀書，不干榮利，環所居植茘，因自號「茘莊」。或問之曰：「茘，廣産也，廣之人恒有之，子惡得專？且夫人之號稽古訓，以規以斆；尚山水，以枕以臨；旁取草木，以幽以介，以淡以雅。夫茘美而艷，尤物也，胡爲乎取哉？」祁子不能答，因其族弟秋卿請於石子見山，見山笑曰：「人固有會於心，而弗令于詞者，祁子之謂也。盍對之曰：『大塊絪緼，萬物化生，或動或植，或豐或嗇，或美或惡，或榮或落。二五經緯，鬼神交錯，誰爲定名？誰爲定形？誰爲定宅？誰爲定主？然則廣之有茘，是客形也；謂廣有茘，是客感也。而固未始有也，人安得而有之？有之者，適之者也。夫茘，吾誠適焉。方其偶相值也，若將有感也；既感也，若將有思也；既思也，若將有悟也；既悟也，若將有泰且豫也；既泰且豫也，若將有得也。夫吾得之之妙，游於冥濛，通於無極，遇不爲有，違不爲無，榮不爲欣，謝不爲戚。凡吾目之所接，耳之所受，身之所如，手足之所觸，寤寐之所思營，無非茘者。吾誠適焉，吾之有取爾也，真也；子無取爾也，亦真也。吾以其真取，子以其真無取，皆天也。雖然，使吾爲子，無是得之之妙也；使子爲吾，亦不能以其得之之妙語我也。吾與荔且化矣，以吾爲荔，自覺其贅矣，謂荔莊爲吾號，愈自覺其贅矣，子且申之以辭而詰其所以，無已太贅乎？且子所謂古訓，山水草木之幽介，雅淡宇宙間物也，吾不得而有也。荔，吾物也，天下不得而有也。奈之何捨吾所有者而狗吾所無者？且吾所有，是本無味，非惟無味，是本無色，非惟無色，是本無氣，非惟無氣，是本無形。子曰美而艷，是誣之，是後世之爲吾荔作譜序詞賦者誤之也。我當乘明月之夜，期子于荔莊，酌子以玄酒，娱子以素琴，陳子以太虚之詞，無多言也，惟允，曰，是可以爲荔莊對矣』。」

送鄭思齋爲童生作

思齋先生莆産，多才，甲天下，先生材又莆望也。來令吾海，博觀形勝，見大海在東，每潮至，則激射噴薄，汪洋浩蕩，鬼神交怒，魚龍隱伏，有奇觀焉。先生曰：「是邑也，必多奇才。」乃進邑學諸生試之，其文蔚然、鏘然，駸駸乎進未止也。又曰：「未入邑學者，亦必多奇才。」又進吾邑子弟試之，其文矯然、昂然，如鳳雛未離巢穴，已有凌霄之氣矣。於是政事暇，輒進諸生，諸生亦惟先生教是聽。三年而怠者奮，狹者充，魯者敏，庸者秀異，震蕩不羈者俱入範。執筆吐詞，巧拙異功，清濁異格，雄剛馴雅異趨，咸適於理矣。先生曰：「可教哉，海其莆哉。」又致書於其邑士大夫曰：「公實教莆，吾惟海教，亦惟望莆，海不爲莆，吾不止也。」嗚呼，公之作人，其肫切懇惻如此，士其有不興乎？於公行之，某敬序之，又相與歌詩之，或傳諸莆，謂吾海何如也？

送鄭思齋爲教讀作

聞諸先生曰：「善，性也。善惡，習也。習生於蒙，蒙生乎長。一人蒙教之善，斯一人善；千萬人蒙教之善，斯千萬人善。故長者，蒙積也；習者，教積也。萬人之習，一人之積也；天下之習，一邑之積也，萬世之積也。有能教蒙，人敏於善矣；有能教教蒙者，教蒙者敏於善矣；有能教一邑之教蒙者，天下之人敏於善矣；有能教天下之教蒙者，萬世之人敏於善矣。」故先生爲令，急社學之爲務，下令曰：「孰爲吾子弟，各視地歸社學；孰爲吾子弟父兄，各視地歸子弟於社學。社學，吾爲爾建；師，吾爲爾立；師賢，吾爲爾庸。」於是聚邑之教蒙者凡若干人，校其文暢乎？可以爲子弟師者凡若干人，又問諸父老，又問諸鄉士大夫，又博謀諸蒸，又近謀諸心，其行確乎？其心醇乎？其衣冠禮度容容乎？可以爲子弟師者凡若干人，布諸六百里內，若某聯道里均也；誦讀聲鏘然，若金振絃歌洽也；朔望各率子弟見先生，若玉立揖遜閑也；歸而見父兄，若梓，若桐，若椅，若漆，英者虎豹，雅者鳳凰，材器適也。先生又將進教子弟者，重之以禮貌，示之節也；親之以話言，示之養也；行之以不倦，示之勤也；臨之以無妄，示之誠也。於是蒙益進，教蒙者益勉，先生欣然曰：「若人蒙其長也，可以無惡矣。若人教蒙其終也，可以觀矣，可以爲鄰勸矣。」復自笑曰：「天下有與吾同志者，由吾之爲，可以風勵海内矣。後世有豪傑起，不以吾爲非，由吾之爲善，善將無窮矣。」既而先生赴天子召，愀然曰：「吾有子弟，誰其教之？」凡子弟之師皆曰：「尚有典刑，敢忘墜以貽先生羞？」先生曰：「斯言盡我哉。」迺命某序之。

卷之八

序

四川鄉試録序代蘇先生作

惟嘉靖改元，聖天子嗣位，朝萬國，昭文明，治會天下鄉試，四川巡按某先期聘學政某、教諭某、訓導某，至曰：「某主試，虚厥心，慎以得人。」曰：「某同試，同寅協恭，毋狥毋偏。」曰：「某提調，敬脩乃位，毋怠以干紀。」百度時舉，群司戒嚴，則合提學某所選士三試之，凡若干人；中式凡若干人；録其文之尤精者，凡若干篇以獻，某以職當序諸首。」

某惟治以道成，道以文見，文以氣移，氣以地異。夫蜀，四阿絶壁，天設之險，其辨峻，是故其爲文，廉隅立，綱維張，約而理，毅而節。成都，大川經緯，沃野千里，其容平，是故其爲文，疏暢洞達，平易正直，曲而中，隱而肆。物産奇綺間錦，珍貨大貝，富甲天下，商賈挾之射四方，其利通，是故其爲文，練事而切情，益時而適治，美斯愛，愛斯傳。夫道，文之主也；氣，文之輔也；文道之章，氣之英也；功業節義，道之實，氣之精也。諸士子以英傑之氣，達純粹之文，以歸諸道，主立而輔具矣，英發而華昌矣，盍亦求其所謂精與實者乎？古者敷奏以言，明試以功，國家之制，亦文以取士而政試之，文採其英華，政食其精實，諸士子進而會春官，又進而策天子之廷，司耳目，寄股肱，盍亦於所謂功業節義者加之意乎？夫道也，氣也；文也，功業節義也，一也。二之者，假之也，叛之也，惟假與叛，始有文峻而行卑，文平而行險，文通而行拘者矣。諸士子盍亦求其所以一而戒其所以二乎？能求其所以一而戒其所以二，是故不利回，不勢沮，不狥人喜怒，惟義之爲歸，斯天下將稱之曰：「蜀之士其文峻，其持身亦以峻如此。」是故不矯情，不異物，泰然行所無事以有容。斯天下將稱之曰：「蜀之士其文平，其臨民亦以平如此。」是故師古而不泥，偕俗而不流，執厥中，使民有攸賴。斯天下將稱之曰：「蜀之士其文通，其施之政亦以通如此。」則治出於一，而文章達於天下，諸士子固可進之三代。是録也，亦百世傳。否則，虛文而已。豈惟爲國者之憂，不敢佞。

壽思齋尊翁詩序

自思齋之來，彰禮以齊民，振鐸以明教，設磬以來諫，百度咸貞，絃歌聲作，頌公仁矣。君子曰：「公仁奚自？」曰：「公所自有，未也。得之天，未也。天與之義，方廸成之。」又頌乃尊翁仁矣。未幾，翁自南來，觀者塞道，皆充然若有獲。又未幾，爲翁壽之辰，邑之宦於朝，遊於學，杖於鄉，凡役於官者，咸進壽。有童子數十人，亦口祝辭以私壽翁。里師某乃爲之節其文，正其聲，以宣其心，遂成詩。某讀而異之，以謂化及孺子，德之盛也，豫之至也，是之謂天籟。我公時進，以侑翁觴。休哉且慈，大成子孝。①大尊親，於公之壽。翁兩見之，君子以爲法。《詩》有之：「教誨爾子，式穀似之。」翁有焉。又曰：「永言孝思，孝思維則。」思齋有焉。

壽府尊序代學教諭作

春王二月朔，教諭某晨起課諸生，景風徐來，和氣充暢，異其祥。俄聞歡聲自遠漸近，又異之，有野叟群進揖曰：「今茲之晨，我公祖某公壽。公，我民之父母，願壽，壽無能辭，歸諸善鳴。」某未有以對也。有一儒生，歷堦而升揚于衆曰：「惟天子民；惟民，天視聽；惟守令，民父母，宜惠民；惟惠，非政弗成；惟政，非威懷弗濟；惟德，非大人弗克；惟大人，爲公備厥德。德，仁之府也，禮之輿也。仁故愛，愛故懷；禮故制，制故威。威懷兼濟，政是以和，民用豫。是故德，公

① 此處疑奪一「孝」字。

之所以感也，民應之，而聲之詠歌，而行之祝頌，而發之以至誠，民之所以感也，天應之。天感於民，民感于德，是謂天人交豫，天人交豫而福應焉。公宜壽，凡我子民宜壽，壽乃從而歌曰：『節南山兮面陽，於君子兮德孔良。民懷只兮不忘，報之介福兮壽無疆』。」於是某命之反之，命諸生和之，述其言序之。

送思齋朝覲序

莆陽思齋先生令上海二載，以朝行，佐黄某謁予曰：「朝，行禮也。非禮無以明敬，非文無以章禮，子盍圖之辭？」又曰：「惟公子知。揚功德，報知己，子志也，無亦是務乎？」

某乃稽首言曰：「樹官，國之大經；朝覲，禮之大紀。昭德政之大節，植節以張紀，張紀以共經，臣之大道。故昭令德以臣者，可以朝矣。公種德于躬，如水在淵，窮則静止，達則雨沛。建義倉，時斂散，均徭役，恤孤危，昭其恩也。闢義塚，明表樹，禁火葬，廣孝思，昭其仁也。甲有長，長率其屬；鄉有老，老和其衆，昭其度也。爲之約，使友出入；助守望，扶持疾病，昭其義也。祭有品，葬有儀，婚娶有制，不瀆不僭，昭其禮也。視地建師，師惟德人，昭其教也。朔望會鄉老於學，序長幼，習揖遜，講書歌詩，録善紀惡，昭其化也。飭廨宇，理庠校，毁淫祠，尊名賢，昭其範也。軌吏胥，束輿隸，昭其馭也。設磬鐸，懸鍾鼓，採諫言，舒寃抑，昭其治也。杜請謁，卻讒諂，昭其公也。議獄平訟，明罰勑法，邪者正之，枉者直之，僞者耻之，頑嚚者刑之，昭其法也。德以善政，政以養民，民是以和，而頌聲作焉。詩曰：『樂只君子，民之父母。』德也。書曰：『敬爾有官，亂爾有政，以佑乃辟，永康兆民。』臣也。又曰：『爾有嘉謀、嘉猷，入告爾後。』事君也。知子民可以爲臣矣，知爲臣可以事君矣，知事君以朝，朝以成禮，故紀理而經，治是以能國。傳有之：『不有君子，其何能國？』知某者天下莫知公，知公者某亦不敢爲天下後。知而弗言，弗仁；言而溢辭，弗義。某獲免於此矣。」於是乎書。

送王二尹朝覲序代思齋作

嘉靖元年冬，上海令鄭某戒行朝。明年正月朔，先是，巡撫李公因颶風之變請於朝，郡留守，縣留令，以勤民隱。命未下，公且移文止某疑，召門人石某筮之，得豫之九四，曰：「坤震爲豫，震象雷，是故有命令之義。坤象地，是故有止而親民之義。豫之彖曰：『剛應而志行，順以動。』爻辭曰：『由豫，大有得。勿疑，朋盍簪。』公得乾之純，是故曰『剛』。剛則一，一則誠，是故曰『勿疑』。民之父母，邦家之基，是故曰『應』。民憂憂之，政以和，弗徒善，是故曰『志行』。君以頤倚，民以頤載，是故曰『由豫』。惟德動人，無遠弗屆，況其邇者，是故曰『朋盍簪』。官有常分，國有常經，以分序行，禮之經也，是故曰『順以動』。公毋行，爲天子牧小民於是。」

越三日，得命二尹王君以行請，順動也。某曰：「王少尹，『觀國之光，用賓於王』，休哉。」君亦曰：「公衣民寒，食民饑，若疚去躬，若父兄視子弟，休哉。」退而肅行李，爲賦騶虞，移時見曰：「衣在笥，書在囊，可以行矣，敢辭。」爲賦羔羊，又離席曰：「旅非禮無行，朝廷非禮無立，士大夫聚非禮無言，敢問禮？」爲賦小宛之卒章，君拜曰：「騶虞，教某以仁也，敢不拜賜。」再拜，曰：「羔羊，教某以儉也，敢不再拜。」曰：「小宛，教某以敬也，夫仁以紀政，儉以共德，而無敬以將之焉？用之，吾乃今知所以爲禮。敢不三拜。」遂就道，其樂也怡怡。邑之父老樂某之留，私語曰：「願少尹爲我謝天子。」相與送君，其樂也洩洩。石生至，曰：「今日之行，可以觀豫，盍序之以爲君贈？」某然之，序之。

送楊二府朝覲序 代掌教鄒作

惟皇體國經野，其維固矣。樹以守令，其統理矣。三年一朝，其典則矣。二守楊公之行，以率典也。夫典以示軌，合遠之謂軌；軌以明分，戴上之謂分；分以行義，親民之謂義；義以昭忠，盡責之謂忠；忠以成信，效托之謂信。信廢忠隳，忠隳義弛，義弛分忽，分忽軌敗，而典或幾乎熄矣。夫典熄，非弗朝也，失所以朝也。失所以朝，視弗朝等也。公得所以朝哉？所以朝有四，曰「飭躬廉」，曰「撫民仁」，曰「御物嚴」，曰「涖事恪」。惟公以祿自給，非是一介無取，可以言廉。颸風之變，植傾蘇困，節流宣鬱，民咸安之，不仁而能如是乎？門無私謁，庭宇肅然，所言公，公言之，所言私，不爲私，可不謂嚴乎？無衆寡，無小大，無敢慢，必以其情，不可謂不恪也。廉、仁、嚴、恪四具，而義行矣；義行，忠所以昭也；忠昭，信所以成也。忠、信，以守分，以由軌，而典立矣，而人臣之道悉矣。在易乾之九五：「飛龍在天，利見大人。」言時也。大有之九三：「公用享於天子，小人弗克。」言德也。今聖人嗣位而公朝，又得所以朝，朝有德與時矣，茲亦惟休哉！於是主歌蓼蕭二章頌之，某歌韓奕二章祝之。因相與和之，書以序之。

擬送禮部司廳李君陞南京户部員外郎序以賈先生命

皇上嗣位之明年，惟考績，詔舉黜陟典，於是懷城李君自禮部司務擢南京户部員外郎，行且辭予曰：「惟禮，萃禮，惟户，錢穀之司，某學於禮，未之能焉。而錢穀，吾重過，是憂。且南方無亦異勢乎？吾同而不化，是憂。敢聞教。」

某曰：「慎子行哉，奚而憂？國家造兩都，用崇儉也；各設六部，用張理也；部爲之長，爲之貳，盛爲之屬，用合厥力，休治也；出之入之，參互以之，用通厥材，使舉而不窮，克有濟也。子母南北哉；子母異禮户哉。禮，有文有數，有器有運。文語其飾，節而適，謂之文；數語其辨，章而當，謂之數；器語其成，經而不易，謂之器；運語其達，變而不流，謂之運。夫户，禮所紀也。是故遠近異貢，上下異徵，貴賤異廩，視踈異賚，非文則弗飾；是故輕重異權，長短異度，多寡異量，大小異品，非數則弗辨；是故布縷粟米，錫鏐鈒銑，梓桐椅漆，毛革幹角，非器則弗成；是故斂以九賦，節以九式，内外相函，經權相濟，非運則弗達。故曰：户，禮所紀也。吾居視子，上下交無諂，瀆臧厥儀，核而不俚，有禮之文；飾名彰度，秩倫昭象，不多亂，不少遺，有禮之數；凝然止，截然作，進矩退規，動有成法，有禮之器；因革隨時，弛張隨事，春曹别署，以義起焉，有禮之運。往年駕南巡，抗章諫止，弗虞重罪，惟臣道之殉，可以言忠；臨位而思，思而懼，懼而謀，弗滿志自逸，可以言敬。忠，禮之基也；敬，禮之輿也。基以立之，輿以行之，禮之二難也。文、數、器、運，禮之四美也。有四美，具二難，子於禮深矣。吾聞以禮動者，一衆寡，一小大，一彼此，罔弗臧，罔弗協于軌，户何有哉？詩有之：「左之左之，無不宜之。右之右之，無不有之。」言才也。子才也，夫吾何以裨子慎子行哉。毋墮而力，無易而慮，毋忘而敬。」三復小宛之卒章。

送余子南歸序

今年春，予從吾友子後飲，見余子，子後曰：「戚也。」與之坐，純然止聽，予與子後語，默然若思，每子後觴我，酬子後必及余子，未嘗辭，私語曰：「懿矣，保其家矣。」未始異也。既忽舉觴屬予，且曰：「願爲子壽。」而又觴子後曰：「賀子得友，儀象閑止，俯仰中則。」心始異之。因與之投壺，發無不獲，試問之：「壺亦有道乎？」曰：「若何而無道？夫壺，存乎目也；矢，存乎手也。目從心，手從目，而發焉者，氣也，發而獲者，神也。雖然，吾未始有意於獲，一吾心而已。方吾之將發矢也，惕然惟壺之視，舉一室莫如壺之大也。其既發而獲也，弗敢自矜，惕然惟壺之視，舉一室莫如壺之大也。吾是以獲。其不然者，急勝則中摇，助長則外惑，亂而無敬，矜而肆，目手不相得，神氣不相交，斯鮮獲矣。」余始瞿然，起，揖曰：「子非常人哉。夫古之君子，物應而弗窮，試變而弗撓者，能一其心故也。能一其心者，物至而動，動不先物，動故順；變至而處，處不期變，處故貞。然又終始之以敬，罔敢懈，所謂未始有意於獲而惕然者也。子非常人哉。」余子大笑，相與講論至夜分迺别。越數日，子後謂曰：「余子且歸。」遂書此贈之，告浙之士夫，余子蓋知道者。

送同年趙廷言令内江序

内江邑蜀最鉅，古人稱令多賢。令缺，有司以趙子也才，上其名，天子可之。則過石子問曰：「何以爲令？」石子曰：「吾聞之，物雖小，履而後識，萬夫之長，百里之政，非余所敢聞命也。雖然，請試言之，擇而行，存乎子矣。凡爲令有三要，有五術，有六微，有七疵，有八難。期至曰志，志貴大；至之曰力，力貴堅；志力舉而行之曰猷，猷貴遠，夫是之謂三要。欲民之信吾，一吾令；欲民之愛吾，去吾害；欲民之紀吾，章吾禮；欲民之生吾，清吾刑；欲民之富吾，謹吾度。夫是之謂五術。矜而色，諂諛至焉；卑而躬，耻辱麗焉；妄而喜，賞斯僭焉；易而怒，罰斯濫焉；弛而防，大盜肆焉；崇而疑，君子遠焉。夫是之謂六微。聽言不廣爲隘，廣而不擇爲龐，擇而不行爲壅，行而不果爲弱，泥古而不化爲迂，與俗而不制爲隨，侵小而遺大爲冥，夫是之謂七疵。情非明不燭，難於弗縱；法非守不彰，難於弗苛；機非斷不決，難於弗差；經非權不濟，難於弗流；行非同不立，難於弗激；業非久不究，難於不欲。夫是之謂八難。要者操，則基立而逸；術者修，則治順而正；微者謹，則動節而光；疵者去，則用泰而理；難者克，則道得而效。慎此三要、五術、六微、七疵、八難而誠行之，無肆無易，於令也何有？」趙子曰：「大哉子之言，豈惟令，相天下可也。吾問令得相，敢不以爲喜？抑行之弗競，將不可令貽子羞，敢不以爲懼？」

桃蹊後序

吾於吾身，一毛無弗愛，毫芒相觸，舉體震驚。而至於人，休戚不相謀，役人適我，奪人與我，勤我而寧人者，吾見亦鮮矣。始吾與人皆有身於天地也，形大同，情之好惡大同，惟大同，是以恒相通。人笑則喜，人泣則悲，人饑則戚，人戮則惕，人溺於水，迫於火，無問親疎貴賤、賢不肖，必救，此其天真，人我一身也。欲動而熾，物引而歧，天真離矣，乃視吾之身與人之身爲二。

夫視吾之身與人之身爲二，是其相賊無窮，而安望其休戚之相謀也哉？

貴溪鄷君南傑，種桃數萬株於貴、信間，綿亘二百里，蔭可息，實可食，行者賴之，或曰：「子勞苦，爲是將干長者之名，抑力爲善以望天之報之也？」南傑曰：「吾安有心哉？吾見行者之勞而無所於息也，吾身亦若勞；見其饑而無所於食也，吾身亦若饑。故吾桃之植，若營吾室植而培之，若養吾子養之，而望其成，若望吾子之成成矣。而人息焉，食焉，樂焉，吾五内若豫，四體若泰，凡吾之爲，皆以爲我也，非以干人望天也。」君子曰：「人我不二。」視鄷南傑有焉，推其心，可以爲國。

送國醫沈希賢之任序

希賢術醫而攻，善弈，不争，不易，不矜，不亂，不怒，不沮，不貪，不怠。又善琴，高者凝雲行，下者逐奔泉，清者激輕風，濁者動陰霾，徐者運四時，疾者驚迅雷。嘗曰：「吾醫之達塞，解結，攻亢，熄焚，黜邪，滌惡，夷腫，屏癥，吾得之弈；而理元，氣適，陰陽，順而弗害，因而弗撓，利而弗違，神而弗知其所以，吾得之琴。吾之不廢弈與琴，吾治吾醫也。而拘拘讀古人方書者，皆吾之所大笑。且寧吾醫，君子盡弈琴之變，達文與治矣；窮弈琴之微，妙文與治矣。」人皆異其言，余獨是之。夫物固有異數而相感者，類形也，感精也。至人以精化形，不以形滯精。二形與精，不足與言也；一形與精，不足與言也；知其一而又知其二，會而通之者，始可與有言也。沈子可與言者。今且以術業試高等，補名籓之良醫，予悲夫可與言者之去，而又悲沈子去我亦將無所於言，是故言之不可已也。

書去松録後序

北澗去松録，繫去松者録焉。文八，詩詞十有五，書二十有七，疏議二。澗理松五載，其去也，改都不改官，士夫多爲之不平者。迺昌諸文，曲而核；迺聲諸詩，婉而深；迺通諸書，直而中。凡皆以鳴其不平也。合是三者則又有驚，有惜，有述，有怨，有慰，有祝。而諫之出北澗者，氣和義正，惟臣道之謀，不自貪其功，以怒于人人。其疏議一崇陸宣公之祀，一言吾松利病。夫黜邪崇正，興利去弊，君子事也，當官者鮮加之意，北澗去吾松而猶力爲之。嗚呼，讀是録者，可以觀北澗矣。

送可菴沈子掌教費邑序

予往時見三汀陸先生，贈可菴詩文，極稱其雅度。及同試春官，與可菴適鄰館，放榜之夕，相約會飲夜二鼓，射得失，各心動，或俯，或頻，或嘯，或嗟，擲杯拊膝，或引被獨卧，可菴歌詩鼓琴，舉酒自酌，泊然漠然，不少介意。及明，余與同邑介齋張子湛川、潘子偶登榜，可菴又相從爲樂，無幾微戚戚也。

今年春，可菴復下第，余既賞其度而又惜其才，不應屢屈如此，既而聞之可菴實與選，以額弗果及，凡知可菴者，舉爲之惋恨。可菴微笑曰：「數耳，宇宙事類此多矣，豈獨我？」余乃難曰：「古人稱度量有天分，非力所及，豈不諒哉？一言而人違，忽忽自失，平居而謀事弗獲，神色沮喪矣，況於功名之會？明達之士，未始不以得失爲欣戚，若可菴者，豈惟今世鮮其人，直與史册諸公相上下可也。」銓衡者重之，令主費邑教。費，固禮樂邑也，以若人主教，士其有不興乎？吾聞度，德之宅也；德，教之本也。德以廣教，教張斯經正；經以養材，材遂斯師立；師以宣風，風動斯治達；治以表化，化成斯道行。豈惟費士之幸，國家且賴之矣。噫，安得若人者而分布諸天下哉！

送鄭子德夫審録湖廣序

五年審録，制也。歲丙戌，天子按制敕部寺之賢者分使天下楚省最大，推鄭子，鄭子且行，謂石子曰：「秉則昭憲，剪頑慝，暢幽縶，以力任使，在此行也。何以語我？」

石子曰：「夫陳表極樹風聲，範物於道，理之始也。顛越厥訓，自納于邪，則有刑辟，弗獲已也。用獲已，斯止，君子也。夫淫戮弗已，是謂佳刑，佳刑不祥，子其慎之。」鄭子曰：「敢佳刑哉？書亦有言：『寧失不經』，吾志也。」石子曰：「刑之弗經，政之灾也。弗經則弛，弛則懷暴，懷暴長奸，長奸賊良。古之語曰：『與殺不辜，寧失不經。』言無濫刑，非訓之也。子盍圖之？」鄭子曰：「敢賊良哉。抑刑實有經，非敢忘也。何謂經？」

石子曰：「天有文，運次恒而躔度明；地有理，山川辨而疆域紀；刑有經，淑慝分而小大之獄必以情。夫情定而弗可易也，順而弗可撓也，正而弗可反也。易斯訟，撓斯忿，反斯亂，不經莫大焉。子欲經，求情已乎？」鄭子曰：「吾求情哉。情實難知，巧傷義，邪間正，僞破真，是情與言離也；怯而剛，詖而端，賊而木，涼而厚，是情與貌離也。吾將焉求？」石子曰：「受聲曰耳，知聲曰聰，鑒形曰目，知形曰明。所謂知聲，知聲聲者也；所謂知形，知形形者也。夫言貌之與情，僞者形離，真者神合也。是故虚心而聰明達矣，聰明達而離合之變一矣，離合之變一而天下之情見矣。於經也何有？」

鄭子謝曰：「吾問治獄得治身，請以子言驗之身而後試之獄。」石子曰：「斯楚人之福也，擇任者之明也，二三子之祝也。予何言？」

讀帝念清誠録序

清溪趙公以刑部尚書請老，天子重違其意，詔可之，恩禮如故事。既而懷其賢，賜之一詩，則異數也。於是士屬樂公之遇，述以文詞，小吏英中受而讀之，迺昌言曰：「郁哉序乎！暢而質，詳而不詭，其思深，其指遠，傳世之器也，公之德有徵矣。雅哉詩乎！微婉而肆，比而中，體高而語邃，義廣而韻悠，洋洋乎有上世之風焉，公之德非是莫可諷詠也。諒哉頌乎！聲重以越，越而則；事微以彰，彰而蓄。惟公有心三三，子實知之。淑哉歌乎！衍而不煩，明往而徵來，會情而適理，一唱三歎，有清廟遺音，天下歌之可也。荒哉記乎！志務績紀，言務傳心，不誕不誇，不遺不亂，典實斯昭，觀公者將於是乎？在是，故綜之覈之，參之伍之。美哉述乎！敬隆詞，若不足；愛深意，若有餘；崇綸言，君寵彰矣；詳官守，行業顯矣；稱度量，德器著矣；嗚嚮慕，譽命達矣。君子謂公斯行，諸福具，衆美兼，謂贈行斯集附名賢修文事，法皆得傳。英中不揆，竊效鄙言，願與諸君子共傳之也。」

鄉試録序

維我明之制，建學以造士，設科以興賢，考藝以徵德，定倫以位事，蓋仿唐宋之跡而師古意者也。

皇上嗣位，敷揚文教于天下七載于兹，會天下鄉試，用輔臣議，出六曹尚書屬主試，各省比舊益加重焉。某等恭承簡命，敬畏朝夕，惟怠事玩紀、不稱明天子求賢至意是懼。是故非正大不敢命題，懼破拆割裂之害文體，壞士習也。非虛心不敢臨文，懼先入者爲之主，而狥同疾異，黨謬伐良，衆議弗協弗取，衆議弗協弗棄，懼識孤見偏，有得以幸，失以不幸者也。於是乎類以比之，額以檢之，權度以次第之，録以姓氏之，而又擇文之尤者獻于上以彰之，兹亦可謂慎以精矣。嗚呼，聖天子求之重也，諸有司擇之慎以精也，凡所以爲此者豈以是文焉已耶？

臣聞之，氣直而昌者文壯，識練而達者文明，學邃而顗者文深，行茂而崇者文確。文也者，氣、識、學、行之餘也。氣餒者，其詞弱；識暗者，其詞窒；學陋者，其詞淺；行卑者，其詞游。惟弱與闇與淺與游，皆有司之所必黜也。是故凜乎如秋霜之肅物也，赫乎如烈日之行空也，浩乎如江河之轉東也，毅乎如猛將之禦敵也夫是之謂壯，可以觀氣矣。抱獨見而破群疑，師遺經而廢雜解，尊正術而距異端，貴仁義而賤功利，夫是之謂明，可以觀識矣。語治亂則達其變，辨邪正則悉其微，格名物則闡其幽，談性命則窮其奥，夫是之謂深，可以觀學矣。典而暢，簡而腴，温而理，取類大而稱名小，見義遠而述事邇，有意而言，意盡而止，夫是之謂確，可以觀行矣。氣，道之輿也；識，道之鑒也；學，道之府也；行，道之符也。輿壯以動，迺破三姦。愛保慝，私敗公，威撓節，所謂三姦也。鑒明以照，迺察四隱。聲似形非，貌類情誣，陽利陰害，外厲内荏，所謂四隱也。府深以藏，迺發五政。嚴考課，飭兵戎，經田賦，謹學校，清刑罰，所謂五政也。符確以驗，乃行六教。審好惡，斯民志一；別淑慝，斯民趨正；勵廉耻，斯民俗興；制等威，斯民視信；

崇孝悌，斯民德厚；和禮樂，斯民心淑，所謂六教也。以共有位以治邦國，以康兆民以弼一人之治，兹非聖天子所以求之重與有司所以擇之慎且精者乎？

在易革之上六：「君子豹變，其文蔚也。」賁之彖曰：「觀乎人文，以化成天下。」所貴乎君子之文者，將以化成天下。諸士子乘龍飛之運，當豹變之期，而可不知所以自處耶？夫覈文弗慎，取士弗精者，有司之罪也。若夫脩之於家，而壞之於天子之庭，則有任其責者矣。諸士子其尚勉之哉。

送毛時舉受職還蜀序

某少游蜀，師事一齋劉先生，時舉與先生交甚得，每過議論，某竊聽之，蓋果於用世慨然有志功業者也。既而見某所爲文，過許曰：「子雖一日少吾，吾老友也。」遂相與爲忘年交。居三年，某東歸，時舉别予曰：「與子會京師矣。」

後十年，某乃與先生同試春官，問時舉，先生曰：「才而屈，命也。」又一年，時舉貢至京師，謂予，且投章乞一儒官歸。某曰：「子昔也，有志用世矣，今而忘之，無乃不可乎？且氣聽志，道也；志聽氣，物也。狗物違道，將焉用之？」時舉曰：「以吾之見，是或一道也。夫吾昔之不可爲今，猶今之不可爲昔。吾昔聞仕則喜，聞隱則戚；今也，聞隱則喜，聞仕則戚。昔之喜戚，將以有爲？今之喜戚，將以無爲而爲？」吾見夫人之樂進而惡退者日衆，夫樂進而惡退，以謀國則善，以謀身則鄙，吾懼天下之趨於鄙也。欲以吾一身爲廉靖者之倡，使一人以吾而興，可興天下矣。何者？天下之衆，一人之積也。」某曰：「易漸之上六：『鴻漸于逵，其羽可用爲儀。』解者以爲漸逵者，高尚也；羽儀者，激貪立懦也。高尚而可以激貪立懦，故出人位而不爲無用，所謂能爲又不爲而爲者，古之人用之。時舉有焉。」越數日，時舉如其言，得請。予遂序之，爲時舉贈。

書雲間雜録後序

雲間雜録，志不忘也。不忘利民，故録興革；不忘昭法，故録獄訟；不忘憂患，故録備變；不忘與人，故録建議；不忘述道，故録文史；不忘思賢，故録書疏。利民則政本立，昭法則官守著，備變則武事脩，與人則爲善公，述道則問學敏，思賢則見守定。此古人事業，北澗可謂力於師古者矣。或曰：「古之所行，今之所笑，如忤時何？」石子曰：「不古者，時也；從時者，衆人也。君子從道不從時，若北澗録，君子必有取焉。」

幽憤小稿序

余以家難逮繫，幽憤無聊時，有著述。或感或慨，或嘯或悲，或憶或覬，或諷或惜，義指各殊，體製略備，雖未能躋美命騷於漢魏風流，殆有意焉。偶自吟詠，亦足以暫忘憂鬱，頤養性命。但興至拾楮疾書，擲筆往往遺棄，時復自惜，因製小籍，謾以可記憶者登諸録。異日倘獲暢理省覽斯集，庶知險阻可以觀，可以修，可以馭，可以立，蓋危然後安，天以人定，詩道也。別有擬古樂府數十篇著在他集，此可無録矣。

代送張舜元尹吴縣序

吴，東南壯邑也。張子某試政余司，以選尹吴，同司者咸詔余，曰：「吴，蘇屬，於松爲鄰。前尹蘇子，子同年；今尹張子，子同司，可無言也乎？」

余應曰：「唯唯。夫邑治，無亂郡；郡皆治，無亂省；省皆治，無亂天下。邑，治本也；尹，本治者也。善治者，視其俗之敝，思以易之而已矣。夫吴，商賈之所交，財物之所萃，游宦之所往來，舟車之所輻輳。其土沃，其産饒，其民輕，其俗也侈。食期珍異，窮山海之錯；衣期奇詭，極組繪之巧；宫室期崇麗，盡土木之妍；輿馬期萃備，貴金玉之飾。博弈蹴躍之戲，肩摩踵躡；玩好龐靡，充溢闤闠；歌舞游觀，舳艫相接，風雨寒暑弗絶。雖名縉紳魁士，不爲流風所咻，有以自異，習俗舉笑以爲鄙。窮民力弗能自振，不耻變詐以營之，幸而有獲，一舉而愜志，無難也。夫侈則逐末，逐末則産約，産約則移徙，於是乎有不令之民。侈則費廣，費廣則競貪，競貪則師訟，於是乎有險健之民。侈則志淫，志淫則業荒，業荒則偷惰，於是乎有邪僻之民。此三民者，亂之所自出也，而可不思以易之乎？是固非可以言語教，令夏楚戮辱爲也，夫亦以身先之而已。「昔齊桓好衣紫，十素弗易一紫，患之，以問管仲，對曰：『君好之故。』公遂惡紫，左右無服紫。明日，朝無服紫者，又明日，國中無服紫者。制不下堂而俗已變於國，則君先之也。今之尹比古小諸侯，民所視傚，而榮辱賞罰所出也，尹而約，其誰敢侈？鬻子不云乎：『明主撰吏，吏必使民興焉。』此非鬻子之言也。仲尼氏嘗曰：『得之於身者得之人，失之於身者失之人。』子以身率而民，民有不興者，非余所敢知也。且子産慶都，實唐堯故封，俗至今儉以朴，前尹蘇子善治，考江南最。夫師唐堯之遺治，以緝蘇子，以光我同官，以副聖明擇守令至意，可無務乎？吴俗之美也，日可待矣。」

送鄭思齋代縣二尹作

邑齒百萬，令牧之涖邑者，若都憲，若御史，若郡守、貳令，皆承之。牧群羊得術，囂囂騰，無記事一主，或得或不得，且未敢必，若而爲之下，若而爲之上。求皆無尤我，難；無尤難，求皆愛我，又難；愛我難，求皆知我，又難。噫，是三者，常相須也。夫監司與守，朝廷之耳目；夫民，監司與守之耳目。民雖賤，其論公，其言信，其口衆易達。民誠父母之，或以私劾，弗之敢也；民誠仇之，或以私舉，亦弗之敢也。故舉劾者，公勢也，銓衡者，因公勢而利用之，劾則黜，舉則陟，公典也。

我思齋令上海凡四年，和民以政，正俗以教，警惰以勤，激頑以廉，百廢具舉，庶事咸貞，邑之民安之親之，鄰邑者亦望之。訟不決，就之過其邑，則争先後聚觀之，無問邑若鄰，無問賢不肖，皆喜頌之。一時上官咸信之，皆爲之舉於上曰：「公勤處事，年力宜於理煩；清白持身，器識可以致遠。」曰：「廉能有振肅之體，公慎有卓越之才。」曰：「政績昭然於耳目，心事不愧於士民。」則少保巡撫李公之詞也。曰：「學力高古，政令嚴明。」則御史馬之詞也。曰：「學古行純，政平訟理。」則前御史楊之詞也。曰：「守無玷污，政即循良。」則後御史楊之詞也。曰：「少年有明敏之才，素履無卑污之行。」則御史鍾之詞也。曰：「學術深而志操不凡，才識優而政教兼盡。」則御史董之詞也。御史馬則曰：「性純朴而操守堅，才敏達而政務舉。」御史東則曰：「少年學富，無負科名；筮仕政純，宜爲民牧。」御史熊則曰：「操持端慎，蒞政嚴明。」御史許則曰：「愛民之心，孚於治事。」御史朱則曰：「清慎持己，禮樂爲政。」守若貳則曰：「持身勵清苦之操，蒞政慕淳古之風。」曰：「持身端謹，蒞政嚴明。」曰：「德行可取，有守有爲。」曰：「守身不失，行事有爲。」曰：「志鋭才優，令行人服。」夫數公者之舉先生，豈惟愛，可以言知矣。而數公將孰取？取之民耳矣。民惟私，私先生之政耳。先生之政孰出？法之古人耳矣。法古非志不立，非才不充。志且才孰私？天篤碩人，成之性耳矣。

先生得民，民不知，先生亦不自知，惟先生舉上官，亦不知，惟先生陟銓衡者，亦不自知。或曰：「是天也，非人也。」君子曰：「天始之，人成之，天人相參焉者也。」適先生之佐王君某、黄君某，請某文爲先生贈。某曰：「是可以爲先生贈矣。」

告鶴文

思齋先生被天子召，行有日矣，留所蓄鶴二，且爲文記之。是夕，鶴見夢曰：「和物者不棄細，挾大者不拘迹。我，宇宙湖海族也，公招我來，友我青松泉石間，高鳴妙舞，可以觀，可以聞，六百里休休有絃歌誦聲，雖公之教，意者我亦有微勞乎？今公遠行，棄我歸我也耶？將以携我迹，鄙跡是拘耶？」先生撫然，告某以夢。

某乃呼鶴前曰：「子可謂愛先生，未可謂知先生者也。夫至觀無形，至聞無聲，太古之事也。觀不忘形，聞不忘聲，中古之事也。故鍾鼓管籥，羽旄綴旒，明著諸象，以志感也。有感則視聽，妙感則視聽不瀆，妙而貞，則視聽專精弗易，可以保治。先生之留子，子知之乎？唯是六百里内，君子誠衆，然頑梗暴慢，蓄奸懷邪，肥顔慝志，如蝤蠐狐狸，一日無蛟龍虎豹號且舞者，既有之矣。且先生經畫布在官，守僚師其訓，屬宣其澤，師儒刑其範，吏繩其束，民業其生，輿隸塞其私。一日二日先生去，無乃怠而忽，且忘之乎？故先生留子，欲子當夜氣清明，矯首揚舌，一吐出胞中奇，唯六百里内，將子是聽。廣庭白晝，有衆額集，子乃展翅舒足，俯仰中則，屈伸疾徐中節，以爲六百里觀其非心，有不漸消而怠忽者，有欣然躍然者乎？且使愛慕先生者，思先生不得見，見子斯可矣；思先生之話言威儀不得見，見子之鳴且舞，斯可矣。子獨無意耶？」

二鶴乃暢若喜，舉首若言，發聲啞啞然，若笑之於臺，飄飄然自適也。某又從先生就之，且告之曰：「子無忘先生之意哉。妙而感，貞而妙，人將應焉，化焉，化且成，無事於子，當放子翔於冥冥，遊於四海之外。吾又聞海外有十洲，神仙萃，雲煙縹渺，山水極奇絶，此殆子之居乎？」是夕，鶴又見夢於余，曰：「先生外，舍子無足與語者。子非謂十洲有神仙，子非仙，安知仙？」既而唐生某持卷請文，遂書之，爲鶴臺遺愛序。

春風穆詠序

春風穆詠，鄉進士爲我思齋先生作也。先生令海上，天子嘉其績，召，且將柄用，先生不能爲海士大夫留，士大夫亦不忍先生去，乃相與詩歌之。問名於某，某曰：「先生之德，如春風吹號萬類，融盪八極，不尸其功，不見其迹，人薰先生德者，如物被春風，欣然充然，咸有生意，咸有獲□。先生依永，依乃懷永，懷乃愛永，愛乃惜永，惜乃思永，思乃言永，言乃聲永。夫聲本於誠，宣於自然，成於衆和，則穆穆然休矣。匪誠則僞，其聲虚以緩；匪自然則强，其聲迫以鬱；匪衆和則孤，其聲寥以促。宫商弗繼，節奏條理弗馴，如市歌野唱，囂龐乖謬，可以言穆乎？五味相和曰調，五色相和曰章，五氣相和曰泰，五聲相和曰穆。諸君子之詠，述功則績昭，鑿乎可施諸政也；記德則隱著，炳乎可配諸古也；感思則志奮，肫乎可要諸終也；惜别則情婉，貞乎可反諸性也；度會則思遠，悠乎可徵諸近也；比物則旨深，淵乎可取諸身也；言景則致真，微乎可會諸心也。譬諸太山之招，春風過之，熙熙乎，蕩蕩乎，清濁應律，疾徐中節，天機播，天籟鳴，雖使巧者效爲之，弗之可能也已。敬名曰春風穆詠。」又從而歌之：「春風兮春風，萬里兮横長空，懷君子兮摧我衷，與君子期兮于王之宫。」

棫樸貽思序

棫樸之詩曰：「芃芃棫樸，薪之槱之。濟濟辟王，左右趣之。」言文王德盛，人感而歸之也。又曰：「濟濟辟王，左右奉璋。奉璋峩峩，髦士攸宜。」祀，大事也，祀而歸，感益深矣。又曰：「淠彼涇舟，烝徒楫之。周王于邁，六師及之。」戎，又大事也，戎而歸，感益又深矣。然終之以「周王壽考，遐不作人。勉勉我王，綱紀四方。」曰「作」，曰「綱紀」，此文王感人之本，而「勉勉」云者，又作綱紀之本也。夫爲人上而能以振作綱紀爲心者，吾見亦鮮矣，況於勉勉不已乎？人之言曰「勉勉」者，文王之德，文王，大聖人也。噫，聖人，人耳，病不爲，有爲者亦若是。我思齋先生其人也。

始先生令海，進諸生，試之文，謂才矣，藝未完也；既而觀厥生，謂美矣，道未見也。於是乎教諸生爲學，其言曰：「昔吾從甘泉先生游，問爲學，先生曰：『且將爲聖人焉。』問要，曰：『敬。』問敬，曰：『一。』一也者，志於聖人而已。」遂令諸生學爲聖，群歸之矣。然而和聲異心者，猶十六也。既而先生勵節砥志，舉廢脩墜，通政勤民，揚風善俗，無沮師，無驕孤，無難大，無忽細，其所以爲諸生觀者，皆古聖人之道，群歸之矣。然而信形疑精者，猶十四也。既而先生鷄鳴起，師諸生講，日晐不倦，道古聖人之言，退而履諸躬，視所言一也，群歸之矣。然而善始懼終者，猶十一也。既而先生誠以爲質，節文以行之，優柔以出之，不倦以成之，非聖人言弗敢道，非聖人行不敢行，視諸始有加焉。先生若益熟，諸生若益習，先生若忘諸生，諸生亦若忘先生，相與游於古聖人，雖未之至，亦可以弗畔，而歸先生者，環海六百里皆是矣。則詩所謂「作人」，所謂「綱紀」，所謂「勉勉」，先生可以無愧，「左右趨之」、「左右奉璋」，諸生亦有之。故鄉先生某讀諸生贈先生應召詩，名曰棫樸貽思，善名也已。某獨以爲「左右趨之」、「左右奉璋」，常也；「六師及之」，變也。變而且歸，雖文王感之深，亦人所以應之者厚，諸生之歸先生常而已矣。歲遠地異，利害患難，臨之少易初心，斯異於文王之人，此其某之懼，與諸生皆將勉之。遂序於棫樸貽思後，志徵也。

先仲父見山行狀

魁仲父見山公藏石久虛，魁罪死莫贖，匪直亡才，甇甇幼孤，家世中落，樹立弗遑，每抽毫，雙淚欲枯，寸心幾嘔，輒止。魁今老矣，苟旦夕死，竟澌滅亡聞，沉慼曷已，迺忍痛叙狀，狀曰：

先大父比部，東崖府君生三子，長公魁先，子悅山，贈南京工部主事，恨蚤世。次公即公。幼，公與拙……①太和王府教授，今致政，家食，云：「公少聰睿異凡，偶能步履，即經覽亡遺。」府君請名於外祖張中丞栖間翁，翁命曰：「伯沉静，韞中。仲當蜚英文苑，英中。季秉懿美，懿中。」逮府君携之宦蜀，仲季在髫齓，巴令劉號愛士，亟稱：「二雛初學神茂，金玉聲當寥亮區宇。」自蜀歸，窮覽典墳，探綜史傳，操觚摛藻，立就千言。

束髮，補弟子員，校藝，博士齊會。莆田鄭思齋洛書莅吾邑，鄭故八閩稱雄，酷愛才士，過齊宫，歷諸生卷，公方屬草經義，一覽即舉手問公名，延之公署，拜忘年交。持公卷詣學士陸文裕

① 此處疑奪一段文字。

巖山深所，文裕當世名賢，慎許可，大奇之，擊節欣賞不出口。故一時俊乂，咸影附形表，響和嘉聲，競寫珍傳，若握拱璧，其□器。思豫君楫與魁游善，數數譚之，君嘗壽魁大母張安人文，叙此語。督學御史蕭號某鳴鳳，綜覈精裁，鑒賞亡昧，奇公，置首列，大喜得人。

弱冠，登應天壬午鄉試，巴令方擢留都京兆，寵遇殊禮，自謦知言。癸未，舉進士，對策，大學士蔣文定敬所冕，掄才縝密，妙選國華。學士熊峯石公瑶，快讀公卷，稱奇才，時不偶，列二甲四名，熊峯惜之，訪公旅舍，驩如生平。釋褐，拜刑部主事，明年遇特典，封先大父如仲官，先大母安人。又明年，慮囚江北，稱平。還朝而家難作，遂客死。

痛哉，於乎，公少奉嚴大人教，手不停披，口不絶吟，敏學好問，駸駸向榮，舍藝文亡可見，而立朝日短即夭折，安所樹立？獨大禮伏闕一見，名在明倫大典中，迺大衆，亡連坐命。時西蜀楊用修殿撰慎謫戍滇南，公亡素，送之，郊歌曰：「度雨千山鳴匣劍，占星六詔浄邊埃。」楊驚起把袂，恨相見晚，事亟，揮袂去，而公亦隨罹難。楊著述近百種，不譚公事，彼固重立言者，豈亟去，遂遺之耶？

既蒙難，受法古人，取古人言，研索深至，大拓其才，立言數種，寓志修詞，渾融古雅，庶上逼西京而下擬晉魏也。曰七宣、紀夢、讀書録、擬古樂府諸篇，豈非稟靈川嶽，含曜圭璋者與？魁束髮抆淚，手録編次，將序而刻之，恨寡昧，仰蒼蒼而不知遠近，飲滔滔而不知淺深，然心知其不愧於立言者。

歿之日，凡知公者高其才，重乎紆金紫、享遐齡，謂可謀不朽。鄭思齋時爲御史，自閩來吊，曰：「嗟來乎子珍，仙才鬼才兮，同清風以上征。」於乎，知言哉，真深知也。士得一言譽，殊死報，今魁等與其子若孫世講，不負也。魁昔童年亡知，諱不敢言，謂論人在豐功懋德，不謂立言，古人所並重也。古今才士罹奇禍者，豈尠鮮哉？憶仲悔詩曰：「一斛明珠邀豔女，千金寶馬博妖童。」亡自諱意，非高謝四流，俯弘六度者疇能之。若三立者備而名隨之，則茂陵琴心□□，既云損德；李少卿全師没虜，曷免貶功？蔡中郎感遇而王司徒收之坐上，貶損甚矣。若斯者未易更僕，數其言具照耀今古，謂立言並重者，非耶？竊聞文章九命曰，貧困歷夭折亡終，並英雋，憐其數奇，故不廢一家言，即貶損弗論也。況仲不幸家難客死，志在峻潔，門内異墨敗者流絶，亡方立德、立功之例，第乏瞿瞿長慮耳。然古今乏慮而幸免者，又豈尠鮮哉？陳太丘位不滿才，儒林謀跡而謚曰「文範」，文爲德表，範曰士則，若仲者有文有則，亦庶幾「文範」者乎？

配喬安人，喬，故仕族内翰公維翰者，重公才，謂女姪賢可配，配公。既嬪，先大母安人安之，從魁母太安人暨季嬸陳孺人，日理紝績，調二大人甘旨當意，御群下以慈，藹如也。恨命蹇，亦夭折，生男既殤，女又蚤寡。於乎，離閨閤爲新婦，勤孝不永，竟罹窮戹，孰非天使耶？古之名妃、賢夫人所遭類此者，豈勝紀哉？是皆不可泯。

緬惟魁畜髮時，嘗效古人一二語上仲，仲亟賞曰：「汝必能大吾門戶。」手澤尚存，每一誦之，五内震裂，今遲莫博卑官，在冷局，惡能顯先世立言之才？謹忍痛叙狀，啣情乞鄰於大宗工門墻。惟明公尚友古人，才雄之士，凡澌滅者或爲左袒，或爲洗寃，即當世片言慕古者均入藥籠中。魁仲父才委可憐，名以禍没，匿山而山輝，沉淵而淵媚，不應澌滅亡傳。先録七宣、紀夢樂府三篇上塵台覽，仰冀鼎言賜銘，泉壤生光，而不肖泯没先世之誅，亦仰藉幸免，真百世無涯之感也。魁不任拜懇悚息之至。

萬曆六年戊寅八月朔旦。姪男應魁抆淚百拜謹狀。時在筠州公署。

跋石比部集

石比部先生，負踔絶之才，身沉名飛，余少慕之。其從子啓文，余丈人行也，爲忘年交，時露肝膽，知自髫髫，會比部陽九，什襲遺稿，豈不欲亟傳之通都大邑，令比部精心綺辭，垂休光照後世哉？惜也，士而貧，仕而轗軻，逮懸車之日，付諸剞氏，蓋六十年所矣。梓成，或病其儉，啓文曰：「吾仲父夭折，其煙霞之語，如芝蘭乍馨而飄風狼藉，縟采幾何？且家蠹，散逸過半，故稺作及殘楮贋書亦所不遺，儉，固然也。」余聞而憐之，因念比部倜儻瑰瑋，欲自藻潔而卒賈奇害，與角去齒，天道然哉？嗟嗟，富貴而名磨滅，何可勝數？得啓文爲後，託縹囊爲業，比部不朽矣。

同邑晚姻俞顯卿跋

附録

四庫提要·石比部集八卷 江蘇周厚堉家藏本

明石英中撰。英中字子珍，上海人，嘉靖癸未進士，官刑部主事。是集凡詩三卷、文四卷，英在西曹，以受誣被囚，其七宣紀夢及古樂府等篇，皆獄中所作。頗磊落有氣，嘗自評其文，如赤手捕龍蛇，蓋才情俊逸，而未能斂才就法者也。

乾隆南匯新縣志卷十三人物誌中

石英中，字子珍，十六保人。意氣豪舉，千萬言援筆立就。古樂府、紀夢、七宣等作，隱諷類鄒枚而綺麗，風雅直逼司馬長卿。邑令鄭洛書有人倫鑒，驚其才曰：「此盧、駱再生也。」弱冠成進士，官刑曹。

光緒南匯縣志卷十三人物誌

石英中，字子珍，十六保人。意氣豪舉，千萬言援筆立就。有古樂府、紀夢、七宣等作。邑令鄭洛書負人倫鑒，驚其才為盧駱再生。嘉靖癸未進士，官刑部主事。

朱察卿集

〔明〕朱察卿 撰
戎 默 整理

整理説明

朱察卿（一五二四—一五七二），字邦憲，號象岡，後號醉石，朱福州豹獨子。少以文學高等補邑諸生，遊太學，屢試不第，遂棄其業。爲人至孝，一任俠義，慷慨高誼。家貧，卻輕財好施，自云「施不緣富，自性耳」，能爲鄉人排難解紛。與邑令黄文煒、郡倅陳懋觀友善。朝廷寵臣尚書趙文華視師上海，因與朱福州爲故人，召邦憲入幕，能事之不卑不亢，竟獲敬重。從遊廣泛，獲交當時名流王穉登、沈明臣、文徵明、李攀龍、王世貞、歸有光、徐渭、謝榛等，與石見山從子應魁亦有書信往來。

文名盛，爲詩文氣勢豪宕，一如其性情，身後王元美世貞序其文集，稱「邦憲之於詩，雖不專爲高、岑，亦時時入錢、劉，然意清而調和，遠於拘苦、粗豪之二端。至其爲文，亡但東京，駸駸乎初元、竟寧之季，小語陗削，亦不在柳河東下矣」。

有朱邦憲集十五卷並附録一卷，由友人沈明臣編定，子家法於萬曆六年刊行，孫長世、長統於明末爲之增修重刊，現國家圖書館所藏之明刻本即此本，四庫全書存目叢書據以影印，亦此次點校、刊行朱察卿集所用之底本。

目録

七言古詩……三二〇

七言律詩

記……四二六

卷之十二……五三五

書……五三五

卷之十四……五四九

書……五四九

卷之十五……五六三
書……五六三

朱邦憲集序

邦憲家黄浦，去余鄉百里而遥，其所游盡豪賢長者，而與余交獨晚，交晚而文酒之好獨最深。亡何，謁余傳其事；亡何，邦憲卒；亡何，其子家學、家賓、家教、家法等，梓其遺詩文數百篇，而屬余序之。蓋余與邦憲交僅十年而終始若隔世然，第所以爲邦憲者，亦略備矣。邦憲之於詩，雖不專爲高、岑，亦時時入錢、劉，然意清而調和，遠於拘苦、粗豪之二端。至其爲文，亡但東京，駸駸乎初元、竟寧之季，小語陗削，亦不在柳河東下矣。間者，伺邦憲晨起盥櫛罷，即外屨恒滿，又多所造請與報謝。里社率醵，輒居首，三老有疑難，一切居間解紛，皆以屬之邦憲。稍日下春，沉沉杯勺間矣。不知其於三餘之晷若何？而考隲經傳，精核若此也。其所爲詩酒慨慷，多於舞衣歌扇，得之大概若是者，氣有充而辭或不能無累，又何能清其意而和其調至此也。邦憲雖不得官，爲其名高，而謁文者相踵，邦憲又不忍謝絶，必令得意去。計邦憲之事與酒十九矣，又何能劂琢工詣至此也。古之於詩文，類不能相通，而其所謂工者，務逃之於窮谷荒野，杜門腐毫而後得之，天之賦邦憲，抑何異哉。邦憲所最善友生曰沈明臣，兹集多其校讐。然明臣間爲余言，邦憲雖不能釋事與酒，其操觚染翰，無異於齋居時，第篇成，令人彈射之，隨語即竄易，不工不止也。虛己哉！邦憲矣！其所謂事與酒者，敵應而神不累者也。兹所以成一家言哉。或謂余實似邦憲，毋論似不似，邦憲之有余，亦足稱知己矣。

萬曆戊寅秋八月，賜進士出身嘉議大夫南京大理寺卿友人瑯琊王世貞撰。

卷之一

古樂府

田先生

先生好俠節，自刎鴻毛輕。一死誰云報，太子欲將此事堅荊卿。可憐匕首不得中，荊卿俱死功無成。功無成，心自明，一朝慷慨千年名。田先生。

聶政

殺人避仇事屠狗，軹里齊人耻曹耦。仲子知君心獨厚，上堂千金爲母壽。丈夫貧賤世所輕，有材卓詭難知名。一朝交結齊公卿，報恩誰不捐吾生。若令韓相爲仲子，政亦能爲韓相死。

荆軻

匕首無功壯士醜，函封可惜將軍首。秦廷一死謝田光，社稷何曾計存否。不知秦王環柱時，舞陽在前何所爲。當時太子不早遣，待客俱來應未知。

侯生

信陵救趙諸侯慄，舍却侯生計安出？公子隨車執轡時，侯生北嚮捐軀日。曾聞公子翚帥師，春秋直筆無將詞。竊符殺鄙矯君令，忍將此事酬相知。豈若毛公隱市間，一言公子驅車還。魏王泣授上將印，直走秦軍函谷關。

五言古詩

江上懷馮子喬

美人不可見，登高動遐思。莫雲疊亂雪，落日凝寒脂。鳥聲獨樹觀，人影踈楊池。山空夢不到，天遠書來遲。因君兩蓬鬢，送我雙愁眉。人生總百歲，落落誰相知。

爲亡妻寫照

當年永訣時，城郭遭寇盜。哭君不盡哀，憑誰寫君照。一去泉臺扃，日月幾明耀。窺鏡非舊顔，開琴異常調。二兒君所遺，今足供灑掃。見兒疑見君，恩情憶年少。良工寫兒真，加冠儼君貌。化工本無心，丹青擅奇妙。憶昔母棄兒，兒方離懷抱。空存紙上影，無復見嚬笑。

對簿詩

日出雪不消，天寒日亦冷。蕭蕭枯楊下，危墻見人影。對簿慚予來，公門日延頸。因服僮僕嗤，囊空吏徒屏。懷刑愧君子，惡慝時自省。嗟彼群凶心，持石待下井。

怨歌行三首

妾年十六時，侍君枕與衾。聊比絲蘿草，難效鴛鴦禽。風波生洞房，棄捐即分襟。惟彈去時淚，肯易來時心。江水不西流，白日詎東沉。思君苦長夜，因之理瑶琴。

憶昨出門時，猶存合歡被。未行君失聲，别離豈容易。妾果罹罪愆，焉能下君淚。兩心各自明，去住良不愧。上堂别老姑，刺刺語君累。寧斷新人懽，難違舊人意。君非負心人，妻妾情本異。父母見妾歸，淚下不能止。豈知妾恨深，黄河詎能比？昔夙抱何心，賣妾侍君子。不顧骨肉恩，但愛黄金美。金盡家故貧，人存妾難死。豈若田家婦，朝朝共耒耜。

雨中感懷

春雨久不歇，春寒戀衣裳。駟馬斷委巷，蝸牛蠹空墻。卧讀感舊篇，惻惻多悲傷。人生貴適意，所就何短長？屠狗足成名，豢龍終亦亡。虎鞟腐泥沙，繭絲成文章。物理有盈虧，人情空軒量。不如典春衣，沽酒澆吾腸。

送沈嘉則還四明

春風囀流鶯，江烟暗高柳。客子懸去帆，故人薦新酒。歲月幾别離，乾坤亂奔走。丈夫重功名，世路較妍醜。騶生振雕龍，荆卿藉匕首。屠販終自榮，椎埋亦難朽。去去各努力，白髮暗中有。

雜詩

妾本田家女，作妾來市廛。貧無明月珠，煌煌照人前。夫君開洞房，侍姬秦與燕。徵逐混妍醜，退讓忘後先。不吹秦女笙，不鼓文君絃。豈期尚見疾，蜚語相駢闐。銷骨競媒孽，鑠金成熬煎。嗟爾懷棘心，妾身何罪愆。妾無妖冶容，自爲人棄捐。妾顔果傾城，爾亦當愛憐。何須咨唇吻，況有同居緣。白日西欲歡沉，河清是何年？朱顔易頹謝，人世徒紛然。

夕發次嘉則韻二首

江深水不冰，入夕舟亂發。乾坤幾青眼，湖海多白髮。遠寺出微鐘，寒沙動孤月。酒罷人欲眠，櫓聲未云歇。

潮廻岸若懸，牽舟泥滑滑。天寒酒欲凍，風高燈屢殺。魚潛知畏網，鴈過疑有札。試問江上山，倚天何秀拔。

湖中風作帆不及下巨浪入舟書卷盡濕舟人相顧失色賦慰同行

方舟出巨湖，帆疾後飛鳥。中流怒風師，濤聲撼天表。榜人各相顧，客子心若擣。丈夫走四方，南吳北燕趙。風波遍九區，誰能隙中老。衽席多危機，滄海有安道。爲言同行人，作德貴自保。

城居事紛沓

城居事紛沓，驅馳多荆蓁。俯仰縛筋骨，青襟漬黄塵。日出聽囂聒，挑燈念酸辛。醉中有餘樂，夢醒非閑身。羡彼沙上鳥，鴻梟日相親。爾我機各忘，飲啄何逡巡。人生苦役役，豈如原憲貧？何當謝人世，閉關守吾真。

亡妻百日

死者已百日，生者猶未歸。干戈載道路，墓草空斜暉。我身無所托，爾魂憑誰依。何如水上禽，比翼時雙飛。

七言古詩

張公洞

張公洞，天下奇，入門昏暗險且攲。上垂下凸總怪石，觸頭射股難長驅。把炬丁寧聲亂吼，兩足難支失先後。張公有驢常倒騎，到此知君難逆走。此時欲出不得出，倡者狂呼從者咎。側身學𧿹𧿹，傴僂如槖駝，扳崖挽磴肩相摩。忽然一隙漏天日，如出千尋萬丈之深波。悠然仙境在空谷，一洗雙睛炯吾目。縱横疑架珊瑚枝，錯落還堆萬拳玉。飛梁懸棟空中閣，鬼斧神工豈能鑿。王户開來白日深，石帆飛出秋雲薄。白鳳舞，蒼龍飛，異形彷彿驚還非。突兀高□老僧骨，離披斜挂仙人衣。憑高下視轉嵂崒，玉筍亂傍芙蓉出。森列分排萬卒戈，高低下柱千官笏。石乳淋灕濕空翠，春風吹來上衣袂。豈是張公去不還，乳頭猶滴青山淚。張公洞，天下奇，天子力，不能移，千秋萬古惟與詩人宜。

善權洞

山椒古寺青霞封，入門忽訝山僧逢。相攜指點洞中去，劃然一嘯開心胸。洞門纍纍枕大石，一畝渟泓浸空碧。飛巖疊疊界纖痕，豈是仙人架書帙。山僧更説上洞奇，神魂飛越身何遲。遠看洞口路疑塞，當門怪石空中垂。石蓋撑天不敢壓，繞壁如鏤復如截。起伏交蹲虎豹蹄，谽谺亂噴蛟龍舌。洞中有洞更可窮，燃犀照見丹爐空。乾坤不死萬年火，此日反照仙人宫。險歷冥搜倦復出，雙眼重看舊天日。盤紆直下三萬層，回首呼人股雙慄。危崖欲墮藤蘿懸，草頭不着猿猱眠。下臨長磵走白練，清流到洞聲涓涓。洞深水淺石可立，草屩芒鞋寒不濕。仙田闍水平不流，胡麻遍散人間粒。人傳前洞窈窕通，中懸萬朵青芙蓉。日月不臨天不照，老龍欲出無雲從。吁嗟三洞鬼神鑿，九曲三山總奴僕。手持玉笏蘸龍涎，石上題名記寥廓。

東家女兒行

東家女兒顔如花，年方十八彈琵琶。纖眉娟娟印初月，鬢雲潑墨飛寒鴉。西家郎君好游俠，走馬平原自稱捷。墻頭見之心欲顛，欲把黄金買爲妾。東家父母鬻雙蛾，盈箱無奈黄金多。揮淚呼兒出門去，花鈿半整欹青螺。入門先拜郎君妻，吞聲不敢高聲啼。偷見郎君驚且喜，無言淚落頭仍低。一朝復一日，一年復一秋，釀成萬斛胸中愁。朝來脂粉不欲施，洞房恐惹郎君嗤。試把粧奩開北牖，薄施不盡當年手。只恐郎權未换愁已生，贏得晨炊亂奔走。上堂言語多逡巡，從人顔色安吾身，但願終朝無怒嗔，不辭箕箒多酸辛。嬌蛾曼臉郎心悦，豈無私語從郎説。母唇未啓淚花盈，翻覺鴛衾冷於鐵。郎君妻賢聲，欲與關雎齊。羅襦縞帶任披服，繁華徒炫旁人目。十年斷却琵琶聲，瘦得纖腰不盈掬。回思父母愛黄金，將兒入海深更深。欲抱殘妝别郎去，恐污白璧平生心。不若當年不嫁人，機聲刀影消青春。襄王雲雨夢中過，不識人間有朝莫。

荆溪夜行呈嘉則

荆溪逶迤客重過，雲合天低雪花大。牛羊日夕無人收，山鳥啞啞似愁餓。朔風吹篙篙欲折，大冰割舟舟欲破。舟人畏寒不肯刺，破帽籠頭自相佐。須臾廿里聞人聲，戍卒城頭事巡邏。呼兒盡倒甕頭酒，明月在天人共坐。手提玉龍照短髮，一按詩成沈郎和。窮搜巧索太湖空，慷慨悲歌天欲墮。吁嗟沈郎句絶奇，當代誰人稱李賀。

送友人謁選

緑煙千里迷春草，送君北上長安道。酒盡河橋鶯不啼，有人獨立傷懷抱。當今天子重甲第，罷舉孝廉徵茂異。客星久向白雲沉，駿骨都從黄土瘞。賢豪褁足向青山，願水芙蓉帶蘿薜。君今貲進欲爲郎，珊珊玉珮朝明光。當年丈夫樹勳業，成名豈必皆文章。君不見漢家廷尉張釋之，持法不爲天子移。又不見卜式上書效臣節，名垂史册耿難滅。願君努力追前轍，包羞我亦因君雪。

見月行

一方月出東海底，兩月不照狂生矣。曾窺蟋蟀近吾床，更送寒風擊窗紙。何處高樓照酒杯，珠簾繡幕歌鐘起。今宵對爾復相親，光瑩空庭髮可理。憶昔當時馬長卿，才情絶世真無擬。風流能結文君歡，況有文章動天子。名高天忌人所憎，故應卧病文園裏。吁嗟狂生賤且貧，日涉波濤卧荆枳。季布常懸窘漢頭，范睢欲摺遊齊齒。愁比三江水未深，病魔何事來相抵。仰天問月月無言，萬里清光一天水。忽見嫦娥曳彩雲，前導黄龍後蒼兕。呼爾狂生莫怨嗟，古來禍福相因倚。君不見維摩曾渡苦海來，萬古人間常不死。

壬戌除夕

去年除夜哭吾母，女尚從傍挽吾手。今年哭母女已亡，堦下空餘紙錢厚。嗟予不孝與不慈，酷罰從天更誰咎？燭冷更深淚不收，滿地寒風黄葉走。

謁征西將軍廟

征西將軍文且武，白日提刀殺猛虎。入水斬蛟水盡赤，陽羨山頭始安堵。從却雲間二陸遊，翩翩儒雅兼風流。爲親謝却廣漢守，退虜戰殁無人收。纍纍空塚陣雲黑，馬死弓亡日無色。金兜鐵甲死將軍，異代猶能走生賊。我來欲吊將軍靈，入門未拜心先驚。殘碑剥落不可讀，標題猶剩義之名。整冠摳衣上堂拜，殿角摧頹土垣敗。一椽漏日照將軍，豈是旌旗閃營寨。將軍寶刀疾若風，千年雄氣摩青空。江南苛政猛於虎，何不再騁當年雄。

寄張鳴教 時鳴教在劉將軍幕府

張君有才爲時棄，辟向軍中作書記。出門故着鄜生衣，袖中懷却禰衡刺。將軍勇武稱驃騎，刲馬烹馱饗軍吏。帳下酣歌恣游戲，捧觴美人盡高髻。雜君廣坐沸鼓吹，醉裏嗔君不長跽。聞君睥睨不介意，狂歌一座皆驚悸。將軍引罪首頓地，置却侯生在高位。吁嗟屠龍技，射鵰臂，丈夫自昔爲人忌。豈知丈夫之氣干雲霄，肯向侯門塌其翅？我有吴淞水，可掬不可寄。遲君不來心欲碎，爲君一洗英雄淚。

米家女行

米家有女年十六，嫁夫夫貧守機軸。夫去從軍戰白狼，身死黄沙委空谷。清霜槁席人獨眠，寒月枯枝烏孤宿。白日常無爨下灰，經秋不見盤中粟。里中俠兒氣甚豪，金鞍門外相馳逐。

綺肴雕俎當街羅，左列琵琶右陳筑。閉門不受隙駒光，誰刺吾心矐吾目？萬馬看馳半寸冰，一蠅難污連城玉。菱花永破埋青銅，烏翼常悲嘆黄鵠。于今八十髮盡華，望裏孤墳拱高木。燈下機聲六十年，雨前珠淚三千斛。斑女陰妻好自齊，青天忽被流言辱。吁嗟黄泉夫自知，何用啾啾向人哭。

卷之二

五言律詩

荆溪雨泊

舟向荆溪泊，暮鐘相送頻。江懸千樹雨，花冷萬山春。到處宜風俗，離家即旅人。一燈蕭瑟味，與爾坐來真。

宿祖堂山寺

曲曲穿雲嶺，參差緝殿雄。眺來心已寂，坐處念俱空。月出孤鐘外，霜清萬木中。應知今夜夢，不與世人同。

聽雨分得流字

繞郭春聲細，踈踈聽不休。鴈迷湘浦夜，葉落太湖秋。到耳心翻寂，漫江枕欲流。梅花知已盡，長笛在高樓。

千山曉發

舟人曾宿誡，正值曙鷄催。寶塔青空立，蒼煙白鳥開。山扉當寺啓，江樹入船來。千古機雲地，難銷過客哀。

見白髮己未四月廿四日

對鏡驚吾髮，因憐年少遊。江雲能幻態，庭樹早知秋。冠下一莖白，人間千丈愁。儘教霜雪滿，不是貴人頭。

與陸子行夜話

與子經年别，相過即掩扉。城高葉遲下，院静鳥先歸。俠客多貧病，浮名有是非。今宵且歡笑，把酒莫沾衣。

徐比部子與邀酌濟上楊園分得愁字

共愛楊園好，盤飡得暫留。相知忘按劍，吊古賦登樓。黄鳥催佳句，青山起暮愁。江南烽火急，夢落大刀頭。

元日訪周彦甫

元日出城郭，爲尋高士廬。家無新歲曆，座有故人書。春水屋上白，老梅墻角踈。持杯與君坐，幽意幾人如。

送嘉則入閩

一酌三江水，揚帆信所之。途窮豈干謁，世亂急相知。青立當丁戊，紅垂見荔枝。高才人共忌，慎莫浪投詩。

秋日過家兄邦大園居

最喜郊居好，林深樹隱樓。青山動寒水，白日照高秋。地僻偏多客，家貧不解愁。鸛鸰元自愛，老去足淹留。

出郊

孤城元日後，與客出城西。江白冰初解，郊青麥未齊。平原春走馬，荒舍午聞鷄。四望占農事，惟愁又鼓鼙。

贈孫秋官元之

逃名辭粉署，選勝得青山。覺性知三昧，禪心悟八還。地偏黄鶴下，林静白雲閑。尚有區中累，問奇人扣關。

哭韓元良

不見經時久，信君真已亡。死生今異路，兄弟永分行。白日巨卿淚，空山平子喪。幽明何所恃，友道未全荒。

懷邦肅弟

一去隔年久，愁來白髮侵。緣知兄弟義，尤重別離心。黄浦春雲合，漳河樹色深。平生耻干謁，爲爾更沾襟。

送王美人爲尼

送入桑門去，徘徊尚可憐。早持髠髮戒，因悟捨身緣。鸞影藏心鏡，桃花幻鉢蓮。巫峯雲已斷，偏得近諸天。

贈吴山人名孺子篋中所携尊罍諸器，俱以瓠爲。

孤潔憐君操，區中未謝緣。常携五石瓠，不受八銖錢。身寄青山外，詩成白鳥前。相逢投意氣，一奏子期絃。

和張明府子謙春杪見懷

春事江城暮，花飛奈爾何。不辭勞案牘，偏肯問巖阿。白雪篇愁鳥，黄庭字换鵝。當年漢循吏，應愧茂先多。

懷嘉則

南浦幾年别，西堂一榻虚。如何滄海客，不寄白雲書。晚突孤烟起，秋階落木踈。懷人動遐想，愁病再生初。

石啓文庭中晚集

返照臨高樹，尊空欲醉眠。豈緣歌妓媚，真愛主人賢。桐葉知秋下，蛛絲候晚懸。不隨群客散，操筆尚留連。

迎陳太守孔質喪夜泊江上

走吊輕千里，孤舟依晚林。江聲沙上急，樹色雨中深。白馬今誰是，朱幡何處尋？憑將知己淚，聊慰故人心。

晚行

晚行西郭里，暝色淡江煙。村近樹逾短，月低雲更鮮。笛聲牛背上，詩思馬鞍前。處處聞呼酒，農夫慶有年。

輓朱近臣

一别隔生死，明珠大海沉。汨羅應有恨，采石竟無心。白日葬魚腹，空山斷足音。茫茫招不返，春樹對長吟。

泊下雉瀆

吴子封疆在，千年過客憐。獵場無走馬，水步有商船。城没夜烏月，村迷野燒烟。那知舊時恨，漁笛尚能傳。

過西九湖得畦字

一櫂出西九，蒼茫四望迷。山廻知地盡，湖遠見天低。城郭粘高浪，人家浸巨畦。仙源知不遠，把酒待留題。

山中讀書爲潘士遠賦

芳園春習静，之子下帷時。夜永青藜在，山深白日遲。蠹魚窺校閲，鳴鶴雜吾伊。弱冠多文藻，終生未足奇。

和張玄超貂字

愛爾懸車早，秋風蘿帶飄。爲園同鄭圃，結客重張貂。樹隱山頭閣，花連竹外橋。慚予曾入社，數過不須招。

和董子元秋字

人同濠上勝，池比習家幽。踈柳黄昏月，高梧白露秋。鈎簾涼氣入，洗盞水雲浮。更喜能供給，何妨十日留。

和莫子良西字

愛客開三徑，琴尊盡日携。虛堂得秋早，高閣俯雲低。朋從皆南阮，風光勝瀼西。瑯玕三萬個，秉燭夜深題。

四十一生朝

四十已踰一，勞勞甘茹荼。文章無定價，湖海有餘逋。食鴈非吾志，屠龍愧此徒。於今縫掖士，誰得似王符。

病中喜嘉則至

病裏思君甚，跫然送足音。相看嘆生死，不復問浮沉。瓦冷清霜厚，庭空黃葉深。莫驚今日面，猶剩百年心。

答王叔楚

君來緣我病，十日主馮驩。白社宜韋布，朱門笑鶡冠。江湖鷄黍在，天地酒杯寬。遺我干將賦，光芒犯斗寒。

句曲道中值母忌日有感

母死歲踰七，驅馳遭險巇。盾非痛指日，政可許身時。地曠山俱出，橋危馬故遲。百年今日淚，客裏更淋灕。

兄弟今何似

兄弟今何似，蕭條幾處行。爲農不出舍，作客獨留京。書寄分南北，情真共死生。何時天上鴈，還作一行鳴。

寒食葬亡妻

薤露聲初起，幽魂去不還。未能同白首，先已葬青山。鶴冷朱絃調，鸞空玉鏡顔。年年寒食夜，風雨淚潸潸。

顧舍人見過

山中逢故友，相與坐盤桓。樹密蟬聲亂，溪深魚影寒。共論今日事，無復舊時歡。知爾飄零地，池塘句未安。

子喬過話

憐君忽漫過，相對淚潸然。故舊離三月，他鄉受一廛。歸家猶鼠竄，翹首尚狼烟。風雨西窗夜，翻令憶往年。

嘉則過訪

兵火三山遍，故人千里來。無言俱淚下，坐久始顔開。天冷月逾白，霜清鴈正回。問君别來事，貧病轉堪哀。

泊城東懷子元

偶來維小艇，垂柳拂江齊。遠屋樹頭出，孤雲鳥外低。城門閉落日，野店啼荒鷄。遥憶下帷者，辛勤自糝藜。

吊宋子明客死漢陽君集中有訪予霅上詩

避兵家霅上，君過獨留題。别後斷朱鴈，俄驚夢白鷄。鄭虔官共冷，宋玉價應齊。寂寞招魂地，迢迢漢水西。

不寐

不寐起趺坐，秋江此夜舟。家鄉非是客，風雨即生愁。租吏催仍急，農人苦不收。問誰能辟穀，常作五湖游。

陳曾若見訪

尊非北海設，徑豈蔣生開。春水三江發，故人今夜來。梅花城上月，鸚鵡掌中杯。座客誰能賦，憐君有茂才。

同姚如晦張玄超唐世具集顧汝和池上樓

蒹葭秋水凈，俯檻共徘徊。晝省初歸客，孤城亂後杯。山川鼙鼓息，歲月鬢毛催。此夕登樓興，遥憐鶴未回。

史太守席上

專城飛皂蓋，虛席問青衿。累世通家意，千年下士心。庭空群吏散，月落小堂深。最愛官如水，門無暮夜金。

除夕送彦甫

款留知不住，相送夕陽邊。去路梅堪問，空山葉可燃。此生俱是客，明日各增年。寂寞憐吾老，因君更愴然。

過新安次嘉則韻

路向新安出，舟從滸墅過。鴉群棲獨樹，雪色瀉長河。道遠憑誰問，愁來奈爾何。不須傷歲暮，湖海客還多。

竹堂蘭若訪懋上人不值

晚霽投荒寺，臨關問遠公。浮杯從海外，飛錫向雲中。落日照黄葉，秋風踈碧桐。俗緣消未盡，相訪却成空。

得嘉則書有感

故人三載別，身寄漢家營。白髮爲書記，知君意未平。江□今日至，郊馬幾時迎。欲見不可得，暮雪天際生。

贈吕山人中甫有序

山人以能詩聞江潮，嘗受知於遼薊、徐揚二幕府，禮爲上客。後二幕府以戎事論死，山人哭之極哀。欲上書白其事，不得，乃發其憤懣，有「徒抱死人心，仰天不敢白。」之句，真有古俠士風矣。今將走亳州訪李少卿，漫賦此贈之。

俠節久云廢，惟君獨慨慷。無錢收主父，有淚哭梁王。行李青蛇短，江湖白髮長。亳州知己在，猶足慰悲傷。

人日集顧四舍人玉泓館得朝字

狼烟非昨歲，人日又今朝。尊酒能先具，親朋不用招。鳥聲出溪樹，人跡半山橋。把盞舒長嘯，春光在柳條。

拜喬伯舒墓

黄卷終成幻，青山竟返真。空留貧病客，來拜孝廉人。曲曲江爲淚，芊芊草作茵。山陽一聲笛，行者亦沾巾。

樞密巷尋黄六秀才

與爾别元日，緑陰今已繁。草深樞密巷，席掛次公門。學以藏書富，名因陋室存。清談暢玄思，真不藉盤飧。

得嘉則書

憶昔與君別，扶筇始下牀。兩年頭欲白，一札意何長。庭樹踈秋雨，山扉掩暮涼。懷人念逾切，憑几即錢塘。

送顧汝中爲郎

爲郎今奉詔，匹馬入皇州。却以相如出，因知漢武求。江雲孤鳥送，秋雨斷虹收。明日茱萸會，停盃憶虎頭。

病後訪陸符卿子傳留酌齋中作

我返泉臺路，君憐京國塵。還將千日酒，來醉再生人。帙亂白魚走，門閑黄鳥親。平生用幽意，今日見尤真。

拜姚汝晦墓

一塚藏高士，浦雲相望連。路當生勁草，地擬出廉泉。拜自牛眠日，愁深烏泣年。寥寥千載後，重絶伯牙絃。

集玉泓館分得平字

憐君開竹徑，尊俎日相迎。送客留髠意，逢人説項情。濕雲千樹合，秋水一池平。共有傷農感，停杯卜晚晴。

哭董子元二首

子元百里訪予病足，留齋中信宿，相對論婚嫁事甚楚楚。别去一日，有吴門人持其書來，囑予心事甚勤。讀始竟，即聞其暴疾仆地，乃扶痛乘籃輿走視之，至已憒矣。嗟哉，子元死於貧也。詩以哭之。

豈料一宵别，終爲隔世人。足音聽尚在，手墨見猶新。書有生前富，棺憐死後貧。伏尸空自哭，聊以盡吾真。

文章迫大雅，意氣薄層霄。論世惟存舌，干時懶折腰。病因懸磬得，愁以蓋棺消。後死吾猶在，哀魂不可招。

木蘭閣爲張次積題

小閣疑孤艇，開簾雲滿鈎。硯分春水細，席傍晚霞浮。燈火明蛟室，文章結蜃樓。仙槎人共擬，直犯絳河秋。

送彥甫遷居

我欲尋山遁，君何又出山。尚餘糊口累，寧得隱身閑。去住家何在，驅馳鬢已斑。忘機舊林鳥，明夜獨空還。

答王虎文薦吴山人

孤城三月暮，思友賦停雲。忽漫開魚腹，虛疑見虎文。詩名偏藉甚，意氣轉慇勤。薦士輕千里，何慙竇長君。

穆宗皇帝輓章四首

遺詔頒三殿，哀聲萬國聞。縣冠付宗伯，復土拜將軍。江漢流紅雨，乾坤盡縞雲。明堂朝幼主，負扆是誰勳。

早棄垂裳治，登遐竟不回。如何六官淚，不似五臣哀。白日輦聲遠，青天弓影來。六年豊豫績，太史定能裁。

帝德九重明，邊塵萬里清。何煩征虜騎，已築受降城。羽士全消跡，貂璫不著名。堯年如可祝，草莽敢忘情。

長門明月夜，翠輦路長空。班扇恩初下，秦珠貢自通。龍髯垂殿上，羊舌祭宮中。誰憶椒房疏，先旌石慶忠。

晚行

獨行江郭晚，凍雪欲霏霏。風急馬逆走，水冰鷗不飛。村烟行處沒，人影望中微。任爾寒威重，清吟興不違。

雪霽次嘉則韻

大雪連三日，兹辰却喜晴。扁舟坐空鏡，獨鳥過虚屏。江漢知雲盡，乾坤見日明。更愁消盡處，泥潦斷人行。

七寶寺懷徐伯同

野寺淒涼久，門閑碧蘚生。鳥從高樹坐，僧帶夕陽迎。不見三車法，猶存七寶名。遥瞻徐幹宅，木末暮雲平。

秋日訪子喬

欲尋楊子宅，來泛木蘭船。遠樹懸秋雨，荒林出午烟。到門無百里，見面若經年。此夕揮尊處，新詩定幾篇。

對月懷山中諸友

對酒不成醉，良宵心事違。地分家即遠，月是客俱非。飛鵲影全没，寒蛩語故微。舊遊人待我，尊盡尚開扉。

夏日同馮子喬王壽之黄清甫張長輿潘叔兼酌玉泓館得鄉字

披襟虛館坐，池近易生涼。蟬聒山猶静，蘭開水自香。老知名是障，愁以酒爲鄉。共有陶然趣，詩成見夕陽。

元良北歸留酌齋中有作次子喬

倦遊憐未遇，匹馬忽言歸。不鼓侯門瑟，還裁處士衣。青餘雙眼在，白見二毛稀。老我江湖意，因君與世違。

汝和使館夜話

金閶風雨夜，相對各沾巾。兄弟十年别，干戈九死身。客途行處盡，鄉信到家真。愛爾使星朗，清光照故人。

題杜孝子雪夜墓歸

九龍山下墓，負□一何悲。范訓寧知苦，原平已盡貲。路迷風雪夜，心格鬼神時。最喜彭徵士，文成爲勒碑。

練川城西別潘寅叔同子喬作

與客城西別，蕭蕭竹樹陰。夕陽高岸隱，秋水曲溪深。豈盡交遊淚，因悲去住心。故山叢桂在，不用費招尋。

送嘉則歸鄞

送子出門去，未行先斷腸。黄金空有淚，白雪自盈囊。勳業刀頭血，功名馬上霜。悲歌誰擊筑，高調發清商。

九日卧病寄社友

□□偏宜爾，沉疴獨卧余。身經九死後，愁送一生餘。酒負陶公菊，牀堆扁鵲書。誰能相慰藉，携策過吾廬。

秦子聲教授山中却寄

榻借珠林地，經分絳帳春。飛花孤磬寺，落日亂山人。座喜韋編絶，門違羽蓋親。兒曹嘆離索，風雨夜沾巾。

王和仲自京師歸即過海上賦贈

擊筑居燕市，檐簦還虎丘。出門仍客路，傲世尚窮愁。纓濯三江水，身披五月裘。去來無所繫，天地信虚舟。

碧浪湖懷嘉則

風雨晚離離，斜橋舟獨維。踈鐘出寺杳，濕鳥到林遲。碧浪客吟處，明州人卧時。思君大江隔，心逐片帆馳。

觀區園雛鶴

區園雙白鶴，將子傍山行。啄蚓苔俱破，窺魚水正平。怪無迎客態，惟有護雛聲。不自憐吾意，何能見物情。

大柳驛見汝和題壁有作

□坂長驅午，郵亭小憩時。堦前遊子騎，壁上故人詩。去路憑誰指，鄉心爲爾馳。聽鶯春正好，千里共相思。

謝陸承道都事人日携酒過訪

誰憐烏府客，來訪鹿門生。人日今春霽，德星長夜明。世途三峽水，杯酒百年情。吾自陶然醉，從人嘯步兵。

哭女

六男時繞膝，思汝獨生哀。爲憶牽衣態，非□詠雪才。一行兒女淚，千丈劫池灰。樂事年來少，空驚白髮催。

送劉叔球遊茅山

詞客禮茅君，春城花正殷。江烟孤□□，樹色一帆分。日月依丹竈，樓臺浸白雲。試尋弘景宅，芳草帶斜曛。

卷之三

七言律詩

送人之邊

胡笳吹冷玉門霜，投筆當年意慨慷。百戰能騎千里馬，一麾曾斬右賢王。青萍已照鬢邊白，金印誰懸肘下黄。今日送君仍出塞，好從王朔問行藏。

小祇園爲王元美敬美作

共説王家兄弟好，輞川莊似給孤園。武陵人以桃花飯，西竺僧將貝葉翻。萬壑出雲連海氣，千波漲月瀉江門。年來我亦逃禪者，米汁難捐向汝論。

離薋園爲元美敬美作

江上爲園近若何，菉葹去盡蕙蘭多。平泉石老春雲濕，金谷花繁夜雨過。人語欲驚朝落槿，酒痕曾污夜舒荷。秪須白眼看人世，醉裏詩成鳥和歌。

賦得塞上征人一首

萬里黄雲蔽日愁，十年常出隴西頭。馬前箭落烏孫月，鴈後笳吹白帝秋。身在却因思報主，功成誰謂欲封侯。明朝定繫單于頸，不愛燕然姓氏留。

送張博士維留令上津

天漢迢迢萬里槎，雙旌雲外繞三巴。鬱孤臺下時驅馬，燕子山前早放衙。瘴雨自呼秦吉了，蠻烟輕拂杜鵑花。故知法網仍踈闊，三尺惟君屬漢家。

寒夜同顧汝修韓元良舍弟邦肅集家兄邦大園居有懷唐光禄二丈

騎馬衝寒共出城，一尊宵宴愜歡情。棋聲到樹鳥不定，池影入窗人倒行。林滿清霜山更瘦，地留殘雪月逾明。天涯忽憶離群客，長樂聞鐘夢未成。

送沈嘉則遊中原

送子高城落日邊，酒酣隻眼倚青天。中原氣色收囊底，萬里山河到筆前。遊子獨憐司馬得，主人誰是鄭莊賢。扶卭日觀峯頭立，漢武秦皇事渺然。

送吴給事謫馴象

漢家風裁重埋輪，此日朝廷見直臣。欲挽頹波寧惜死，密封章疏不謀人。九重華衮龍難逆，萬里蒼梧象可馴。蔽日浮雲應有盡，遐荒須愛廟廊身。

秋日感懷呈諸同志

廿年貧病卧滄洲，庭樹高懸白日秋。對客敢言鸚鵡賦，向人常典鷫鸘裘。小山自信堪招隱，深井誰云可避仇。獨有冥鴻霄漢上，亦憐矰繳未曾收。

浦上望子元舊林同汝和作

故人卜築傍城隈，故里蕭蕭半草萊。秋水漫平遊釣處，晚雲猶護讀書臺。兵戈莫問青氈在，樽酒誰將白板開。世難憐君歸未得，下帷空有仲舒才。

讀故妓劉季招詩有感

紫簫聲斷泣王孫，無復秦淮把臂論。白雪空遺當日句，青山誰共百年恩。梅花不送窗前影，桃葉難招月下魂。疑是韋莊虛席處，一燈蕭瑟照啼痕。

送彭姬嫁人得恩字

不用蛾眉倚市門，即隨芳草問王孫。樓空燕子春無影，雨濕桃花淚有痕。未信辭家真是別，敢言歸處即爲恩。當年馬上琵琶在，哀怨猶堪一曲論。

江行感懷同嘉則作

帆開黄浦同仙客，路轉清江過釣磯。落日亂雲遮不盡，斷霞微雨濕還飛。多愁欲問生前劫，未老先知昨已非。有淚可傾三峽水，因君慷慨不沾衣。

訪諸七

憶爾從軍鬢未蒼，歸來颯颯見秋霜。家連吴苑青山舊，夢斷蒼梧戍草黄。世路風波今始定，故園松菊已全荒。問君感慨還多少，相對西風酒一觴。

送張鳴教沈嘉則歸越兼簡徐文長

翩翩公子銜寒去，滿目風烟寇未平。浦口浪高飛戰艦，林間黄落見新城。一尊酒盡憐三益，百幅帆開又十程。歸去若逢徐孺子，爲言畚築有儒生。

郭次甫下焦山訪予賦贈一首

躡蹻常懷獨往生，開門今喜得逢迎。青霞已領山中業，白雪翻嫌世上名。委巷看花寒氣薄，高樓觀海大潮平。十年一作三江客，明日重爲五嶽行。

寄陸少宰平泉

上疏屢辭黄閣詔，著書常掩白雲門。兩朝禮樂身先繫，四海冠裳道獨尊。銅馬十年虚帝問，柴車此日待公存。爲霖更切蒼生望，秖恐山中席未温。

病後寄莫雲卿

累世通家君獨厚，每於揖讓見□□。孝廉濁世推羊陟，辭賦儒林重馬卿。卧病西風疎落木，懷人斜日在高城。而翁政暇如相問，爲説狂生已再生。

送王生南歸

仲宣辭賦早空群，京國逢君又送君。馬上西風寒欲動，驛邊疎雨鴈初聞。半生旅跡風前葉，四十浮名樹杪雲。歸去石湖春色在，不妨閑草北山文。

張生別去一日值風雨大作賦此懷之

落日猶憑江上樓，不禁愁思落汀洲。關河千里此時客，風雪滿天何處舟。敝篋獨憐餘短劍，窮途誰爲解重裘。緣知今古風流士，愁絶從來易白頭。

吊楊員外椒山

不向人歌蜀道難，危言獨上肅千官。九重聖主恩難遇，七尺男兒事已完。囊裏諫書誰更草，杖頭流血幾時乾？知君白骨藏何地，千里臨風淚暗彈。

亂後過訪雪竹馮丈

别來蹤跡已經秋，夜半相過到水頭。入户未分賓主坐，牽衣先説亂離愁。乍聞官長輕田賦，又報將軍築戍樓。試問當年避秦客，感時清淚若爲收。

夢謁劇孟平原君墓覺後有感

英魂何處埋秋草，月白三更入夢來。最愛博徒能好客，誰知公子獨憐才。神交直訝人千古，俠氣空瞻土□□。記得墓門長跪後，袖粘新碧污莓苔。

避亂山中嘉則千里過訪賦此見況

干戈吳越風塵暗，爾獨微行到海濱。欲與故人相慰藉，不愁亭尉戍關津。重逢豈是當年地，一笑驚爲夢裏人。相對共論棲息計，更憐家有白頭親。

長至日有感

佳節那堪動鼓鼙，望中風物正淒淒。街頭不見人扶醉，城上新添烏夜啼。戰馬歸來霜草盡，將軍屯處暮雲低。慚予藿食渾無計，佳句逢人不敢題。

哭亡妻

憶爾辛勤十載餘，北堂甘旨更勤渠。不因病骨辭鳴杼，每向深更伴讀書。千古重泉魂自往，百年偕老事全虛。亂離骨肉飄零盡，長夜憑棺獨愴予。

客夜次董子元韻

乳鴉□□夜將闌，明滅飛螢墮水寒。生計自憐隨處拙，交情尤是異鄉難。深杯竹葉催人醉，長笛梅花入夢殘。遥憶故人千里隔，幾宵明月不同看。

人傳子喬被寇無家賦此懷之

滿庭風雨獨思君，浪迹今如水上雲。既已無家難作客，可能投筆學從軍。廿年詩草知何在，千里音書那得聞。不是五更無過鴈，江南弓矢正紛紛。

秋日與故鄉諸友登硯山

是日同游者，徐伯臣、姚汝晦、董子元、唐世具、唐子迪、舍弟邦肅，共予七人

共對清秋進酒頻，倚天蒼壁玉嶙峋。帆連雲葉當高樹，水動風花吹白蘋。碧浪自閑鷗鷺侶，青山誰問亂離人。登臨不盡當年興，惟有新亭淚滿巾。

得顧舍人汝和書有感

開門忽漫見長鬚，手拆封題淚與俱。滿紙但教存肉骨，一言那復戀松榆。兵荒已作無家客，母老猶存未死軀。欲向長安暫棲息，生涯誰肯教吹竽。

和寄文太史

桐葉蕭蕭下小樓，懷人清夢到長洲。圖書但可供青眼，烽火那堪照白頭。四海聞鷄誰起舞，五更聽鴈自悲秋。願於眠食頻加愛，世難應煩杜甫愁。

秋夜示弟邦肅

西風策策秋將暮，氛祲江南尚未銷。五夜凄涼聞蟋蟀，兩年棲息似鷦鷯。倩誰刀尺憐羈旅，賴爾琴書慰寂寥。留得當年池上句，不愁三徑草蕭蕭。

友人徵逋

小齋趺坐正黄昏，欲破窮愁仗酒尊。問字無人時下馬，徵逋有客夜敲門。半生豈是虞翻骨，千載空懷鮑叔恩。慷慨幾回思賣劍，獨憐戎馬暗乾坤。

顧六汝所客舍

飄零湖海壯心違，我已歸家爾未歸。別後詩名真藉藉，到來懷抱只依依。風傳刁斗人聲寂，星閃旌旗夜影微。相對不堪清淚落，却憐時事轉成非。

江南二首 時幕府徵兵，廣西有□氏携二孫下江南，有司以蛇犬供軍中，故云。

江南千里暗妖氛，野哭家家不可聞。落日群狐窺白骨，荒林萬馬卧黄雲。將軍不下征夷令，使客空傳祭海文。試問九重宵旰處，殿頭香氣正氤氲。

萬里迢遥徵戍士，虎符星發路何賒。帳前竪子金刀薄，閫外將軍寶髻斜。田父誅茅因縛犬，乞兒眠草爲尋蛇。軍儲不惜人間供，願斬鯨鯢净海沙。

江上逢沈嘉則至

江上相逢多感慨，一林斜日下高城。抱琴不負重來約，開帳徒存老去名。葉落空堦秋夜雨，雲停滄海故人情。自從杜甫憐才後，誰復人間識李生。

寄慰鳴教下第和嘉則韻

清時誰肯賦緇衣，知爾情同倦鳥飛。南國文章三獻後，西陵風雨一宵歸。陸離不售青萍劍，寂寞重開白板扉。千里相思無可寄，鱸魚江上入秋肥。

九月廿四日觀兵浦上時趙督察與賊議降

河上翾翔一羽輕，離離衰草陣雲生。樓船十里秋江蔽，甲帳千重午夜明。水部却爲防禦使，孤軍偏築受降城。漢家麟閣深如許，好待將軍早策名。

贈盧柟謝榛曾刻盧柟凹賦，上于當道，柟獄始解

禰生才高合取忌，下獄十年荒井廬。赦回稍藉朱家俠，賦就直抵鄒陽書。十萬黄金快意盡，三千白髮空愁餘。江南春暮忽相見，悲歌握手仍踟躕。

雨中言懷

草堂十日雨斑斑，門覆藤蘿晝不關。覽鏡忽然生白髮，舉杯何處得青山。途窮自笑狂生哭，金盡猶存壯士顔。聞説冥鴻在霄漢，蘇門長嘯許追攀。

送陸承道北遊太學

秋雨踈踈鴈早聞，故交尊酒别江濆。漢廷父任推安世，吴下家聲重陸雲。帆出金閶皆客

路，橋圜璧水正人文。高堂頭白歸須早，此意唯予可授君。

送董秋官原漢謫戍廣西

危言才上即捐生，放逐猶憐主獨明。聖世自容黄閣老，瘴鄉難慰白雲情。一時已見排閽力，千古應存借劍名。聞説殿中諸執法，封章今日爲君成。

春日書懷

花柳年年動早春，儒冠潦倒獨傷神。家聲已隤二千石，義士空慚五百人。青山可問不得隱，寶刀未賣非爲貧。誰能酌我一江酒，醉騎黄鶴離風塵。

送顧汝由北上

霜下江皋木葉黄，故人相送秘書郎。西清夜雨陪鵷侶，東海秋雲隔鴈行。韋陟久堪唐侍從，馬遷應見漢文章。長安世事悲今昔，奈爾蕭蕭萬里囊。

謁王三渠吏部尚書

尚書尊公與先福州俱丁丑榜，察卿爲尚書國子門生，且與其弟曾同館舍

當年國學侍門墻，況復通家識季方。下馬向人投姓字，入門脩贄出文章。絲綸久直西清地，喉舌今司北斗傍。共説位高能折節，曳裾應不厭踈狂。

秋日過陸思豫山園

亂後重來百感生，青山無主鶴相迎。已無金谷園中會，空有山陽笛裏情。曲徑秋風衰草合，敗垣斜日亂蟲鳴。門前江水依然在，却送歸舟似掌平。

立春日集馮丈人樓用韻

一夜春風到敝裘，春盤細簇喜相留。尊前舊侶皆黄鵠，海内通家幾白頭。近寺雲陰連古堞，隔鄰山影入高樓。丈人此地堪招隱，況復兒郎似子猷。

二月六日

二月六日雨始晴，獨立湖船傷客情。暮雲漸低天際鳥，濕月自照江頭城。青山未容猿鶴隱，丈夫豈愛東西行。片帆明日指陽羨，銅官嶺上春花明。

善權寺

行盡長松十里餘，忽聞鐘磬出僧廬。慈悲尚護前朝寺，神鬼能爲下界書。九斗臺空荒薜合，三車人遠夕陽虚。同遊誰悟空門理，爲語青山莫問予。

送顧汝脩北試

憐君屢戰薊門秋，壯氣干雲老未休。楚國竟收和氏璧，秦師今濟孟明舟。花迎去馬春烟裏，鳥唤離人古渡頭。到日而兄知問訊，爲言如昔寄滄洲。

和陸太史秋日園居二首

静掩園扉日晏然，坐看高鳥下秋烟。霜催黄葉寒猶戀，水浸青山浄可憐。懶性每辭天上詔，禪心常送佛前錢。只愁未穩山中卧，四海蒼生屢問年。

門無車轍獨悠然，着履時穿薜荔烟。雲物不知常變幻，世情忘却有憎憐。風高鴈作天邊字，雨後苔生石上錢。手把道書看不厭，冷花疎竹報殘年。

人日懷汝和顧舍人

憶昔山房池上亭，十年風雨共君聽。江湖此日當人日，杯酒何方聚德星。供奉政傳西苑饌，棲遲多負北山靈。長安歲歲多春雪，御柳窺人恐未青。

送張玄超之京

才名江左重璠璵，頭白彈冠去井廬。解擯已傳元叔賦，薦賢誰上孝儀書。堂開白玉三千秘，臺築黄金十丈餘。此去知君邁時輩，江湖衰颯獨愁予。

送陸承道之京兼簡潘仲履

風飽江帆百幅餘，送君携策上公車。三朝世禄皆君澤，二陸家風有父書。霽合燕臺官騎早，月明長樂禁鐘疎。故人潘岳方承寵，供奉相看到直廬。

芸閣校書爲顧汝脩作

五車圖史藏芸閣，四代文章自草堂。池水釀雲秋湛湛，書聲和雨夜浪浪。學傳劉向青藜在，愁見虞卿白髮長。中秘慚予窺未得，問奇聊復過長康。

陸子野同馮子喬過訪賦贈

愛爾蕭然野鶴姿，半生衰鬢已成絲。家貧欲作鹿門隱，賦就惟愁狗監知。百里春風勞命駕，一牀寒月共題詩。故人更有馮驩在，倒盡清尊醉莫辭。

兒子讀書山中承子喬過訪賦謝

掩關山下已經旬，忽枉高軒得暫親。訪舊却非題鳳客，讀書誰作護鷄人。小亭落日當杯酒，高竹踈枝掛角巾。憐爾一兒還在孺，共誇天上石麒麟。

訪徐汝寧子與不遇

予識公於京師道上，同登太白樓賦詩。後七年，公又寓書於吾郡守臧公，語薦予過當

徐穉才名冠石渠，忽逢燕地各踟躕。懷賢同酹謫仙酒，愛士還遺太守書。放棹湖山憐獨往，上堂鷄黍却成虚。孤雲落鴈低天際，相送歸人百里餘。

泊湖州懷死友唐子迪顧汝達

萬山圍處水潾潾，此日重來不問津。百里同爲離亂客，十年分作死生人。空憐泛妓湖心月，猶憶尋僧寺裹春。回首舊游俱幻跡，夜深維棹忽沾巾。

吊浦時濟

白頭飄泊只孤身，海北天南總是鄰。酒市忽驚逃醉客，泉臺偏肯着癡人。山封馬鬣雲初冷，池散鵝群墨尚新。歲歲城西寒食雨，故人停馬欲沾巾。

送姚如晦同顧五丈唐三丈入都訪顧汝由伯仲

天北黄塵高十丈，君何慷慨渡江東。到時爲有求羊在，去日先看李郭同。千里江山孤劍外，萬年宫闕五雲中。壯遊莫吊昭王墓，草没金臺駿骨空。

謝陳給事孔質祭先大夫祠

青瑣當年著直聲，偶爲遷客寄茸城。一杯絮酒酬今昔，滿紙文章見死生。感舊却同聞笛思，懷賢直繼樹松名。通家愧我猶貧賤，落日荒祠淚滿纓。

吴太守明卿入覲過吴門賦寄一首丙辰歲，遭公於濟上，時公以給事被謫

太守循良初上計，朱轓遥過闔閭城。緘書曾遣雲間使，傾蓋知憐濟上情。新政定勞天子問，舊章猶記夕郎名。即今南北多戎馬，太息彤軒見賈生。

甲子除夕

人間今夕歲云除，把酒空憐四十餘。湖海尚存三寸舌，風波惟剩百年廬。膝前有子傳緗

帙，堂上無親奉板輿。感慨不能成一醉，滿天飛雪更愁予。

過何太史香嚴精舍同董子元作

太史城南結草廬，風塵誰似早懸車。不辭故舊常開徑，悟盡玄機懶著書。烟散虚窗茶熟後，冰懸高樹雪晴餘。我來却喜携同志，一醉登臺意自舒。

贈陸生

徐太守子與寓予書曰：「陸生固恢達可笑人也，具二王詩中。知足下好奇，願得高篇如褚先生傳淳于髡諸君，令人觀覽揚意耳。」及見生，恢達一如太守言，顧予何敢當好奇人也。漫賦此以復太守，但珠玉在傍，覺我形穢耳。

陸生意氣骯裘馬，不向人間問陸沉。對客滑稽三寸舌，去家游俠一生心。養形已得仙人術，撫節驚爲□楚音。最喜長君能薦汝，却慚然諾重千金。

爲韓長吉治葬地與長吉訣時，許以已地葬之

匹馬郊行豈浪游，佳城今日爲君求。千金不把青山賣，一諾應將白骨收。草合定知無穴

兔，雲封遥見有眠牛。敢言掛劍酬知己，淚落秋江水自流。

九日集顧汝脩山樓得秋字

九日陰雲曉盡收，與君携酒一登樓。山川不改黄花節，鴻鴈偏催白髮秋。戲馬有臺空憶項，題糕無字却慚劉。尊前最喜秋娘在，醉倚朱欄去復留。

挽張都事

參軍今日竟何之，儒雅風流失所師。座散鼎彝空武庫，門無賓客憶當時。洛陽春到花仍發，華表霜寒鶴下遲。潭上草玄遺跡在，騷人來往獨興思。

孫秋官席上同馮子喬作

草堂卜築向林皐，愛客頻煩折簡招。滿壑長松青入漢，一池秋水白平橋。故人對酒半華髮，舞妓當筵豈細腰。珍重陳遵投轄意，醉邀明月坐中宵。

秋日訪董原漢留嘗蓴菜作

日晚城南訪逐臣，飄蕭華髮滿綸巾。千言未盡憂時淚，萬里猶存不死身。村郭暮秋聞落木，盤飧深夜薦香蓴。長安聞説浮雲散，定有黄麻下紫宸。

送胡明府罷官歸荆州名政，號力庵。湖廣松滋人

江南木落鴈高飛，相送先生正拂衣。濁世豈能容直節，畏途應自有危機。黄冠此日堪蕭散，青史他年定是非。歸去不妨無斗粟，九崗山下蕨猶肥。

送楊邑博洞岳擢國子博士

公車此日徵韓愈，璧水應看聚五星。馬上共誇新綬紫，座中還憶舊氈青。一時博士推重席，四海門生盡執經。自别橋門驚十載，何蕃誰復問飄零。

秋日承張熙若秦子聲趙子家喬與立高長文陳子有趙繩之張長輿醵錢召飲賦謝

芳園十月氣蕭森，最喜群賢共合簪。争道未能窺奕旨，聞歌空自憶琴心。青山入户秋烟淡，白水平橋夜雨深。試問醵錢誰主進，張家平子擅詞林。

卷之四

七言律詩

秋日懷張鳴教沈嘉則

新秋澤國鴈不至，尺書千里何茫茫。不堪戎馬暗吴越，却令朋舊成參商。空山落木雜蹤雨，虚堂小簟生微涼。相思此夜更不極，攬衣直欲登崇岡。

野泊

久客未歸仍野泊，羽書隨處斷人魂。去來似鳥巢難定，寂寞如僧髮尚存。高嶺半藏黄葉寺，孤城遥帶夕陽村。誰家長笛西風裏，吹落梅花月一痕。

與馮子喬張鳴教沈嘉則晚坐

江鄉十月浄風塵，共坐溪堂岸角巾。落葉聲中聞過鴈，斜陽影裏見行人。青山静對真堪隱，俠客相過不厭頻。愛爾忘形同意氣，不知人世白頭新。

春遊感懷二首呈子與

驅馳長陌作春遊，一醉醒來嘆白頭。四海誰分牛驥皂，五雲何處鳳凰樓。壯心不向公車待，知己還從俠客求。留得截鴻孤劍在，敢云鋒鍔是純鈎。

落日憑高起暮愁，千年名節竟誰收。山川却有滄桑變，竹帛常看姓字留。獻玉空悲和氏足，還金終取魏齊頭。緣知自昔無知己，報德應將一死酬。

棲霞寺

江圍大地成奇觀，山抱珠林絶世塵。澗插浮圖泉沸湧，臺空明月石嶙峋。六朝佳麗惟孤寺，千佛莊嚴總一身。獨有徵君遺跡在，年年停馬怨騷人。

送陸二如晦之京師

好辭鄉井謁明光，馬度青山草盡黄。范叔家貧終事主，長卿貲進亦爲郎。空山伐木無鶯侶，去路看雲有鴈行。□道先一月行。我已逢人多按劍，敢憑詞賦卜行藏。

寄義烏簿張六

天風吹木攪山堂，恩友生憎此夜長。雙鯉無書到黄浦，孤猿有淚下烏傷。俠徒郭解今誰是，主簿仇香漢最良。老母故鄉頭盡白，知君無日不迴腸。

贈許太常

五十懸車謝上卿，結廬仍向石頭城。鉛刀久擅儒林價，紙帽猶傳吏部清。白眼睨天高鳥盡，青山留客晚雲平。偶來把臂成知己，一笑踈狂愧後生。

送張生歸鄞兼懷沈嘉則

登臺一醉青山暮，目送孤帆下古鄞。兩世舊傳清白吏，五湖今見不羈人。途窮欲灑黄金淚，衮敝猶藏粉黛春。上塚正逢君到日，沈郎猶自未歸閩。

感懷

四十無聞鬢已秋，傷心不敢賦窮愁。腰無萬貫堪騎鶴，架有千編可汗牛。愛客儘餘投轄興，干人先避掃門羞。何能貧賤俱忘盡，傲世常披五月裘。

送俞子如會試

八月江潮高十尋，送君江上意何深。霜清木落千山出，雲盡天高一鳥沉。到日榜頭題淡墨，傳來帖子報泥金。曳裾銅馬知容易，潦倒慚予老舊林。

張玄超免官歸却寄

老拜功曹禄甚微，性廉常食武林薇。車無薏苡翻成謗，江有鱸魚合早歸。仲蔚階前芳草没，翟公門外故人稀。憑君詞賦凌三謝，推轂於今事已非。

畏途誰任爾踈慵，況復高才豈易容。天地由來同野馬，古今那肯好真龍。百年白髮難逃鏡，何處青山可駐筇。我亦浮沉波浪裏，避人無地着孤蹤。

顧光禄汝所將葬病不能執紼詩以哭之

結髮論交竟早摧，平生意氣各成灰。挽歌送爾青山去，號哭何人白馬來。華表霜寒孤鶴返，吴江楓落斷鴻哀。百年把臂今無日，墓石應題愧不才。

徐子與僉事與李于鱗參政同載入都舟次吴門寓書命予定交于鱗因各寄二首

先生宇宙久垂名，北斗高懸歷下城。宦績一生同傲吏，文章四海半門生。李膺肯受狂人謁，徐穉能修紹介情。千里定交緣豈薄，不知何地得班荆。

朝天北指五雲中，渺渺孤槎二妙同。白雪驚人今日見，黄金收馬舊臺空。御車尚以關河阻，奏刺先將姓字通。杵下昔年曾結客，大夫無愧古人風。右寄于鱗

孝廉久矣滯南州，調補於今復宦遊。路出閶門吴苑夕，書傳黄浦赤烏秋。長君已盡平生譽，季布終能一諾留。却恐旁人論貴賤，敢言睥睨傲王侯。

千山落木送秋容，蕭瑟長途得李邕。醉酒豈聞燕市筑，含香仍聽未央鐘。秖緣鸚鵡才先忌，却使驊騮老不逢。聖主今虚前席問，好陳時事上囊封。右寄子與

贈喬志

閭里名家衆所推，輝輝瓊樹照人姿。霸陵已作梁鴻隱，勃海能傳扁鵲醫。少喜辭章投白社，貧收彝鼎列烏皮。秋來卧病因君起，報贈慚無一劍遺。

寄吴太守明卿二首有序

太守爲邵武四年，吏理稱最，不調，且爲忌者上謗書於朝，竟改高州，聞者短氣。時客有惡予於貴顯，太守聞而白之，且□予之平生感慨内結，因寄二首。

政成閩越四年餘，忽訝流言污白璵。世上競傳司馬賦，篋中應有樂羊書。西清喜草留賢詔，南海還乘刺郡車。再守潁川循吏事，感時休憶武昌魚。

礪節儒林鬢已華，敢將名姓向人誇。青蠅忽傍吾身止，市虎還因衆口譁。讓國昔聞吴季子，憐才今見魯朱家。欲從上帝舒孤憤，一笑青天落紫霞。

寄謝茂秦

謝公門倚紫雲開，鄭女垂璫奉帚來。白髮自知能避世，紅粧何事亦憐才。千人曾出鄴陽獄，賦雪常登梁苑臺。獨行千年青史在，五侯消歇竟誰哀。

憶昔長安並馬遊，醉來曾向酒家留。風寒易水荆生劍，霜落燕山季子裘。白鴈廿年誰折簡，青山何處獨登樓。當時投贈驚人句，風雨長生匣底秋。

枕上贈馮子喬

卧病深秋夕掩扉，思君同調世應稀。古今誰鑄雙龍劍，天地惟留一布衣。醉酒寧爲豪士放，責錢猶怪昔人非。逍遥曳杖空江上，日倚崆峒看鴈飛。

上徐相公

當年名不上公車，敢以通家造直廬。□納幸分寒士座，薦揚曾遺長官書。登龍今喜無留刺，執雉何煩學掃除。俠節由來慙負德，莫言朱亥事成虚。

遲嘉則不至

臨流忽得吕虔書，報道辭家一訪予。未走越王城下馬，先傳黄歇浦中魚。遲君握手成賓戲，何處留人賦子虚。今夜秋聲到門户，聽來黄葉更踈踈。

懷子元

院静懷人動遠思，校讎君正下帷時。樹懸病葉秋當暮，樓帶高城雲去遲。世亂已無投筆興，家貧惟有賣文貲。向平心事憑誰問，牢落多應白髮知。

聞徐文長繫獄寄張嗚教①

三木加人苦不禁，囹圄天冷晝常陰。雙盲不作任君眼，一劍翻酬吴起心。世上有寃昏白日，漢家無律贖黄金。上書北闕吾曹事，友道于今爾正深。

顧尚寶露香池七夕泛舟同張玄超董子元顧汝脩作

主人投轄席頻移，放棹中流客去遲。天上牽牛歡會夜，座間司馬賦成時。蕩開碧藻秋千頃，倒浸青山月半池。十六吴姬常佐酒，却憐非是隔年期。

---

① 目録中詩題「繫獄」前有「殺妻」二字，今注出以存史事。

孫秋官池上新居成招集社中諸友得緣字

結得精廬水上懸，歌聲梵語雜高筵。紅顔豈悮浮生事，白足能空見在緣。渺渺孤雲低夕鳥，離離踈樹淡秋烟。吾曹且盡持盃興，肯以升沉一問天。

臧太守客死鄖陽詩以哭之

清節能從濁世堅，循良空説漢人賢。起家聊拜二千石，賻死曾無百萬錢。楚國哀猿應不斷，華亭吊鶴更悽然。可憐千載羊曇淚，一哭難收馬鬣前。

雩上訪王參政元美

懷刺南來向雩川，十里高傍紫宮懸。文章左氏堪奴僕，書法右軍相後先。地鎮藩侯今倚重，客歸公子舊稱賢。思君醴酒還尋醉，敢賦人間國士篇。

泊長興望徐僉事子與天目山堂呈王參政元美時僉事在楚

使君家在雩溪濱，吏隱何方寄此身。三尺能安全楚地，一船愁泊舊吴人。門扃天目無迎鶴，書發江心有去鱗。却喜鄭莊膺重鎮，定煩郊馬出城闉。

送寫經僧暘公歸焦山有序

暘公有戒行，大不數①今僧，嘗頂佛含香，寫經數年不出寺。且作字窮波磔之妙，士人閱經者，謂其得大令法。欲尋赤烏碑舊處，故同郭次甫來訪予，別去，送以詩。

久爲郭泰忘年客，因識支公入定心。不爲换鵝書貝葉，却能馴虎卧華林。袈裟動處花常雨，錫杖歸時雲正深。聞説焦君遺醉石，願眠蒼蘚一長吟。

會稽獄中訪徐文長

廿載神交意氣同，相逢有淚灑陰風。簑輿擬作五經笥，圜室今爲一畝宫。獄吏未能書牘背，俠徒那得載車中。天王何日封三府，不使沉冤射白虹。

謁范蠡祠

讓政獨專兵甲事，行成偏使敵人親。六千君子能酬主，十五名姝自保身。祠宇總非吴越

① 「數」疑當作「類」。

地，渚蘋來薦古今人。可憐三徙名成後，不見桐江一釣緡。

禹廟

崒嵂群峯並九嶷，空祠寂寂冕旒垂。萬方玉帛諸侯會，四海車書一統時。窆石秋高天共老，梅梁日暮雨來遲。懸知司馬遥探日，雙鬢逢人亦未絲。

卧龍山星宿閣下有文種大夫墓

高凌霄漢遠窺吴，與客同攀酒再沽。繞郭山容青不斷，抱城湖影白平鋪。石帆似欲隨風雨，鐵履何從問有無。最是草埋文種骨，年年花發怨啼烏。

送馮子潛遊洞庭

小馮頭白□忘貧，放浪東西任此身。赤道正看南走日，青山偏引獨遊人。毛公壇上休彈鋏，用里村中可掛巾。何事而兄常裹足，檢書惟與白魚親。君之兄子喬懶出門户，故嘲之云。

送喬比部還朝兼簡徐君羽

使君才藻並琳瑯，三十今爲比部郎。詩律獨誇曹八斗，獄詞能守漢三章。分符暫駐淮陰節，通籍仍含太極香。老我若煩徐穉問，禰衡猶是昔年狂。

除夕懷邦肅弟

何事天涯滯此身，不同今夜守庚申。一燈自對吴江雨，匹馬忘歸魏郡人。倚醉豈無歌舞地，相看誰是鶺鴒親。已知萬事明朝改，爲爾愁添白髮新。

人日和答顧汝和廷評得安字

一上層臺望眼寬，放歌聊繼草堂歡。晚陰不作新年雨，春樹還留隔歲寒。人日相逢俱故舊，鄉雲高處是長安。憐君已共青山隱，肯向人彈老去冠。

病足

病足經時卧草廬，門扃常斷故交書。聽來楊柳夜將半，落盡桃花春尚餘。鳩影向人行有杖，馬蹄何處出無車。已甘寂寞同三刖，敢問侯門學曳裾。

少説還家却寄一首 時予病足，未能過訪

五十懸車鬢已絲，草堂開處白駒馳。雨分紅藥花神王，雲過青山石影移。塞馬昔曾論得失，海鷗今已不驚疑。當年躄者來何暮，豈忘平原愛客時。

寄答光州博士歐楨伯

才名未許建安誇，廿載神交鬢各華。魚腹已曾傳我札，龍門憐未御君車。數行槐樹官中市，萬里羊城夢裏家。試薦劉伶墳下藻，酒星猶自帶殘霞。

送潘伯明守黄州

朱幡五馬去翩翩，楚樹吴雲一望連。留犢定教山下牧，饋魚知向壁間懸。郲城舊説諸侯貴，黄國今看太守賢。我已白頭衰尚敝，同遊空自憶當年。

送嘉則入楚

老應徵書莫憚勞，賢王醴酒似葡萄。三湘明月猿聲遠，七澤晴雲鴈影高。楚國山川留太史，漢家詞賦重枚臯。却看筆法嚴檮杌，暇日猶堪作廣騷。

與袁九齡齋中夜坐有感分得桃字

清夜相逢感二毛，驅馳空惜此身勞。避人未得如干木，交友誰能似伯桃。衣敝欲裁青薜荔，酒香能釀緑葡萄。與君把臂休論醉，雨過青天月正高。

怡老園和沈嘉則

郊居誰得事幽棲，六逸今看共此溪。人過小橋青嶂合，酒臨高閣絳河低。琵琶聲落千林月，菡萏香迴十里隄。獨有四明狂客醉，峯頭先掃白雲題。

十四日再同沈嘉則袁九齡作

爲園一畝吴淞上，高竹藏雲十萬層。曲徑路窮還更折，斷崖疑墮却堪憑。敢言兄弟同諸謝，獨喜交游盡五陵。我已白頭甘寂寞，莫教租吏扣門徵。

訪顧博士道行

顧況才名擬建安，賦成青歲即彈冠。杏花酒向燕山醉，苜蓿盤從越地看。命駕敢辭千里遠，通家真見百年歡。憑君試問蘭亭跡，一弔群賢酹激湍。

送侯進士欽之還朝

天上金閨籍晚通，使歸仍侍建章宫。慈親好就崔邠養，少主偏思汲黯忠。豈訝長秋騰百口，却看天柱佐重瞳。行行莫問山中事，賦得新詩送五窮。

五言排律

彭城道中得頭字

客路春來暮，斜陽雨正收。異鄉遊子淚，故國倚門愁。白鳥窺帆影，青山立爲頭。高城雲補堞，古驛樹藏樓。軍壘四郊没，人烟萬井稠。江河争楚漢，此日爲誰流。

九月十日顧汝中有竹居夜酌分得今字

到處宜行樂，休論昨與今。黄花難久待，白日易西沉。尊滿賢人酒，堂開君子林。脱巾狂轉劇，投轄意何深。燈火淡微月，歌鐘雜暮砧。歸來餘興在，投筆寄長吟。

七言排律

顧廷尉携酒過舍同沈嘉則諸君作分得虚字

公子聯鑣過草廬，共推廷尉足芳譽。好賢能結王生韈，未老將懸廣德車。却喜更深尊酒共，敢言多病故人踈。杯傳西域雙鸚鵡，饌入吴江一鯉魚。樹葉從風緣地走，拆聲和雨到窗虚。秦姬美擅南威色，越客才高北斗墟。曲可啼猿雙淚下，詩能倚馬萬言餘。酣歌不費騷壇事，河朔州閭恐不如。

五言絶句

龍湫

湫半石下垂，去水不滿尺。忽然春水高，仙舟不湛出。

和張長輿西園雜詠

清修館

深林敞孤館，修竹當門立。倐然謝緇塵，相看亦相得。

白雲塢

讀書深塢中，飢渴無所茹。松火吹欲紅，時將白雲煮。

春草池

風雨時離離，池上春草細。秀句落人間，謝家好兄弟。

桃花巷

長巷桃花繁，風來下紅雨。不是武陵中，隔溪人亦語。

贈虚上人分得白字

杖錫西方來，趺坐祇園石。口吐清淨言，龍起鉢雲白。

席上再送沈嘉則分得際字

芳樹帶春江，歸帆落天際。一望愁無涯，人間幾兄弟。

夜

高城下丹楓，秋砧夜不歇。一片故鄉心，坐落閶門月。

七言絶句

俠者

平生曾作五陵游，亡命東吴學報仇。昨日殺人闤闠裏，大刀環上掛人頭。

哭亡妻

春夢沉沉去不歸，傷心往事已成非。最憐堂上雙棲燕，日日將雛上下飛。

同黎惟敬徐子與比部吴明卿給事登太白樓分得頭字暉字時給事被謫

高樓百尺俯江流，杯酒難消萬古愁。狂客不來仙客死，空留明月照城頭。
望窮碧落空帆影，酒盡青山見夕暉。忽憶夜郎詩句好，浩歌相送遂臣歸。

送馮子喬遊洞庭

離離春雨曉來多，湖水新添十丈波。釣得白魚甚入饌，不須彈鋏向人歌。

顧汝修宅賞海棠

東風亂攪海棠絲，花底傳觴怪酒遲。醉倒月中呼不起，不知身在亂離時。

逢李筠

與君重會若耶溪，夏木千章鳥亂啼。試問舊時歌舞在，山公猶得醉如泥。

過墻梅花爲張長輿作

高梅垂雪過東墻，一樹踈花兩院香。寄語鄰家共憐惜，莫吹長笛向斜陽。

和莫雲卿

秦淮江水碧沙頭，曼女愁生兩黛秋。今夜寒潮應是妾，不能從北又東流。

吊故娼張麗人秋雲 娼有肺腑人，竟不得嫁而死

人傳白骨已歸泉，渺渺孤魂最可憐。風裏落花終委地，憐君不死十年前。

和長輿煮茶

掃葉林間帶露燒，一鐺寒水瀉秋濤。與君醒盡西窗酒，花影半牀山月高。

喜張鳴教持高蘇州書見訪

書劍翩翩江上來，孤城風雨正相催。由來白璧人争識，刺史封題不用裁。

禽言

脱布褲

脱布褲，脱不得，東家女兒織未成。日日機中向天泣，織成阿爹輸官租。空費朝朝暮暮力，脱布褲，脱不得。

卷之五

序

韓元良遷斜橋叙

韓子□□少業舉子業，數試有司，皆爲擯斥，又不得推擢爲時用，遂棄而工詩。詩多沉着典雅，然不苟作，亦不輕示人，故人不知也。少與伯兄同居，常從兄嫂寄食飲，時厥考竹溪君無恙，元良實安之。壬寅歲，竹溪君下世，遂各立門户，乃卜居於顧氏里。余與元良厚善，相從無間，宿遷之日，往效奔走，命童子執負擔之役，而余實司其出入。元良携入顧氏里者，有書篋三、衣笥二、劍一、甑一、硯與書篋等。余遷畢登堂，殊有愴思，而元良則怡如也。居甫閲歲，外侮沓至，有司以重役臨之，而身受榜責，復卜居於黄龍浦之南。遷之日，余復往從事，所存者書篋如故，甑一、硯二，而衣與劍則蕭然矣。叩之，曰：「衣以易田，劍以買牛，甑爲悍吏所破，而硯則輸于官矣。」元良耕之三年，歲皆不登，諸故人過存，尚能給人馬酒食。但性以任俠自喜，雅無心計，苦爲太猾所侵，遂使敝廬薄田屬於鄰氏。元良恐爲市井所羞，謀族人之疏屬窶者，復遷於斜橋之故址焉。遷之日，星霧昏黑，道少人，而諸故人未之知也。余急走視之，見老牸繫於桑，破甑懸於屋，硯有凝塵，卷書零落，不減長卿之歸成都也。嗟乎，牛雖存，無田可耕；甑未盡，破無粟可炊。尚能獵經史，工點畫哉。

夫士君子之生於斯世，能以章句取科第，紆朱紫，綰銀黄，不與流輩爲伍，雖無夷齊之行，終不爲首陽之鬼。不幸而爲農夫，則精勤耒耜，黽勉刈穫，時至而畢公家之徵，退而擊缶嘻嘻，以餘粟卒其歲，所謂甘心田畝，不知有人間榮辱，雖無顯烈聲稱於世，亦能以力自養也。若進不能取，退不能耕，勞逸形其身，寒燠嬰其念，不爲農夫所羞乎？元良再遷而家不饒，三遷而遂貧，居處甚困，幾於不振，是不幸而不爲農夫故也。詩雖工，亦奚益哉？余甚悲之，書之以遺同志。

用拙集序

沈嘉則走閩中，赴汪開府、吴邵武及戚將軍期，去來道里，著蒯緱、丁艾二集。還家，築蒼蒼閣，閉户下楗者數月，著詩若干首，以「用拙」名之。知余被病甚牢，輕千里來勞苦，已而出示余，且命予序。

余善嘉則二十年餘矣，嘉則才甚超異，絶似子長、太白，立就不屬草，又類子建。余友陸君思豫，亦奇士，昔嘗醉嘉則酒，卧之氍毹上。卒授簡，苦之，嘉則起即捉筆萬言，二童子磨墨沈，不能給。言且偉麗，不以捷故滓窳。思豫跽而再進嘉則酒，大聲曰：「楫願爲沈明臣榜進士。」座多賢豪，客皆舉酒賀。今嘉則竟爲山人，學益通博，造詣益深遠。所著詩，氣格雄厚，辭情繪縟，非大曆以前語不染紙，世稱作者，多不當嘉則意。太倉王青州，卑視藝壇諸人，評嘉則爲布衣之傑，云：「予嘗見世人所操非獨技，必欲取制科以致通顯，迺嘉則上書謝諸生，願爲布衣，拙矣。」然與巧嗜艾綬，提空名而揖讓於王公大人前者，孰與？古今人皆重金錢，饒厚家尤纖嗇筋力，嘉則故貧，不善治生産，又不肯伊優干人，菽茹常不贍，益拙矣。然與殫力積著、囊櫝刀泉、不慕仁義者，又孰與？世必有能辨之者。若嘉則出曾子澄之獄，訟徐文長之冤，收盧潤之之遺，暱嫌傲弟，曲全人倫，率皆任難爲苦，掩哲就騃，用拙亦至矣。嘉則與從子箕仲、肩吾居家，自相師友，今肩吾已成進士，亦不病拙，且知余，必曰：「叔父名集意，非朱生烏能知哉？」

勾章聯句序

嘉靖癸丑冬，沈子嘉則自鄞來，訪予山中，解其裝，出示勾章聯句詩一卷，故與慈之方國華、一如上人作也。與予讀竟，乃命予叙。時山陰張鳴教與予俱，鳴教曰：「子之慈不下百里，故人過從，見必接杯酒、通慇懃、問別來事且不暇，奚及於詩？況當風塵澒洞，戎馬紛拏，子見故人，不無流離之感，又奚及於詩？」予曰：「夫人好生於情，情有所鍾，或不出環堵，卧起食飲，必宜其情乃已；或浮游寰宇，神會目接，亦必宜其情乃已。故同情則趣，異情則違，古今人士然也。嘉則與故人遇，遇未移時而聯句者，聯其情也。子獨不知夫世之同情者乎？賈人之相遇，則曰珠璣瑇瑁、果布魚鹽，若何法而乾没也；俠徒之相遇，則曰博戲馳逐、鬬鷄走狗，若何技而争長也；縉紳先生之相遇，則曰若何術而得大吏，非案牘簿書、銀黄朱紫事不相語也。使賈人、俠徒與縉紳先生遇於一堂，則賈人與賈人向，俠徒與俠徒向，況縉紳先生乎？嘉則才情超邁，下筆立可萬言，伯仲太白而奴僕李賀；國華先生少負才名，賦宗賈、董；上人詩多沉着，語欲窺支遁堂廡。三人者，生異鄉縣而其情一也。故雅游相翼，互爲引重，遇則搦管操觚，務奇鬬健，即事事於藝壇矣，舍此非其好也，又何暇接杯酒、念風塵耶？昔唐進士劉師服、校書郎侯喜與道士彌明坐屈劉、侯，劉、侯樂爲屈，其情亦與沈、方、上人等也。勾章聯句何減於石鼎之勝耶？」嗚教曰：「然。」復謂予曰：「使今之詩人，與賈人、俠徒、縉紳先生遇，其情有大不類者，將亦視爲非類而不相向耶？」予亦曰：「然。」

送俞夫子貢入京師序

嘉靖庚申三月，俞竹癯夫子以歲貢持牒上京師，携嘗所讀書數卷、糗一橐、童僕二人，不別有司，肅駕就道。夫子之所善故人與諸門生送之江上，唐丈人世具語察卿曰：「若夫子可游京師乎？」察卿曰：「吾夫子，天性踔絶，讀書未嘗再過，經史而下，稗官小説，無不博究。下筆鑄辭，立就千言，辭且雄偉，雖爲時義，亦務去陳言，如彫章縟采，奪人眸目，宜矯翼人群久矣。顧顛毛種種，始以貢上禮部，實不足以償夫子也。今行矣，丈人何疑於夫子？」丈人曰：「子未知若夫子之深也。今京師以脂韋爲恭謹，以陰重爲藴籍，風日下矣。若夫子砥節厲行，不好爲委瑣之狀。少爲諸生，貧，日不能具脱粟，不向人言有無。與人論古今是非，棘棘不阿，揚眉吐氣，一座盡傾。人或好尚齗齗，必立折之，使人若不能自容，而夫子意豁如也。嘗與諸生入謁大吏，議禮當再拜，邑博弗許，若夫子執禮如初，笏立磬折。於諸生中，不共起伏，不私謁有司，聞人有言政令不便者，即大庭揚言之，有司或來就問，亦不接納。以若夫子之節概，使早取一第而試吏於朝，觸目激衷，章且數數上矣。今雖以貢遊京師，其所負畜者在也，其能脂韋陰重以合時好乎？行將以直言聞貴人矣。」察卿曰：「鄙人事吾夫子久，其行誠如丈人言。然夫子嘗語門人曰：『庖人雖不治庖，尸祝不越樽俎而代之。』夫子固通儒也。今以書生入京師，見求謁貴人者，摩肩疊跡，奏剌不得通，夫子必爲耻之。將持牒畢試事，裹足廛邸，必不向人論可否。明年，登名薦書。又明年，舉進士。乃身任廟堂之憂，論庶政、糾官邪，不默然垂紳已也。當是時，一言足以匡濟時艱，鋤削荒纇，雖爲人所不容，旋遭廢黜，於夫子何損焉？況今相公折節下士，懷吐握之勤，天下之賢者莫不願見相公。夫子，相公故人也，今來京師，不爲相公揖客耶？夫子雖不合時好，庸何病？」夫子聞而笑曰：「丈人之言，愛人；門人之言，知人。相公果賢，吾豈敢故避之哉？」遂執轡登車，舉手而別。

江皋集序

馮子喬與予校刻其父雪竹先生江皋集成，尚書南坦劉公、翰林衡山文公、奉化令長谷徐公以先生巖穴之節、儒林之藝可重見，皆曰：「吾願序之。」未幾，劉、文後先死，屬草殆半輒廢，今不得與徐序並傳。予遊于先生父子間甚善，乃因子喬之請而序之，曰：

世之擅詩名而雄視海内者何限？然聞其平日自期之言，或云作詩當法漢魏，或云務爲大曆以前語，每見先輩名家言，不排其格弱，即詆其詞媚，往往嚄唶其口，以肆譏評。及讀其所撰造，大非其所自期，蓋欲短人以長己，沽譽釣聲，以欺世之不知者。且無論其藝，即其心已不長者矣。先生少好學，多所闞覽，長而肆志吟咏，嘗貧不具脱粟，亦坐一室晏如，業不稍輟。以故鑄辭益工，無不雋永宏麗，橫騖於大曆間諸人。乃先生名益著，行益脩飭，與王公貴人之賢者游，未嘗言己貧賤，惟恐以貧賤累人。日與綴文之士上下古今，未嘗雌黄古今人一語。雖與學步後生言，不欲以所長先之。或以詩就正，先生刊定而歸之，不以其所未合作者聞於人人。嗟乎，作詩者皆先生若也，予何害其譏評。惟先生立言如是，而自視類無能人，顧非長者哉？

子喬名遷，學益通博，摇筆輒逼古人文。翰林稱其詩多可傳，先生子之不徒王逸之有延壽，宋令文之有之問矣。

山中葬母詩序

昔王戎、和嶠俱遭大喪，戎以鷄骨支床，和哭泣備禮，世並以孝稱，予獨未然之。人子枕苫寢塊，三年不見齒，始不違子職。戎乃飲酒食肉，弈棋不拘，禮制去聖人之道遠矣。晋人以風流放誕相高尚，如戎之容貌毁悴，杖而後起者，亦鮮匹，故不以戎爲廢禮也。

予家先世不甚顯，五世祖楚才公以孝道士稱，名在聘檄，世承祖德，不踰禮制。先福州公持喪尤謹，多過人行。予不能無晋人習，然于兄弟間相誡，欲期無愧先人之傳。而從弟宸卿，性尤醇飭，不類予，執嫡母喪，秉禮盡哀，一切絲竹沉湎之宴亦不與，或紿之至，至即奔走。家故不饒，貸息錢以厚葬具。晝夜徒跣立雨中，親視負土，累月不歸，土已燥，猶宿墓下，亦吾氏良子弟也。諸賢者重其行而且哀之，各賦詩投贈，予亦賦二十字以勞其苦。迨自墓歸，淚猶在睫，請予曰：「願兄序諸賢授詩意，以志不忘。」予曰：「汝良矣。願吾子孫學嶠也，毋學戎也。」

叔父子明先生蘆江稿序

朱氏遠祖莫可考，自元詩人仲雲公至吾父福州公，凡七世，以詩文名者六世。吴門翰林文公叙壽梅集，比盛於王筠家，云叔父子明先生，福州公同産弟也，少承門風，游心竹素，大父提舉公期繼吾父起，竟終儒生，且客死。天於叔父厄矣。察卿走京師，占護喪還，以故蘆江稿僅存，從弟宸卿亦喜學詩，請校讐於宿學馮君子喬、沈君嘉則，丐序於吾郡祭酒林公而刻之。昔人言三都賦成，得皇甫士安①序而後重，要知古今綴文之士言未易傳也。林公道大德尊，位高業峻，非徒秉儒林軸者，迺爲叔父鑄偉詞於端，即叔父言未盡合作，世以林公故重矣。然叔父不能飭行脩名，即言皆合作，能使林公操觚哉？嗟乎，人不死於死，死於無聞，叔父藉林公而傳，天於叔父未盡厄也。

① 皇甫士安，原本作「王甫士安」，據晋書卷九十二左思傳改。

送塾師沈子真序

子真館予家九年，戊午冬，將别去。予與兒子皆不忍别，乃脩具引酒，餞之以文，曰：

學之道，嚴師爲難，師嚴然後道尊，道尊然後民知敬學。是義也，固通之古今矣。今以舉子業師人者，其任豈易勝哉？當世無所容，惟射策甲科爲最，故教子弟集章句以求進取者，不限貴賤，連落比宇。然子弟成否，自祝髮以至束髮，僅十年耳，師能嚴加督率，不使逋蕩，凡舉子所有事者，務俾精誦熟讀，漁獵博綜，然後課以文字，雖中才子弟或能以勤底成。過此，則情逸心放，不喜檢束，間或才質清敏，能撰造文詞，不過影竊耳剽，曾無唇腐齒落，積累記問之功，故出試有司，遂蹶。父兄稍加姑息，便馳情六博、狗馬、聲樂、婦女矣。雖世以儒業起家者，至是鮮不隤其家聲，安望其進取哉？故庸醫誤投藥石，殺止一人，若得倉、扁，復可起也；教子弟而非其人，因循猶豫，以至不可救藥，是舉宗之祚斬矣，其禍豈止庸醫哉。予見今之師人者，未就講席時，靡曼冠裳，日遊市中，以求論薦。及子弟北面受業，或驕揚自高，或倚席不講，使子弟業荒於嬉，而忍累所舉者多矣。若子真豈若是乎？子真少明春秋，讀書窮日夜之力，故六經諸史無不淹貫，然以文求合有司，□不可得。予爲童子時，見子真與叔父竹溪先生通，及長，與定交，而師名益振矣。庚戌歲，來就予館，至日，與生徒約課業，能滿程限，談笑如平生歡；不如約者，箠楚不貸。生徒無不股栗。自旦至暮，生徒誦讀不休，子真亦誦讀不休，帳下不聞閑語，亦莫敢窺足門外者。或客至少間，必焚膏繼晷以竟其功，漏下五鼓，即起蒼頭叩寢户矣。予好晏客，子真時出雜坐，一坐必數起以省勤惰。客有嘲之者，笑曰：「非故避席，職當爾也。」故生徒視虚位若在。予苦子真過嚴，携枰請與弈，目常四顧，口亦咿吾，雖落子争道，每敗北而罷。故四子鱗次受業甫十歲，所治經皆記誦若流。若子真者，豈易得哉！

予曾大父南昌公至、先福州皆開門受徒，而大父御史公師道更嚴，名在海内，豈先世未嘗負人，故予子弟得師如子真耶？子真曰：「予不賊若子，若亦知予，足以全交矣。予行矣，舉秦君以代，願秦君以予交若者交若，願君以知予者知秦君。」

送顧舍人還朝序

昔江淹云：「春草碧色，春水緑波。送君南浦，傷如之何。」古人狀離别之情盡矣。若予與舍人顧君汝和别，殆非古人所能狀也。

汝和爲予妹壻，長予一年，總角時即以弟畜予，各進欵誠、布心腹，里閈之士視予二人爲石交。家大人早背，門户衰折，汝和時亦未仕，矢心救視，以父兄之力振予，不使曠墜先緒。予嘗病瘧甚憊，汝和踰月經時，舍予病所，游處慰藉，親事湯熨。汝和性沉默藴藉，而病予嚄唶，勵言規戒，惟恐人過予。汝和好爲古辭章而厭苦章句，與予性大合，每有撰造，互爲譏評，不徒自相許可。故出相挂轊，居多交衽，信次不見，真若飢渴。丁未幾，汝和携吾妹入京師，予送至吴門，執手牽衣，欲言輒廢，離别可憐之情，已非昔人所能狀矣。況予今日别汝和，又豈昔年别汝和時耶？予母蔡孺人年未四十而寡，予方九歲，妹近七齡，孺人以妹更幼，愛與予等。及歸汝和，以汝和才且賢，愛亦不在予下。憶汝和初入京師時，與妹同拜孺人於堂下，孺人叮嚀，剌剌不休，淚簌簌數行下，侍者老幼皆感泣。及聞汝和拜官中書，通籍禁省，孺人旦夕甚懽。乙卯歲，汝和奉使過家，妹亦歸省孺人，懽益甚，惟恐汝和復駕還朝之轅也。今汝和與妹復行矣，孺人先已違背，昔日孺人所坐堂上與所侍老幼者故在，汝和與妹拜亦如故，安得剌剌聞孺人言，簌簌見孺人淚耶？嗚呼，幽明遼絶，母子異途，南北修阻，弟兄殊轍，情以事生，淚因悲下，豈尋常離别者可擬耶？使江淹而見予别也，當不能摇筆鑄辭矣。

故予論次憂戚之情，以備行李之末。若汝和妙譽張於儒林，賢聲重於朝宁，馮子喬諸君聲於詩歌矣，予苦塊中人也，何敢言？

燕市集序

燕市，黄沙摶人面，厲風剸骨，青蠅矢日可積十石，市中揖讓之夫，率緣寒燠而高卑，大苦人。好游者何取於燕市？以士抱異才者無所售，必欲於燕市市耳。

王先生腹不便而儲徙古今事甚富，出爲文章，若鎔首山、若耶之金而鑄大鼎、爵尊、陽劍，獨得其黄冶鑪錘變化之秘，流彩發艷，耀宗廟而照區宇，盲者皆知爲至寶。一時海内綴文之士，輩爲成都相如，而許其節概過之，其才當售，故燕市有王先生跡也。當是時，諸相君與列侯，家競辟天下士爲記室，而雕蟲、斥鷃，群然奔輳矣。王先生才固異，氣藐大人，僅見知於汝南袁公，袁公亦不能爲王先生輕重。及再遊燕市，而求似袁公者，亦無矣。予常怪漢景武間，周亞夫、衛綰、竇嬰諸人爲相，頗立名稱，不能薦一相如，要知其所推轂者，必附己士耳。今王先生走燕市，無所遇，而遇者皆非王先生才，又何怪相如之久困成都也？嗟乎，袁公死矣，王先生又未嘗因袁公貴，乃今數數稱袁公門人。彼群然奔輳而被引重者，不敢自名某氏客，昔何取於客哉？

朱在明能詩而好爲奇節，故名其集而刻之，感王先生之無所遭也。予多在明感，因屬序而論次如是。惜予倦遊，不能從燕市尋酒人故地，變聲歌王先生詩，發其慷慨不平氣於千載下也。

題橋集序

王屋山人賦得司馬相如一卷，已自爲序，復命予序之，豈以予亦慕相如而知山人哉？皇甫士安云：「賢人失志，詞賦作焉。」使山人早能遠引高翔，致身通顯，或無感於相如；使山人能薄少文，材朽行穢，雖不能□□□塗，亦無感於相如。

山人結髮好讀書，獵漁墳記，收捃衆家，體不勝衣而口所誦憶者，車不能勝。詩歌麗則，種種合作，文章雋永爾雅，可以横鶩西京。故海内綴文之士，倚以揚聲，願望履幕。嘗挾策干有司，屢見擯斥，歲己酉，復修故業，與都下士決命争首，自謂莫能當矣。數奇復不偶，遂以章句禪諸子，益肆力藝林，覃思著述。註桓氏鹽鐵論，纂緝司馬書法以見志。余又嘗見山人不治生産，日手一編，客至僅一徹，去即如故。倭夷來寇，萬艘羅落，攻圍甚困，山人足不乘城，閉廬精誦，若無所聞。

嗚呼，博雅如山人，曾不得遘時一奮，以見平生，而曹耦最下，或最興發，大滿其志。意騏驥伏櫪，不異駑駘；鸞鳳鎩羽，下同鷄鶩。此理將安解乎？要之山人文學與相如類，而貲進復類之，獨題橋事，遇不遇有大不類者，詩故所由作也。使相如後山人而生，則茂陵遺稿當有爲山人而賦者矣。噫，世之王公大人以鴻生碩儒爲非故等夷舊矣，雖相如事具載史籍，尚不知其爲何如人，烏能知山人哉？

送韓元和赴塾序

嘉靖壬子三月三十日，董子子元、韓子元和、顧子汝修與山人馮子子喬，集於唐子世具聽雨樓，促膝相向，舉杯交錯，各有篇詠，以紀春暮。予與諸君善，亦與焉。諸君酒半，欲起舞，客有抵元和書曰：「予家塾師久虛，敬煩足下，敢具幣以告。」元和讀之，唯唯，期以詰朝就道，諸君遂罷舞，各賦詩送之。子喬得句最先，引酒朗歌曰：「鄉里競傳新正字，橋門仍復舊諸生。」爲元和國子生故也。予聞之戚然，曰：

「非子喬能爲是言乎？古稱師□最難，非懿德茂行，爲世所推者，不可師；非博極墳史，叩若洪鐘者，不可師。師固不易易也。況當世人士，虛名相高尚，而書人出處，故以射策甲科爲右上，而以國子爲椎少文者之淵藪。間有通人巨儒，與夫俶儻瑰瑋之士，失足於此者，罔或重之。元和少爲博士弟子員，尋以輸粟出庠校，不能以功名命世，故上而有司，下而閭閈，內而妻孥、僮僕，莫不曰：『某國子生也。』使元和自謂，亦曰：『某國子生也。』雖文行之卓異曹耦，求其知者，鮮矣。客以師席屬之，何念之深耶？豈異於當世人士耶？」

予言未竟，世具獵纓改容，曰：「子何言之陋耶？昔張季事漢文，以貲爲騎郎，十歲不得調；司馬長卿仕漢景，以貲爲郎，而宦游不遂。二君之出何困也。未幾，從行虎圈，不拜嗇夫，劾梁王不敬，天子謝過。遊獵之賦成，筆札且給於尚書，而邛、筰、冉、駹之節建，郊迎先驅者比比，當時人士，其能以貲短之耶？元和博雅好文，以數奇不售，欲自附季與長卿者也，客以師席屬之，何足多耶？況今之爲人師者，其果爲世所推者耶？其果叩若洪鐘者耶？子又何戚焉？」

予愧起避席，諸君以大觴觴予，遂書以授元和。

長鋏齋稿序

馮先生子喬所著詩賦文章，凡若干首，其門人汪生某先請刻其詩，尚書潘公爲序偉辭于其上，稱一代名言，無庸後進生贅説囈語矣。乃汪生復役，予無以謝生意，序曰：

唐以詩賦立功名，故綰艾綬而拖朱紫者，言多合作。其巖穴之士，若王宏、張潮、朱放、方干諸君子，摛藻益奇，不遽出顯者，下遇不遇使然也。雲間故多詞人，而巖穴之士，若儲泳、凌嵒、陶宗儀、錢全衮、焦伯城數曹，才情不乏，名字俱著，竟未能方駕前賢，故求合作者於韋布士，尤未易也。乃今人以山人自命者，耳剽目竊，餖飣其舊常語，日懷刺東西行，鉤名貴人之門，求賞於作者之側，壞隱道甚矣。馮先生故承其父會東丈人學，然與陸文裕公、歸熙甫先生善，少即如其指，大肆力於藝林，攟摭諸史百家言，手寫唐大家詩，日向白間諷詠，尋繹古人旨意，以故摇筆搆思，即得要領，緣情定體，因體鑄辭，而雄麗、沈着、雅淡之言皆備。七言律詩，尤稱藴藉過庸，可謂窺足前賢之室，無愧於巖穴者矣。先生于思大喙，能爲仰天索纓大笑，而不能爲蹙口聲，平生不善爲容，禮近踈簡，然性剛毅廉直，絶去脂韋，一時所持是而人或觸之，雖貴顯必呵厲聲若赴敵，即素所私昵，終不以故屈其所持。善處貧，不妄取人一赫蹏，友生間有所饋，不却，數數饋，即却。人亦不敢數數溷先生。耿御史督學江南，檄上海令造先生廬，奉羊酒，表著其行，曰「逸民」，先生竟不造令所一謝。先生其殆黄生、梁伯鸞之儔，自重窮閻，而與今之山人異者，豈止筆硯事哉。

先生少以弟畜予，予嘗爲先生父刻其詩，人無足怪。汪生，新安人也，年且少，不愛刀泉，而師馮先生爲詩，又爲刻其集以傳，志足嘉尚，且足愧世之不禮巖穴士者，故并著之。

黄母序

嘗閲漢史，見鮑永少有志操，事母以孝稱，爵關内侯，有君子之概，予嘗慕之。子昱有父風，爲太尉，多所匡輔光武，稱爲忠臣子，予益慕之。及竟史，至列女傳，乃知永爲桓少君産，永與昱之賢，實由少君成之也。今里中黄母之賢，不大類少君哉？

母爲黄静庵先生配。先生，故儒者，褁足讀書，不治生産，脱粟不給，不問。母勤事織紝，旦暮與家人雜作，以供先生饘粥，相先生，教其子中山君，厚事師傅，簪珥盡脱。先生物故，母不以春秋高爲解，治織紝事與督教其子如先生在，復以教其子者教其孫體仁。今中山君醇謹有道，事親以孝聞，食廪横舍，抱公孫弘射策之志不衰。體仁學茂才雋，捉筆輒辟易曹耦，咸推先登，且世其父醇謹之德，異日業當爲里中人生色也。故知非桓少君，何以有永、昱之賢子若孫？黄母非今日之桓少君哉？

母今年春秋八十，登堂爲壽者，皆體仁共鉛槧友生也。遊辟雍上禮部者弗與，往役逢變者弗與。高子長文、朱子叔郊、陳子子有、趙子繩之、潘子允翰，捧觴先進曰：「不佞輩父母無恙，已向天加額矣。」乃黄子隨其尊人拜大母於堂下，樂加不佞輩也。爲黄子進母一觴。」秦子子聲、劉子叔球，捧觴再進曰：「長文輩父母無恙，已不得言重慶，予二人僅有老母在，黄子視予二人，樂益加矣。爲黄子進母三觴。」予兒子家學、家賓、家教、家法，奉匜洗觴，手筆札，跽而言曰：「家大人九歲而孤，踰三十而大母蔡孺人背棄，日夕戚戚，心已不能望先觴、再觴諸君，視黄子則霄壤矣。學等以家大人故，知黄子樂甚矣。進母觴無算也。」觴畢，遂令兒子書黄母之賢可比少君數，以備史氏之繼范宣城者。

刻滄海遺珠賦序

昔王奉珪之賦明珠，張隨之賦驪珠，楊濤之賦蟻穿九曲珠，雖鑄辭不類，然皆宣寄志意於筆端，以舒其壹鬱，能令異代翰墨之徒，讀之换色興嗟，而士之終身擯斥者，尤加扼腕，是亦人情使然也。

鄞李先生，所著滄海遺珠賦，綺靡詳贍，誠如張君長輿言，乃長輿注而刻之，豈獨賞其詞之偉麗哉？長輿少有異質，稍長，即畋獵于書林，肆志博洽，與吾黨張玄超、董子元、馮子喬、沈嘉則、顧汝和、莫雲卿、俞子如遊，相期撰造，不作兩京、大曆以下語，而所著經生言，尤稱入彀中的，與雲卿、子如争雄長，自謂提筆入貢士籍，人當辟易矣。今子如先登，而長輿尚淹鉛槧，悲清盧之就盲，傷夜光之按劍，故有取於兹賦也。若病其以文自媒，而違待價之旨，則曼倩之牘，不上於公車；元輿之書，詎陳於闕下哉。嗟乎，國朝以制科爲重，得之者爲不遺。余非珠，故當遺長輿與莫、俞二君，終當似李先生不遺。惜乎，諸君之被遺也。因長輿之請，而論次如此。

思椿録序

姑蔑余君東溪，少爲博士弟子員，有聲儒林。已而棄去，學長桑君、秦越人之術，又有聲於吴越間。嘉靖壬寅歲，予識君於本師俞竹癯先生所，去今二十四年矣。今年復遊海上，一日忽臨況余門，未及揖，而笑曰：「予即竹癯先生坐上客也。」余迎君坐上，坐談余爲童子事久之，君出思椿録示余，曰：「知子能文章矣，以竹癯故，爲我序之。」余故不敢不諾。曾子曰：「往而不可返者，親也。」故人無有弗思其親者。昔臯魚以風木之悲，被褐擁劍，立哭而死。孔子之門人，聞而歸養者十三人。予嘗謂臯魚孝矣，而死則過也。夫身爲父母遺體，身存則親存，以親故而滅性伐生，豈親之泉下意哉。君自尊人物故，在苫塊間，不踰禮。迄今卧起食飲必思，出遊江湖走川谷必思，乃至爲騷人墨客言以寄其思。而年又望八，步不假杖，隱然有啖桃食丹之容，可謂思其親而存其親於世者矣。君之孝豈眇小哉。予生九歲而先大夫背棄，先孺人近亦繼没，既無鷄豚之供，又乏椎牛之葬，因君執筆，淚不覺淫淫下。

趙子實作炊詩序

金陵趙子實，性夷曠而果直，厭世浮沉齷齪，隱於燈，藝絶丁謖，諸王公大人、儒林賢豪皆禮之，亦古之好鍛者儔。嘗出遊諸名山，命童子携爐一、釜一、甑一、秋菊英一瓶自隨，對客輒自炊，手勺藥以供爐，去薪用炭，炭僅二斤許，可給主賓一日，聞者皆高其雅而許其儉，子實亦不以儉謝。今子實老矣，來海上尋赤烏碑舊跡，僑於陳羽士所。昨過予，緩頰談事，予走蒼頭舁其爐來，置之舊雨軒北，并召諸所善客，坐子實於上。與家弟邦肅裸而殺鷄，擊鮮割肉，簸脱粟，汲水佐之，煉火吹烟，一如子實指。未幾，諸物卒辦，不藉紫蘭丹椒而香滿籩豆矣。沈嘉則、馮子喬、顧汝修、汝中，環侍大笑，即席地舉匕而盡。復開一甕米汁，勞子實苦，各賦詩紀之，命予爲序。余不文，僅可監厨，以資人捧腹，烏能冠諸君膏腴之辭，以重子實哉！

送彭美人嫁人序

彭美人名翠，淮陰人，潘寅叔所善姬也。寅叔走京師，姬請從，不可，把臂語姬曰：「似潘郎者，慎勿與游，盍擇對事之，吾贈汝金錯刀以自斷也。」寅叔行，姬媪多楊生金，竟許楊生。姬召所善客數曹，持酒別朱生。吴門錢叔寶、王百穀、黄清甫，亦來問朱生病，朱生出赫蹏，請題送春字，畫落花、𪄠鶒，賦詩送之。盡日，曲無聲，酒不成醉，姬起泣不休，拜座客曰：「妾非不能事潘郎作外婦，乃郎不我收，金錯刀故在，尚難深割也。奈何？」清甫以觴觴予，曰：「君善寅叔，又善姬媪，故嘗德君，君能出單辭姬，可無行矣。人言君得楊生金，作説客，果若人言哉？」予笑曰：「朱生亦媪矣。姬嘗避仇予家，與予俱一室兩月，予以寅叔故，醉不敢卧其股，姬嘗呼朱生爲柳下君。黄先生故知朱生非愛金人，縱以金故去姬，去一知己矣，金乃重于知己哉。訾人者媪，予僅資座上捧腹，然卒未聞知己道也。」嗟乎，婦人能以柳下君識朱生，乃士人不知朱生爲披裘公哉？慨知己之難，淚爲姬下不休，座客或泣或笑，歌「黄金何日贖蛾眉」之句以送姬。

卷之六

記

遊金陵諸山記

嘉靖丙寅九月望日，予送兒子家賓赴京師，道曲阿河下與兒子別，乃携二蒼頭匹馬度句曲，望九靈、絳巖、虎耳諸山，抵金陵訪潘祠部仲履於官舍。至，不奏刺而入，祠部驚喜，握手甚歡，引酒燈下，問別來狀極悉，即下所懸榻卧予。

明日，祠部告予曰：「金陵諸山稱絶勝，我輩能往遊，當不辱諸山。即弗往，良自辱矣。」乃召所善顧君仲明、張君兆文偕往，肩輿出聚寶門，憩大報恩寺。寺新灾，梁棟俱成劫灰，惟浮圖插天，彫鏤炤爛，壯麗極人間世，不減鏤檻文槐，信非帝王力不能成。出行二十里許，見雙峯隆起，祠部指曰：「此牛首也。」徒步從山背陟入，望楊子如環，飛帆隱隱若奔馬。

時樵人報官人來，山僧具袈裟、鳴鐘而迎坐，方丈供蔬飯。飯已，僧導觀文殊、辟支二洞，登頓紆譎，皆百餘級，折而東巖際，大石當路，下臨絶壑，石旁僅容一人行。予與祠部、二君牽挽而過，共觀佛跡錫眼於巖上，上視彌勒殿，尤去三百武，二君不能從，嘲之乃從。俯視四山在望，長江更出矣。迤邐而下，見塔影從扉上隙中漏入，倒懸一室几下，下觀虎爬泉、白龜池，讀姚少師所撰寺碑，由白雲梯而出。梯旁長松夾道，干雲切霄，陰極蓊薆，爲牛首最勝處。祠部謀宿祖堂山，遣携尊罍者先行，二君曰：「日且入虎，即人奈何？」祠部曰：「人生在大劫中，脱不能脱，即虎即我，亦樂也。」相與大笑，登輿而去。

盤紆過二嶺，僧亦鳴鐘出迎，佛宇、緇廬傾落，迥異牛首，僧依山所置樓極精雅，几案𡙇潔，不染纖塵，從化黎翰林扁曰「華嚴閣」。遂共宿閣下，夜半，明月當窗，梵音與鐘聲相雜，令人魂夢俱清，煩惱暫息。

晨起，過獻花巖，亦從後陟上，步才數級，大洞可容百夫，云法融禪師説法所。歷觀音大士閣，披莽行露，直登其顛，視牛首在足下，僧云去地二百二十丈許。巖際怪石，攢羅列聚，若奔騰撑拒於天表，仰眺不可即。望鍾山，白雲在腰，青螺若截，江形益出，又不數牛首椒矣。

足力稍疲，下息僧舍，舍旁一楹，懸崖而屋，俯檻松竹上矗，清氣宜人。祠部誡僧弗供茶，闔扉卧談，疲力頓起，出飯方丈而行。寺門紆迴數折，巨木大竹糾紛，有石門戟立，問，曰：「寺人墓。」行里許，登輿取道，抵天界寺，觀所鑄大佛頭，即秦銷金人，大便不踰此。因訪果斌上人，索其所爲詩若干首而回。

明日，予衡黑乘蹇驢，訪祭酒林公於鷄鳴山下，以昨所遊語公，公亦喜。移時，別。來，祠部已裝齎待遊棲霞矣。仲明以戴君晋甫至爲辭，兆文偕其兄兆吉往。未至棲霞五里許，道旁有大石獸四，勢若怒吼欲奔，半没泥蘚。古碑二，剥落漫漶不可讀，尚存百吏字可辨。山漸近，望寺愈杳冥，予頗訝之。已而見山，右股如蝟伏，左抱靡而少折，從中入半里許，寺乃微出樹杪。寺門外石幢爲保大間物，半毁折，委草莽。予與祠部下輿，共慨久之。讀唐高宗御製明徵君碑，及江總所撰棲霞寺碑，徵君碑陰有「棲霞」二大字。登殿禮佛，坐定慧堂，引酒數行，東由舍利塔觀千佛巖塔，前引品外泉爲曲水。僧置石蓮花於潭中，水從花中上泛，如湧泉渤渤。佛爲徵君子臨沂令所鑿，或一佛坐一龕，或一龕居三四佛，大小高下，依石成形，大者高四丈，小者不滿尺，古朴藏巧，儼若天成。巖上有「徐鉉、徐鍇」四字及諸所舊刻。予與祠部、二君容與巖下，不忍即去。僧導陟巖上，見夾澗斜走千餘丈，澗石磊砢，泉流涓涓，兩山長松攢立叢倚，濤聲震撼。又陟百餘武，地稍壇曼，可散步，右望疊浪巖甚奇，石皆巉絶谽呀，呈奇獻幻。予又不忍即去，僧導至白鹿泉，泉在巖下，云從洞中出無窮，呼酒泉上，盥手漱齒，兩目若出寒液。酒已，從紗帽峯、明月臺而下，下即千佛巖，俯視陟峻，股戰膽落，臺上人石交枕，不相附麗，信鴻濛時水所衝聚也。予游興未止，將問僧從塢西凹。祠部曰：「此明日事也。」遂沐浴宿僧舍。

明起，促蒼頭急炊，若赴宿約。由寺西踰高岡，時顥氣未舒，蒸嵐澒洞，相顧不借盡濕，岡下大石，亂卧如虎豹踞蹲。予謂祠部曰：「縮一二至讀書所，可以了平生矣。」笑。行半里，爲天開巖，上有「天開巖」三字，不知何代人所書。巖如鬼斧所劈，中不能着二人行，予以足支石所迸處，兩手緣蘿而上，衆莫能從。石竅穴秀潤，尤勝巖下，得宋上元令趙晟題名，及「太寧清一」四字。予方以袖拂石，遍覓諸題，祠部從巖下見「迎賢」、「碧蘚亭」、「醒石」三刻，呼予急下賞之。乃從故道下，兩腋若風舉無苦，趺坐醒石上，祠部以一觴觴予，僧亦以一觴觴予，頗稱大快。迎賢下有「伯奇獨來」四字，細味「獨來」義，不知伯奇何等胸次，乃以一觴酹之。僧指從東下，復踰高岡，岡石爲勢家採伐，隘成梁欐，稍縱步，則仆旋。即明月臺故道出寺，別僧登輿而去。僧爲輿善，有戒行，又不敗人遊興，予故不能去是山，又不能去是僧也。歸，與祠部酌燈下，相勞苦。袁儀部魯望知予從海上來，叩門而入，未揖即解帶，更促席洗斝，各霑醉而別。

明日，兆吉兄弟以日爲祠部客也，亦爲具鍾山靈谷寺，召祠部，并召予。予下馬過高皇帝陵，憩觀音閣，望鍾山，嵂崒蘢茸，逶邃莫測。入寺門，萬松森立，陰蔽五里，群鹿卧遊樹下，忘機若馴。晉甫、仲明後先押至，共襄羊於琵琶階。問八功德水舊跡，酌於方丈。酒半，儀部折簡盡召座客，遂罷酒赴儀部。是夕，祠部先避席，以明登燕子磯爲解，予與諸君竟歡，不異叩門夜。

明日，予爲酲所苦，與晋甫方起盥櫛，儀部已過督行，且曰：「殽核已遲於佛國寺矣。」祠部曰：「予所治亦已往。」予一笑酲解，遂就道。不五里，抵佛國，先酌儀部酒，已而抵弘濟寺，繞寺赤石起伏，而又纚屬不斷，瞰江絶壁千仞，嶕嶢入天，巖突穿漏，嵬櫐竦側，若墮若仆。四人共酌石下，閱飛帆去來，歌劉禹錫「山形依舊枕寒流」句。旋渡水登燕子磯，拜漢漢壽亭侯祠，携酒上磯最①處，四望江形盡出，千里一目盡，真大觀也。波濤鬭風觸石聲，砰磅訇磕，使人耳回目駭。時日將沉江，予與儀部猶舉盃滿引，相酬酢未休，祠部、晋甫趣之一再，乃去。歸已昏黑甚矣。

予四入金陵，今始以祠部故，得躡足諸名山，覽千古之殊勝，悲六代之陳跡，良不自辱，雅如祠部言。然山靈效技，共稱奇觀，而氣象差殊，天限所受。牛首舊稱天闕，石鮮瑩琇，地乏幽鬱，若良賈坐肆中，瑋寶雜陳，煇煌過客；祖堂花巖，悽清寥寂，若高僧面壁枯坐，外息諸緣；棲霞深僻古奥，若貞士幽人，孤標潔操，不爲玄纁所屈；燕磯高峙昭曠，凌險安危，若怒夫烈士，倚劍而歌，睥睨天地。若夫鍾山獨尊，王氣鬱鬱，諸山環拱若星，真天子攀髯處也。

遊凡六日，主賓凡七人，所接僧無慮百衆，諸寺僧悉爲祠部所轄，以故日相逢迎，謝之不去。祠部既日携尊罍，止處誠厮臺毋溷僧，自具脱粟，僅取山中水火。僧間供蔬飯，立償以金，不徒

① 此處疑奪一字。

相當，士人言諸僧亦奉法惟謹，雖漫遊亦可以觀祠部政矣。因并記之。

群忠祠記代作

群忠祠，祀上海丞劉公東陽、建平丞宋公鰲、鎮海衛指揮使武將軍尚文、浙江鎮撫吴將軍賢、鳳陽散官丁爵、土著民楊鈿也。

嘉靖癸丑，島夷犯順，竊發海壖。已而，勢稍稍振，殺戮、鹵掠、椎埋，直窮荒落，頭足異處者相枕藉。幕府募死士戰，得失大不相當。上海時未城，城被殘獨先諸郡縣。是歲，入寇者一再。甲寅歲，復寇之。丙辰歲，復大寇之。羅落千艘，攻圍甚急，城不潰者一髮矣。幕府先過後檄公等兵之。夷賊故狡猾多算，卒以伏計待勝公等，所至皆殊死戰，不勝，竟死。丁力能舉千斤，死於清水窪。武宋與賊巷戰，死於市。吴統坑卒，死於黄泥浜。歲在癸丑，劉佐前令治理，政稱無害，死於太平寺里。歲在甲寅，俱累日不能收，武獨爲賊刳腹出腸，賊退，而過者爲之下涕。鈿以一身而當登城之賊，與賊俱死，城下圍遂解。邑之萬命，鈿實生之功，不在諸死者下。

歲在丙辰，先是，邑之學士大夫與邑之人以公等死狀言於監司，請祀於邑神廟之左矣。黄子捧檄來上海，見神位棲於一室，照漏天日，不蔽風雨，念非所以安神靈，又豈士人與有司所忍見也？乃聚材鳩工，因葺故所，爲祠宇三楹；西之隙地，復爲屋二楹，以爲藏牲酒所。堦厨墻垣，具如儀門，扁曰「群忠祠」。告成於甲子四月，黃子曰：「損性伐生，賢者弗與，死誠賢者所重也。然與草木同腐，名稱不立，生猶死矣。史稱傅燮戰没而狥漢陽之急，紀信舍生而解滎陽之圍。豈有見於泰山之當輕於鴻毛哉？公等抗義奮身，不避鋒刃，俱以節死，庶幾無愧古人矣。『俎豆維馨，光於千祀』，謂非死猶生哉？」或曰：「公等迫於幕府之令，死非公等意也。」嗟乎，亦苛矣。昔李陵爲漢良將史臣，謂有國士風，千載而下以畔名陵，陵之所少者一死耳，死豈可易言哉？若鈿之死，又何所迫也。故爲之記而復爲之詞，以侑公等。

劉，四川人，死後於宋而首祀之者，以丞上海故。且以勵後之吏茲土者，其辭曰：

海波揚兮鬬鯨鯢，天狼爍兮光陸離，□魂升兮恍無期，御蒼龍兮駕白螭。舞長劍兮揚旌旗，髪上指兮干雲霓。爲厲鬼兮佐王師，滅卉服兮蕩諸夷。牲腯肥兮潔乃粢，未千秋兮繫人思。

上海縣重建預備濟農倉記 代作

江南之賦甲天下，惟蘇松爲最繁；蘇、松之田稱爲獨腴，惟上海爲最瘠。然地之腴瘠，率藉農力以耕之，農病則賦因之矣。管子曰：「先王所謂興利者，利農事也。」古之善爲國者，能舍農以爲事哉？故儲偫以濟農者，所以植國之賦也。上海故有濟農倉，去縣治二里許，宣德七年，爲巡撫周文襄公奏建。正統間，前令張君禎奉部符更今名。文襄公爲國名臣，於江南多所善政，民至今食其德。爲農以建倉者，其真有慨於心矣。自倭夷難作，上海首蒙其禍，倉被火，遂鞠爲瓦礫場。某來吏上海，謀於衆曰：「倉弗復建，不可；因故地□之，又不可。」乃請於巡撫都御史周公、御史陳公，建於城之西南隅隙地。凡故所存穀、民間贖金所易穀、舉邑之義助穀，悉貯之於倉，將以求不失文襄公遺意也。夫爲上海農夥矣，必欲人人濟之，穀將焉取？倉之建者，以備水旱災，故古人小康之政也。昔任延治九真，風雨順節，穀稼豐衍；張堪治漁陽，桑無附枝，麥穗兩岐，歲何豐也。歲豐而農何藉於濟乎？某方離鉛槧而理簿書，不能職辦政舉，追前賢芳躅，以致和氣，旦夕兢兢，惟以歲不登爲懼。方今君相明良，肅清中外，謂可感應天心，雨暘時若，歲必大有，穰穰滿家，而野無病農矣，倉有餘粟，不扃鑰而朽腐哉。某故不以發粟之政悦吾農，敢以願豐之心悦吾農，遂爲記。倉凡若干楹，廳事若干楹，圍以墻垣若干丈，費取於均徭，銀若干兩，經始於癸亥某月，落成於甲子某月。

露香園記

上海爲新置邑，無鄭圃輞川之古，惟黄歇浦據上海，環城如帶。浦之南，大姓右族林立，尚書朱公園最勝。浦之東西，居者相埒，而學士陸公園最勝，層臺累榭陸離矣。道州守顧公築萬竹山，居於城北隅，弟尚寶先生因長君之築，辟其東之曠地而大之。穿池得舊石，石有「露香池」

字，篆法□匾，識者謂趙文敏跡，遂名曰「露香園」。

園盤紆壇曼，而亭館峪嵷，勝擅一邑。入門，巷深百武，夾樹、柳、榆、苜蓿，緑陰蔆楙，行雨日可無蓋。折而東，曰「阜春山館」，繚以皓壁爲别院。又稍東，石累累出矣。碧漪堂中，起極爽塏敞潔，中貯鼎、鬲、琴、尊、古今圖書若干卷。堂下大石棊置，或蹲踞，或凌聳，或立或卧，雜秇芳樹、奇卉、美箭，香氣⿰阝必茀，日留樞户間。堂後土阜隆崇，松檜杉栢，女真豫章，相扶踈蓊薆，曰「積翠岡」。陟其脊，遠近紺殿，黔突俱出，飛帆隱隱，移雉堞上，目豁如也。一楹枕岡，左曰「獨莞軒」，登頓足疲，藉稍休憩，游者稱大快。堂之前，大水可十畝，即露香池，澄泓渟澈，魚百石不可數，間芟草飼之，振鱗捷鰭，食石欄下。池上跨以曲梁、朱欄，長亘煒煒，池水欲赤。下梁則萬石交枕，谽呀膠轕，路盤旋，咫尺若里許。過曲澗入洞中，洞可容二十輩，秀石旁挂下垂，如笏如乳，由洞中紆迴而上，懸磴複道，嵾嵯棧齴。碧漪堂在俯視中最高處，與積翠岡等群峯峭竪，影倒露香池半，風生微波，芙蓉蕩青天上也。山之陽樓三楹曰「露香閣」，八窗洞開，下瞰流水，水與露香池合，憑檻見人影隔山歷亂，真若翠微，杳冥間，有武陵漁郎隔溪語耳。樓左有精舍曰「潮音庵」，供觀音大士像，優曇華身，貝葉雜陳⿱非儿几。不五武，有青蓮座，斜榱曲搆，依岸成宇，正在阿堵中。造二室者，咸盥手露香井修容。和南而出，左股有分鷗亭突注岸外，坐亭中，盡見西山形勝。亭下白石齒齒，水流晝夜滂濞若嗌，群鴉上下去來若馴，先生忘機處也。

先生奉長君日涉於園，隨處弄筆硯，校讎墳典以寄娱，暇則與鄰叟窮弈旨之趣，共啜露芽、嚼米汁，不知世有陸沉之苦矣。昔顧辟疆有名園，王獻之以生客徑造，傍若無人，辟疆叱其貴傲而驅之出。先生懿行偉辭，標特宇内，士方倚以揚聲，以先生親己爲重，賢豪酒人，欲窺足先生園，慮無紹介，即獻之在，當盡斂貴傲，掃門求通，非辟疆所得有也。彼鄭圃輞川，豈以壯嚴雕鏤聞於世，以列子王右丞重耳。露香園不爲先生重哉？先生已倩元美諸先生爲詩，復命予爲記，故記之。

墮蛙記

隆慶元年，鸛巢於慈雲樓上，卵生四雛，二鸛日從他所窺捕魚、蝌、鰍、鱔、蛙、蛤屬以哺雛，迭相去來無已。予伺之甚熟，見其返哺時頸隱隱若懸囊，殆盡反其所食於巢，頸乃如故，不異鸕鷀然。一蛙自巢墮下，聲砉然，視已死，家人浸以勺水，足微微伸縮，已而復蘇，異之，置於庭下。時大雨信次不歇，蛙復適其故性，哈哈作聲於庭草中，客有聞而謂予曰：「蛙生水澤中，入於鸛腹，自謂必無生理，鸛又去水澤，升於天而返於巢，且不知死所矣。幸而出於鸛腹，皮骨未鎔，又幸而鸛不即哺其雛，得逸出墮地，地去巢五十尺許，宜不死於巢而死於地，又不死，乃知蛙未應死也。彼魚、蝌、鰍、鱔、蛤屬之死於鸛者，天實定之矣。雖然，惟爲蛙故爲鸛所得，何能不爲蛙而免於鸛也？」予笑曰：「龍爲最靈，人得而豢之，龍何能違天哉？且鸛亦不能免弋者之篡也，何客之不達？」

提鼠記

董先生子元，僑華亭里中，遭兵火，婚嫁、喪葬多故矣。家故磬懸，迺其藏書餘五車，悉架之樓上，日環書讀之。樓有大鼠，夜竊食董先生果，飲其茗餘瀝，惟不齧董先生書。日亦間出食飲，行几席，窺篚戴榼如夜。董先生目故不能極視，即視，以鼠能完書，亦不害鼠。鼠以故益習，似無董先生矣。一日，董先生出遊，守舍兒洗硯磨墨瀋以俟，鼠從樓中作故狀，兒怒，以硯提殺之。夫鼠蠹物爲甚，即不出，人尚欲掘窟磔之，使能稍斂其陰賊性。晝匿夜暴，其免死十得一二，乃今肆於白日下，難矣。嗚呼，董先生，仁人也。惟鼠無董先生，故亦無人。人皆董先生哉。

生蠅記

己未三月望日，予與沈子嘉則入舍人汝和草園，度松嶺、過鐵板障，折而之北，叩回湖竹扉，見蠅虎捕一蠅，迤邐逆走，蠅甚困，鼓足翼不能脱。予視其强弱勢久之，舉如意逼虎，蠅脱虎口，墮地，虎尚奪便耽視，以吻作吞吐狀。予以蠅尚未蘇，恐又爲蟻所得，乃置蠅於葵葉而去。沈子謂予曰：「於虎何仇而於蠅何恩也？豈孟軻氏見牛意哉？」予曰：「虎不得蠅，虎猶得生，蠅不脱虎口，蠅即死矣。生蠅非斃虎也。」頃之，與沈子復循故路，虎去而蠅竟死。嗚呼，「營營青蠅」，詩人刺之，尚不忍立視其死，彼欲穽騶虞而網鸞鳳者，何心哉？

得鸜鵒盃記

予友顧汝修家藏宋定鸜鵒盃，大可著酒半升，鸜鵒首左顧桃而尻高色緑，瑩潤如玉。庚午二月十二日，汝修出鸜鵒盃，酌客于玉泓館。予右車齒病，不御酒，以伯兄邦大在不敢亡去。時明月滿地，山影在席，花香從風襲人，容易醉，主人亦醉。汝修戲予曰：「若能三嚼鸜鵒盃，即以盃爲若壽。」予謝不能。予嘗以酒讐汝修，汝修乘予憊，請之益急。予即起而滿引者三，不作苦狀。汝修舁盃授予，無難色。座客大笑。予持盃告座客曰：「齒病幸酒，是不慎；疾飲酒博盃，是無操。宜不與於諸君矣。」汝由光禄曰：「古人嗜飲而荷鍤隨身，受罰而懷器徑去，各成其放達名，君何以是爲病。且飲酒果伐君性，得盃傷君廉，予弟將弗請之矣。」予聞光禄言，携其盃，亦大笑而去。

顧汝和種梅記

吴中人善植花木，植以市利者，輒戕賊柔條，作屏幛狀、盤盂狀，或肖馬遠所畫奇樹，惟松檜梅易施巧力，即長不滿尺，已束縛於瓦缶中，亭亭若林矣。

顧舍人汝和十年前嘗得一梅，二幹齊起，枝虬曲附，麗若連理。花時置几上，召客環坐賞之。以還朝故，移植於地間巨石長松間，誡園丁時其灌溉。今汝和使魯中，過家，追憶昔年花時故事，復移植於缶，當秋雨踈踈，冠芝冠，衣衹裯，持鍤與園丁雜作，去土舁梅根，已扶踈蘢茸矣。乃芟其最蔓者，令强處缶中。予適偕二客與汝和俱，笑苦梅甚矣。客曰：「何苦梅也？」予曰：「物與人等耳，貴適其故性也。山澤之夫，蓬首徒跣，卧起自便，飢食脱粟，渴酌清泉，日閉户聊聊然。世之揖讓結梯之勞，熏轑污巇之味，率皆謝之不知，雖赤貧亦至適矣。一旦强而坐於王公貴人右，紆體彌躬，終日不敢换色。即陳肥厚而方丈華錯，若加纏索，筋骸拘攣，不能捉匕，不樂也。予山澤人也，故知梅苦耳。況梅比德貞士，山澤人又下矣，故爲梅勞苦。」

醉蝶記

嘉靖甲子五月廿四日，唐世具先生召客飲於亦樂園。酒半，客欲起，主人命童子移几席於中庭桐樹下，别羅俎豆，再滌盃斝，歡如也。時夕陽在高樹，晚涼從曲池微微生，主客歡更甚。主人乃出一犀角觴行酒，觴適當予手，一蝶自密樹間來，翅若組繡，燦然文章，高下婆娑，飛遶几席，旋止予盃上，已而入予盃中，飲予餘瀝，如醉如馴，久而不去。予異之，持此觴，令於衆曰：

「鱗次飛傳座人盃，當是人手而蝶起者，觴二觴。」凡數十傳而蝶竟不起，主人以客不飲酒，乃命置此觴於卣之左，以他巨觴觴客，而共賞之。酒十餘行，主客皆霑醉，而蝶又不起。已而桐花亂落如雨，擊其翅者一再，而蝶乃去。復舉觴目送之，不知其處。

夫物畏人而不敢近人者，以人之機心在也。蝶乃猶夷不驚，取醉於歡呼笑歌之筵，豈知忘機之主，盡召此忘機客耶？嗟乎，蝶知人之忘機，則蝶之機未忘矣。鄰園比落，蛛網正張，知不醉而投之也。吾曹何能如此蝶之嗜酒，托於麯蘖，爲世所容，日入於醉鄉，而不羨莊生之夢哉？是日客爲姚如晦、韓元良、顧汝中、潘叔兼暨予弟邦肅，凡六人。

顧汝和買菊記

顧汝和嗜菊，歲千本，手覆土、灌水、殺蟲。日蹲踞菊下不休，指掌皸、胼拇作楚，不爲苦；日暴面，汗淫淫下，雨蒙巾角墊，亦不爲苦。

歲庚午，植菊如故，郡縣間風氣陡易，衆庶以訟作生産，似欲無穴得蝌、張緻求鳳。當事者視冠裳士若仇，訟牒登冠裳名，即其人多夷齊行，亦下有司治。有司不文致而上，即病其非武健才，考居殿。且寵右訟徒，見必據几與好語，下借特甚。訟人殺人事無左驗，無論論罪，旁格不加，一時獄詞輕重，在訟徒口。郡縣人士，染白爲黑，重足而立無寧家。汝和亦在染中，衣赭衣，班諸縉紳先生日對狀公庭，鬻田廬，典裘帶、尊彝以從事，足累月不窺園。故誡園丁代治菊，菊竟死。九月十七日，汝和走園丁東城買菊，還命曰：「菊一一非若干緡，主人不可。」汝和笑曰：「若所治菊盡死，喪我百萬緡矣。吾金固盡，當不爲一一菊愛。」卒授若干緡買之。召張道卿、姚以奇及朱生飲酒菊下，汝修以胾肉佐，汝中以柿佐，飲竟極歡。朱生曰：「使今日東陵侯在，田間無瓜；陶侍讀在，庭下無松。汝和菊宜死矣。」迺不愛若干緡，卒不爲風氣所苦，非其性然哉。

風木齋記

風木齋，福清林君某思親所也。林爲八閩聞家，遠祖遹爲福清尉，遂家福清。子仁倜，舉宋進士，官諫議，忤賈似道，落職，避元聘，匿海壇山中，子姓蕃息。高皇帝即位，詔居海壇山者徙內地，諫議家在徙中。孫楊以布衣上書請減海上賦三萬石，高皇帝不許，詔廷杖楊，埋於馬通，七日不死，卒釋而許之。世業儒不衰，成化間，堉登羅倫榜進士，爲御史，嗣御史以甲第起者夥甚，冠裳士若干人。

君福清尉裔也，君少好讀書，於墳記多所窺覽，至古人孝行奇節處，慕尚，輒爲改容。事父東樓公、母李氏至孝，旦暮上食，躬執勤苦。父早物故，哀號不欲生，母病，仰以柔湯不已，以身禱於天曰：「母死，某亦死，俾某年曷若俾母年，願減某年益母禱。」竟病，即已，母復病，醫者弗有，嘗糞甘苦，以決死生。及卒，哀毁骨柴瘠，悉力以從窆事，宗人及戚屬之賢者，皆難之。窆已久，哭泣不異始喪。夢與二大人語，必號而寤，淚淫淫莞簟矣，乃以風木顔其齋，以識孝思。

今來尉吾邑，閑練明敏，於治理無害，故明爰書，又時時引經證案，以故奸宄伏庭中，不敢飾匿，亦不言寃。當南城張公爲令，亦可君有毗贊才，而君又不自委其尉能，修廉潔操，官舍蕭然，惟懸其所自爲思親記於壁間，無長物也。以先君嘗守福，有惠政，過墓門必下馬而趨，與予實通家，故來徵記數數。

朱生曰：「風木名齋，即古臯魚旨也。臯魚孝矣，然立哭而死，非其親之所願臯魚者，亦非孔子下車而問意也。君家食宦遊，無一日不思其親，又能成其孝廉名於世，使後人之稱其親曰『此孝廉父母也』。其爲孝也豈眇小哉？」故爲君記之。

煮荷上泉記

郭道人自焦山來，衲上雲猶濡濡濕也。偕吾黨客五六曹過怡老園，園當荷盛開，白水溶溶，萬葉高下一色，若十畝青冰與雲母屏相掩映。客舉酒甚樂，皆微醉，道人獨醒，童子報黑雲從西北來，林間雨踈踈下矣。荷上珠走可十斛，較諸葉所留雨獨明静，道人結束便衣，解襪脱舄，納石上，携童子持缶入青冰間，手蕩荷上珠成大顆，傾之缶内。歷數百葉而起迸松毛竹葉，吹火池上煮之。試杖頭所携瓢内茶供客，味甘洌鮮美，香清遠不可狀。即天下諸名泉，味俱居下，試起嘗寶甕金莖露人品之，涎下當不收，殆未許陸羽、盧仝諸人知也。予樂甚，樂於舉酒，客醉者俱醒盡，遂名之曰「荷上泉」。因勞道人曰：「勞矣。」道人賦五言詩歌之。是日顧汝修、張長輿先去，受道人供者顧汝和、王壽之、姚以奇及予兄邦大，凡四人。汝和最嗜茶，與道人交獨先，持餘瀝問道人曰：「君躡蹻五嶽，昔煮玉井荷上泉較勝矣。」道人不答。

破帳記易簀前二日作是，在隆慶六年十月十八日。

余母辛勤遺一破綾帳，三面易紅，一面猶存其黄，余夫婦歲用之。今年寒早，趣之使出，綹文縱横不可狀，始而怒，已竟釋然，謂其性懶緩也。十月病寒，日卧帳中，見黄處綹文猶甚，疎疎如細竹，竹下有屋、有石，石前有池，魚可數百石，或鼓鬣而遊，或呷藻而戲奔，疑突獸，不可言。旗幟上隱隱有鳳字、風字，予一笑病解，且示子孫曰：「婦以懶緩事人，亦能成夫子哉。」

卷之七

傳

陳太守先生傳

陳太守先生者，閩長樂人也，名懋觀，字孔質。曾大父景隆爲御史，有直聲，大父良貴，陽朔教諭，父山，贈廬州守。先生少孤，謹重不好戲弄，絶群兒遊。稍長，博獵墳記，通洽古今，明毛詩，精經生業，補邑諸生，名即隆隆起矣。遠近治毛詩者争迎師先生。先生家中落，欲藉脡脯資以養，又不忍去母，教授里中，擔囊執經者户外履交錯。先生歲資以供大父母，而日上食惟謹，人以孝稱先生。

嘉靖丙午，舉于鄉。癸丑，成進士，拜會稽令。先生持廉節，惟水火取諸會稽，政尚寬簡而惡鉤摭，常自嘆曰：「彼束濕薪者任之，非吾好也。」民相訟于庭，不遽加榜責，各與好語喻以禮義，民皆感泣，以故直者言德，不直者不言寃。昧爽，坐堂上，誡門者無别人，髡孺與垂白翁皆得日進言便不便事，無不虛己聽之。間有訟不勝者，復來理前語，先生出故記與理之，務平其情乃已。一時邑中絶居間，風雖善，居間者無所事事也。當是時島夷弄兵，幕府粱肉□螽不給，山陰令貸素封者金錢以應幕府，而梏其不貸者于市。先生曰：「得無横選旁調乎？」趣解之。山陰懦先生，先生詳不問，山陰竟敗名。

未幾，先生以大母憂去會稽，人攀轅拒輪，出涕遮道，服竟，即拜山陰令。山陰人歡相語曰：「會稽侯至矣。」先生以治會稽者治山陰，若造父御故道，吏理益閑而民益信，澤尤汪穢矣。山陰人生祀先生於卧龍山。

天子最先生二縣政，召爲兵科給事中。居垣中，章數數上，彈兩廣幕府大吏，釁狀言邊徼虜情，形勝、戎馬、斥候、屯戍諸所急務，及議閩中兵食去留，時論偉之。又未幾，以母憂去。故事，服除而才者輒得首科。時丘公橓爲兵科都給事中，周慎蹇亮有重名，與先生大合，請補先生以相毗贊。未越月而虜大入塞，墻子嶺不守矣。

天子怒甚，幕府楊公選論死，丘公廷杖免官，先生謫定遠典史，遷松江府推官，攝承上海事，已而分行防海。先生守己莅民，不異爲令時，以軍政故，持法稍嚴，海上材官戍卒皆惴惴稱娖，無敢奸旗鼓者。先是，上海令黄公文煒卒官，廉不能斂，諸丞簿貸以帑中金治木，先生閲牒得之，爲之經紀以足其帑，曰：「毋污廉吏，名于牒以傷其平生也。」命火之。銓曹以謫非先生過，即遷南京兵部車駕主事，尋轉吏部文選郎中，所至職辦，南都士人稱先生者一口。林公樹聲、瞿公景淳尤數數稱先生平生。不累月，尋擢守廬州。先生故寬簡，益務大體，除煩苛，民罹微文者，悉宥之。廬當莊馗，官樆厩置相屬，歲苦不供，先生節省有法，不妄費民一錢而乘驛者無擁晷刻。受記剖決若流，贖罪金稍贏羡，悉糴粟儲倉廥，命曹子守之，以待發賑。郡有名德尊禮，咨訪不懈，士能修詞飭行者，必折節下之。屬城令咸賴表率，或以廉揚，或以才著，廬稱大治。以故禱雨輒澍，鄰壤間大侵而廬獨得上歲。監司數上疏薦先生，而都御史唐公繼禄爲人慎，許可疏，先生績尤備。隆慶三年，請骸骨不得，竟被病死。死之日，郡中罷市，舂謡無聲。

先生貌魁梧而髯，若著威稜，乃其衷醇謹夷曠，怡如也。對人不出一闑語，即出，訥訥似恐傷人，遇小吏不名有過，輒爲蔽，即恚，厮臺不稍見盛氣。嘗以軍政關白大吏，大吏故嗛先生弟御史，又嗛先生謫典史，道吴門不止車戲下，庭呵先生。庭下諸吏面發赤，相顧視。先生色愈和，亦不爲主臣謝。大吏若自失，諸吏出，嚮先生長揖，服雅度。先生竟不言，故然。多介性，善持重堅決，所操者已當，即賁育弗能奪也。

丈夫子四人，經濟、經綸、經術、經制。予嘗迎先生喪，哭已，食櫬次見經濟與其弟經術執喪有禮，吴人弗能。又嘗與經綸夜語金陵廨，所語皆合道，且於世故博達。經術亦俊朗。先生有子矣。

野史氏曰：太守嘗坐予休舍，見其帷帳不具，僅一布被蒙戎矣。語予曰：「吾十歲喪父，里中人竊少之，老母兢兢旦夕也。若翁守吾福，愛吾文，署名諸生上，門户稍稍立。乃今倦遊，未得天子一尺制榮吾親，故浮沉功名間。」言竟，淚從睫簌簌下，非篤厚長者，鮮不匿其心中言，太守豈徒稱循良吏哉。

馮節婦傳

馮節婦世德，慈谿人，處士劉某之女也。劉、馮爲會稽郡世吏家，以故處士許以女字光濟，光濟隨父仕西樂，病死。節婦年才十七，聞訃不欲生，□閉闔洿沫覆面，請歸馮，服光濟服。處士以節婦未成婦，難之。節婦跽而哭曰：「雖未侍執馮生巾櫛，身已許之矣。」時里中賢豪慕節婦才行高秀，數來請婚，節婦即繆死寢户，女廝覺，解之，得不死。未幾，光濟父亦客死。母解氏輿二尸還，節婦復請前所請益堅，處士知其志不可奪，許之。光濟將窆，節婦以身投穴中從死，解與諸媪掖之遠穴，哀聲徹山谷中，聞者淚簌簌下。歸與解同居一室，卧起必俱。服竟，被曳布素，絶不施粉墨，終歲事織紡，足不窺衡閾，馮之宗人未綰髮者，鮮識其眉宇。歲時祭奠光濟，必親執炊滌器，哭泣不異始喪。晚歲，後光濟母弟之子渠，嚴課父書，不少寬借，渠一不當意，必泣而杖之，杖已，即慈愛溫仁歡如也。嘗卧蓐病力，渠以藥强進，顧渠曰：「死政吾事，恨未在死法中，何以柔湯已病也。」藥竟不飲。節婦春秋高，渠請爲寫照，怒而不懌者信次。已而召渠誡曰：「若父尚未識吾面，遺像於人間，豈若母志哉？」平生性剛毅沉著，子弟有過，必面折之。理諸凡家政，一念既定，千軍不能挽也。有司上其節，天子詔旌其門。渠亦名士，有孝行，足爲節婦子。

野史氏曰：「昔會稽唐珏、林德暘，布衣韋帶，曾不沾宋一命，乃奮身抗義，履危蹈險，以存宋諸陵。談者謂其無所覬而爲，偉其忠而祀之。今觀世德，未成婦而乃以節終其身，豈以臣職婦道自任，立綱常於濁世者不緣身之委與不委哉？忠節之風，洋洋乎會稽矣。余故不傳曰『烈女』，而傳曰『節婦』。」

張中丞先生傳

張中丞名鶚翼，字習之，上海人也。勝國時，遠祖有仕至廉訪使者。父棲閑公，明經潔行，爲邑中宿儒，從棲閑公游者，多以良吏顯。中丞沉毅簡静，垂髫時趨向即不與同曹類，閉門下榻，讀書窮日夜之力，凡經史稗官小説，無不收捃，與同産兄自相師友，砥礪氣節，名隆隆起已。郡大夫交辟爲子弟師，中丞家故落，雖勉就辟，惟事爲人師事，不窺官舍外閫。郡大夫有所問，中丞謝不知；他人請言於郡大夫，中丞謝不敢。遠利自潔，若持素絲過髤漆，惟恐其染也。以故郡大夫以重客禮禮之，郡邑之長者及棲閒公曹耦皆知中丞爲非常士矣。久困鉛槧，益堅其定力，不與世相浮沉。

嘉靖戊子，舉鄉試。辛丑，舉進士，授兵部主事。時中丞年已四十餘。凡天下人物臧否，山川險夷，錢穀甲兵，及當世所宜因革諸務，無不通。練客有知中丞者，言於宰相，調吏部主事。當是時，中丞守山海關，欲求其調，故不得也。

中丞在吏部四年，以序歷諸司爲文選郎中，嚴持成法，惴惴若恐廢。即其人賢，雖無援，卒舉即其人；不賢，雖有力者援之力，卒亦不舉。時有大貴人欲輕重所司法，中丞諍不可，貴人面發赤，中丞雖磬折而色和，辭不稍遜避，法竟不爲之輕重。然操心極仁恕，其所去人不直彰其所去事，使人退猶可自容。京師故事，官吏部者，扃鑰邸户，誡奏使者不得通。中丞獨扃鑰其心志，不徒不啓户以障人目也。以故善行錢者，不以張文選作念，門外車馬東西行，不加顧眄，猶達諸冷□□也。時天子任明察，文選郎中數數爲言官論去，或一歲中再更，中丞竟以廉謹自全，然御史中丞執法者日側目矣。已而稍遷太常寺少卿，再遷南京通政司通政。所涖俱以職辦稱。

未幾，遷巡撫貴州都御史。今南京吏部尚書咸寧王公時爲禮部尚書，宣言於衆曰：「貴州險遠，非所以待張公也。」欲中丞去者爲之長短説，王亦卒不爲之辨。中丞得命，乃掀髯笑曰：「兹行知不免矣，然不敢自便。」遂行。至，果盜賊蝟起，軍中粱肉告乏，吏茲土者，宿稱長於吏術，亦莫能展一策。中丞誓以畢力捐軀，以稱上任使，乃持重深慮，不苛不柔，日惟節省調度，和輯拊循爲務，内實焦勞而外若逸豫，雖幕府警報日至，治文符如故，弗動也。臺黎寨苗反卭水，中丞檄總兵石邦憲及諸軍鵰剿之，斬首級若干級，生得苗若干人，馬、牛、羊若干頭。任豪龍阿友蹈土官，楊、安二姓隙誘諸苗反湄潭，中丞檄石邦憲及諸軍撫安之，陰遣武士以天子威福諭二姓，二姓大恐，各出死力，立縛其魁麾下，三省之，兵罷於旦夕。時湄潭功爲最大，同事者爲中丞畫曰：「報功天子而能爲壽於政府，上賞可得也。」中丞謹謝曰：「非某所得爲。」於是僅得金幣之賜。

丙辰歲，天子以陝西地裂變，下命先期考察臣工。銜中丞者，乃相媒蘖抵搆，圖所以去中丞，昔嘗知中丞者，竟不肯出一白語。然中丞名素著，無所指謫，遂以老罷去，中丞得旨怡然，曰：「處此鬼方且宿多罪譴，今斧鉞不加而得生還，幸矣。何以印綬爲也。」趣舍人即駕轅。

歸，居家閉門晏如，教諸子力孝弟，爲文章，户外事率皆謝之不知。縣長吏非大故不入謁，公門外十歲中不一二見中丞車。監司部使者數數行縣，中丞非有雅故，不接納。或先期扁舟出遊，誡門者曰：「過我者謹蹕而受謁，無重主人過也。」嚴操僮僕，各歸之農販，應門惟一二童子，僅能持謁報客，門内外寂然，真可羅雀。里中如不知有中丞在，故里中相語曰：「揚揚市中，綺衣服而以氣排人者，非張中丞厮臺也。」先是上海城城，中丞宅第多在板築下，長吏請補以邑中隙地，中丞歸悉返之。長吏固請，卒固讓。官二十年，袛裯中裙，不裁以帛，冠裳亦不故求其美。寢户内惟一木榻，冬夏帳具不盛。榻前敝篋一、二，書數卷，蕭然也。平生不欲以所長先人，雖以惠澤德人，事必思之一再乃舉，惟恐形其不舉者。對子弟未嘗雌黄人得失，亦絶口不談游宦事。人或以吏部政質中丞，中丞笑曰：「忘之久矣。」接卑門下士，必與鈞禮，笑談假以顔色，士有尺寸長，游揚之不置口，士多樂附而願比爲子弟數。

所爲文，法兩京，詩肖陶、韋。自免官後，固不應監司、諸貴人所丐，聞所善山人輩有所屬，便伸紙提筆矣。中丞長子秉一，仕光禄寺監事，仲子秉初、季子秉介，皆諸生，亦奇士。

論曰：中丞年已七十矣。見中丞每言棲閑公與同産兄故狀，淚輒下不能收。又嘗見中丞曰：「余自釋褐來，不敢廢天子尺寸法。」時雷霆適去耳，指之曰：「有如此雷霆。」朱生爲之悚然避席。今觀中丞子，其兄子如、子諸子，産不過中人家，乃知中丞非徒良吏也，真古孝廉哉，真古孝廉哉。

陸老圃傳

陸老圃，名時伊，字汝莘，上海楡塘里人。父銓，清江訓導，明飭經行，善提舉朱景暘先生。先生有二女，不易擇對，長女女唐副使子中書舍人綎，次女女老圃。老圃少有淑質，清江嘗誡之曰：「勉修進士業，使可稱朱先生壻也。」老圃事師不懈，誦讀忘寒暑，年二十，被病，上醫不能已之。清江欲徹其業，謀之提舉，提舉是之，業乃徹，徹即病已。遂業農，耕之，大不收，無以輸官租、給妻子，老圃嘆曰：「業儒而病，業農而貧，天無意於我乎？」又業圃，凡葵匏、筍蒲、韭虀、蹲鴟、菴蕳、苜蓿、梨栗、棗橘諸屬，皆藝植隙地。候時令已未，審泥土燥濕，辨種子瘠肥，日不去藝植所。晨起即衝霧披露，脱巾掛林間，解履納石上，或理綆汲水，或荷鋤芟蔓，暴於赤日中，汗淫淫下竟趾。倦即手一編，倚大樹朗吟長歌，忻如也。肆勤終歲，不言勞苦，諸所藝植皆茂實肥穎，蕁蕁穰穰，足供祭祀、給饔飧，餘者輒付酒家矣。以故鄰夫牧豎稱曰「老圃」，學士大夫亦稱曰「老圃」。

老圃爲人簡率踈直，不知世有詐諼夸毗之態。與人語稍合，即以語妻子者語之；語大合，頭可斷以贈。不喜見貴人，間遭於戚屬家，避去。過縣官門，窘步先諸同行，或紆行而避，人紿之，曰：「縣官門逮者至，即陜輸而舌不收矣。」性好飲，又不嗜醇酒，對客滿引大觴，興盡即自起，客戲留，謝曰：「爾爲我主之。」竟起。喜秦越人之學，得奇書，輒手寫窮晝夜不休。間爲詩，詩有古意，不求工亦不示人。晚節家益貧，不干人一錢，惟以圃自給，亦教授里中子弟，人謂：「老圃自食其力也。」

野史氏曰：景暘先生，予大父也。大父絶德異行，門人名滿録牒。性明知人，所評論人，以循良顯，以貪墨敗，以下急伐生，率皆若符券。迺堉老圃者，知老圃能以隱君子之道終其身，予姑比德曜數哉。嗟乎，顯道尚矣，隱胡可廢也。

浦小癡傳

浦小癡，上海人也，名澤，字時濟。祖父居新場里，鄰於素封倪氏，以農起家，至澤始讀書識字。慕漢逸民矯慎之風，終身不娶，或勸之娶，答曰：「不欲自苦耳。」早歲去家，從騷人、宿儒、諸貴人遊，凡晉唐名帖，無不縱觀摹臨，窮古人波磔之妙。故字學著名，一時索書者，履舄交錯。陸文裕公、顧御醫最可其能，互爲館穀。澤内無他腸，而喜任俠，人邀之吴，即之吴；邀走燕、趙，即走燕、趙。朝諾夕發，無所蔕芥。與人交，不爲重輕，慎言齰脣，所善家事，毫髮不泄，間兩家有交惡語，入耳必兩爲解紛，不作呫囁耳語，以彼媢此，人以此賢之。性嗜酒，不得若飢渴，凡諸故人宵晏密坐，召亦至，不召亦至，周旋俎豆，歡如也。酣則膝席舉觴觴人，抗音浩歌，響振林木。或起爲壽，脱巾椎髻作仙人舞，顧影婆娑颯沓，極盡遺姸巧狀，且大呼座客曰：「何不奏樂？」似得躡節陳鼓遺意。若明月中天，婦女環侍，增嘆舞態又加十倍矣。未酣而酒興不釋，雖客散主卧，獨留一豆一觴，自爲答問而飲，侍者不勝罷遁去，乃已。儲侍金二斤，許故人唐君瓚、顧君從德代爲子母以給，故橐中常滿三百錢，值當意者，即爲解橐中錢市醪膳，接殷勤，或悉與之錢無難色。錢竟復取諸故人，散去亦如故。避兵鷄鳴山，舍於緇廬，與浮屠常泰厚善，遂通其空理，不欲歸。諸故人寓書力招之，乃歸，歸僦一廛於僻所，設一榻，橫一破琴，左列圖書與宿昔所嗜帖百卷，醒則焚香彈琴歌詩，醉則擁衾安枕，或一二日不起，貴人臨況，率皆授謁於榻而去。平生喜睡，與嗜酒等，今已老，未嘗夙興，不亭午不巾櫛，故里中人呼爲「小癡」，又呼爲「晏眠人」。然於諸所善家吊喪問疾事，率未嘗廢也。

野史氏曰：余爲童子時，聞先人言里中故尚書張公黿始以師事余大父御史，後與澤同學書於陸文裕公所，並有聲。稱張公以書學見用於朝，得人主心，進爲大吏，稱尊顯矣。澤乃藏名布衣，浮沉於世，終身無戚戚語，此其胸次有大過人者。老子曰：「名可名，非常名。」澤真知道哉。

卷之八

墓誌

韓長吉墓誌銘

韓長吉嘗請婚於兒子家賓，察卿愛長吉才，且與其兄國、俞臣善，許之。嘉靖乙丑八月，長吉將病死，召察卿與進士徐汝翼曰：「家夫人槖厝二十五年而不能葬，罪大，死已晚。今死矣，不能不以死累君。」復召所善姚遇曰：「賤息與人有連者，三幼者奈侍？」姚故多意氣，不以生死易交，應之曰：「遇有幼子，願壻於長吉。」察卿與姚及侍者皆泣下，長吉獨喜而哂。夜半，封片紙抵察卿，發視，「小子更名廷咸」六字，皆長吉跡，益知長吉所累旨矣。不二日爲甲申，竟死，友人與同年兄弟石應魁、顧從德、喬木、張秉初、俞顯卿、朱宸卿以長吉不能斂，皆來贈賻。察卿相割先大夫所遺淡井里地，以是年十一月戊子葬之，並葬其母。又爲之銘。

韓氏世爲上海儒族，率皆以貲爲郎，未有以科第起家者。長吉幼即頴異，見父嘗攻爰書，請曰：「大人何事此？」父告以貧，故竟闔口不再請。十二歲，親執家苦，不廢諷誦，日能讀書五千言。稍長，從姚先生昭所受毛詩，爲文即無舊常語，同門生皆推服之。於衆家多所窺覽，尤耽嗜左氏傳，客有舉春秋事，長吉教之，緜屬而無掛漏。曹耦競熟記時藝以應有司試，輒收買充棟，貧者借以繕寫，一時以博記先人，長吉鄙之曰：「何以稱明經士也。」見時藝即掩卷不加目，日竭其紬繹穿穴據証之力，不以自苦。以故操筆鑄辭，藻思逸出，新麗峭勁，其鋒若隱隱欲刺人。督學御史莆田黄公試諸生，奇長吉文，署爲首名而廩之。至辛酉始中應天鄉試高等。

長吉爲人，朗潔高峻，似欲凌己之右者，遭義士文章客，傾己下之。家常茹菽不給，自視晏如，未嘗有意□人。遇酒即滿引一吸盡，雖大觚不再舉，醉則不有乾坤矣。聞人間孝友奇節，輒執中改容曰：「此乃足以不朽，彼功名，是何物哉！」南城黄公令上海，有異政，嘗折節於長吉。客死，長吉不以貧爲解，貸而厚賻，與饒者等埒計偕。後間爲戚屬蒼頭所賣，不問。人謂長吉不喜□□，卑視世人，乃不能謝絶嚴操以自明，顧以嘗共貧賤也。長吉病未牢時，故賣長吉者復以利關說，長吉拒之堅辭且峻。其人怒出，長吉作平客忿遺之語，皆聞道，良有愧薰灼人勢者。嗚呼，此可以見長吉志矣。

長吉爲古文雅健，詩有雋永句，張之象、董宜陽、馮遷常稱許之。娶何氏，有婦人德。子一，廷咸。女三，長嫁喬□，次字高□，再次即姚婦。廷咸爲兒子長壻，長吉卒才四歲，進士。以察卿賤不能存，廷咸受長吉遺勑而占護其家，未爲人所魚肉，庶幾不愧有道者。銘曰：

上帝樓成李賀卒，君亦胡爲字長吉，文長命短與之匹。千年泉臺閉白日，刻此銘章友道畢。

亡甥朱承伯墓誌銘

亡甥朱承伯將卒，謂其叔舅曰：「吾少育於外祖，及長，而戴履衣食俱從朱出，故蒙朱氏姓。今死矣，願以死後事溷吾舅，且微舅，莫知吾深幸，哀而誌之。」又曰：「吾家世農，自吾父壻於朱而始沾溉儒業，今讀書無所樹立，懼無以見外祖於地下，且無子，愼毋復吾姓也。」言竟而絶。予與吾母蔡孺人哭之哀，手爲含襝，携其孤女以歸。後一月，經紀其葬事，祔於其父之左，遂爲叙而銘之。

承伯姓謝，諱家孫，父諱深，字厚夫，上海華漕里人。母朱氏，先福州知府青岡府君長女，前母沈孺人出，府君以伯姊喪明，不能事良人，令歸謝。即反馬，爲築別館舍之，授其廩餼生產。未幾，厚夫卒，府君爲葬於淡井里。承伯年在孩乳，府君與孺人憐之，遷其家而食以食飲。未幾，先府君亦違背。予與承伯俱九歲，同遭愍凶，孺人重憐之，凡撫字承伯者，即撫字予者。承伯賦質敏慧，十歲讀書，日能記千言，同曹莫能望。夜讀至更闌，輒携燈至牀下，同曹謂承伯已寢，各就寢，已而復起精誦，或聞鷄不休。比長，爲文好簡古奇峭，寡合有司，年僅三十，始得游學官。思事博綜而鮮文藉，嘗從予携去，他日叩之，班班成誦。間示予詩，有大可人意語，馮遷嘗稱之。性頗剛健，負不肯下人氣，與人議論不合，雖廣坐中即起去。未爲諸生時，遭貴人於予堂下，磬折拱立者久之，□□人折節恭謹，始趨而長揖。嘗與人弈，不眠不食終日，或勸之食，答曰：「吾非以碁故，凡所爲不人若，故欲自苦耳。」嚴御厮養，一不當意，必加榜責，以故厮養輩時匿作他所，出無以隨。孺人後遣佐使，承伯又從孺人謝遣出，曰：「吾非出無隨者。」然事母至孝，旦夕崇養，且自上食惟謹，見母不辦肴簌，從旁輒淚下。

先是，承伯才十七，即請於孺人求自立門户，孺人不可，固請，乃可。不數年，中外事緒紛還悉磬所贏。旋遭寇攘，奔迸播越，患難百罹，及歸而家盡火矣。遂憂忿嘔血，延綿三歲而卒。當是時，賊殘上海，有渠魁帕首纏股，執刃挾弓當予門，擁衆而呼曰：「此清白官人家，不得入。」予家故存。使承伯性稍和平，奉孺人教而不求分異，承伯家亦存，存則無所憂忿，或不死，雖死，何至於貧不能襝也？嗚呼，沈孺人生有懿德，不幸無子而死，死而伯姊又瞽，瞽而又早嫠居，僅有承伯在，又早死，亦無子，天可問耶？

承伯生於嘉靖甲申正月初十，長予五月，卒於丁巳三月□日。始娶楊氏，再娶顧氏，俱先卒。女一，阿福，楊所生，字馬獻民。銘曰：

嗟爾甥，衍吾母。質雋良，天獨厚。苦鑽礪，異曹耦。爲諸生，時不偶。思烏騫，竟株守。鑄古詞，追祖後。比子幼，人交口。性不純，鋭氣負。耻下人，凌己右。無他腸，心可剖。不得年，無所咎。藏幽宫，世永久。銘者誰，爲爾舅。

沈静修先生墓誌銘

嘉定沈穉與其猶子淵，以隆慶元年二月十六日，葬其父國子生静修先生於戴溪祖塋之西，乞銘於沛國朱察卿。察卿，先生壻也，微穉言，欲謀不朽先生矣，何敢辭？乃哭而序之。

先生諱燾，字文載，號静修居士。九世祖諱都遠，舉宋進士，爲揚州守。祖諱輔，以孝聞於朝，天子詔旌其門。父諱棣，有獨行名。先生十歲喪父，即去童心，不好弄，兄烈早負名論，先生思欲齊之。讀書窮晝夜力，隨烈執經於上海副使李公翔之門，究竟其業，遂爲諸生。已而遊太學，屢試屢擯，遂棄去故業，居家以孝弟自持。惟務實行，不喜收聲，對人莊重寡言笑，非聖賢語不出口。兄弟十四人，先生行居十一，兄炤爲給事中，灼爲御史，皆不以幼弟畜先生。給事與諸弟日爲醵飲，客爲諧語甚譁，給事誡曰：「十一弟至矣。」一座爲改容。兄烋之嗣，死，以其遺及家僮均授諸兄弟，惟先生獨辭。嘉靖癸卯，仲子積舉於應天，縣令免人罪目，令出家錢若干以資計偕，先生固謝去，令聞而重之。平生不喜徵逐，晚節益謝交游，客至，即修具爲歡；客不至，亦不召。坐暗室中，如對大賓，未嘗岸冠徒跣以自便。性卞急，子弟藏獲間不當意，輒對案不食。長老亦苦先生嚴，莫爲之肉袒解，然而移時即解。未嘗藏怒，戚屬有微善，游揚之不絶口，有微過者，面不直之，辭且峻，使人若不能容。以故里中人動有違禮者，惟恐入先生耳也。先生業故不饒，遭寇變益落，然宿具長者行，□□□人俱重之，卒不以鄉佐之役累先生。間爲有司不知，重先生者皆爲之稽首請。今先生老而行故在，役竟不免，遂不能支而憂懣成疾死矣。遺敕無他言，惟曰：「從薄葬，葬宜速。」

先生生於弘治甲寅九月二十三日，卒於隆慶元年正月十日。始娶潁川陳氏，事姑以孝聞，處娣姒，和而有禮，懿德淑行，内外稱一口。生子稶，志行有父風；積，先卒；稠，出後叔父默。女嫁朱察卿，孫有教、有淵、有孚、有光、有育，孫女嫁陸文焘。再娶東人徐氏，亦多賢聲。生子程，先卒，後有孚。女未嫁，亦先卒。嗚呼，先生文不合主司，竟以國子生老死，使應孝廉賢良方正舉，何愧哉？先生不以常壻畜察卿，故以此銘先生，以俟後世知者。銘曰：

高簡剛方性獨狷，惡世浮沉不求衒。潔己清身儼白練，不疑鬼神畏雷電，吁嗟先生世罕見。

喬伯舒妻瞿孺人墓誌銘

隆慶庚午，南城張公績爲上海令，試喬君卓文，甚才之，署爲第一，數數趣卓應應天試，卓以母病辭。已而七月庚辰，母竟死，卓得視含襝。至其冬，父伯舒先生亦死。卓以辛未二月巳未，合葬於龍華墓，請尚書潘公銘其父，而以母之銘役予。予之子家教爲伯舒壻，何能辭？

孺人氏瞿，無諱。生即秀淑絶，愛於父母，慎爲擇對。伯舒爲名諸生，遂嫁伯舒。伯舒貧，孺人入門不問，日業機軸縷結之業，以給伯舒。上舅姑食，未嘗見不鮮，親執炊爨，汲水滌釜，手指嘗皸瘃，不言辛勤。伯舒生徒嘗滿百，歲所入稍贏衍，孺人謹爲褚之，時出以治生産，今僅有田宅，子女資以婚嫁，使舅姑安居七十年，不聞户外事，孺人之力居多，宜乎伯舒哭之哀也。大父雲，父世賢，母許氏，子女具尚書所撰誌中。予子婦宜於持家，人亦朴慎，益知孺人賢矣。銘曰：

夫數奇，困白屋。子英英，孝行獨。負儁才，文鏃鏃。奮人群，理可卜。養以茹，祭以禄。瞑泉臺，慰風木。

韓元和墓誌銘

韓元和避寇遷華亭里，年四十三，嘉靖三十四年九月二十一日疾卒。訃聞上海，元和之戚屬若翰林典籍中書舍人顧從禮，國子生唐瓚、顧從德、朱察卿，學官弟子員姚昭、顧從孝、從敬，山人馮遷，不能走元和死所視含殮，乃相與爲位而哭。未幾而元和之母弟俞臣以其喪歸泊於斜橋，卜十二月十二日從祖父葬，諸君相助其凡役，復往哭。時中書舍人顧從義奉使過家，亦往哭。事退，謀於察卿曰：「吾數輩日相徵逐，元和壽不得長而先吾數輩去，文以掩諸幽，後死者事也。子莫辭。」且以俞臣之請，乃叙而銘之。

君諱國，字元和。曾大父常。大父綸，仕景寧簿。父恕己儒業爲浙江都司從事，陸文裕公爲之銘，娶中書之長姑，生三子而君爲仲。從事命君後兄恩，遂出爲恩子。君體眇小，儀貌秀朗，而都里中長者多愛之，以爲韓氏佳兒。少與姚昭同師，事舉子業，時昭方有聲而君未束髮，即不廢問學。作經義得旨，爲明經士所賞識。稍長，從從事游錢唐，學益通博。當是時，從事子弟例得試有司，即爲錢唐諸生校藝，輒居高等，大爲他生不悦。有噎媢者，謂君非土著，以占藉恐君。君不與白，遂鬻所居，槖其金之京師，奉例爲國子生。復有聲，同舍生皆出其下，屢試而黜，乃棄去故業，務記覽爲辭章，辭章多清俊語，便窺作者堂廡。君兄弟皆能書，君於小楷尤精絶，點畫得晋人法。

君素性孝弟，出爲人後，兩事其大人甚謹。所後母氏朱，以其櫛珥鞶帨并韓氏世遺槖中資私其女，君曰：「女兄，爲吾母己出，宜其私。」置之不問。久之，女兄子無賴，以辭連染君，御史下其事有司治，有司以君爲國子生，故深文巧詆，下君獄累日。君以女兄子爲手足戚，自省亦寡過，不求直，然而事竟得白。

爲國子生數年，貧不能復故業，僦屋以居，亦不甚慼慼。性善會計操作，且中□兄弟以高誼，緩急所有，不至急困。然以任俠自喜，雖無贏資，好以投瓊爲樂。與豪俠士博，窮日夜，不厭苦。游思竹素，課訓人子弟，帖帖坐氈席，不出户閾。喜音，審聲律，與同曹密坐，必歌以自娱，歌且善，一座盡傾，惟恐其絶響。宴客治具，親勺藥以佐鼎娥俎豆，實以葵蔬，亦自精美。與人飲酒酬酢，始善規避，少慷慨，及微醉，不計杯行，進以大觴亦嚼，行酒者或不給，座客餘瀝皆爲之盡。酒竟，終不使酒，可近。座有遺簪墮珥，必呴呴通慇懃，盤桓燕婉，推之不去。人愛君醖藉閑雅，亦無有推之者。君與人交，必推誠攄信，無賣友之行，愛敬其兄弟，務盡友于之義。今君病而俞臣棄妻子於孤城，走視湯藥，死而受其易簀語，諸戚屬與君善者一再哭，極哀，皆欲樹其遺孤，非君自致之耶？

君娶嘉定沈氏，御史燦之女，與君共辛勤勞苦，不厭粗糲，自君之書藉以至米鹽細故，皆自典掌，且無妬行，賢聲大譁。韓宗先十四年而卒。側室林氏子四人，長宗儒，察卿以兄子許字，次宗學。長女嫁秦珣，沈出。次幼。銘曰：

嗟嗟元和，好美如玉。雍雍恂恂，孝悌而勗。文苑揚芳，典墳是務。信乎交游，賢者益附。

上國翱翔，戰藝不耀。求達以貲，非其所好。而亦不獲，一命之微。天於吾人何如耶？

沈祥卿墓誌銘

嘉定沈君祥卿將卒，語其從兄秀卿曰：「吾母死，得熙甫歸先生銘而葬，吾死，當乞朱君邦憲銘。」秀卿過言祥卿，言未竟而瀾然涕下矣。未幾，嗣子昌祖來言葬期，出顧君棶孚狀請銘。嘉靖壬寅，察卿遭君於韓元和所，見君儀飭而議論慷慨，主觴政，糾謫當人心。酒半，座客或被酒亡去，君端坐而修詞益謹，察卿心善君有長厚風。後二年，察卿竟爲君媢，君宣言於宗人曰：「幸無以常壻畜朱君。」君豈知察卿者哉。今君死，察卿當執後死者事，銘何敢辭？

祥卿名應兆，入太學更名兆，性至孝，在孺不類凡兒。十歲喪父，哀毁如成人，世父給事炤目爲佳子弟。事母夫人唐尤謹，日侍夫人所，無故不少離去，饋饌親執，未嘗見不鮮。人有言君喘疾能傷生，夫人憂之甚，君詳以他疾爲解，即疾作，强起屏息侍，退復喘，誡女厮無言喘。島夷來寇，君以夫人春秋高，不任驚悸，奉夫人奔崑山，徙金壇，再徙留都，盡其橐中裝不計。夫人病，君醫禱無遺力，不瘉，刲股肉以進。病已力，猶冀夫人生，嘗糞甘苦以決。然恐人過其行，誡家人闔口不言。夫人竟死，君號哭不能拜起，傾資治葬，遠近吊者賢之。

平生好義樂施，贍其女兄弟之不能作家居者，復嫁娶其女兄弟之子女不能嫁娶者，尤蘊藉敏給。對人恂恂不嘎喈，事至即能辨其詭正，不爲人所賣，以故宗人事未堅決者，喜從君質，君爲解紛調停，率多直人意。幸酒好客，竟席無一語忤人，客亦樂從君飲。遇藝壇諸名人，更傾己下之，日追隨觴咏，雠門所覩墳記，人益以此賢君。君久病，不舉子，以夫人在，慮先夫人死，兢兢慎疾，復從兄子昌祖，屏遠婦女。逮葬夫人，語所善曰：「兆身可以自許也。」納宜子者倪，即舉子。舉二歲，而君死矣。

嗚呼，君有孝行，且多明決才，乃不得一官，又不得年，家故饒困於役而貧，死之日無以償息錢，良可哀也。曾祖諱輔，吴人推爲孝子，天子詔表其廬。祖諱粱。父諱煦，國子生，娶沛國朱氏。子二，昌祖娶徐氏，昌某未聘。君卒於隆慶三年八月二十七日，葬於十一月某日，墓在周溪上。銘曰：

沈昔居汴，食采得氏。桓桓都遠，舉宋進士。出守揚州，遂家清浦。佳城雙樹，閱世千古。秀結陰繁，子姓蕃息。或隱或顯，咸修祖德。君生最賢，獨行可尚。死塋别丘，馬鬛相向。素車高風，叔世已矣。我銘君墓，以慰知己。

庶母陶顧二氏墓誌銘

嘉靖癸巳，先福州府君卒，庶母陶、顧二氏，哀毁欲從死，家人常守之，得不死。既而守志，堅不可奪，奉吾母蔡孺人益謹。不數年，先後亦卒。孺人憐之，不忍使骸骨異處，命葬於府君塋後，重其節也。二庶母俱以節死，陶有德於察卿，更厚，奚忍無誌，以示後人耶？

陶氏諱愛蓮，父盈，母趙氏，上海東海人，世鄰於蔡。生八歲，即娟麗閑雅，吾外祖怡晚公見而愛之，令佐孺人刀尺，孺人即宜之。及孺人嬪，府君遂携之以歸。時府君尚爲諸生，貧，與孺人日勤紡織，動至夜分不休。性任勞苦而又謹飭不怠，府君亦宜之。及府君舉進士，勤苦如故，孺人分委内政，悉井井理會，雖粒米尺薪無私。甲申歲，舉子不育，時察卿爲乳母棄去，即請於孺人乳抱，同卧起，推燥居濕，不異所生。察卿甫就學堂，夜必篝燈伴讀，課業少惰，必厲色勸勉，或涙下，不從，乃告孺人治。逮察卿娶婦，贊理更勤，凡中饋甘旨，可當孺人意者，悉授吾婦，婦能寡過，其力居多，由是孺人益禮之，或與坐語，不數月而疾作矣。卒之日，以金一斤奉孺人，謂察卿曰：「有汝視殮，吾無憾。」乃辛丑三月二十九日也，得年四十有二。

顧氏諱官秀，父禎，母韓氏，亦上海人。年十九，事吾府君，周旋曲意，一與陶等，府君寵禮之，不在陶下。益醇謹自退，不爲怙寵忮美之行，孺人省其雅重，心善之也。長於女工，剪製文綉極精巧，諸婦女咸宗之。府君病劇，謂孺人曰：「顧年少，令别事人，無久苦之。」即泣，跪曰：「公遇妾厚甚，奚忍有二志？」及府君下世，日從孺人哭泣，不稍稍聞怨聲。久之，忽忽不樂，遂卒，先陶三年，乃戊戌七月二十六日也，得年三十有四。

嗚呼，府君平生重節概，聞世有貞烈婦女，談不輟口，二庶母竟終其身於朱氏，且有賢行種種，府君泉下慰矣。是宜銘，銘曰：

喬喬新府，府君是宅。二母從之，永慰寥閴。百千億年，曰此良大夫之側室。

女阿仙壙銘

女阿仙，予與張氏出。時予已四舉子，得女良不厭棄，令乳第三子家教母乳之。眉目朗秀，一家人莫不憐愛。生二歲，不食葷，家人以肉雜菓蔬進，能辨而去取之，强之，亦不食。祖母蔡孺人，久奉浮屠法，見而以爲異，憐愛尤深。孺人死，能同兄嫂哭泣。甫三歲，能識字，誦五七言詩三首，言笑食飲，無不大當人意。戚屬有所饋遺，弟妹争把器索食，女袖手弗視，且作怒弟妹狀，母與之，乃食，亦不較多寡。予每更衣出，必牽衣而問所之，歸，即笑曰：「兒父歸矣。」天未昧爽，即求去乳母，枕余肱而卧，解所識字與所誦詩。且有請益語時，嘗以手摩予面，拂予鬚，婆娑宛轉，推之不去。母戲之曰：「若何愛父深耶？」女曰：「父，大人也，何不愛？」然愛父與愛母等。予故愛之，不在子下。嘉靖壬戌，女方四歲，病痢甚劇，火炎而唇舌俱赤。予覓一梨啖之，女尚曰：「何不先薦祖母？」不數日，爲七月癸卯，竟死。

先是，女與二母弟俱發痘疹，長兒家學代予蓍得損之六三，其辭曰：「三人行，則損一人。」予驚疑者久之，既而各無恙，予謂蓍之未誠也。今不死於疹而死於痢，豈鬼神先告之耶？

嗚呼，人情於所生，雖椎騃醜惡，尚無弗愛，況智惠妍好哉？宜予哭之慟也。葬之日，爲癸亥四月己未，祖母與前母唐、沈二氏，俱於是日窆，女之魂魄可恃而安矣。銘曰：

生之者誰？死之者又誰？造物胡爲，故令人悲？祖母是隨，汝靈永綏。

小婦陸氏誌銘

小婦陸氏，以嘉靖乙卯四月廿五日卒，時予在京師，予母蔡孺人命其所生兒家學視含斂，權厝先大父御史公墓後。十年，發而葬於先府君福州公墓穴，在妻唐、沈二氏下。陸氏本農家，孺人以余獨子，慎如府君所傳，不蓄息，人有言陸氏女好，且以妻唐無妬，乃禮聘以佐唐。入門舉動安適，率中矩度，孺人省其女德，不讓世家子，心善之。日刺針孺人側，足不窺棖闑之外，凡諸兒子以上，袿裳、中裙、履舄，多出其手。既得孺人心，又有子，未嘗以誶語加女厮輩，以故一家人敬重之。視所生兒，不加私愛，或讓之，曰：「孺人保護百端，且已付之乳媪，吾何庸愛？」似有所見者。今不得年而死，雖家學，尊時制爲之服三年喪，諸兒隨兄後，歲時祭奠，拜跪不衰，卒亦可哀也已。銘曰：

葬年癸亥，葬日己未。異穴同墳，母以子貴。

叔父子明先生側室楊氏墓誌銘

叔父子明卒後一年，爲嘉靖甲辰七月九日，側室楊氏亦卒。子宸卿，權厝於祖塋隙地，至隆慶三年四月十六日葬。嫡母談碩人，始發而安祔於叔父墓。時宸卿未除碩人喪，衰絰而跪察卿曰：「吾父客死京師，母楊實從吾兄走千里。自護喪還，目擊母哀苦狀矣。家老多言母有賢行，知莫兄若。幸哀而銘之。」

按楊氏，嘉定南翔里人。父諱熟，母錢氏，伯祖諱錦，廣東按察司使，楊實吴郡仕家令姓也。碩人久不舉子，吾大父御史公且以五子僅三孫，時時忳鬱，趣吾父福州府君及諸伯叔皆納宜子者。叔父迺聘楊氏爲側室，入門即克盡禮數，事吾大母張孺人，奔走周旋，動先人意，遂大當孺人心。叔父好客，客常奔湊，必手自執炊勺藥以供。供已，又陪鼎加籩以久客。凡蒸嘗及米鹽諸務，一不煩碩人，碩人以其善持家，每爲下之。叔父肺病癰，既抱乳宸卿，而復身親湯藥，通旦忘寐，終不言苦。隨叔父之京師，事叔父尤謹，遇一行人有恩禮無苛。叔父死，哭踊欲殉，常謂家人曰：「願旅櫬遺孤，歸故里，吾即死矣。」迨歸，卒以憂傷五内，不踰年而卒。嘗見士族婦女言他姓納妾，面即發赤，言辭譗譗然而□沸。其性蓋得之天授，使御史公爲叔父慮不及此，碩人安得有子宸卿？持喪秉禮，盡哀盡力，踰於己子也。且吾伯父子潛，有子竟絶，叔父子辨，早死乏嗣，使無楊氏，御史公孫僅三人，叔父亦爲不祀鬼矣，又何有宸卿？及宸卿子家序、家慶以大吾朱氏也，楊之功在朱氏，豈眇小哉？銘曰：

有子賢兮承宗祏，傳綿綿兮誰之力？良不誒兮墓中石。

鄭府君墓誌銘

鄭君鈇，弱冠爲學官弟子員，大雅而文，邑之快士樂與之遊。余亦與之厚善，遣兒子執經其門。鈇卜嘉靖乙卯十二月六日，葬其父文祥府君楓溪祖塋，先期具狀過余，不以文字鄙薄，請予銘，余不得辭。

按狀，府君諱□，字文祥。其先有諱世安者，自勝國時家黃浦之張家浜，善植五穀，五穀美，里人多則之。曾大父子文，大父琛，父評，字朝賢，娶錢氏，生府君。鄭氏業本饒，朝賢公好任俠，事博徒事，家遂落。錢碩人拮据㾗瘏，力作相之，得不盡落，然而府君以幼孤承之，亦難支禦。雖性好書史，思以進士業起家，志亦不逮矣。遂勤力田畝，課家人操作，攻苦食淡，泊然安之。久之，家漸温厚，雖未得與先世相埒，業亦稍稍振矣。

府君性至孝，念碩人所遭艱甚，奉養惟謹，日暮自上食，極盡禮數。及碩人背養，哀戚甚，悼骨柴立，恒以奉養無狀，不能康碩人爲念。值歲時忌，必祭而哭極哀。府君之姑適於戴，未幾而卒，府君以姑故，於戴之後娶之，子六人，視如姑出。後戴卒，家凌遲衰微，府君樹立諸孤，輕出貨力，其第四子旒窶甚，無所歸，府君收而食之，教之乾没治生，而復爲之娶碩人之甥。劉璋於府君，分爲姨弟，家宿貧，府君賙其終身，劉卒而劉之妻女不能作家居，府君賙亦如之。他如族人鄉里之不能衣食婚喪者干府君，府君應之一與戴、劉等。貸息錢而不與息錢者，不收責之，有古折券棄責之風。府君生最晚，其諸父兄弟行皆垂白而杖者，家政無細大必關白府君，府君亦醇謹持重，慮而後對，故諸父兄弟莫不稱服。兄璠、瑜於兄弟中尤友愛，嘗以子視府君，而瑜更過之。故府君於兄子銓，矢心戮力，共樹門户，務求報塞瑜乃已。

上海賦甚繁，分典鄉賦者，有司重難其人，時浮梁曹侯、湖口梅侯相繼令上海，察舉府君，咸以篤實稱。侯每會計所輸，不如約者罰，至府君獨寬之，所在里人聞之，皆負擔而至，卒不以累府君。府君處家極嚴，與家人坐亦莊敬，出遇芸夫豎牧，必煦煦如平生歡。

先是，府君年三十無子，有以畜妾廣嗣請府君曰：「子以承祭祀，大門户耳，在賢，不在己出，族人天錫子銶，秀朗而慧，可後我。」復以鄭之近屬踈屬者凡若干人，命之蓍，俱不吉，蓍銶，得蹇之上六。府君曰：「鄭世業農，實困大蹇中，銶非濟蹇者乎？」時瑜亦欲後銶，府君絶欲得之，乃寢，府君竟後銶。嘗呼銶曰：「當世無所容，惟讀書爲右上，須努力進取，無負我後汝意。」又嘗誡銶曰：「儉，德之共也。須謹身節用，無事紈綺。」

居嘗好儲偫委積，凡粱肉魚鹽，必豫備以待水旱。甲寅歲，寇攘方殷，適來寇府君所，昔所儲偫委積，盡爲鹵掠，府君以勤勞所聚，不免憂憤焦灼，且爲寇所窘，奔迸罷憊，遂得熱疾，逮入城就醫，醫弗有矣。絶之日，是歲八月十六日也。距其生弘治甲寅之四月十六日。①

娶陳氏，碧涵公長女，亦鉅族，有賢聲。嗣子一，即鈢。孫女二，長字庠生王章甫子問仁，次尚幼。予嘗見當世人士，勾會敏給，囊帛櫝金，纖嗇不散，雖兄弟朋故，不得通假，平生於甘脆肥醲亦不得一染指，必欲盡遺其子，及至大故，子不能世其家，而珠服玉饌，傾蕩若流，壙未宿草而囊櫝盡矣。又嘗見身龐家温而立名稱之夫，年已末暮而獨，日惟問宜子者内之，不置後嗣，逮卒而族人群争之，就木不成襝，而卒爲里人笑，未幾而里人亦忘其姓氏矣。予見而未嘗不兩病之。今府君尚壯而後鈢，鈢將以進士業顯，使人知有文府君所謂子在賢不在己出，豈不信然耶？府君真長者也。銘曰：

祥，非鈢故耶？

弗仕而賢，弗胤而傳。楓溪之原，於斯萬年。

① 此句下當闕「年整六十」，或「整一甲子」之類語。

馬姬誌

馬姬名求，高郵李氏女也。生十三無父母，惡少紿之登輕橈，晝夜刺至武林，賣之沈玖。沈，故娼也，姬遂爲娼。海上有馬媪善娼業，以若千金買姬，故蒙馬姓。姬形姱骨佳，色曼甚，若鮮霞襯薄雲，光曄曄射人目，即不盛鬋被羅縠，而豐浄端潤，無狹邪女子態。一時賢豪酒人，競慕姬，通慇懃，得姬游睇者，爲親己，有喜色。賢豪酒人家召客，陳肥厚，無姬爲不重客，必召姬。姬解歌，鮮臻妙境，座客皆膝席請，懸目於朱唇間，聲才出唇，一座即稱善，與歌聲相雜，所進酒無算矣。姬聲價邁等夷，卑視馬媪，貸金償之，求去媪，媪亦不能留，居常比屋。然姬性峻傲氣，不能下人，其意所中客，即所與遊者日短之，無以解其中；其所不與者，即貴人兒，勢甚張，舁黄金支其床，不得一善睞旨語也。以故爲娼二十年，寡所肺腑人，即肺腑人，慮不能終姬，終以不納爲婦，卒病死於委巷，可哀也已。死之日，爲隆慶辛未六月丙辰。故所善姬者，或先化去，或在京師，或病不能交人事，姬幾不得斂。迺今七月丁丑，始得合錢爲槨，葬於馬媪斜橋之墓。予亦姬所善中一人，予病，姬數數來問。吴門王百穀在予齋中，見姬，大與之，曰：「芝蘭在零露中，終爲芝蘭也。」與予謀姬落籍事。百穀竟去，而姬卒未聞百穀語，使姬早知，或不死也。予爲之誌而請百穀題其墓，曰「馬姬墓」。

卷之九

行狀

先福州府君行狀

府君諱豹，字子文，號青岡居士。朱氏世爲姑蘇人，勝國時，仲雲公有詩人名，府君六世祖也。五世祖諱克恭，精於易。高祖諱木，攻左氏春秋，兼長黄石公之學。高皇帝以驛馬聘用，多所運籌功，旋論死下獄，上書稱冤，得不死。文皇帝時，上安邊十二策、麒麟頌，深見嘉納，語在天台陶宗儀及孫文簡公碑記中。曾祖諱元振，有隱操文辭聲。祖諱佑，舉景泰庚午鄉試，仕南昌府同知，夏時正先生稱爲孝廉。父諱曜，以貢授清江提舉，博學異行，遠近尊爲宿儒長者，以府君貴封監察御史。妣張氏，封孺人。

府君生而顥敏秀惠，五歲即莊重不類凡兒，九歲能屬文，諸長老皆異之。稍長，與提舉公並進學官，每試，迭居高等，曹耦稱爲「小朱先生」。正德癸酉舉於鄉，丁丑舉進士，進賢舒翰林芬，見府君志行言論大合，宣言於同年曰：「子文兄非徒以進士業名世者。」觀政都察院，除麗水縣令，旋改奉化。提舉公手書爲政方略萬餘言授府君，誡學包公，不持一硯歸。府君到職，奉教惟謹，廉節是持，日食脱粟蔬菜，肉味累日不嘗，然米菜率不取諸民間，償以俸禄，惟資縣中水火而已。奉化濱海俗悍，先是大姓右族，不避文法，輒横侵漁民，惡少挾婦女飲博，旦暮不休，縣官繩之急，不悛。府君召至庭下，不遽加榜責，喻以禮義，衆皆感化，無復有不悛者。監司以他縣賦不足，且爲中貴人立窘，欲貸奉化所贏若干補之。府君固不許，監司怒發赤，丞簿皆免冠謝，府君磬折而前曰：「脱奉化不足，更何貸？且不欲爲故事以病民也。」禮數安舒而竟不許。崇禮學校，接納諸生加等，惟恐士氣不作，猶推擇諸生之尤者，日課文字，手爲塗抹品題。尚書王公鈁、□□戴公璟、御史王公杏、舍人周公璉皆在推擇中，後先發跡，捐俸建社學，延師以教里中子弟，一時習章句者，比屋連宇。不喜操切鉤摭，臨事不見威稜，然而諸宿猾曹子，抱文符不敢逼席，畏之若神明。欲築會通倪家二碶，謀於民，言便。

稽度已備而當道察舉能治劇，改令餘姚，未行，姚之大豪相謀曰：「奉化朱公至矣，盍違諸？」皆屏跡遠遁。去之日，二縣民遮號歡迎者輻輳於途，去來肩摩踵接。至則一以治奉化者治姚，以姚賦役稍繁重，益寬其征科，輕其徭役，民更大宜之。姚故以里甲送徒，里正緣此爲奸，民相貨賄求脱，府君罷里甲而用里正，民間一無所擾。迫今更若干令，守其法不變，群務廢墜半載而集。雖姚多大吏，一望府君眉宇，自能絶其請托，言欲吐口而輒自禁矣。治姚不六月，應召北上，遮號者不異奉化民，二邑相望樹碑以志永思，張文定公爲碑辭曰：「樹碑黌宫，永配卓魯」云。

辛巳秋，拜貴州道監察御史，府君乃上疏曰：「先帝爲權奸所蠱，致海内虚耗而陛下嗣之，乃當其難，有捧水馭馬之勢，非豐亨豫大之時，握髮吐哺，宵衣旰食，尚恐不給，未可以怠緩爲之也。今者公卿在位，已多得人，然止於奉侍經筵之頃，獲近清光而已，未聞賜以宣詔，訪以政事。陛下端拱於深宫之中，至或參以憸佞，指是爲非，以危爲安，亦何從而審之？所以近日之刑賞予奪，蓋有違國是而乖衆心者矣。伏望陛下於退朝之後，燕閒之頃，凡有大政事之當商確、大疑議之當決斷、大刑賞之當裁處、大禮樂之當酌定，必召内閣老臣與之從容談論，求適其是而協於中，上可以合天道，下可以服人心，次及九卿以至亞貳，亦令得以披其忠赤而吐其才猷。若恐諸臣承對之際，不能秉公盡心以稱盛舉，則許給事中、御史各一人隨侍於後，因得面舉得失，亦唐太宗令諫官隨宰相入閣議事之意也。」

疏上，得俞旨奉敕清理江西軍務，江西當宸濠變後，境内灾盗數起，府君發粟大賑，活數萬人，□大辟囚三十餘人。以上方鋭意邊事，薦尚書楊公一清、都御史伍公文定，有韓、范略，詔皆録用。

旋移病還家，丙戌歲，還朝，改福建道監察御史，陳裨聖政十事，曰「接大臣」、「求直言」、「公賞罰」、「崇節儉」、「戢豪右」、「端民牧」、「足兵食」、「貴撫按」、「戒守巡」、「慎刑獄」，忠實慨切，不下數千言，詔所司即日議行。時天下災異沓至，府君密疏曰：「天人之際，捷於影響，未有不召而自至之災，亦未有已出而無應之變。陛下憫念元元，凡一切不便於民者，可悉停罷，召諸臣講求致災之由，上本洪範、春秋之義，下稽京房五行之志，凡所舉行，動合天道，則民心可得，災變可弭。」上覽之，即召諸臣廷對，罷一切諸不急者。

又以民牧當重郡守，不擇其良，無以表率所轄縣令，而守又數數遷易，治理益難有效，疏：「倣先朝大學士楊士奇建議，命兩京文職四品、翰林五品以下官，各舉堪任知府者以聞，下之吏部，編記成籍，遇缺陞補，察其吏理有狀，或□之六年九年，報以越次之擢。若薦所私昵，他日到職敗事，如宋端拱時，坐其舉主，亦宜。又於所舉者，籍名禁中，遇有陞用時，一親定以鼓舞之，則大臣攄以人事君之誠，庶僚秉鞠躬盡瘁之誼，天下幸甚。」詔加獎諭，仍敕吏部議行。

是歲，復按江西，貪墨望風解印綬，至則論劾副使、太守某某若干人去，屬城皆累息。先，中貴人奉敕鎮守，貴倨而輒侵辱縣，妄索民物，或以危法中人，府君鈞禮嚴辭，不少下借，且告以天子數用言官言，不使國家法度稍有輕重，中貴人憚，斂手側目，所在帖然，如不知有中貴人在。

禁奸僞，扳禍本，風裁震肅，有勢家不敢以氣加人。尤詳慎重辟，決讞平反，省中無一人言冤。當是時，閩之吏於朝者甚夥，若福州守廉苛，思得長者以代。言於宰相，願得府君往，府君所上民牧疏已行，知府君不以守爲病也。

丁亥，遂補福州守，府君於吏理益閑練，無事矜飭，惟固其平生廉節而斂其風裁，簡除煩苛，拊循休息爲務，上下皆以廉平寬仁稱。他郡有大獄難集之事，監司必下府君，府君裁決，既當法，復當人意，於是訟獄者皆願一見朱福州，即死杖下，無悔。没寺僧所占田千餘頃，歸於横舍，建養正書院以勵風俗，訪先賢遺跡以崇祀典，百度具舉，士論翕然歸之。聶尚書時爲御史，按閩下，檄旌之曰：「節用愛民，正身率下。」考上上。己丑，吏部考課，爲天下第一人，人謂府君昔上疏重民牧，將以自試也。然府君不自多其循良，亦忘其佩御史章久，恭謹以事上官，和愛以遇僚類，人益重之。

庚寅六月，提舉公訃至，府君絶而復甦者再，即日奔歸，徒跣泣行四十里，士民出涕者載道。監司以爲難，騰之薦剡，有「聞喪，一日起行」語。府君孝友得於天性，執喪守禮，哀麻雖夜寢不去身，三年不交人事，哀至即哭，服竟不異始喪。張孺人有痰疾，孺人常旬日夜不寢，府君亦旬日夜不寢。爲御史，在□告，以提舉公在，未嘗乘車行里中，事伯兄子濳處士甚謹，自諸生至釋褐衣履相□而敝，與叔、季子起、子明分異，日暮必共食飲，一不至，即展閲案頭墳記以待，日昃不至，亦不食。營高敞地以葬提舉公，及治喪壙不儉費，貸息錢以給，不煩叔、季，叔、季争助之，亦却。

與人交推誠布信，直示肺肝，周卹貧匱，赴義如渴。安亭明醫沈君言，卒爲御史逮去，府君知爲仇家所中，即請於提舉公，篝燈裁御史書，書成，已漏下三鼓。沈使始至而碎首請府君曰：「若主不當白，雖碎首奚爲？」即遣之星行，事卒得白。文學沈君廉謀爲兒子婚出市，府君請與弈，沈曰「奚暇事此？」府君笑曰：「姑弈之。」弈半，又數數求去，府君又笑止之。已而，饋以金一斤，及被舄諸物，大逾所望。他戚屬宗黨望以舉火者不可悉數，然提舉公家故貧，府君又爲廉官，橐中實無贏資，人更以爲不可及也。居家儉朴檢飭，見里中鮮車怒馬，雕館藻室以自耀者，輒戒子弟曰：「必欲供此慾，鮮不巧取泉貝矣。」更不喜陳托有司，人間以此請，謝去之，而自譙讓曰：「行尚未孚於人人也。」平生無怒辭暴容，事值轇轕皆從容應之。無不節適，或遭横逆，輒茹納不見形跡，故大夫士無論親疏邇遠，皆飲德終身無怨懟者。最富經術，博極群書，所著萬緑堂稿、淞野行稿、内臺題草、洪城奏草、閩中雜稿若干卷。

癸巳歲，以嘗哀毁提舉公過甚遘疾，遂不起。以手撫察卿曰：「願汝長爲好人，毋隤家聲，吾死瞑目矣。」爲正月二十五日也，生於成化辛丑十一月十九日，得年五十三。以丙申歲正月庚申葬於肇溪斜橋之原。始娶沈孺人，再娶蔡孺人，子一，即不肖察卿。娶唐氏，再娶沈氏、張氏，女二，長適謝深，次適大理寺評事顧從義。孫七，家學、家賓、家教、家法，皆諸生，家風、家聲、家禮。

嗚呼，府君爲長者，爲良吏，從祀鄉賢名宦俎豆，没已三十五年矣。時察卿方九歲，先孺人雖賢而能文，不聞外事，以故前所請誌文，知不厭府君心，察卿旦暮痛之。惟先生節行冠古人，斧鉞罷威，雷霆避怒，不獨以文章名世，生雖後於府君，使府君品論人物，坐先生於右上矣。幸賜一言，以掩諸幽，必能不朽我府君，非徒勞數十年枯骨於泉下也。謹憶孺人所授一二具狀，以備採擇。

先府君逸事狀

嘉靖乙卯，府君以奉化令入覲，與尉某同舟行，長至夜，泊淮陰黄河口，鄰於大賈船。盜百人圍賈船急，尉之子能挽十石弓，試其技，立死二盜。群盜怒，舍賈船而燒府君船，且以刀戟當窗牖，使不得出。府君度必死，不若死於水，有尸可收，乃從刀戟上越出，順流浮二十餘里，力盡屢沉，若有人從下升之。遇莞蒻舟綷亂垂下，遂挽綷，得稍止，舟人覺，救之。府君時沾寒，不能出一語，舟人異府君容貌，苦夜乏薪，即焚莞蒻以逼寒，久之乃甦。所在縣官聞之，使漁人緣河求府君，兩日乃得，是時死於火者三十餘人，尉存燼餘一股。

庚寅歲，福省諸囚久不案，以監司部使者在省，諸郡縣皆送繫福州圄犴。渠魁林某者，罪當首棄市，素多膂力奸智，紿諸胥靡曰：「從我者生。」即殺士官獄卒，碎諸所加三木，斬圄犴門而出。并劫縱侯官、懷安、閩三縣所繫囚，道刃布政縣令若干官人。府君適如厠，以人隸走盡，不敢起。賊開溷軒門者三，自若無所見，一賊帕首而髯呼曰：「朱知府安在？」空中飛瓦碎賊首，賊乃去。嗚呼，府君於孝弟、忠信、禮義、廉耻，無一字虧，乃屢遭險厄，位僅爲守，年不滿六十，天可問耶？

先孺人行狀

先孺人氏蔡，諱真，真大父諱昕，父諱蘭，號怡晚居士，母徐氏。蔡爲東海聞家，世有隱操，里中以長者稱。怡晚公未暮乏嗣，且爲多女所苦，誡徐碩人無再舉女。及碩人有身，怡晚公夢異人授以玉玦十五，越十五月而生孺人。人尤以爲異遂舉之。

孺人賦性端淑，在孺即不苟言笑。稍長，即能事筆硯事，讀孝經、烈女傳及他墳史，無不覩記，諸女莫能望。怡晚公嘗謂碩人曰：「少女才慧，非名士弗歸也。」前母沈孺人適下世，先福州府君以沈孺人賢，實難其繼，人有以孺人才慧告者，府君乃往請婚。怡晚公推聞府君名，遂許歸府君。

時府君尚爲諸生，貧，孺人日事紡織以給饘粥，指坼手裂，無所怨懟。先大父御史公多所接納，雖生計踈落，而座客常滿，孺人體府君養志之孝，親睎滌濯，羞簠簋以進，凡炊爨庖餾之事，日與媪御雜作，不爲厭苦。祖母張孺人素有痰疾，終歲卧起相半，孺人事湯熨，不少離，張孺人竟夕不寢，孺人亦竟夕不寢。府君兄弟五人，御史公久不分異，孺人雍睦於娣姒間，裙釵食飲，時相通有無，上承下順，不異府君之處兄弟。孺人歸時，沈孺人所遺謝氏姊甫離襁褓而瞽，孺人憐之甚，時其衣食，不異所生。

性不喜靡麗，被曳布素，若將終身，及府君舉進士，孺人受御史封，而平居所衣，一與府君爲諸生時等。兩從府君令劇邑，守大郡，日同府君茹淡咀糲，默成府君冰蘗之操，所治所産，雖土缶藉藳，亦不從府君請。官衙有鸜鵒鳥二，察卿欲携之以歸，孺人誡之曰：「若父欲學包公，不持一硯歸，無以鳥故累若父也。」

嘉靖癸巳，孺人年三十九，不幸府君背棄，孺人絶而復甦者一再。時察卿方九歲，顧氏妹僅七齡，孺人日抱察卿而啼。告諸叔父曰：「女雖已出，終爲他人婦。此子不立，何以樹門户，見先夫於地下也？」聞者無不泣下。孺人乃内慈外嚴，專意教訓，日令察卿就師傅講解，夜則坐察卿於側，明誦師傅所指授，紉針以佐，極寒暑不休。課業稍惰，必怒而杖之，杖而不如教，泣而再杖。及察卿綰髮，孺人益嚴課訓，家政巨細，悉自綱紀，雖察卿走一蒼頭，必令關白。察卿間出里中，必命家僮垂白者隨之。凡燕朋輕客，悉皆謝去。府君所畜家僮不下千指，孺人撫之以恩，嚴之以法，日示以輔立幼主之義，故竟府君没，無敢有求去者。先世宿貧，府君又爲清白吏，以治恒産，故負戚屬千餘金，孺人奉府君遺言，節儉操作，悉償所逋，間有不責其息者，手書於券曰：「願子孫無忘之也。」自府君没後，内外百須，孺人以一身當之，營高敞地以葬府君，爲察卿娶婦者三，具資賄以嫁顧氏妹，婚喪謝氏姊之子，怡晚公不克葬而葬之，諸所費務，無不手自經畫會計，刀泉出入，人不能欺。教養諸孫，心更勤切，不在察卿與妹下，次孫家賓，十月無母，孺人手抱同卧起，推燥居濕，不以春秋高自憐。甲辰歲，孺人年五十，爲婚嫁已畢，稍可謝蒸嘗米鹽事，且傷府君之早背，遂奉齋禮佛，博通梵書。察卿與妹强進旨甘，跽請不許，然猶念門祚將落，力不能支，日不謝紡織事，白髮垂肩，自旦至暮，堂上車聲不息也。

庚申歲，孺人年六十六，五月廿有二日，忽遘一疾，察卿不孝，醫不效於藥石，禱不鑒於神明。延綿至於九月，孺人自知不可起，召戚屬媪御至榻下，各分釵裙與訣。復命察卿以手自所爲布若干匹，均遺家僮，泣謂察卿曰：「非我不能成若，非若不能事我，死可以見若父矣。」又曰：「若兄妹素和好，我無憂，但不見家賓與諸孫進取爲憾耳。」言竟而絶。

嗚呼，痛哉，天令吾母死而察卿獨存，天亦酷矣。孺人生於弘治乙卯十月十一日，卒於嘉靖庚申九月十四日。子一，即不肖孤察卿，娶唐氏，繼沈氏、張氏。女一，愛卿，適中書舍人顧從義。繼女一，適唐繼道。孫男六，家學、家賓、家教、家法、家風、家聲，家教出爲人後。孫女二，阿仙、阿壽。癸亥四月十二日己未，卜而食，將合葬孺人於府君之右。

痛念孺人身兼嚴父慈母之責，辛勤勞苦，百倍於人間母氏，於己出女非不憂，然必先子後女，大違時情，且察卿性素逋蕩，非孺人嚴教箠撻，必與不善人游，而府君所遺敝廬薄田，易姓久矣，尚能至今日耶？孺人托孤之節，罔極之恩，實不能報也。惟相公德師後人，文陋先輩，賜一言以銘孺人，使後世知有朱賢母，察卿死亦無憾矣。謹濡血含哀，具狀以備採擇。

先孺人逸事狀

戚屬有家變，使二媪持黄金授孺人曰：「倉卒不能計其若干斤，願孺人置於善地，俟變定。」而歸。媪御輩以其倉卒故，請銷其大者而償其數。孺人怒曰：「是爲利動矣，且非所以抵其急也。」卒全歸之。孺人奉齋十七年，於諸釋典無不精解，深寒時禪坐，必汗流竟趾。六月不浴，身無微垢。從弟宸卿，嘗得孱弱之疾，不能舉步，孺人教以禪坐之法，不兩月而愈。病劇時，謂察卿與妹曰：「我絶時，汝兄妹哭母失聲，亂我去路。」及將絶，使察卿轉身側卧，以左手加枕藉面，不聞喘息而逝，與諸人絶時絶不類。

亡妻唐氏行實

妻唐氏諱觀，上海人也。高祖琛，贈刑部郎中，曾祖鋭，工部司務，祖斅，任俠不仕，父繼恩，商城主薄，娶張氏，實生妻唐。爲邑著姓，提學副使龍江公商城，從大父也，先大父御史與副使善，以察卿長姑孺人婦其子中書舍人鑾，商城以姑故，遂許聘焉，實通家也。

妻性婉懿沉默，生六歲即工女紅，足不出户外。甫十五喪母，哀毁幾絶，宗黨難之。嘉靖辛丑，年十八，歸察卿成婦。時先福州府君背棄，奉吾母蔡夫人極誠敬，供飲食必親，終無惰容。佐蒸嘗，無違度，客至必執炊，爲下人先，會計米鹽細故，悉不以煩夫人。夫人御下嚴，事拂意，輒怒，妻慮傷老抱，必跽而請，未解，必再請。夫人自寡居來，值節序必哭府君，妻既歸，夫人曰：「得新婦如孝女，足慰哀暮。」遂不哭。與謝、顧二姊姒，敦好如兄弟，信使相屬，殆無間宿。每抱無母悲，見白頭媪輒興嘆，歸寧於家，拊棺而哭極哀。遇群下無苛，動有恩禮，亦不爲群下欺。平生不易言笑，見三尺童，俯首不能視，亦不能開一語，故臧獲千指，未識其面者半。察卿夜讀書，必携刀尺以佐，復具菓茗，至夜分不休去。察卿欲遊太學，妻斂袵曰：「非君所好，何狥俗爲此？恐負姑所期。」言未竟而淚下，察卿爲之有愧色。

初舉子不育，抱庶子如己子，撫字更周匝，人自之爲唐出也。癸卯春，復舉子，僅閲月，察卿從父之訃，來自京師，族人以扶櫬事屬察卿，義不得辭，乃别去。妻以道路修阻，憂念不置，遂成怫鬱疾，逮歸，形已骨立，相向泣，竟莫能狀。時進湯藥不效，若不得帶下，醫久之，病愈甚，泣謂夫人曰：「壽不得長，有負姑，有負姑。」復以左手撫其子，顧察卿曰：「善保此兒。」言竟而絶。其卒爲嘉靖癸卯十一月初八日，其生爲嘉靖甲申十一月十五日，得年二十。

男一，家賓，聘董子元女。庶子一，家學，聘趙元清女。妻下世時，家賓纔八月，今能習句讀，揖賓客，數從夫人問母，豈不哀哉！夫人以家賓幼，久不治葬事，近以鄰灾，權厝於府君斜橋新塋側，爲嘉靖辛亥二月二十四日也。

嗚呼，察卿委禽至長别，僅三越歲，悲痛不能語人，以夫人在，不得效王駿義，妻之淑德懿行，豈忍俾之淪没耶？惟先生當代宗工，文足永世，得一言爲銘，使後世知有朱生婦，蓋爲先生傳也。謹狀其大較，以備採擇。

卷之十

行狀

繼室沈氏行狀

妻姓沈，無諱，蘇州嘉定人。沈氏世居青浦，遠祖都遠公，舉宋進士，仕揚州守，七傳而生孝子輔。輔生棣，棣生國子生燾，剛毅狷介，居家有過人行，人稱爲静修先生。妻即先生與陳氏出也。上海與青浦相望，先生從兄給事御史與先大夫福州公，後先同朝厚善。先孺人季姊蔡氏，又嬪於給事弟，以其故，且先生長者，故與沈婚焉。

妻性大類先生，在孺即莊静端坐，闔口若廢言笑。十歲喪母，事繼母徐如母，資尤敏慧，凡剪製縷結事，過目即能辨，不煩傳指授。嘉靖甲辰，妻年二十一，先生猶擇對，未許行，先孺人以察卿請，先生遂女之。入門成婦，即問孺人所嗜好，問察卿始娶唐，何以當孺人心。先意承順，不以新婦未諳練爲解。旦夕兢兢，惟恐孺人不色喜，雖孺人所侍賤婢，見必優以禮意。察卿嘗惰於課業，孺人怒，長跪半日不敢起，妻亦跽，不敢起。孺人奉佛持齋，妻必躬潔食飲以進，病必强起侍之，且謂察卿曰：「姑老矣，非滋味不能養，奈何？」然終不敢以是言聞孺人。時兒子家學才三歲，家賓甫一周餘，又乏乳媪，孺人哺食代湩以生，頃刻不離懷抱，妻請於孺人曰：「此新婦事也，何以煩大人？」孺人爲之泣下，陰佐孺人養護，時其飢寒衣食。逮就學堂，隆其供給於傅，雖兒子好弄事，種種必於間處誨之，且佯語曰：「我爲若父言。」終不言於察卿。事察卿十年，敬順婉娩，曲舉婦職。察卿性好客，客或卒至，即脱簪珥，市肴核以供，不使孺人知。察卿過從友人所，必誡曰：「無以酒氣加人，且欲反面孺人也。」若以事出郭，必牽衣數數問所之，不至一再。終歲勤勞，操作刀尺、紡織諸務，日不去手，且儉施與，敝衣毁席，必固藏之以待所需。故内外贊賀孺人，又得佳婦。然妻自未行時，已嬰心痛疾，至是連舉二子，疾益不逾，一歲中不三月起，猶督婢子作生理於榻下不休。

嘉靖癸丑，島夷寇上海，察卿奉孺人，携妻子，從間道走，妻疾陡作於舟次，欲絶。四顧兵火燭天若圍，懼無以收之，乃奔郡城，至即不藥稍已。及賊退還家，疾復大作，泣謂察卿曰：「我事姑僅不得罪，諸兒子有君在，或無大苦，但夫婦中道而絶，目故不瞑也。」孺人與察卿哀之甚，日爲醫禱，不獲再已。至甲寅正月二日癸卯，遂永已矣。子四人，家學，娶趙元清女；家賓，娶董子元女；家教，聘陸思豫女，卒再聘喬伯舒女；家法，聘張孟和女。家教、家法妻所生，家教出後從兄邦胄。

嗚呼，察卿年二十而唐氏妻死，年三十而妻又死，十年間再哭其妻，累吾孺人亦髦首大慟，今亦卒不永年，察卿何不德至是耶？以癸亥四月十二日己未，葬妻於先福州公斜橋墓之昭位，以俟察卿他日祔。不得太史公一言以掩諸幽，終與凡婦等耳。謹具狀以請。

徐筠岡先生行狀

先生諱鏞，字子鳴，更字聲伯，引號筠岡，上海人。先世自勝國時即居東海袁珠溝，以農起家。曾大父用和始以經史教授鄉里，日勤筆札，磨几案間，硯深寸許，里中人稱爲「穿硯先生」。大父寰父軿號怡田居士，兼事耕讀，並有隱君子行。

先生生而貌魁梧，性頴敏爽朗，童子時即嗜書，耽紙筆，不偕群兒戲弄。稍長，諷誦窮日夜之力，不煩父母程督。家故貧，不厭脱粟，脱粟之具不具，亦不問。意鋭志專，能任勞苦，走試有司，嘗躡屩而輕百里，至雖重繭作槃跚行，操卷即入，竟以高等遊學官。先生初治詩，督學江西張公搜選諸郡縣高能者通春秋，乃改治春秋，學於宿儒損齋劉先生所。先生亦已教授里中，去劉所不下五里，日課徒，夜即執經於劉，沐雨櫛風，不廢一夕，二經並明，學益通博，試輒冠曹耦，名乃隆隆起。從遊者日滿帳下，冠履交錯，大喜生徒問難叩之者，必爲之盡講解竟日，唇腐吻渴，無惰容。五十不中，志益壯且堅，聞鷄即手一編精誦，聲浪浪出户外，常語人曰：「即人哀予，予何肯自哀？」逮耳不能視，手不能披，乃已。事繼母陳以孝聞内外，宗黨言皆一口。從父軨乏嗣，槖養甚謹，不在父下。從父卒，即以事繼母者事從母。女弟家弊，無仰賴，不自以己産不饒爲解，割田以給。其舉火數舉子不育，察兄子汝翼在孺即秀材，不類宗人兒，遂抱而後之。長日携課於側，不離晷刻。汝翼經明行修，父子間自相爲師友，名後先，相藉甚，人争艷慕之。先生坦夷無他腸，交人和而有禮，見鉅儒、小生，一皆歡然揖讓，以故人皆喜親。先生與人飲，時時雲醉，烈寒揮箑不休，然不以酒氣加人。善爲嘲謔，與所善友宴坐，時時出一二語，聞者在忳鬱間，未嘗不啞然笑也。歲辛酉年五十四，竟舉應天鄉試。先生以怡田公平生盡力教養，先背棄，不及見，淚輒潸潸下。

壬戌，上春官落第，友人以謁選銓曹爲先生請，先生曰：「昔嘗哀予者，良不驗予。」益自信，卒不和之。乙丑，又落第。時汝翼已舉進士，且先生末疾初瘉，友人復理前語，先生不和之如故，趣蒼頭駕輲南歸，未及渡江而疾再作矣。汝翼聞，不俟調補，請以使事行取道歸省，逮歸，先生病已牢，不可治，呼汝翼曰：「有若樹門户，諸弟不爲人所苦，目可瞑矣。」諸戚屬門人時至榻下，即以語汝翼者語戚屬門人，意氣若閑適者。至十一月二十八日，遂逝，得年五十八。娶丁氏，子汝翼娶范氏，汝戴娶王氏，繼張氏，汝冀娶胡氏，汝禩聘高氏，汝禩爲側室曹氏出。女一，字陳治法。孫男二，東偉聘沈氏，東俊，幼。孫女二，長嫁王㽦。汝翼與諸弟盡哀，不渝禮，且從堪輿家言卜，又食。即以是歲十二月二十一日，窆於袁珠溝祖塋昭位。

先是，先生敕汝翼曰：「必朱生狀我，乃肖似。」嗟乎，察卿豈真知先生最者哉？憶戊戌歲，察卿從子家相從先生遊，先生以察卿少，不甚椎魯，嘗以弟畜之。後七年察卿亦以詩改治春秋，遂爲先生門人。垂三十年，無論教愛，過於等倫，即兩家鉅細諸務，無不相聞裁可。汝翼與諸弟以先生故，又皆以兄事察卿，故微先生命，已應執筆，況汝翼徒跣哭泣拜而授先生遺勑哉？然銘非長者言，無以不朽，先生知汝翼必能不朽先生也。謹含哀狀其大較，以備採擇。

董子元先生行狀

先生姓董，諱宜陽，字子元，先世汴人，宋南渡徙居上海吴會里，爲上海人。曾大父以和，有隱操，獨行，大父綸，監察御史，父恬，大理寺少卿。大理公末暮，不舉子，娶唐孺人，生先生。

生七歲，聰警異凡兒。九歲，即能屬文。莆田鄭公洛書令上海，嘗召試，奇之，遣學於郡博台州王先生度所。先生爲世吏子，叔父皆榮顯甚盛，飭躬不異單門士，下楗讀書，累月不窺棖闑。吴清惠公廷舉撫江南，行縣駐南禪寺後丘，聞隔岸吾伊聲浪浪，立召得先生而授簡，賞其文秀材，勉以正學，出薛文清公所著書以贈。已而執經於徐奉化獻忠先生，時奉化名震盪諸生間，等先生爲高弟。年十八，大理公捐館舍，服除，游學官，唐孺人即背棄，内外多故矣。先生忍詬茹荼，内支外禦，不敢語人，而人亦莫敢名其讐先生者。先生爲都給事楊公某妹壻，以故給事從與先生游太學爲得易以明經顯，先生遂游太學。先生質極頴敏，日讀書幾萬言，益博先秦兩漢、諸子稗官、堪輿風角、醫卜種樹衆家書，猶穿穴國朝故實，郡縣文獻，叩之能縷數以對。試兩京累擯，即去進士業，肆力於古文詞，名籍籍於儒林間。陸文裕公深，嘗宣言於人曰：「董君王、曾肩輩也。」當是時，無論郡縣賢豪長者折節與先生善。而吴門文待詔徵明、顧尚書璘、蔡孔目羽、袁太學褧、王太學寵、袁僉事袠、彭山人年、陸少卿師道、綏德馬文簡公汝驥、安福鄒文莊公守益、金陵許太常穀、從化黎户部民表、順德梁評事柱臣、南海歐學正大任、鄞沈山人明臣、歙王山人寅，皆後先爲文字交，或千里遺書定交。先生遊諸公間，引繩相翼，名益籍甚也。

先生孝悌而尚風節，幼事大理公、唐孺人，即温清無違禮，修伏臘蒸嘗事謹甚。丁祀期，在百里外，必星馳還，手滌俎豆，行釜爨前，候勺藥，足無停跡，語家人曰：「慎無見不鮮，我爲父晚年子，無以副子我意也。」家人一不當意，即忳躁而泣，且數行下，祀竟，意不解。與弟宜旭分異，自宗人或允豫謝不聞，泣語弟曰：「大人舉我晚，舉若更晚，我與若早孤，又異母，人所側目時也。彼允豫者，慮吾二人不能畢兄弟之好，儻有之，何以見大人地下。」爲文祭告先祠，竟分異。無所私，而身獨肩其外累，一不煩宜旭，老而白首益親驩。大理公葬，走使數千里，乞銘於喬莊簡公宇，跪而授使者狀，莊簡誼先生，立綴文，速還其使。體大理公意，請補前母喬宜人墓中，石副使唐公錦敘其文曰：「古之純孝，何以加！」宜陽表著先德，多蘄名人言，字亦皆名人跡，勒石樹碑文，種種夥矣，傾其橐中裝不顧。少嘗將大理公命謁陳開府於婁上，客有以居間請投金錢若干於舟，先生麾之去曰：「無以焦詬視我而污家大人也。」内子楊歸寧，給事家被盜殆盡而戚屬所寄金獨存，媪御請匿所存以償，先生面發赤曰：「明汝言與夜客等耳。」立召還之。給事弟某重傷女弟心，自辦其金搖明璫及纖渺阿錫以遺女弟，而所以慰籍先生甚厚，先生固謝去，人兩賢之。楊亡踰三十年，經紀其子姓事如一日，人益賢之。

性卞急，不能藏人短，遇事輒發，已復悔。急故人事甚於己事，爲之擁護解紛，行赤日中，汗淫淫下，不辭。聞賢者爲蜚語所中，力爲分明之，掀髯座上，諮諮然而沸，人多先生直節，亦不以嚄唶病先生。若己事，卒臨且眇小，即疑懼還耎矣。

平生嗜好惟書與古今石刻爲最，聞有奇紀名帖，即解裘帶搆之，不可搆，借以繕寫，手腕若脱，不言苦。日坐一室，校勘摩斫不休，詩人衲子過從，僅一掩卷。詩法盛唐，晚喜元、白，文取達意而多醇茂古雅，即脱稿不自安，猶就所善輩商訂不已，即所善輩彈射之，弗嗛也。楷書法虞永興，行草法智永，文待詔嘗稱之，對客臨池，即百客恢笑歡呼，若格闔不訛一字。大理公家故不饒，先生持門户四十年，婚嫁日繁，又不善治生產，家日貧，旋遭兵燹，室廬被灾，奔迸遷徙無寧日，家益貧。賣文以給，惟書若干卷及先世遺像、故人所寓竿牘，謹楮無恙，日携置僑所以自娱，人或嘲之曰：「先生良自苦，不記憶揮金時耶？」先生笑曰：「金固散去，故吾存耳。」或勸之仕，答曰：「子期往矣，乃今寧爲白頭丞簿，跼蹐效騶下駒哉？」因自號「七休居士」。董之宗人多賢，皆以文行，尊先生而侍，即傳策尤重先生，似宗人無與耦者，可以知先生矣。所著有皇明名臣琬琰通録 皇明金石録 雲間詩文選略 雲間先哲金石録 雲間近代人物志 雲間百詠 松誌補遺 上海紀變録 中園雜記 賦林金石 董氏族譜紀年金蘭集若干卷，藏於家。

生於正德庚午十一月十二日，卒於隆慶壬申二月五日，得年六十三。聘户科都給事中張公某女，卒，娶順天府丞楊公璨女，再娶顧某女，文僖公清孫也。丈夫子七，爲楊出者曰鳳孫，夭死；曰方大，娶舉人吳潮女。顧出者曰開大，郡諸生，娶南豐丞朱萊女，卒，再娶張其悌女；曰立大，郡諸生，娶訓導何承寵女；曰成大，娶國子生陸謙女；曰觀大，娶河南按察司經歷顧正泰女；曰永大，未娶。女一，適國子生朱家賓。孫男傳箕、傳法，孫女五人，諸孤。卜隆慶壬申十月某日窆先生於茭門塘之新阡，阡，先生所自塋也。

先生於察卿有久要誼，又壻察卿子，辛未十月攝衣向察卿曰：「足下知我，幸傳我平生，我將丐壙誌於陸太史，奉足下傳以往也。」察卿諾而病，未有以復先生。忽操一葉來勞苦，相與談平生，多感慨，擬留十日歸。故人張之象以書抵先生，趣議未婚郎君事，先生即歸。先生趺坐榻上，向察卿長揖曰：「予即治木理壙，願足下速摇筆以畢予壙志心。」察卿愧而扶痛膝席謝。去一日，報先生卒然仆地矣。察卿褰裳乘籃輿走視先生，病已在死法中，惟餘喘聲出户外，之象與察卿把臂而哭，弗知也。豈先期之委，而又卒卒來問病，欲令察卿以死事累太史公耶？惟太史公愛子元，加等夷察卿，念世之士不得取一第，故多奇節不聞於人，即聞又多揶揄其人，足哀矣。幸太史公憐子元之窮，賜一言而瞑子元目。謹狀。

喬伯舒先生行狀

先生諱洪，字伯舒。曾大父廉，大父寅，世爲醫學訓科，父遜亦業醫，有長者操，娶御史大夫唐公瑜孫女，生先生。

先生生而貌魁峯秀朗，唐、喬二家人異之。家故不饒，無以具脯脡，年十六未就傅，已而自礪曰：「吾宗人不業儒，即業醫，吾無所業，辱吾宗矣。」即請之父，就傅讀書，窮晝夜力，雖鬱燠烈寒不休。不二歲，爲文即多驚人語，旋遊校舍試，輒居高等。閩孫公渭令上海，校諸名士藝，署先生爲首名，每對客誦先生文，必嘆息絶倒，一時名字益著。先生爲人無他腸，肺腑光潔，其對家人言者亦可對市人言，於曹耦中無一語相忤，惟醇謹縛緬自持。然揖讓率其故性，不爲過慎禮容。先生外藴藉可親而内實介毅，嗜好事一無所知。當是時，孫公不以諸生畜先生，禮爲重客，戚屬不知先生者，金錢若干以居間事爲請，先生拒之嚴，面且發赤，事聞，孫公嘆曰：「喬生非徒文章士矣。」先生經獨明，生徒名居録牒者餘二百人，其貧者俱却其贄，即固餽，亦却，而勤誨善誘之功，一與他生等。里中某氏請以百金館先生，禮數甚盛而先生欲携一所厚善與俱，主人弗許，先生曰：「終弗令故人獨無依，我獨善也。」卒謝去之。崇養二大人，悉力以具甘旨，終身弗煩。仲季談氏妹早寡，恐傷二大人心，收養共食飲，竟成其節，内外宗黨知先生貧，故尤難之也。性幸酒，爲客不煩主嚾，在主位亦欣然滿引，量能十觚，即嚼十觚，至九，未云罷。然霑醉亦端儀雅坐，不出傲弄一言，人謂酒德亦稱先生也。七試應天，不中，晚始得食廩，已即被病，嘗謂其子卓曰：「吾業進士業，亦苦矣，卒不能成進士，今當禪若。然吾死，若當斂我以葛衣，即治木，當爲穿一竅。」聞者悲其志。

竟以隆慶庚午十一月二日，哭其妻之喪病劇而卒，距其生正德丙子九月十六日，春秋五十有五。娶瞿氏，子一，即卓，娶秦氏。女二，長適國子生顧九叙，次適邑庠生朱家教，家教，予子也。孫一，振孫。卓買龍華高敞地爲墓，以辛未二月廿七日窆先生。

將乞銘於邑之立言長者，命予爲狀。予少與先生同遊校舍，重先生之文章行誼，先生亦知予，以女女予子。卓能世其家，文大有聲，予故又遣子家法執經於卓，何敢以不文謝兹役。嗟乎，先生可稱古孝廉茂才，竟不得一官，不享中壽，乃得長者掩諸幽，以不朽於後世，厄於生而幸於死矣。謹摭其大較，以備採擇。

故叔父國子生子明先生行實

公諱蟾，字子明，先世姑蘇人。五世祖克恭遷上海，爲上海人。高祖木，攻左氏春秋，爲耆儒，嘗獻麒麟頌、安邊策於朝，文皇帝嘉納之。曾祖元振，隱德不仕，性好游，踪跡遍天下，著有詩名。祖佑，江西南昌府同知，少稱才人，爲劉文安公所重。父清，江司提舉，封監察御史，慷慨大度，博極墳史，以陳太丘、范文正自期，人稱之曰「景暘先生」。語在林康惠公所撰誌中。公爲先福州守府君母弟，皆張孺人出。先是，孺人夢雲幻五色，朗月入懷，已而舉公，因名曰蟾，聞者咸異之。

齠時資性聰慧，體貌頎碩，御史公奇之。稍長，事舉子業，有聲郡邑間，尋補縣學生，再試不中，以例入太學，又有聲，同舍生咸推許之。家居孝悌，綽有御史風。府公宦轍久淹，公事二大人無違志，坐是府君得敭歷中外，爲時名臣。御史公得風疾，躬侍藥餌，終夜不解衣，疾竟不起，哀毁骨柴瘠，終喪，無悖禮。三易歲而遭府君之喪，又兩越月而張孺人之喪繼之，哀慕執禮如前時。門户衰折，外侮薦至，公總理家政，不問伯仲，察卿得樹先業公之力居多。事家廟極誠敬，晨興必焚香衣冠而拜，終其身不衰。處兄弟極愛敬，待族人有恩禮，遇群下則斬如也。平生重然諾，能緩急人有無，若會計出入，不爲人所賣。族有貧者，匿作於鄰邑，公聞之，憾然曰：「吾朱氏子，忍爲異姓傭保乎？」遂捐金贖之。御史公有倚馬才，詩文多不屬草，公每籍録鋟梓以傳。好讀古人奇書，有以書售者，不惜傾貲。精行楷，書法有晋唐人風骨。喜與豪俠士游，客過存，必飯客，相與擊鉢賦詩竟日，無惰容。有蘆江稿，藏於家。

嘉靖辛丑，公自謂家食久，弗紹先志，將謁選銓曹，乞一命爲投老計，遂束裝携子宸卿行。待次久之，未得選。越明年五月，遂病肺臥，八月，病益牢。公自知不起，泣謂宸卿曰：「汝甫九年，我遽舍汝去，勉力學，無惰家聲。」言未竟而逝。其卒爲嘉靖癸卯三月初四日，其生爲弘治甲寅六月初九日，得年五十。

娶談氏，子一，即宸卿，聘天台知縣潘子藎女。女一，適陸木。公素性純篤，器局倜儻，秉禮好文，爲族白眉，以公才德，不宜死，死矣，不宜客死，豈朱氏衰薄之運累之哉？訃聞，察卿奔赴，越四月而旅櫬與宸卿歸。故人來，哭之哀；族人來，哭之更哀，公之爲人可想也。宸卿卜日葬於肇溪祖塋側。察卿才下，不能如柳刺史敘其從父御史君行，肉骨之悲，實同之也。惟先生爲文章法家，行不讓古人，得先生一言，豈直吏部銘耶？謹具狀以上。

顧汝元行狀

君諱從仁，字汝元。曾大父諱□□，□府知府，所至擢摘良姦，多所惠政，陸文裕公稱其有良吏才。大父諱澄，贈光禄寺署丞，内行修飭，嘗以己産讓其弟，邑里難之。父諱定芳，太醫院御醫，高朗若淑，閎達孝謹，海内以長者稱，没而有司請祀於鄉。母李氏，以長子中書舍人從禮貴，封孺人。

君生而秀朗，在孺不與群兒戲，及就學廬，日據几案誦讀，不煩檟楚，御醫絶愛之。布政沈公恩，御醫父客也，未暮乏嗣，擇婿難其人，見君即大加器異，許以子妻君。及稍長，趣向不凡，讀書窮日夜之力，刓精竭慮，砥礪鑽研，不以自苦爲病。君伯舅李先士龍師姚先昭所授進士業，無不究竟其術，且能撿括參合，時出所見以問難，出試即居高等，爲邑博弟子員。時高君兄弟、鄂郍、陸君楫、王君衣、秦君嘉楫，負超軼之才，掉鞅藝圃，號稱能文章，君日共討論，聲譽歘起，衆咸賀御醫有良子矣。御醫嚴於課訓，務納諸子於規度，君奉教惟謹，痛抑豪舉之習，恂恂儒雅，未嘗有子弟之過。負奇偉峻特之氣，視天下事無不可爲，與人談通人魁士，少所推許，嘗謂察卿曰：「丈夫遭此叔季，必當舉進士以功名命世爾，獨浮沉於齷齪者何哉？」察卿起，謝不能，君譙讓之益苛。疾世伊優脂韋，見人矯笑僞言者，申目發赤，以氣排之，使人若不能自容。或在長者之席，君必布心腹、出肺肝，無不爲之盡，而人亦無有御君者。

君兄弟六人，皆博雅茂異，雖自相爲師友，而君獨高視於伯仲間，諸伯仲欲成君之志，每爲下之。御醫多畜古書名帖，人稱「武庫」，君亦雅能繼志，時有當意者，易之不惜裘帶。誦讀之暇，間爲詩歌以廣意趣，造語鑄詞，清便可喜，作字酋動險徤，有晉人風骨。然日以進取爲務，蓄力秉志，不少懈怠，終不以此易彼。

君自幼不善飯，日不滿數匙，且被病骨，柴瘠若不勝衣，御醫、孺人嘗患之。歲丁未，舍人奉使過家，爲孺人壽，顯者以御醫父子貴且賢，車轄相屬於道，君自謂猶困鉛槧，不得展所自許，沉鬱不樂。未幾，病，日延綿卧蓐不見客，至於委弊不能安穀，猶置文籍於榻前，日手一編，呻吟與吾伊相雜，仰天嘆曰：「吾竟止於是耶！」至某月日，遂吞志而卒。得年若干。

娶沈氏，子一，九敘，謹厚而文，娶喬氏。九敘以某年月日葬君於御醫墓之昭位。嗚呼，君之弟中書舍人從義爲察卿妹壻，察卿故與君兄弟厚善，出入挂轊交袵，不問信次，誠知君深矣。且君平生不能以氣下人，爲察卿踈狂而不閃榆，接禮加等，嘗命察卿主觴政，察卿糺請過當，以酒氣加君，君笑而直受之，若真知察卿者哉。昔柳子厚云：「用君之所以知者酬之。」故因君子之請，狀其大較，以俟文章家採擇焉。

節婦王氏行狀

節婦王氏，上海杜家里人。父某。處士莊銓妻也。處士生既不愛於父母，育於母家朱氏，長而遂蒙朱姓，娶節婦五年而死。遺孤世忠，才三歲，莊之舅姑欲奪其志，節婦抱世忠而啼曰：「陰瑜妻以尸還陰，尚病其不能蚤決，吾當死户内。」卒不爲奪。日織絍給食，猶藉朱氏存以升斗，朱業故不饒，已自舉子，節婦兩不能倚，勢類跋疐，矢心益堅，常薪芻盡而甑塵灰冷，甘之怡然。性甚嚴峻，自婦時至白首，不聞笑聲，世忠一不當意，即闔口愠坐，世忠置酒謝兒子罪過，率子孫跪請乃解。垂老不問家事，惟撿所記精方，修藥餌，施諸里中病者，病者已，爲之解頤，至爲加飯。年六十，節婦尚無恙，以故子孫曾、玄凡二十餘人，皆節婦自抱持，撫字均等。戚屬賢世忠，歲相過爲壽，世忠先請爲節婦壽，節婦爲之盡一觴，里中人稱爲盛事。

嘉靖壬子，節婦春秋八十有六，冬十月一日病，力執世忠手敕曰：「若三歲父死，人已無莊氏矣。微朱氏，安得子姓滿榻前？」因飲泣，侍者盡泣，又曰：「子姓祭我者必稱朱，否者不享，以朱氏成其志故也。」言竟而卒。子若干人，世忠。其孫五人，某。曾孫若干人，應麒、某某。

先是，戊申歲，御史饒公察舉節孝，以風天下，鄉長老及諸生以節婦上御史，廉得其實，與沈某妻、山某妻、楊某妻，並奏於夫子，下禮部議。未報，會倭夷入寇，内外治兵食弗給，事遂寢。

今某妻以御史羅山尚公再請，得詔旌其門，三節婦尚沉淪未表著，義士爲之太息，是豈觀風者意哉？應麟母蔡氏，察卿先孺人兄子也。應麒學茂行修，傑然自建，日與兒子遊，故知節婦操獨備。謹狀其大較，以俟立言者採擇。

馮山人妻孫碩人行狀

碩人姓孫諱觀德，山人馮遂妻也。皇父樂閒，世爲吴中聞家，且長者，以故會東先生擇爲山人婦。碩人少失怙恃，鞠育於大母，集事剪製縷結，不煩再訓，寡默不窺户。年十八，歸山人成婦，明媛柔則，上下莫不贊賀。事會東先生與其姑朱，曲盡孝敬，事無不當二大人意。山人兄弟六人，碩人於娣姒間，並輸誠篤，一無所忤。山人少貧，作客甚困，所至必僦屋以居，且無僮御佐使，碩人周旋薪水，比宇不聞其聲，性甚勞苦，織紝不廢寒暑。山人好讀秦越人書，碩人亦在方知醫，佐山人以咀藥石，真贋具能辨之。會東先生以詩名聲盈吴中，不以貧故廢接納，而山人與其兄遷又能世其家，故交游益附，過從者車轍相望。碩人内治脱粟、簇果蔬以時而出，不少敗先生吟興。山人與父子兄弟夜坐時，賡歌迭和不休，碩人必事刀尺以待，山人終夜不寢，碩人亦不寢。山人性嗜山水，歲必扁舟吴越間，碩人飭治行裝，簪珥可脱者盡脱之。戚屬有窶於山人者，至爲假貸以抵其急，若里中祝巫、比丘尼之屬，遠且絀之，不妄施一錢也。山人數從副使張公誠之遊，副使雅與會東先生厚善，以盤龍里數椽棲山人，又以田若干與之耕。碩人嘗爲山人曰：「昔人一飯必酬，張公有德於君，願君無忘之也。」語輒淚數行下。時歲屢不登，山人家罄懸，無以輸公賦，碩人復請曰：「縣官苛事徵求，租吏郎至矣，君爲清白士，當鬻所耕田以償，無徒自苦爲也。」山人悉從其請，竟以清節聞於縣官。甲寅歲，倭夷首寇上海，太守議城，城以守來董其事，而山人與有版築之役。當是時，寇將推剽盤龍，山人以城事羈牽，不得赴家人難，或爲碩人曰：「賊卒至，脱不離虎口，奈何？」碩人曰：「婦人無他謀，惟以死謝賊，不敢自累以累夫子也。」即溺水待盡。已而卒不與賊遇，遂間道入郡城。先是，碩人數舉子女，皆無産難，山人故常易之。

丙辰三月，碩人當免身，山人復易之，出遊如故，甫行而産難作矣。絶無他語，惟太呼「馮君、馮君」云。卒之日，是□□也。子一，昌方。女一，桂金。馮與朱有故，遷以弟畜予，故兩家内外事莫不相聞，予兄嫂避兵盤龍，嘗從山人家寄居飯食，爲予言碩人賢行章章如是，因山人之請，爲狀其大較，以俟立言者採擇。

卷之十一

祭文

祭廬州太守陳公文

嗚呼，予别公眉宇僅三祀，讀公竿牘才五月，忽聞訃音，慟而未信，及走急足抵廬江，得郎君苫次書，乃信公真死矣，嗚呼痛哉。

先人守福時，公尚未冠，固嘗奇公文而物色之。今先人没已三十餘年矣，公爲給事，左官量移吾郡司理，來修門生之禮，直追古誼，入門瞻像，未拜而泣，跪而進酒，口刺刺作感激語。後復行縣，匹馬出城，詣先人墓下，藉草而拜，不使守墓蒼頭知官長爲誰也。以予家落，念之甚殷，欲爲予求負郭田二頃，以供先人祭祀，予辭之甚力，公改容已之。然而各成其志，益相厚善，畢露肺肝，不文形跡，及爲舊京吏、兵二曹，即出守兹廬，信使不絶，友道有加。或獎拔予於賢者之側，或游揚於通顯之前，必曰：「吾友朱生，皭然不混流俗，真清白吏子孫也。」丁卯，入覲，知有爲蜚語中予者，公與武昌吴明卿競持覈論白之，義辭滿口，且具陳予之平生於大衆中，班班言無所顧忌。嗚呼，若公者，非予之知己哉？先人以文章知公，公爲先人下淚於三十年後，今公知予於風塵污瀆間，自公目中，不爲人所魚肉，則較之先人知公難易有辨，今日憑棺之慟而出涕，誰謂予之無從也。但公身顯行修，已足酬先人之知，予尚浮沉於世，無所成名，他日相從地下，何以副公期待？愧心未苑，知更無地可入也。

故抆淚鑄辭，聊叙知己。若公具長者之德，閩之里中人哭之，著循良之政，樹塞直之風，吴越人及舒人哭之，諫垣諸先生相與慕而哀之，又非予之淚比矣。嗚呼，知己已逝，後死者何依？雖淚竭無聲，竟何益於生死也。嗚呼痛哉。

祭顧汝所文

嗚呼，君真已死耶！予尚不自信予之哭君也。君兄弟六人，予之年與君汝和兄相當，故嘗以弟畜君，君亦兄予也。君未冠時，即吐氣英英，視天下事無不可爲，及爲諸生，好讀秦漢以上書，至馬遷遊俠傳，尤稱快意，以予重俠節，乃意氣相投，不徒徵逐好也。丙辰歲，君入京師，人言君結客好士，户外酒人詞客之履常滿。以長安婦女好，傾其槖中金與之，人頗以此非君。予嘆曰：「丈夫不得意，乃以此自適耳，今之病馬卿者誰也？」及爲甘丞，閑練廉謹，寺稱職辦，益肆力文苑，操筆不爲舊常語，昔嘗非君者非矣。不竟名高毀來，遂至外補。人言君年未四十，時未可薄其丞；家甚不饒，力未可薄其丞，理故當往。君不用人言，一意上疏乞歸，飄然就道。嗟乎，丈夫不得取甲第，以貲求一丞甚難，君乃棄之甚易，非君胸中所好，有甚於丞者耶？要知君之俠尚在也。乃天尚謂厄君未盡，歸舟再覆，幾葬魚腹，還家不三月而暴疾死，天之厄君，亦□矣。予以君重翼而歸，過從不問信次，或共賞彝鼎圖史，或授簡一室賦詩，或共被談竟夜，或爲州間之會，狂醉於遺簪墮珥間。見君笑語，雖混座客，而意實忽忽不樂，乃知君實死於此也。昔人云憂能傷人，此子不復永年，世有憐才如文舉，君當不死，人何肯不死君也？予身卧枳棘之林，百感攻中，然而對酒輒醉，不敢以憂傷生，君乃先我而死，非俠負君，君負俠矣。他日會君黄泉，君何以復我也？嗚呼，君真死矣，予之哭君，始疑而終信矣。奠此一盃，尚疑與君對食，君竟無言，予復何望也。嗚呼哀哉。

祭亡室沈細君文

君歸予門，事予母蔡孺人極孝，撫予前妻之子極慈，御群下有恩禮，佐孺人理家政能敏給，内外稱君絶賢，君可謂無負於予矣。君實爲予後娶，予之年尚與君相當，君孱弱多病，一歲中不三月起，予以君病，故事湯藥，輒廢書。君卧病十日，予亦不解衣十日，甚至勞頓亦病，內外謂予愛敬君，予亦可以無負於君矣。但予性多戇直，辭説多所忤君，君雖知予無他腸，亦不能順受。君少失母，嘗謂予曰：「予非母己出，雖不凍餒，亦不能自存。」予以君所出爲兄後，君嘗淚簌簌下。外婦有身，予不能遣，君雖不甚啣之，亦忽忽不樂。君更有隱憂，君不得言，予不得問，藏之中心與身俱往，此皆予所負君者也。嗚呼，予二人相負孰多？予知之，君亦知之，實難以語人者。君病極，未絶，張目謂予曰：「吾必死，能舍子而不能舍汝。」知君之無憾予矣。今孺人年六十一，予年三十二，諸兒子繞膝依依，無可發付，故復娶張以代君，予所大負君者此也。昔君歸予時，嘗謂予不忘始娶，今君在泉下，當知予之不忘君也。況天道有知，不爽毫髮，君爲後母而不苦人之子，君之子豈復爲人所苦耶？

祭董子元文

嗟嗟子元，十八而孤，卓自樹立，使御史廷尉之聲不隤。與弟分産，不取腴沃，而自當其門祚之難，孝友矣。穿穴古今墳記，鑄辭繁縟，言多可傳，文矣。所友盡天下名儒俠士，雅尚風節，任人之事，急於己私，俠矣。若子元者，可不稱賢豪哉？中歲家落，力屈於子女婚嫁，晚而益貧，賣文以給，內外百須，率於子元一身是取，使子元終歲奔走，足無寧跡，手不停批，辛勤萬狀。予今歲慰子元書曰：「生人之苦，惟君爲甚。」子元報之曰：「八字可作吾志。」二月一日，子元卧予齋中，起而把予臂曰：「吾將治木，與謀幼子婚，孰急？」予應聲未出口，子元曰：「即死或能收，子未婚，無有壻遺孤者矣。」予是之。子元是予是而交手謝去，一日而即暴疾死，豈鬼神先告之於夢寐耶？

嗟乎，世之齷齪淫濊之夫，或囊帛櫝金，鮮車怒馬，以快其志；或紆朱拖紫，勢甚爔灼，予見比比也。以子元才行，老不得一官，死而家無斗粟，此理將安解哉？昔人云：「蓋棺事定。」子元雖貧賤，足稱高士，子元定矣，彼未定者，烏得以貧賤輕子元哉？予哭子元而慟，痛吾良友永無見期，又痛予淪落似子元而獨生何爲也？嗚呼哀哉，尚饗。

祭黄邑侯文

嗟君侯之誕生，鍾盱江之秀異。志摩空而俯大鵬，才逸群而後良驥。窮秦灰之餘經，博石渠之群記。搦管則鬼神若驚，吐辭則雲霞自麗。甫弱冠而先登，樹棘圍之赤幟。旋馳聲於上林，擬致身於中秘。忽承艾綬之榮，不負民社之寄。才敏給而尚神明，志廉潔而嚴義利。天昧爽而即上堂，夜焚膏而猶視事。懸未鑑以發奸，不毛鷙以爲治。人感思而泣服，吏畏明而驚悸。親學校而不妨案牘，進諸生而日課文字。絶請托而篋無私書，勤吐握而門無留刺。修亂後之廢舉，繼先賢之遺志。建群忠祠以褒節義，遷濟農倉以便儲偫。異政日聞於鄰封，茂績屢揚於大吏。豈廬江之文翁，直考城之季智。胡專心於治理，常日廢乎飲食。惜孱軀之不勝，致沉疴之加熾。庭除没於蔓草，内外絶乎信使。薪水時乏於官衙，參苓不取於市肆。詔草玉樓之文，遂攬雲螭之轡。村落無春謡之聲，老弱揮奠醊之淚。或請俎豆而尸祝，或載口碑而私謚。信乎君侯之死生，足愧當世之竊位。某久沉於污瀆之中，愧乏乎雕蟲之技，賴君侯之賞識，特折節於同類。以文章而見屬，出肺肝以相示。無趙元叔之高風，蒙皇甫規之委質。驚知己之淪亡，徒仰天而自恚。慟而視乎含襝，退而就乎别次。雖已收而猶望復生，欲狥死而情不可至。悲此日之臨尸，卜他生之交臂。今明旌之漸遥，信泉臺之永閟。腸愈結而心若摧，目不睫而淚自墜。恨掛劍之無時，嘆招魂於何地？再拜哭而陳辭，聊繼絮酒之遺義。嗚呼哀哉，尚饗。

祭外舅静修先生文

嗟我婦公，古心古貌。内行修飭，不從特好。二兒貴顯，門閥赫然。公故長厚，砥礪益堅。遠利自潔，若將浼己。亦不妄施，以邀人喜。訓課子弟，曰勤曰嚴。隆禮師傅，老而不厭。不出户庭，端坐一室。仰視七曜，無愧心跡。德具長者，詞修吉人。天應眷佑，弗加以屯。仲子計偕，客死於道。季子醇良，年亦至夭。女歸察卿，兩姓皆宜。夫賤弗榮，復死亂離。不十五年，遭變屢屢。老淚長潸，哭子哭女。天違常道，善人不亨。戚屬宗黨，爲之傷神。憶昔婦公，愛女獨切。險隔一江，信使不絶。女竟先逝，背恩負心。病不能侍，葬不能臨。昔也生離，今也死合。相對泉臺，有淚如血。墓木已拱，白日已沉。奠此一盃，哀情更深。尚饗。

祭筠岡夫子

嗟我夫子，崛起海濱。明經修行，獨冠群倫。家素不饒，備歷苦辛。畫粥斷虀，嘗膽卧薪。文譽日隆，大噪邑里。後學遊從，及門如市。春秋毛詩並授其旨。無隱不倦，樹我桃李。白門七戰，屢却不前。種種二毛，壯志益堅。青燈夜雨，股刺髮懸。精誦吾伊，奚止絶編。傳經伯子，聲稱並藉。辛酉竟奮，雲霄矯翼。生徒伸眉，朋從生色。伯子繼起，金閨通藉。老驥伏櫪，志若未酬。歸甫渡江，疾作於舟。救治欲速，藥石誤投。伯子歸省，涕泣徒流。嗚呼我師，人孰不死。發跡賢科，況復有子。伯多賢行，繆彤是比。諸弟能恭，門户可倚。生既無憾，死亦能安。有言易簀，含笑蓋棺。青山千古，泉臺晝寒。紛紛鬼徒，如師者難。某等或侍門墻，或師長嗣。兩世門生，百年交義。負土愧芭，廬墓慚賜。永繫心喪，共揮血淚。尚饗。

祭林夫人文

壼德莫聞，内政難齒。欲徵夫人，視其夫子。桓桓夫子，爲世大儒。不混時情，道肩一軀。

威鳳同高，良玉比潔。名顯身退，操堅行絶。挽此濁世，實光聖門。識者是師，慕者是尊。夫人相之，恬淡同志。不忘食貧，華綺無嗜。清節具持，芳名乃完。不有德耀，曷配伯鸞？卓哉夫人，宜享上壽。馨蘭萎霜，清露零晝。某等從游夫子，模楷徒勤。每陳懿德，以迪内人。乃今云亡，信不可起。名因夫存，夫人不死。

重扁永思堂祭先父母文

追惟府君新搆此堂，未成而卒，孺人苟完於衰绖中，迄今已三十六年矣。不孝孤日懼不能保守屋廬，競競在念。今乃繕完其敝，稍加斧藻，置筆硯圖史於其中，聊解寂寞。痛思府君、孺人，辛勤萬狀，不能安坐移時，不孝孤乃竟得之。實父母以當享之福，遺我不當享之後人也。因承五世祖静庵府君舊題華灃居「永思堂」三字，復扁此堂，以識終身哀慕。嗚呼，存亡隔世，歲月依人，入户傷心，寄思俎豆。尚饗。

祭顧御醫文

先生非傑然天下士耶？先生死，而後輩何所法耶？

先生素性孝弟，敦本厚支，亢宗振族，太守之緒，續以不衰，年方弱冠，博綜群籍，上下古今，雖宿儒不能難。中遭數奇，射策不中，時有大猾肆侮，百務紛拏，先生處之裕如，猾亦不得竟肆。故海内之知先生者，稱之曰：「先生，佳士也。」先生遨遊京師，聲名藉甚，縉紳之士，莫不授謁願見，結駟相過，先生益醇謹自退。擇交惟謹，雖不能閉門絶軌，非名人魁士，不得登先生之堂。故京師之知先生者，稱之曰：「賢者也。」當代制非甲科，雖懿德茂行之士，皆致濩落，故先生握瑾懷瑜，晚節未售，雖一時貴顯知爲國士，不得越制重先生，遂以醫薦拜官，雖非所好，而先生意豁如也。時先生名益大譟，四方之士，交争識先生，以先生親己爲重，座客常滿。談當世之務，若甲兵、若錢穀、若舉措、若刑罰，與夫山川形勢、中外人情，概於胸中，披之齒頰，如庖丁解牛，更僕徹旦，客不能對，而先生未倦也。故宰相而下，事難闕説，或當持重者，輒相就問，坐先生於左，先生應之無窮，若洪鐘之待叩，事籍計畫以全，而先生已忘之矣。與先生交厚者，先生必爲之盡。人亦布心腹、披肝膽，不忍欺先生。或以事求直者，先生力爲排難折患，不問人已，致廢寢食，家人恒苦其勞，而先生卒不自知，至於窮士之急，立能抵之，自顧囊空，不稍稍有靳色，使門下之士有欲爲先生死者，故天下之知先生者，稱之曰：「先生長者也。」先生老而倦游，且以伯子貴且賢，乃上疏乞骸骨歸。歸未越二載，即罹時變，奔迸播遷，瘦卧禪室。時病且牢，而不忘廟堂之憂，手勤封事，調陳時失，志未就而先生已逝矣。

嗚呼，傷哉，先生非傑然天下士耶？先生死而後輩何所法耶？嗚呼，吾土澆薄，人事乖違，尚思老成，挽回雅俗，激昂世事也。龍江唐先生與先生才德皆完，聲稱並著，海内之賢者多宗之。唐以無疾而卒於華亭里，先生甫望七而卒於吴興。老成淪謝，世運可知，識者之悲，豈止於無所取法耶？先君子與先生爲執友，察卿女弟爲先生季子婦，諸令子復與察卿厚善，朝夕徵逐若兄弟數，真通家子也。子弟之戚，又豈止於識者之悲耶？嗚呼哀哉，干戈載道，故里尚遥，西望佳城，白楊蕭蕭，淚下陳詞，薦此清茗。尚饗。

祭亡僕文僕名倫

嗚呼，汝以家人子事予。歲在戊戌，時汝尚稚，予亦未束髮，旦多自從，出入必隨以行。予性多躁，事有詿誤處，或加榜責，榜責後即侍，省之無怨意。予嘗病瘧，汝事湯藥甚勤，夜呼先起，起必先同事者。予藏書不下千卷，對客有考訂處，命汝取某卷來，必能取某卷來。予喜夜坐，汝嘗煮茗以供，或漏盡人静，諸同曹久侍不勝罷，各稍稍散去，予起視之，汝獨留。至予長夜之飲，汝周旋俎豆，雖客不停盃，能温酒以給。去歲予負築城之役，以倥傯故，失去有司所給金一斤，大索不得，汝曰：「某日稠人中所授者非耶？」取之以歸。汝幼得肺病，僅能典予書籍，不善治生，雖甑釜常塵，知予無贏貲，不來告急。嗚呼，汝中無他腸，奔走用命，事予十八年，知予喜亦知予怒，未嘗不先承予意以左右之。且辛勤勞苦，百倍同曹，以予久在人下，未得使汝一温飽，今遽舍予去，能不悲耶？予今夜坐長飲，誰能似汝久侍耶？予臨尸而哭，已不能起汝事予，久能識字，故作此文以告之。埋汝後，予當安汝父母，養汝妻女，以慰汝泉下也。傷哉。

雜文

離亭分詠詩引雨、月、雪、梅、珮、劍、香、燭、鴈、柳、潮、酒

四明沈子嘉則，命駕千里，戴笠三江。言彝鸞鳳之群，誇射鶻鶺之勝。寒風摧落木，凍色閉孤城。忽爾倦遊，乃將別去。客有餞之者，傍彼蘭橈，開茲桃館。雨收席上，懸濕月於青天；雪霽帆前，照寒梅於黃浦。俠徒心折，曼女目留。珮比雙瑾，聲虔石榴裙下；劍裝七彩，霜飛鶻羽冠前。正爇返魂之香，不滅絶纓之燭。鴈冷有雲中去影，柳踈無江上長條。忽報潮乎，未言酒盡。參商異位，賓主無聲。因悲眼底紛紜，總是人間離別。桑榆憐漸暮，恐傷安石之神；鹿豕不常群，欲下鄒文之淚。送人賦物，啼猿之句猶存；爲爾分題，倚馬之才是乏。愁生南浦，夢繞西陵。腰瘦沈郎，魂銷朱勃。

跋張玄超叩頭蟲賦

余嘗見伊優之夫，拳鞲鞠𦝫，求合當世，每深病之，及見玄超先生所著是賦，慨先生先有是感矣。先生爲吴宿儒，著述種種，已可汗牛。余獨取是賦刻之，豈爲其與子建賦蝙蝠，士龍賦寒蟬争雄長哉？知先生志在冥鴻翔鳳，不爲□□□矣。讀是賦者，當不獨以文士定先生也。

跋盧月漁傳後

予故不識盧潤之，以沈嘉則、朱近臣故，知其有能詩名。且潤之嘗寄予詩，又欲來交予，予故嘗置潤之於懷。近臣先客死，潤之亦客死新都道中，每念今昔，爲之辛楚。今讀嘉則所撰潤之傳，與昔日所聞種種狀具在，而近臣争詩狀亦附記傳中，得馬遷作史家法。二君固迂狂士，他日人奇嘉則文，即奇二君矣。昔陳平子與范式平生未相見，迺裂素爲書以死事托式，式卒不負其知，予大慕其爲人，顧非式儔，不能歸潤之之喪於鄞，乃命從弟宸卿寫是傳刻之，以久潤之之名云。

董大理幽貞集評

予十年前嘗校公詩，公年未三十而造詣已臻至境，裒然稱作者矣。古詩鎔盡綺靡，潔淡典則，平正純雅，方軌漢魏，間用唐人家法，而立旨高曠，鑄辭嚴整過之，誠藝林之襄鍾紀甑，世莫能並其古。然立言者，無關世教，雖工奚益？公被絀甚困，命懸一髮，而辭旨幽婉，無怨誹憤懣之言，彼被髮行吟澤畔，作賦湘水者，未得窺公之志，世必有能辨之於千載之下矣。如「想見高堂人，顧子竭歡悦」、「欣承嚴父顔，悵離慈母側」、「願天赦臣歸，並修人子職」等語，危不忘親，言根至性，公豈獨立忠臣風節者哉？律詩亦予所校，篇篇合作，置之大曆諸人中莫辨，世有法眼，當自得之。

書馮山人紀遊稿後

予少且魯，不知詩，亦不知山人，山人之子遷，博雅好吟，能文章，與予游甚歡，始得從山人杖履。庚戌秋，山人出是卷示予，乃遷乎書讀數過，心賞不輟。昔太史公與馮唐子遂善，因傳唐以奇遂。予不能爲山人傳，特爲壽梓以傳。至聲律高雅，已悉諸家品評，予不贅。

刻曾大父葵軒稿

上海舊志載葵軒稿，爲先曾大父南昌同知公所著。察卿自結髮有知識來，大索先世家書中不得。嘉靖壬戌歲，從弟宸卿得於子明叔父，故篋中乃大父御史公所輯，已請先輩夏止軒先生爲序，而先父福州公亦手校一過矣。今觀叙中有所著詩文等語，乃知文已失去，僅存此詩，御史公與福州公因循未入刻者，蓋欲得文以並傳也。計南昌公永已時，御史公才十八歲，福州公未生，今察卿九歲而孤，福州公没且三十餘年矣。兵燹一再遭，而此稿尚存，豈天之有意於朱氏文獻耶？乃與里中宿儒馮君子喬共校，去若干首，命宸卿手書以刻，聊畢祖父之志云。

書友淚日紀

韓長吉將卒，召予至榻前，語予身後事種種，既而曰：「有田一頃，餘非附郭者，聊以贍老親幼兒，顧白髮黄口，何能謝豪猾而存兹田哉？願君爲生死者圖之。」未幾，長吉蓋棺，有貴顯者與長吉亦善，並受遺敕，乃同志戮力，俾豪猾竟未得染指。予故卒爲經紀其事，直欲使其孤長而授焉。嗟乎，范巨卿與陳平子未相見，後乃爲平子營護妻兒，受平子之知故也。長吉非知予者哉？每以筆札紀其出入，淚便蘇蘇下，故題友淚日紀，他日或可持此以見長吉耳。予所謂貴顯者，進士徐君羽也。

張鳴教像贊

冥鴻可繳，良馬可羈。矯矯先生，不爲世移。任俠自喜，孝廉自期。常懷獨行，詎踰四維。

整冠垂紳，儀端躬飭。伊優之夫，望之屏息。窮討一經，收摭群籍。充其性靈，茂乃學殖。年已四十，數奇未逢。陸沉於時，弗惕於衷。良工可紀，先生之容；良工莫貌，先生之風。

月坡上人像贊并序

月坡上人，檇李人也。十三去親，入桑門；十七祝髮，宿植善根，苦修戒行，又喜與儒者通，故文人清衆，互以高僧稱。晚歲喜方知醫，頗兼秦越人之術，躡虛而來，駐錫於積善蘭若。每日出則携所治藥餌，坐一肆中，焚香誦經，不聽囂聒，病者至，即起藥之，去則莊誦如故，不遺之錢，不乞也。藥輒有奇中，故遠近知爲月坡上人云。上人今年七月具袈裟持所畫像索予贊，豈爲予似柳柳州，嗜與浮屠游耶？乃爲之贊曰：

佛本清浄，月亦光明。惟爾上人，獨超衆生。寂滅是悟，圓覺是貞。髡頭毁服，拜禮馬鳴。如受信具，入舍衛城。空術益顯，苦惱悉傾。飲水上池，起瘘視盲。慈航普度，功德實宏。歷茲世界，豈永而亨。與佛常住，視月虧盈。

薦母疏

吾母少歸府君，遭家中落，親織紝而無厭，操井臼而不辭。孝敬舅姑，甘旨不違於朝夕；諧和娣姒，裙釵相濟於有無。内外稱賢，上下蒙德。未四十而寡，矢二心而堅。外禦内支，惟恐遺孤之不立；朝勤久苦，恒憂薄祚之益衰。體死者生者之心，兼嚴父慈母之責。先子後女，知大體而不偏；因親及疎，施厚澤而皆當。娶三婦而辛勤萬狀，撫四孫而愛養百端。勤儉起家，寸薪尺寶；威嚴御下，千指一心。爲早嫠居，嘆塵世百千萬劫；遂通釋典，修善因一十六年。察卿如乏義方之嚴，下流是習；不賴拮据之苦，先業盡亡。托孤之節無虧，罔極之恩難報。豈期病作，禱不鑑於神明；遂至生離，恨實終於天地。

忌日薦母疏

伏以三年無改，敢違孝子之心；一刻不忘，求盡人倫之道。今者屢更霜露，愈遠音容。兒女滿前，皆吾母善念之積；田廬如故，皆吾母勞心之遺。盡知生者之安，豈識死者之苦？殞身難報，泣血何窮？悟吾母性樂苦空，身甘淡薄。持齋廿載，禮佛一心。不敢肥牲潔酒，以穢乎靈；聊爾念佛誦經，以從所好。

存賢侯後疏

故御史鄭思齋先生，昔令上海，政事卓絶，德澤汪穢，士民至今思之不衰。其子開與其孫賓賢，值閩中島夷之變，城陷奔亡，僅存首領，令館於顧君汝修所，邑中長者皆爲之太息，相繼餽以粱肉，良不愧桐鄉之風矣。念非授以恒産，不能爲久留計，輒敢僣爲疏引，以畢諸高賢必舉之志，非曰一二曹慫慂之私也。

伏以甘棠勿剪，召公遺南國之思；廉石猶存，陸績著東吴之操。名垂千古，展竹帛而興懷；政未百年，親桑麻而增慨公心。不泯遺愛，難忘昔我。邑候思齋先生，雄才蒞事，清節持身。異政著三江，真稱良吏；仁風被萬户，不愧慈君。手澤猶新，口碑未已。雙鳧化去，死無含殮之資；一子僅存，生值干戈之變。惜奔亡而携接，豈無今日劉谿；爲廉吏而滑稽，誰作當年優孟？安得太平時世界，置此清白吏子孫？願合義醵金共，同心治産。授田百畝，俾耕耨以奉蒸嘗；買宅一區，使棲遲以蔽風雨。留犢之恩始報，及烏之念方酬。道義舊門生，已效文正公託孤之誼；循良新令尹，定推鍾離瑾嫁女之心。謹摭輿情，聊陳短疏。

重修百步橋疏

伏以假輿濟渡，公孫致悦人之譏；發粟治橋，刺史騰利民之譽。留行傳於往昔，病涉甚於今時。况兹百步之梁，豈同略約；更接四方之跡，共指莊馗。路近鷄園，月落鐘鳴人即過；潮奔龍浦，霜高帆疾馬常驚。歲久將傾，勢危欲斷。漸朽垂虹之骨，空憶伏牛之形。不藉繕修，豈能達阻。官無儲偫，難資九府之財；歲稍豊登，欲借十方之力。鄧林採木，申浦成梁。望成壓水黄龍，復架填河烏雀。幸結慈航因果，濟此衆生；向茲慧海檀那，期登彼岸。功成自足，辭乏色絲。試看解珮之人，總是題橋之客。謹疏。

卷之十二

書

復秦行人少説書

一别更時，升沉異路，誨函三及，慰喻綢繆，知足下旨於宋弘之言矣。足下勸僕復修故業，舉進士，重以骨肉之誼，激以榮辱之詞。是足下相馬忘其疲，知其必能騁足長途；愛玉掩其瑕，謂其可以肖形圭璧也。足下念僕深矣，愧未能伏劍以報知己，如古燕趙慷慨之士也。僕家世業儒，代不乏仕，竊自附於冠族，而别於蓬户桑樞之子也舊矣。今巷無結駟，門可羅雀，豈不欲出舉進士，結綬於人主之前，高議於王公大人之側，承先人之業而新衆望哉？但僕有不能者三耳，願足下察之。

僕生九歲，先人物故，内乏父兄之嚴，外鮮師友之益，肆情逋蕩，夏楚不加，里中之夫謂僕瞶其家聲矣。及知向慕鼓篋傳經，外侮相傾，莫可支禦，勉强問學，僅游學官，雖質等中人，才踰下乘，曾無焚膏繼晷之功，寧知唇腐齒落之苦？學未通博，藝不精專，烏能争長俊乂，見知有司哉？僕之不能者一也。

僕屢嘗挾策上都，校文多士，不克先登，退無觖望，知干將之璞而不淬鋒礪鍔，必難斷蛟剸犀，理固然耳。故帶經慕乎倪寬，下帷懷乎董子，閉户謝客，側席事師，自謂可雪曹沫之辱而成孟明之功也。豈期島夷難作，鯨鯢怒號，邑里成墟，伏尸蔽野，僕奉老母、携病妻，播越他郡，以保首領。斯時也，莫不挈幼襁老，狂走盡氣，屠者亡其刀，漁人舍其舟矣，僕也獨能顧其鉛槧哉？遭時不偶，已知天之於僕已矣。時流離寄命，喘息未蘇，太守來議城城，交興兵役，六館諸生，畚築是務。僕素承清白，更值中衰，不免典先君之裘帶，鬻煨燼之室廬，盡力往役，以答太守之議也。歲屢不登，家復多故，二妻未葬，三男未婚，催租者排户入室，收責者毁瓦畫墁，雖未至於糝藜懸鶉，亦庶乎家徒壁立者矣。僕不免旦夕，奔走衣食，樹立門户，入對妻孥，出視臧獲，揚眉吐氣而不可得也，烏能復修故業以畢平生志哉？僕之不能者二也。

僕有志記覽，不善帖括，嘗讀六經、秦漢諸書，心志暢懌，精神爽朗，有若庖丁之於牛，造父之於馬也。若討論章句之旨，誦讀程式之制，則扞格不通，苦難畏進，未嘗不掩卷長嘆，廢書增悲矣。性復疎狂，不喜檢束，每於知己之會，稠人之席，衆方桊韝鞠曆，僕已脱巾徒跣，睡魔卒至，有聲如雷。故嘗高嗣宗之放，賢叔夜之迂，恨不得與此人同時也。又復嗜酒好歌，間喜吟詠，興至愁來，無可遺謝，或解觿於傭保，或寓書於王孫，指酒索嘗，立盡一石，厭厭無歸，燭滅不散。若有鄭女當壚，吴姬行斝，間激楚之音，對揚阿之態，則箕踞長歌，頓足起舞，醉則據長者之席，卧美人之股，塊視三山，盃看五湖，雖催租者在前，收責者在後，大笑而却，謾辭而謝矣，豈復知貧賤之足耻哉？僕性如此，又烏能奉足下之教哉？僕之不能者三也。

夫僕進不能振鴻漸之翼，退不能離燕雀之群，徒自沉鬱憤懣，欷歔忉怛，求奉先人之丘墓，保老母之餘年，而不可得，真與腐鼠爲伍，絶物是類矣。嘗聞接輿避世，魯連辭禄，薛公藏於賣漿，妻圭隱於卜肆，嚴光以布衣而傲萬乘君，王符以縫掖而重二千石。此時危道尊，身退名成者也。若侯嬴捐軀，於期折首，田光以死而謝燕丹，豫讓亡身而酬智伯。此以節義爲聲，任俠自喜者也。若左丘記事於國語，馬遷垂言於史記。相如、楊雄，振藻漢庭；士衡、安仁，摛辭晋室。此又以翰墨爲勳績，詞賦爲君子者矣。使僕能通先哲之高衢，窺墳索之長圖，或可以侍豪賢之門墻，見先人於地下也。今年已四十，無所成名，亂心志於野馬，邁日月於隙駟。此所以俛首無聊，撫心捐色也。噫，伯樂不作，絶足等於凡馬；鍾期已逝，流水入於新聲。僕之悲哀，益不能止矣。裁書叙心，敬白足下。

復余君房

僕不狀，思欲盡友古今節義之士，忻忻願爲執鞭。古人雖往，展卷即可對面，如足下名在僕耳舊矣。生異鄉縣，御車無期，非無千里命駕心，苦爲門户所縛，徒有向往耳。去秋，得浙省薦士書，見足下名已高列，大快者久之，雖與足下未嘗握手把臂，然已神交心許之矣，乃僕貧賤濩落人，無可以快足下也。嘉則來辱先貶教，知不鄙夷，跽而伸紙，清風漠如，足下所論大都等語，見實殊絶，今人未登作者壇，即揺筆自許者，皆未聞足下議論，僕亦耻之。足下建大將之旗於甬東，顧乃問之，疲乏空拳之卒，鮮不辱戲下矣。僕被病三時，幾入鬼録，今幸得起與大將軍屬鞬，負弩爲禆褊有日也。力疾裁書，定交伊始，他日戴笠相逢，知足下能下車揖我矣。不具。

上徐相公書

察卿不狀，辱相公，以祖父交游故，且以顧舍人兄弟戚屬之雅，數年得通名門下。昨來京師辱，典謁者受謁而通進，而坐之堂上，欵接盃酒，情猶素結。高車臨況，直抵書生之廬，折節下士，爲古賢相所無。察卿此生愧無荆卿之劍、朱亥之鎚，圖報於明時耳。竊有情悰，爲相公一陳。

生人憂樂，係於出處，出不以正，辱與生死俱矣。江南之俗，相公知爲獨深，射策甲科之士，爲有司長吏所重，平生不以文字相通見，必頡頏婆娑，遇以殊禮。不幸如察卿輩厠名國學者，别爲非類，强顔揖讓而心實卑之甚者，驅之若馬牛，賤之等隸卒，使人有桎梏衣冠之嘆，雖日事鉛槧之士，視爲椎魯少文之徒，生産落而甑釜生塵者，亦指爲紈袴子弟耳，間爲良有司長吏所識，其人之志亦已悲矣。察卿九歲而孤，老母教不姑息，得列諸生之後，尋□□，故棄先君之敝廬薄田而爲此舉，嘗笈典墳、袖文章，遨遊上都，屢戰藝而北，進取甚困，自知才下不能承先世之業，甘爲人所擯斥，心灰不燃。雖老母垂白，門祚日衰，闕滫瀡之養，乏庾釜之畜，無所怨尤。辱郡邑諸君侯，不棄駑下，特加剪拂，雖不能引爲上客，亦不與流輩爲伍，豈以察卿能近筆硯事耶？知先君宦轍所至，輒有賢聲，欲以存清白吏之後耳。

相公曾爲國子先生，天下肖不肖士亦嘗兼收並畜矣，豈不知洿池之有鴻雀，牧坰之有騄驥也？今位居政府，日修周、召之業，贊天子因革損益，相公事也，宜急罷貲進之徒，不得濫冠裳以辱賢關，如察卿才朽行穢，當首罷以謝天下之忿懣不平者，或放之山澤，或放之再游學官，曉然使天下之士，遇則明經登薦書致身廊廟，不遇則退處巖穴老死牖下，雖才如相如，能如卜式，不得以貲進爲郎而爵庶長也。則倜儻節概之夫，庶得堅其嚮往，不爲苟合取容之計，辱於有司以全其可殺而不可辱之義矣。若終身不遇而又爲有司所苦，更復何憾。惟相公圖之。

與沈嘉則

足下别去後，山妻舊疾復作，日無好況。中秋月色甚佳，徹夜朗白，悶坐帷中，惟有呻吟之聲與藥爐烟火相對，此時情抱，比風雨中更惡也。足下歸芙容江上，正花試新粧與秋波相映，晝眉故態，當不讓張卿，讀書滋味，得此少助否？科場事甚近，萬須努力，無孟浪可也。

與張鳴教

憶送足下斜橋上馬，忽踰五旬，空梁月落，思何可支？今年九日，殊無好懷，欲登高一望故人，恐驚烽火陡見，徒加酸辛，遂裹足杜門，負却龍山故事耳。允成秉禮甚恭，足愧當世棄禮者，見間，當長揖謝之。家下傜役事，藉俞侯挽之甚力，得從末減，先大夫敝廬薄田未至易姓，尚可作一日窮子孟嘗也。昨夢謁劇孟、平原君墓，覺來愴然，用足下舊韻得詩，賢愚千載，何夢寐相通耶？築城大役已興，科斂百出，使人人自危，重足而立，吾曹何唐二氏，坐此辱於公庭，言之可爲衣冠耻。僕念及此，終夜不卧，何能出此污瀆中，便死作山人鬼，何憾？此情惟可與足下知也。邑中城基所妨，士民屋宇盡毁，椎埋剖棺者相接於道，百年枯骨，復覩一番風雨。昨聞先輩顧侍郎、張御史者，亦在刼中，使長者過之，不免式車改容耳。生者遭殺掠，死者不能保墳墓，未死者有司驅之若馬牛，幽明異途，苦惱則一，不知何地可逃此刧也。兩日警報不常，人心騷動，僕亦束裝待棄，會期尚未可訂，旬日内得寇平消息，當走馬過訪，或拉元良作伴也。

寄陸子傳儀部 二首

入春一日，即遭亡妻之喪，謀葬未能，而倭奴已泊城下，奈淫雨沉綿，雉堞傾圮者以百計，日親鋒鏑，幾不保首領，百計出城，何異釜魚得縱大江？他日叩堂下，當訴此情狀也。今奉老母僑居湖上，日從顧舍人兄弟寄食飲，作客之苦，今已盡嘗。倭奴游擊敝邑者月餘，湯將軍堅壁不戰，意欲待其自去。今倭奴棄舟遠遁，其功出於浙省王軍門麾下。湯握重權，雖父書尚不能讀，未知廟堂公議何似？但任兵憲，荷戈當先，親冒矢石，昨馬没沙中，幾爲敵人生得，雖屢戰而没，其忠勇不可泯。先生聞之，能不爲之改容耶？兹令蒼頭走領衡山先生文，敢爲布此，倘文未脱稿，乞從臾一言何如？

又

春莫奉謁，辱欵教至再，愧猥賤薄劣，何以當此？倭奴此來，豈意直犯吴門，殺戮焚刧之慘，不减敝邑。每念太夫人春秋高，兼之病體未强，播遷入城，不無勞，只日夕懸懸，苦於消息難真耳。察卿自借書後，發舟至崑山，聞報甚急，即便回舟，覔泖上人爲導，取道周庄而歸。時老親兒子輩俱被賊逐出泖中矣。賴有顧氏相依，得脱虎口，逗留吴門，幾至骨肉分散，但乞衡翁序文，文且佳甚，真可與先君福州集序並傳，終不以逗留爲悔也。

近知朝廷簡命重臣，調發七省兵以衛蘇松，大快人意，但倭奴狡猾殊甚，去住不常，況大軍所費甚繁，豈能久住？縱能克敵，却去，彼伺班師，即復入寇矣。今日之事，不在出師，而在處設沿海軍衛以爲久計，須於要害處密布戰艦，令其不得登岸，其計始窮，否則倭奴利於陸戰，散漫村落，便難支禦矣。如何如何？

察卿避居吴興，老親兒子俱病痢，賤軀亦病瘍，兼聞故鄉兵役科斂百倍他郡，使人有不樂生還之想，客懷加惡，何以堪之？承借史記，已句讀如尊本矣。先生教益，當不在師下，何必執經及門，然後爲弟子耶？元氏長慶集出之圍城中，無便，不能寄上，奉踐夙言，拙詩附呈，不吝改教。爲望烽烟未息，時事日非，故國他鄉，俱非樂土，臨書悵然，幾欲淚下。

寄文太史

莫春奉謁記室，今又成夏矣。高祖遺集，辱公雄文賜序。昔人謂三都賦成，皇甫謐①敘而後

---

① 皇甫謐，原作「王甫謐」，據晋書卷九十二左思傳改。

重，先祖固非左太冲流，實籍公以傳也，朱氏子孫當世頌公德不衰矣。倭奴直犯吴門城外，市廛半成劫灰，頭足異處者載道，受禍之慘，不減敝邑，我公在圍城中，當此晚節，不無驚恐。察卿避居吴興，兼聞故鄉時事日非，客懷加惡，雖避鋒鏑，亦坐甑中，昨得鄞友書云，賊人渠魁黄姓者屯師馬脊山，堅壁不動，其狀若有所待。江南之禍，譬之疽已釀成，養之不可決之甚難。察卿輩流離奔迸，未知税駕處也。吴興稍稍解嚴，謹專使奉候，抽詩附呈，幸不吝改教是望。

與董主政原漢

丙辰歲，察卿以迎妹還都，遇仙舟於臨清道中，彼此各受一謁，竟不得望眉宇爲悵。察卿素性踈懶，且自分濩落，裹足山中，不敢與縉紳先生遊，坐是，足下在都時不得一通竿牘，非故落落也。去歲細讀劾宰相疏章，言旨切直，實激肺肝，讀罷令人吐氣英英，此疏直可與澹菴封事争衛，何足下體不勝衣而直氣可使萬夫辟易也！察卿不肖，不能走叩闕下，一上陳東之書，每用愧死，時見紫岡令叔祖與社中諸兄，相扼腕稱嘆，未嘗少置。今雖遠謫蠻荒，所爲劉器之養成一箇鐵漢而已，於足下何損焉？嘗聞名山川盡在西南，復使高賢晏游其間，常曰所得更爲何如？近見寄回諸作，直凌漢魏，不作晋以下人語，亦未爲無所自也。瘴鄉幸多自愛，以慰高堂。

與馮子喬二首

兩日大雨不歇，庭草頓蔓，無故人車馬揉踐，命小童盡芟之，足下卧村落中感慨較多也。夜讀張季傳，爲之發嘆，季亦以貲爲郎至減産不遂，知古來世態便如此。吾曹椎魯，不能動當代袁絲，終非季流，惟應老死山中耳。僕欲了先君詩集，非足下校訂，不可入刻，此時天氣正和，頗便檢閱，得足下坐舍下月餘，便可了事，十年交誼惟此爲重，須暫擺脱家事，爲僕畢此志，願使後世知朱郡牧名，不爲足下重耶？沈、宋二君來餽我葛二，以其一奉足下，與足下共炎涼也。來人已飯過，毋令爨下再炊。草草。

又

暮冬别去，倏爾人日，獨坐草堂，故人在念。念足下數年蹤跡，與尊翁伯仲相違，每植時序，不能無班衣春草之感。昨西歸故廬，得與肉骨團聚，歲朝啓户，白髮相輝，把酒上堂，鴻鴈鱗次，人生樂事，至此極矣。獨不念天涯故人，有嘆離群索居者乎？承示雪中見懷之作，雖灞橋驢背，吟來未易到此，山中習静，便得此佳句耳，且知足下尚未遐棄我也。又辱卜我科場事，足下念我勤矣，敢不努力！臘雪貯得幾瓶，平原曠墅，積來較多，異日當以詩博之茶奉去，烹時念我否？所須曆無以應命，門户如冰，陽春久不至矣，歲時更迭，每於落葉記之，聞豪門厮養，卒以之覆瓿易薪，而吾輩遺書遠索，可慨也。僕書室已遷别所，十七日即閉户不出，初十日望過一面，更有别事相托，後期便不可。冗次勒復，殊憒憒，拙詩謾往見況。

與顧汝和二首

春來音問杳然，悵望無已，想吾兄妹而下俱安好爲慰。昨同世具、思豫、汝修入吴，候謁夏相公，至滸墅遇雨，泊竹清塘，登大石山，幽僻可愛，把酒望湖亭、洞庭諸峯，隱隱在目。是日下山，抵無錫，聞聖明賜環，二三輩追趨無及，棹返木瀆，登觀音山，宿一雲寺，重遊天池，履勝探奇，一洗煩態。惟吾兄在北，獨爲欠事，竟未得爲全福也。抵家，三兒出痘，移共一室老母晨夕無眠，親哺藥食，罔極大恩，無可告訴，賓兄顆粒稀朗，老母更加歡喜，未知此兒長成能讀陳情表否也？此情惟可與兄妹言之。畢二守以先君舊治，故禮意厚善，先君遺澤，至今猶未斬不肖□大青袍，不能寸尺爲光前計，非先世罪人乎？曾期想在明春，骨肉兄弟經歲離别，奈何奈何。

又

鶯兒歸，知兄妹起居常勝爲慰。寄來□甚佳，如共握手。兄三書歸，俱有「樊籠」等語，似□

不堪意此。兄素性任俠，便覺拘束，如弟輩落落無聞，不見重於有司，望兄若登仙，此與浄土□□□異。老母年來多病，兩鬢成雪，家事在念，□□□掬，弟不能自樹尺寸，重遺老親之憂，異日見先君於地下，何辭以對也？一春風雨不歇，視事杳然，春暮來客有遺我杜鵑花，盛開燦爛奪目，與諸君共醉一番，世具有「啼紅聲斷莫□平」之句，長安中無此花，省得動人歸思耳。近日得梧桐百株，植先君墓林隙地，十年後當有緑陰可坐，尚須結一小菴，植雜卉與竹徑相通，日與諸君著書習静，以文酒自娱，方愜我意，但此等樂事，還仗兒曹輩争來，不然，不爲有司執役，暴露公庭，幸矣，豈能容我白頭山中，如前所云云？所謂痴人説夢也。昨入郡城，取道過細林山，謁彭素雲墓，山甚荒落，有萬竹可愛，下山移舟，直抵天馬，過二陸草堂故墟，感慨久之。復覓山人道路，拜三高士，墓前草深千尺，可當茵褥老鐵，多少奇氣，畢竟與山靈共寂寞耳。折而之東，過佘山，少憩宣妙、昭慶二寺，昭慶有長松可愛，大可二圍，相傳爲宋物也。薄暮登鳳凰山，山腰有東海父子墓，龍山爲董子元婦翁道其事甚詳。一日歷四峯，頗覺勞頓，喜新茶一啜，便覺解去也。春來愁思，仗此少慰，舍此，日坐甑中矣。尊使來草草，滿紙舊作數首，録上請正，直暇幸删教之。

與佘君房

嘉則來，得良訊，甚慰。但武林去賤子家不遠，竟不肯一掛吴江之帆，非千里命駕意也。豈僕非其人故，不爲足下命耶？若賤子不辱吾道，有當足下心，雖平生不把臂，何傷？賤子竊以此自慰耳。此時計足下淬劍旅舍，不十日天下士角矣。吾縣人有俞高石、潘四君自言有長技，恐見足下，未可言雌雄。四君與賤子善，若得同足下飲馬曲江，亦賤子願也。承索玉泓館淳化帖，謹裝潢一部授嘉則，候老嫂入都便舟，庶不污損耳。病足據床，作封草率。

與彭孔嘉

識荆已十載，不得時時追從，深以爲恨。莫春過吴門，傳客諸公子，得奉笑談累日，甚慰夙懷。送春後二日，與文水幼海訂約，持酒登堂爲壽，兩家各有事覊牽，遂解約。繼而警報甚急，傳聞賊已寇僕僑所，即卒卒就道，非故取罪也。島夷深入，所過多所殘戮，二三肉食之徒，曾不能批患折難，忍見良民爲賊死虜，可慨也。門下在圜城中，不能操戈荷戟，椹質渠魁，當有大篇記事以裨國史，便中不吝教，何如？僕避居吴興，吴興山水清遠，可供賞眺，緣兵事戒嚴，土著之士不易來往，間一登硯山，憑高愴然，不免有新亭之感耳。時下稍稍解嚴，遣蒼頭上承起居，病瘍伏枕，勒狀草率。

與袁魯望

莫春奉謁，辱欵宴清閟樓，虎丘之行，又辱從者治具，高篇見授，雅意種種。別後顛頓百罹，幾不保首領，又得與兄通信，便真隔世人也，思之潸然。僕避居此地，長官時下逐客之令，使客有能陳悃效計，足爲茲土保障者，恐不能一切逐之，愧今之客有負於湖耳。便欲挈家奔還，又聞故鄉政令苛猛，鞭捶之聲日與城柝互鳴，進退跋疐，殊不能自計也。如何如何。

卷之十三

書

與沈箕仲三首

僕乃東海狂生，無一善狀，思欲盡友天下奇士而不可得，又不能躡蹻擔簦，遍走宇内，覽山川之勝，舒沉鬱之懷，旦夕在念，無以自解。承令叔先生不以僕爲駑下，定交十年，意氣自投，忘我形穢。時聞足下夙性高簡，内行修飭，且能博極衆家，鑄辭雋永，非阮家阿咸所望，不知何時得望眉宇，握手如平生歡也？近承竿牘，開緘爛然，知足下亦願見狂生矣。奬借過情，使人不能堪任，每披誦一過，赧然汗下。令叔懷文抱質，足以不朽，但當此濁世，雖子長之才，田先生之俠節，不爲官人，視與腐鼠等耳，豈宜徒以翰墨爲勳績，辭賦爲君子哉？如僕學植荒落，湮没草莽，見辱於士類久矣，無以相砥礪。望足下以骨肉相爲師友，務期聯翩□舉，矯翼人群，以今日不羈之才，揚眉吐氣於上公大人之前，使僕平生所期，失於己而取償於故人也。未審足下以爲何如？裁書叙心，不勝惶恐。

又

賤子厠足下友藉已十年，止於茂苑一聚首，且不過頃刻，何人生會合之難也？念足下抱舒董之才，尚用鉛槧，怡然安之而無怨懟，將謂天不可以人勝也。然聞足下棄去舊所明經，更治二戴禮，不數月而使宿儒退避縮項，則又知足下謂天可勝也。若足下必能勝天，寂莫故人如賤子，宗人如嘉則，或可借末光以自照矣。昨歲嘉則携諸卷册來，見大篇佳甚，已入作者之域，令弟肩吾，諸作並美，何高門阿咸之多也？賤子自謀葬母妻後，尚平之累日重，生計愈踈，惟對酒高歌，不減昔年狂生態耳。兹因嘉則還，呵冰勒復，昨歲不能作答，故具肩吾兄書中，足下乃賤子故知，不復作請罪語。

又

自戊辰冬通一札，今又易四歲，流年忽忽，信如電也。昨秋武林之職，爲足下必先登而建大將旗矣。乃又敗北而歸，使人氣結，時諸兒子落羽，因足下而自寬之，未有頗、牧未成功，厮養卒可望克敵也。令叔詩律益細，人謂「大小阮」，自相師友之功不小，但座對紅粧，殊減昔年興度，僕甚憂其衰矣，僕亦衰甚，非復與足下吳門會時。僕過會稽而不至四明，足下來武林而不走吳會，人壽幾何，可使把臂無日，僕與足下俱失之，但僕之衰可念也。幸足下念之，令叔行，草此不悉。

與董子元

約久不至，榻下而復懸矣。曩徐長裕來，知足下謀棄尊公舊廬，以爲卜築之舉，猶豫不決，遂使形神俱病，此固足下仁人孝子心也。僕嘗與聞此事，亦嘗從臾足下久矣，今請再爲足下決之。

足下自遭寇變來，一遷於湖上，再遷於吳興，三遷而入郡城，奔迸播越，艱辛萬狀，或典衣而□居，或市書而舉爨，罹此荼苦，亦云極矣。當是時，求存此身，以保先人丘墓，恐不可得，煨燼之餘，未暇在念也。今海警暫寧，息肩亂世，治生之念，誰能無之？足下承清白之風，負博雅之望，既不屑浮沉於時，傷廉取貨以自給；又不能費先人之祭祀，亡子弟之教養，坐禪面壁，無所事事於人世。故棄此煨燼之餘，卜居城市，以避寇攘，復出其餘，歸其可耕之田，以資衣食，足下計之得也，而更猶豫不決者，何哉？且智者必審勢而從時，循情而量力，使浦上之廬，兵火不遭，薄櫨無恙，勢未可棄；使海宇寧謐，永無後虞，時不可棄；使足下槖有宿貲，不藉此以爲盈縮，力未可棄；使族人故舊，比落連宇如昔，情不可棄。今一無如僕所言者，而乃懷此忍不能與之心，非僕之所知也。如足下以肯堂搆爲念，依依不舍，志良足悲矣，豈不見寇變之後，探丸椎埋者蝟起？城居之夫，尚不得貼席而卧，使尊公在今日，豈無擇木之明，執守株之見，蹈危安險，復居此土乎？

如足下恐世之不相知者，以爲不能保守先業，或加誚讓，此又惑之甚矣。僕聞尊公所遺，不上中人之産，足下均遺以授庶弟，割己以嘗怨家，婚嫁死喪，内支外禦，垂三十餘年矣。又見足下不忘祖德，善揚幽名，自御史公而下碑記銘文，必緘書走幣，輕萬里而請，謂非名公碩儒之筆，必不以辱先世。足下光前之業甚盛，非郡之人士可望也。今日之舉，豈足以少足下哉？況諸子秀朗有文，克世其家，他日島夷殄滅，海波不興，奉足下之志，以繕治故業，亦未晚也。

昔人有言曰：「猛虎之猶豫，不若蜂蠆之致螫；騏驥之跼躅，不如駑馬之安步。」願足下決之。

復傅體元

僕少與足下同學於劉先，時足下奉教惟謹，旦夕諷詠不徹，僕不知向慕，仇書好弄，若嗜夏楚，足下想能記憶也。後足下文譽果籍甚，數試有司，在高等，僕遂廢棄無聞，不能修先世之業。今每思少年所爲，未嘗不流汗竟趾，忿懣刺心也。嗟乎，今復何言，惟深浩嘆而已。

昨承臨吊家天人之喪，極感不忘舊雅，雖古人絮酒之誼，不是過也。春來欲圖匍匐謁謝，適抱疴伏枕，兩月不瘉，忽承榮示，即於枕上讀之，病懷爽朗，不異良藥。僕素學殖荒落，無所撰造，間有一二語，不能脱去舊常，望古人門户遠甚，故未嘗敢以示人，辱足下過於獎借，豈所宜蒙？使人顔益厚耳。

承示崑城諸文學，非他郡縣可望，熙甫、仲蔚二先生，僕嘗交之，此文場法吏，一字不空設矣。王、沈、二顧諸君，僕亦聞之已久，恨未得一望履幕，諸君問學茂異，意氣必佳，僕欲訪足下於馬鞍山下，足下必能見僕於諸君，諸君或不以僕爲非徒也。熙甫復致下第，仲蔚貧病謝客，驅馳寂寞，二先生所堪，但僕念之不能去心，未知何一日過勞苦耳。

柬末辱薦繆生，足下爲僕愛士也。奈體中未佳，頭若蓬葆，不能見客，他日總能力疾而起，苫塊之身，未敢加以按摩之事，聞音賞鑑，更不敢耳。況邑中好事者半在長安，雖有一二大姓在，苦於歲大不登，日以治生爲務，僕嘗見知己之宴，十省其九，況味可知。便欲發書先容，必不爲其所喜，豈能接納如故，因繆生而設醴酒也？相知如足下，不敢不吐露情實，否則薦士於僕，以僕能進此道也，豈敢自處於薄哉？

禪卧屬草，命兒子代書以復。

與吴明卿太守

伏惟君侯名在海内，海内識不識士，盡欲一望眉宇，爲君侯效掃除執鞭之役，士誠慕君侯深矣。賤子丙辰北歸，以徐汝寧、黎吏部故，得接盃酒於濟上楊園，授簡操觚，爲歡竟日。見君侯議論慨慷，一皆古賢豪意氣，非區區濁世銀黄朱紫可以溷君侯者，賤子私心異之，以爲昔年所慕，徒以君侯文章名耳。便欲掃除執鞭，豈盡知君侯者耶？别後，汝寧下縣臨況，得再執手，吏部亦蒙數數聞問，竟不得致慇懃於左右，思何可支？每誦「肯將遷客淚，容易灑秋風」之句，真若月落屋梁，恍見顔色也。近聞已拜二千石，佩章閩中，治理循良，乃君侯餘事，凌公、少卿之績，知不足比數矣。汝寧被謫，頗深懸車之念，高才見忌，自昔爲然，否則長沙、夜郎，何有名賢之轍也。但君侯知之，不無痛定思痛之感耳。拙作附上，請教。

寄徐子與太守

察卿行穢材朽，爲世所擯，自知不比人數矣。甲寅歲，遭先生於北道，以詩爲贄，幸不鄙夷，方舟南還，賡詠累日，清風雅韻，至今猶在眉睫耳根間也。

昨歲先生在都，不以察卿久踈聞問爲罪，遠遺薦書於堯山太守，奬借謬譽，過情踰實，發函伸紙，使人愧不能視。僮僕每念士君子垂紳握章，已□下交白屋，兼以茂異博學，名重儒林，鮮不峻立下視矣，肯折節於縫掖士哉？先生今人古行，不類時情，傾蓋定交，尺書論薦，察卿學非盛憲，行愧曹丘，何敢當文舉之知，季布之諾也？知己之德，永懼不報。昨吊慰堯山太守，取道奉謁，謂得一盡感激語，值先生有山中之行，磬折於天目山堂者久之，悵怏而出，雖登舟解維，猶延領鶴望也。兹因風便，敬附竿牘，弁上拙文三首、詩一册，請教。

與潘伯明

昨歲晏一歸，即卒卒就道而去，如鸞鵠下雲霄而便高舉，使人目僅一接，生悵望也。近世冠族之弊，苦於匿作，繁庶不奉家規，雖賢主人不能禁察。昨足下歸時，與二淑弟汰遣此輩，家政肅然，里中識者，謂足下奉尊翁相公之教惟謹，佳公子之稱，不啻岐口交舌矣。頃聞軍士之變，白日罷市，城中繹騷，足下與相公自有定見成策，不爲動心，但此事重辱國體，非脫巾求糧者比，廟堂之憂，相公獨先庶僚矣。昔魏之宿衛，歐殺大臣，朝廷懼其亂而不問，遂動高歡結客之心，此變頗相似，不審當事者何以處之？杞人之憂，殊切於夢寐，有聞得使一知，甚慰甚慰。故鄉無他事，惟轉漕者督促甚急，日事催科，箠楚之聲，瓦屋俱震，且人情物態，日深狙僞，坐處生荆棘，大不宜於山人窮士。淑弟輩德業益進，時可與評議捧腹耳。雨窗作此，俟有便鴻即發，不吝芳訊，益慰鄙懷。

與吴明卿觀察

戊辰歲，得良訊，内有一二隱語，讀之動心。已而得陳廬州書，又得之陸都事口，知魯連先生誼厚甚矣。高州無便鴈，曾托子與致感激，不知達否？僕不得取一第，身已見辱於世，然不敢不礪名節以大辱之。今又爲人點灼，僕亦苦矣。幸而中僕者兩人，俱墨吏淫夫，不足與論人品，僕亦未爲大苦，嘉則能數之也。公久不調，使人氣結，今始量移貴竹，實未足以酬海内之望，銓鏡似明，終未朗然耳。元美不平彈辭云：「有誓墓一文，從吾家右軍後矣。人情灩澦，動厄賢人。」可慨也。嘉則老而志行益潔，今應聘入楚，重違汪開府之知也。公未到職，得把臂道故，嘉則慰矣。道里遥遠，山澤人難通竿牘，公不終棄僕，凡可成朱生名，使得寡過，幸不吝教。

與朱近臣

往歲辱遠惠書，物冗不及裁答，欲爲足下覓一館地，以通朝夕之歡，緣近時事非昔，難於撼山，雖越中舊相知過訪，未免成浪游耳。幸知此情意，弗譙讓可也。昨尊刺中有嘉則議論頗多等語，使人可駭。嘉則三過海上，不聞一言短足下，不知足下何故出此語？恐非斷金刎頸之道，無怪朱毅昌言示絶也。僕謂足下有古人風，故敢規之，幸不罪。嘉則此來，更得一二知己，諸公子尊崇不衰，寶馬香車，銀箏紅袖，不減昔年豪俠。當知傑士才華意氣，自能使人傾心縮頸。馮驩止一劍，而爲孟嘗上客；虞卿躡蹻擔簦，而卒爲趙王上卿。各有具耳，使僕挾策出百里，便當餓死道途，豈能如嘉則推重諸公子耶？費來不能爲效尺寸之力，見乞致意，拙詩漫往見況。

寄李伯承少卿

賤子在途時，聞君侯爲天下士矣。生異鄉縣，貴賤殊途，不敢通名字於左右，私心常恨之。近見足下乃爽朗若淑之士，非徒以文章名世者。時欲裁一報書以紓嚮往，緣兒子試事失意，遂抱鬱疾，書竟不果裁，自謂取罪甚大，必見絶於足下矣，乃蒙寬之。手書再及，益知足下乃長者，而又非獨以意氣交人者矣，匪佞匪佞。令叔上書學官，謝却老秀才，事足稱高蹈遐舉，但當此濁世，誰能識逸民高士而重之，故酒酣耳熱時，未嘗不爲令叔仰天長嘆，而又復自加一嘆也。足下書中所及，僕一一都能理會，必不負教，但僕無能爲友人重，足下乃青雲之士，令叔可得相附而聞後世？僕徒有此心，而無其地矣。念一及此，愧汗沾衣。今日令叔言别，天寒甚，硯冰不解，執筆作書，殊覺草率。

與徐子與太守

顧廷評汝和書來，知吾丈昨在京師時，念僕甚勤，且蒙以知文見與，獎借於諸高賢之前不置，顧僕何人，而得入吾丈品題中？　每閱汝和書一過，愧汗竟趾，知己之報，未敢以空言塞也。昨道遇一賈人，言吾丈以憂奔還，僕乃疑倍於信，果爾，吾丈何以堪，僕亦何以爲懷也？　俟得真消息，當匍匐吊慰。　堯山公祖先生服當除未？　清節雅操，日在敝郡人口。　僕以吾丈論薦見知，久踈聞問，便中幸一布下情，使知朱生落莫如故，不敢不秉禮以負折節之知，亦如故也。　友人歸熙甫竟不得待詔金馬而爲長興令，人頗寃之，昨有書來，知在二月初上官，殘歲爲葬其尊人耳。渠知吾丈舊矣，政暇當日以文章相刋定爲歡也，不能相從於筆硯間，如何？　舍下乏薪，遣蒼頭入山市煤以給。　冗次作此，不宣悉。

與王西室吏部

奉違教範，已易寒暑者八矣，中遭先孺人及亡妻喪葬多故，遂至久踈聞問，然求益請教之心，未嘗不在高賢之側也。　向聞天子思用吳中正人，詔起公與玄洲先生，而公竟不應命，豈以藏身遠遁之趣，不爲理國養人者所易耶？　濁世高風，於公復見，公真不爲玄纁所屈者矣。　先友人呂中甫、張玄超、顧汝和三四曹，得與君侯友籍，蒙不鄙夷而接禮加等，乃知君侯後通顯而先文章，振大雅於濁世者也。賤子之不通名字於左右者，爲無紹介耳。昔之所疑，一笑而解矣。雖然，庸御升車，思入造父之户；拙工操斧，欲登公輸之門，人苦不自知其技也。賤子之求知於君侯也，得非庸御拙工之自忘其醜耶？幸君侯置賤子於懷，異日倘遇於湖海之間，進分末席而教之，使得窺造父公輸之門户。幸矣，幸矣。兹因中父造謁之便，勒布情素，并上舊所作詩文，請教。

奉張東沙尚書

某不狀，念先君令奉川時，與相公從子文定公厚善，諸所遺竿牘，尚存篋笥，貴子孺穀先生，以沈嘉則故，定爲神交，聞問不絶，某實相公通家子弟也。每誦相公文章，真若瑶華在握，明珠照眼，古今侍從載筆之臣，巖穴綴文之士，莫能仰窺門户，故開卷硯北，旦夕輒廢食飲，某雖未得執鞭門下，實相公私淑門人也。况聞相公折節書生，鈞禮後輩，能爲丘蚓之聲者，皆得獻技於龍門，某當不煩紹介，而可造請門者矣。緣生長僻地而又少孤，碌碌奔走，僅支門户，每思渡錢塘，吊禹穴，望四明，而瞻八座，真若梯泰山之難也。四十無聞，髮且種種，自嘆絶迹於公車矣。近以先君所遺敝廬，扁曰「舊雨軒」，尚未得名賢一品題，謹託嘉則丐記於相公。慨吹臺梁苑，終成故墟，某與兹軒，何能久於人世，實欲藉雄文以不朽耳。倘以子弟門人之故，慨爲執筆，幸亦大矣。呵冰裁書，跽受嘉則以上。

復沈肩吾

向足下時義，傳至吴中，吴中人號能精進士業者，莫不嘆甬東有此奇才。昨歲令叔嘉則兄來辱先貺教，兼示高篇，開緘燦然，若隋珠萬顆走几案間，兩日應接不暇，知足下乃藝圃大匠，非徒精進士業者。及與令叔接膝夜談，聞足下礪氣節，重然諾，修行砥名，而陋世之齷齪者，又知孺人葬在癸亥，誌乃潘笠江尚書所撰，以未得名筆所書，故下石事久虚，尚書清介簡約，與公同操，故欲求大筆書石，以成雙璧，以永先孺人苦節之傳，向曾托紫岡先容於門下矣。兹因卧病床褥，不得跽請於記室，敢勒狀上懇，倘蒙然諾以畢人子之念，某死亦無憾矣。伏枕跼蹐，淋灕戰汗。

與沈肩吾

往歲附報書於嘉則，知入記室久矣。僕常與所善及兒子輩議足下文章奇古，直欲前無作者。上春官試，當居第一，乃今果然，廷對當復冠諸名士，通藉金馬門矣。僕爲足下喜動顔色者久之，與汝和舍人滿引大白，成一大醉，雖無彈冠之念，實慶王陽在位也。僕嘗思古人極重制科，今爲特甚，否則行比由、夷，學追遷、固，人將指爲非類，輕重百出。今足下已成進士，平生鉛槧事畢矣。足下宿昔砥行修名，爲甬東賢者所推，知必以偉丈夫、奇男子，節義自肩，定不爲凡進士也。僕奉先人清白之遺，株守如故，將欲祝髮爲僧，避世羅網，奈塵緣未絶，苦海難離，恐門祚益傾，無以見先人於地下。是以固韜真性，勉顔浮沉，雖親如妻子，未知僕作何狀，但堅忍貧賤之心，不移如石，他日或可持此以見足下也。小齋文二首，拙文二首，寄呈覽教，即日廷對策及諸論撰，不知可示教僕與兒子輩否？臨書悵望，更多乘雲行泥之感。

與徐子與參議

張觀察自楚中回，得書甚慰，公宦游在千里外，文字與案牘相旁午，乃不忘我寂莫，故人用情厚矣。滇國被公文教，當自改觀，不知彼中人士，有可侍公談塵者否？聞碧鷄山勝甚，政暇想當一繫馬，山靈自千古來，未嘗遭此佳客也。于鱗先生物故已二年，今不知化爲何等異物，元美吊以百韻詩，真是古來創有。僕自戊辰來，一年病痢，兩年病足，無生人好懷，元美數數以書來召，未能乘籃輿一往。且吾郡風俗日敝，觸目皆可憤可哭事，僕以貧賤故，稍離擊搏之苦，其他冠裳士，如坐甑中，而又圍以輿薪，人人危矣。明卿近擢觀察，銓鏡似明浄，然未足以酬其苦，無由一見勞之，如何如何。元美母夫人已葬，僕遣兒子代執紼歸，言送葬車不下千乘，海内士益附元美兄弟矣，知公聞之喜也。力疾裁寄，千萬努力眠食以慰。

與沈肩吾吉士

喬安吉蒼頭持足下報書佳刻來，未發函伸紙，先已軒渠笑悦矣。笄牘中自語數言，具見足下先道德而後才名，養有定力，故應以進爲退，不薄乘田委吏耳。今已讀中秘書，待詔銅馬，知足下猶乘田委吏心也。願足下他日居政府鈞軸，亦無忘之。僕被病四月，謂不臘矣，僕不畏死，念海内二三知己，尚未報德，又自卑平生浮沉於時，未見真性，恐就木後爲識者所談，故嘗忳鬱於憒憒中，舍此則忻然從先人於地下矣。今幸得生，故吾猶在，令叔遠來勞苦，如見足下，病懷大慰，猶仰我一盃柔湯也。新邑侯張公已下車，兒子隨輩郊迎，即言足下與陳廬州游揚僕甚悉，及見僕故人，復時時理前語不置，足下學行稱絶，使知僕在足下友籍中，重僕矣，足下非僕之海内知己耶？僕故未敢死耳。張公爽朗敏給，賢聲已滿病耳，他日任延王涣之績，能知比數，大爲吾邑人歡也。力疾具書，聊布感激。

卷之十四

書

與潘御史

昨歲表弟沈汝施入都，曾具一札奉候，計已達矣。時侍尊公老先生杖履，及與淑弟三丈遊，聞起居消息詳甚，大慰也。

僕白髮種種，已甘貧賤，無意於人世矣，所貪覬者，風俗還淳，容我輩潦倒之軀，偃卧於長林豐草間，歌詠太平氣象，以終餘年，雖日食脱粟，亦不厭粗糲也。詎意故鄉風俗，變成魑魅魍魎之區，湯火刀劍地獄，白髮黄童，俱以告訐爲生，刀筆舞文之徒，且置弗論。而村中執耒荷鋤之夫，亦變爲雄辨利口，所言者景泰、天順田土，四世祖與五世祖事也。及問其爾我祖父名，則茫然無以應矣。如欲告趙甲，而甲家無官，則借錢乙有官者告之，如事凡幾十歲，而自傷其遠，則以舊歲二字易之。以故清節士大夫之家，入其名於詞內。如尊公老先生天下稱爲長者，徐相公爲兩朝元輔，亦屢干其銜，此二百年所無事也。僕入郡城，見郡中之風尤盛，士夫之家，日有百人哄索錢，聲震瓦屋，門閉則推扣如雷，開則擁屯如蟻，毁其几榻器皿，使一家人踰墻而匿，此亦二百年所無事也。開府公未臨吾郡，小人之勢，已雄張如是，聞節鉞東來，皆奔入郡城，肩摩踵接，自相告語曰：「某人告某官，得金錢若干也；某人告某官，得田宇若干也；今某之金錢田宇在吾橐中矣。」競入市市紙書訟詞，郡中爲之紙貴，一肆中有日得三十金者。洎節鉞甫入城闉，而此輩塞巷充街，氣壓府縣，不俟開府令下，即萍聚其輿，或投其袖，或投其懷，或抱其足而入其轅，雖一丞簿，未嘗有此大褻，此亦二百年所無事也。

嗟乎，倡此風於東南，若果於編氓有益，則冠裳之輩，寧抑忿含羞，俛首聽令矣。今市廛之徒，言訟者十家而九；田畝之夫，言訟者十家而八。由邑走郡城，則計程百里；走吴門，則計程二三日。度其乞書於刀筆之費，及夫治裝、投宿、食飲之資，一人近一金，則萬人近萬金，月必三走開府，其費何可勝算。且萬□之訟，未必俱得理，理則未必人人得其欲，徒使東南之民，一時若狂，不待官府之征役，不受豪右之侵凌，而民自貧矣。僕竊謂古人國家奠安，不生作亂者，有禮義以維民之心，有貴賤以别民之分，使民肅然秩然於衷，知小人之不可犯君子也。今衣冠之等已決，上下之防已潰，其氣已張，其黨已結。凌士夫不已，則凌州縣；凌州縣不已，則凌監司；

進此而淩之不已，則更有寒心矣。

開府公披逆鱗於先朝，故當是奇男子，但學□偏正，治亂所關，彼安石之在當時，人豈以□凡人目之哉？乃卒啓釁宋室，病於偏也。今日得無類是乎？民謡種種，使人入於耳，而不敢出於口，杞人之憂，卧不貼席，足下爲今天子言官，宿抱德學而負人望久矣，能移書□□，庶幾一規其偏，使社稷蒼生並受其福，此實足下今日事也。若復有所顧忌而自同於寒蟬，豈海内君子之所望於足下者哉？

元旦日食，又明天子求直言之時，足下必有大疏以攄忠赤，幸教之。適三丈過，言使者在今夕行，據几書所見以聞，不宣悉。

復徐子與三首

今日天陰欲作雨，暑氣大消，正與汝修、汝和諸俠徒，坐圍一尤物，酣飲温酒者，報有遠人入户，自言長興人，僕未得書，即知爲徐使君蒼頭矣。已而果然，與汝和發緘大喜，一詠嘉藻，酒氣醒盡，讀至吊汝所七詩，便欲泣下。汝和兄弟更楚楚，物柔曼好文藝，雅重名人，以酒酌座客曰：「非徐相公言，能發人情性乃爾哉？」僕欲操舟追送，并煩使君爲紹介，見於李觀察先生，事有大不可出門者二三，商於汝和者久之，徒有浩嘆耳。

臧郡侯客死，天意不應如是，擬歲暮往吊墓下，計使君尚留燕市，又少却天目山堂主人矣。臧侯清節在吾郡，宜首祀俎豆，當與一二賢者謀於吾鄉潘、陸二先輩，求不負此心也。吴邵武補於何地？昨有書自京師來，念僕淪落，意大勤厚，書中多隱語，似爲僕作，朱家陰解中者黠灼，日懷知己之報，當與此生共之。使君儻有書相聞問，幸爲僕一致感激語。使者行促，不及録近作請教，聊呈祭汝所文一首，因使君念汝所深耳。篝燈作復，漏已下二鼓矣。

又

春暮沈嘉則持二王書詣公所，僕亦附一竿牘，并納汝和所寄瑞州文憑，未蒙還答，竟不知嘉則果登天目山堂否也？昨獨往生過訪，知公眠食安好爲慰，且知盡携所藏書入山，腹已滿貯，無庸加矣，恐我公傷於飽也。

僕近爲故人之顯者不悦，惡僕於大貴人前，以僕送人罷官詩不知避忌，乃從而媒孽觸怒。汝和書歸，始知世道如此，良可浩嘆。聞中而不遂，想當别候他瑕矣。僕雖卧身泮冰之上，投足枳棘之林，然念平生心跡，不疑鬼神，惟性好俠節，聞世有高誼事，胸中氣便勃勃動。或州閭之會，雜坐於遺簪墮珥間，醉酒長歌，睥睨天地，此實僕之短也。嗟乎，僕亦人耳，人何苦魚肉至此哉？惟公愛僕甚，故一聞之，舍公便不加喙矣。

兩月前歸長興書來，云爲吏事所絆，不得數數親公，意甚佳也。近文一首呈上，請教。布被二，奉寄從者禦寒，惟公爲貧二千石，當無有爲長孺之談者，不具。

又

昨秋授書使者不十日，即被病，下血數斗，兩月不能安穀，上醫見即狂走，言已在死法中矣。諸故人謂僕病於酒，或謂僕病於勞，僕憒憒中耳，其言不平，不知僕之病，病於鬱也。古人云，久生亦復何聊？僕亦有此念，未嘗畏死，但海内知己如公者未報，先人清白之聲，子弟未有能承之者，又不忿柳盗跖比比而壽也。今幸得起，可以扶杖見客，報塞知己，乃當自求而餘亦付之飄風矣。顧廷評言公已補楚省，吳高州喜在治中，任長孫之政，當以龍丘先生而益著也。高州竟不知行否？殊以不得消息爲念，李參政聞亦再遷，向委定交詩已成，竟莫能達，公圖之。僕尚未可巾櫛交人事，以蒼頭入煤山便，力疾勒此，并上近詩，請教，不宣悉。

復歸進士熙甫二首

當道以文章士視吾丈，而竟以吏理少之，亦寃矣哉。殊不知今有此調者，正爲職辦故耳。聞欲上疏不出，爲計得矣，惟吾丈堅之，使知文章士異人在今日也。僕被病甚危，幸未在死法中，得藥而起，侍筆硯尚有緣，莫書裁去，乞封發之，伏枕作答，不具。

又

往歲公之鉅鹿，時僕病未痛，以故不得修咫尺書奉送，辱寓子喬書，示僕三文，知公不遺僕於懷也。文佳甚，無庸人作贊語，城隍記尤奇。今公召入西清，而彼欲摭拾以污公者竟死，乃知逞凶暴智術以中人者何益？彼神亦奉天道耳。僕貧賤人，嘗爲人點灼，況貴顯如公哉？今讀公文，當益自砥礪飭行矣。會東丈得公誌而葬，知目瞑重泉中。子喬筋力漸衰，可念也。翰林沈肩吾，其人大雅而有情，事無不閑練，公友籍中，不可少此君，今與公爲僚類，知當把臂矣。不具。

與屠田叔二首

嘉則至，又得足下書，開緘伸紙，清風穆如，雖未覩足下眉宇，而足下好士結客之雅，已朗朗在目前矣。僕昨夏以婦翁故，曾過探禹穴，拜范蠡之祠，吊大夫種之墓，訪諸名跡，遂欲操一葉走四明，謁尊公、張司馬二大老，邀嘉則、君房、箕仲，與足下班荆道故，一遂平生，竟爲會稽諸君作河朔之飲，成酲而歸。此心未酬，日夕在念，已與嘉則訂之矣，不知足下能爲我下梁間之榻否也？嘉則歸，偶病足，不能送下江滸，據牀草此，附復，神與俱來。

又

僕嘗交齊魯燕趙諸人，求所謂翩翩濁世佳公子，指不多屈，如足下高才，攻古學，不廢俠節者，□然首稱矣。嘗欲以百□爲紹介而交足下，恐□得當，乃辱足下介我，嘉則發書先之，知足下亦有意於僕矣。千里定交，便成知己，此又巨卿元伯之所無也。僕幼孤寡學，四十無聞，不足比士人數，然每陋終凶末釁之徒，直欲鞭其人於千古之前，異日堅持友道，白首不衰，或可以望足下後塵也。僕被病，才能安穀，嘉則歲暮欲急歸，以故作答極草草。嘉則雅尚氣節，游揚足下不置口，真不辱足下友籍者。甬東多佳士，吾雲間居其下矣。不具。

與張孺穀

嘉則兩至，不得足下書，始而疑，終而釋，自念即僕探禹穴而不過訪足下，定牽於故耳。以足下才學，走兩都俱不偶，使人氣結矣。僕嘗謂人生在當時，可隨地致通顯，今日擯秦，明日入楚，爾之上客，我之棄士也，迺今何所之耶？良可扼腕。僕已甘爲草莽人，因足下故有此感耳。否則如嘉則者，肘下印如斗懸矣。嘉則歸，附問起居，醉酒傷足，裁不詳。

寄陸少宰平泉

五月中探禹穴，還留郡城半日，知公謝客，不敢奏剌于門者。會稽商太僕、鈕給事問公起居至再，察卿起而謝曰：「無恙。」復問公何不赴召，察卿復起曰：「此我陸公不可及處。」二先生笑而是之，不以書生言爲迂也。子石丈孝子文牒，喜監司已下縣，足慰公心矣。時下秋氣生涼，炎威漸退，但人情繹騷，猶如坐甑内，長者常清凈，齋中聞此民間不堪狀否？園瓜十枚，附紫岡便舟獻上，幸勿謂非東陵所種，不潔而棄之也。

與李于鱗憲副

某綰髮遊京師，所接綴文士，即稱説李先生秉當代文筆，遷、固復起矣。及稍知向慕，日搆先生著作讀之，乃信遷、馬之文，得先生而始大，固實不足奴僕也。每欲躡蹻輕千里，一效御車之役，以昭平生懸遲，苦無紹介，心動數數輒止，今已得徐汝寧矣。又不求登龍門，其俗狀將委誰哉？某自惟東海賤士，且椎少文，他日固不敢以文章見，倘得飭行寡過，不辱汝寧友籍，即不辱先生吾道矣。草率勒狀，託汝寧轉上，幸先生教之，不具。

與李于鱗子書

徐子與先生謂僕不可不交尊公，故嘗通名字於竿牘，冀得一御長者之車，以畢平生心。夏中以友人潘觀察吏貴省，故托寓書尊公，致瓣香於大母夫人墓下，詎意尊公亦薨，僕之書竟不達。聞訃之日，僕口噤不能出一語者久之，雖不得望尊公眉宇，而吾吳人緇衣之淚，直向魯中一揮矣。嗟乎，此生於尊公已矣，僕亦望五人異日把臂地下，知不以生客相視，所幸者此耳。前書夫啓願爲僕焚於柩下，使知朱生慕長者心如是也。裁書叙心，奉布苫次。

復陸侍郎

祄七日，得公榮示及大篇，跽而開緘，喜動顔色，即入郡謁謝，故不敢走一使上竿牘，復蒙尊貺，使察卿愧罪益加矣。察卿往侍須野丈人談人間出處事，正謂公能向無臭味處自甘，雖天子就家召用，居以相室，當不拜命，時客有讓爲迂談，惟丈人是之。今再召而公竟以疾辭，昔言良驗，竊自幸知公真矣。丈人知公固宜，某何人而敢知公哉？察卿病雖得起，氣血未能如故，皆年監厨，便腹頓減大半。近復病數日，以故未能造候，稍佳即求望長者眉宇矣。力疾裁謝，不宣悉。

與殷無美

僕爲足下不鄙夷舊矣，生異鄉縣，竟同參商，良可慨也。往歲會足下元美舟中，僕爲諸豪客出酒兵相攻，孤軍不能備掎角，足下建偏裨旗鼓，僕一戰即却，未及與足下盡平生語，已頹然作山公矣。足下身不滿五尺，而才長古人，海内綴文士，皆知殷先生名，問長短，乃今未能如晏子尊顯，御者亦擁大蓋，策駟馬，尚坐一片冷席，耕三寸硯田，爲此區區狀也。嗟乎，士何必抱異才若殷先生者，乃當如是哉？僕家五世以教授爲業，極知滋味寂寥，足下意興頗逸，得似馬季長絳帳可耳，即不得如老鐵在玉山草堂，亦佳。若朝暮在鉛槧間，吾伊聲不絶，恐殷先生瘦生矣。郡有元朗、玄超、子元、雲卿在，試問而圖之，何如？僕慕隱操，苦於門户計，息肩無日，乃浮沉於污瀆中，實奉先人易簣時語也。今恐一旦死牖下，家聲竟隤，真性不返，終不知朱生爲何如人。前歲被病兩年，今復瘍發，左拇大如卵，幾弗有於醫，故有此感耳。元美寄輓于鱗詩絶佳，真是古來創有，宜其下視諸家也。雨窗作此，問起居，花片從破窗入來，病懷正惡，乃加惡矣。

與陳翰林伯求 二首

往歲承公見尋於莫君讀書所，入門長揖，即解帶易冠，敷衽道故，終日坐竹下不去，侍者不知陳先生貴而朱生賤也。河南尹與趙壹談車下，至夕熏，在當時已高之矣，況大雅風久廢如今日哉？别後再不入郡城，故公閫中往返，及賜環之京，俱不得致一意，負德去禮，擢髮不足以數罪，無以自解，所恃者大雅耳。昨得潘詹録書，知公不加鄙夷，語次以高士呼僕，又辱游揚於郡侯前，公固當代祁奚，僕豈其人哉？轓泥沉淵，知己難報，然不敢不砥礪平生以答也。病瘍三月，日尸坐一室，課幼兒，雖生計愈踈，不問門外塵囂，市聲尚不免踰垣入户，無以爲計也，如何如何。捉筆裁謝，恍若見公。

又

往歲辱損書，□然不報，實以病嬾因循，因公已通顯，龍猪異域，不□讓我巖穴陳人矣。每念公昔年不加鄙夷，屈顧交僕，一見即如平生歡，後又見公子野齋中，共食菽乳脱粟，綢繆容與者久之，私心益服高雅，知公即奮起，能從無臭味處自甘，大不類今之縉紳先生也。公果涉清華，爲良史，譽轡芳聲，充斥人口，爲我東南人物生色，乃爲忌者所中，竟致左授，初聞爲公不平，已而謂公下交寒士，不厭粗糲心故在，將齊視紛華寂莫，等於飄風聚塵，何足加損真性以苦公哉。古人居長沙夜郎，而未免壹鬱憤懣者，率未聞此道，僕獨知公在古人上也。僕貧賤如昨，兒子進取俱困，既不能裹足避人，又不能向人乞憐以自樹立，先人百年敝廬，恐亦不能終保，不異驚猿掛樹，倦鳥顧巢，目睛摇摇而心怦怦也。秋氣漸爽，九死病軀，已堪揖讓，欲操一刀舟訪公，并訪二三賢者，或得班草道故，一倒暌違升沉之懷。已與董子元訂約，不知狂生之刺，門者能爲我通之否？鄙作附上，請正，此山中人生涯也，不宣。

答歐禎伯

每讀歐先生文章，即欲命駕輕千里，一造記室問奇字，乃爲貧賤所苦，日浮沉於里閈中，自顧俗狀，良有愧於掃門御車者矣。昨歲抱疴山中，汝和持足下書至，跽而開緘，笑與忭會，僕之病即有起色，勝仰我萬金良藥也。寄示諸篇，讀三日，乃竟如坐僕於琳瑯武庫中，兩目應接不暇，信是作者之言，非他綴文士可窺門户。僕輩嘗焚去筆硯矣，子良告老歸，猶未畢尚平婚嫁。長郎君雲卿甚文，足慰未暮。履善近補鞏昌別駕，有鼓盆之戚，未行。汝和已舉二子，但爲郡邑風氣所苦，凡讐徐相公父子者，率多連染顧氏，顧光禄事夏文愍得官，清譽滿人口，未嘗染指徐相公家事，迺今當道以相公故而過苦之，寃亦甚矣。僕亦顧里中人言，或未可信，他日一問次甫，想能班班言也，足下聞之，能不玃缨改容乎？僕白髮種種，無聞於世，自分已矣，但不敢不砥礪氣節，以辱吾道，他日或可持此以答足下之知耳。病足作此，殊草率。

與喬允德僉事

久踈聞問，似爲落落，然久要之情，不爲粗迹所間，僕以此自信，在大雅同之耳。僕兩得九石公書，感兄不棄舊雅，禮遇隆厚，念兄以古道自持，良足以風薄德。惜乎今之官人不皆如兄，使人有今雨舊雨之感耳。九石公之去甚寃，聞者皆爲氣結，昨見徐相公稱其爲良吏，而九石公亦自負其用世才，心灰隱隱動矣。今吾郡人舉其功德於府，而府即移牒於福太守，真稱盛事，然吹枯嘘生之力，實在於兄，而兄居建瓴之地，其勢爲甚便，幸緩頰於諸當道之前，一成其再出之事，不惟良吏之寃得白，而吾郡甘棠之情慰矣，幸兄圖之。故鄉人情，日多變幻，有可言，有不可言，僕惟有捧腹耳。笠老形容愈王，完德日尊。石夫人春秋八十，吴曲思吾拜舞膝下，里中人賀者肩相摩。孟玜已物故，完齋、中里，皆有鼓盆之戚。皆兄所欲知者，故附聞。但朱生落莫如昔，益不足比人數，惟狂態尚存，遇酒尚能盡五斗也。不盡。

與張伯起

缺然不奉書通慇懃，足下發跡矣，知不以僕爲慢也。昨歲來吊慰，門者云足下與王青州兄弟在佳城，抵淑弟所，亦如是言，又知足下非絶故交也。奏刺而返，甚悵甚悵。足下文章名日盛，今又將待詔金馬門，僕貧賤如故，遊戲污瀆中，不足比士人數，髮已種種白矣。韓子所謂一龍一猪，正今日足下與僕也。僕念昔遊吴門，日傳客於諸高賢家，甚歡，今衡山丈孔嘉子行且踵化去，存者或病、或宦遊，惟足下與淑弟公瑕在，僕故倦遊，若再遊，不能不望足下、公瑕門如赴家矣，不知足下與淑弟尚垂意於僕否也？友人韓君誌文一首，乃僕所撰，文醜甚，無以不朽我友人，謀之徐君羽，欲求足下一書刻石，僕之醜或稍飾，而韓君籍足下以傳，死猶生矣。君羽，足下同年友也，僕在足下友籍久而韓君才志更可念。亮不靳一操筆，不具。

與許太常

賤子爲童子時，即願見荆州矣。及長，而知揖讓，竟不得一望眉宇，以備長者筆硯之役，非無外紹，實病於緣之薄也。暮秋浪遊入都，下馬首謁從者，聊得稍慰平生，辱公治具開尊，爲歡竟夜，是不以生客視賤子矣。又辱教以大篇，獎借過實，豈昔人所謂「相知何用早，懷抱即依然」耶？賤子嘗聞何顒入洛，郭林宗不以後進忽之，相與結納，遂得顯名太學，公實林之曹耦，賤子深有愧於顒耳。如何如何。小詩奉贈，詞甚蕪穢，慚非所以爲報，遊山記一首并上，請教。幸以一字定其褒貶，乃賤子所望於先輩也。歲莫多故，臨池極草率。

卷之十五

書

病中復子元

足下倦遊海上，經年不至，昨以僕被病而來，意何勤厚。古人謂吊喪問疾，人道以此爲重，足下誠知所重也。平翁老先生昨已蒙遣問於妻叔蒼頭，今又以書見訊，僕幸此身尚未見絕於長者，死猶生也，借一言謝之。僕平日善飯奔走，終日無楚楚狀，不意此疾甚憊，自足下去後，幾於就木，今雖少進薄糜，尚岐足於泉臺世路之間。自念九歲而孤，長而進取甚困，淹光景於甑釜之中，周人事於枳棘之上，忽忽不樂，不若無生，即相從先父母於地下，亦大快也。但僕乃幼孤之人，受人扶持之力，吹噓之恩甚夥，雖嘗筆諸簡牘，以誓必報，慮恐不能爲天下背德人矣。背德不祥，幽明何間？故此心猶未死耳。至於家貧子多，半□□□，大者因□而泣，小者因泣□□，環床繞膝，無可發付，皆不在念也。若幸而得起，當與足下益砥礪，以全晚節，若不幸而從此逝，當先爲忠義鬼於溟漠中。佑我良淑，驅彼凶佞，以俟足下至而再相把臂矣。今日服補中益氣湯，精神稍聚，故因足下問書，口授兒子，作此以復。

與袁魯望吏部

不奉顏色者已三易歲矣。貴賤殊途，行藏異向，望故人如在天表，愴恨何可言？亡妻志承大筆書石，枯骨足以不朽，存没德之許撰傳，久不奉促，以吏部素稱劇曹，而吾丈又多問奇之客，體念不敢不及此耳。然吾丈義重，若諾應撰之暇，或已爲僕構思，翻自笑體念之過矣。兒子歸自京師，請之又切，吾丈必有以慰我也。僕爲尚平之累所苦，憒憒無好懷，且兒子進取甚困，未免强顏貶志，與時浮沉，息肩無日，此平生大不快事。然或與州閭之會，男女雜坐，滿引大白，倚醉而歌，猶不減昔年狂生態也。女□□君來遊太學，恐爲儀部文法所拘，僕故見□□吾丈得委曲垂情，俾石爲僕之屋上烏。乃見宿昔故雅其兄吾曲，高才異行，師吾宰餘杭，今當□推爲循良，有人談於吾丈前否？不具。

上伯兄邦大

弟不慎遘疾，已弗有於醫矣。兄旦暮奔走出視，淚嘗在睫，情切義深，有加人間兄弟。今賴天幸，免入鬼録，九死之身，僅存皮骨，柴瘠枯槁，雖引鏡自醜，一視棄去，而喜荆枝未枯於田舍，池草再青於謝家也。

昨在憒憒中，知兄以□女子付之絃工，有事纂筝琵琶之樂，弟甚怪之，謂談者飾説也。已而果然，心焚氣結，嘗聞父之争子，當知兄有争弟矣，弟若緘唇膠舌，何異越人視秦人之肥瘠哉？昔紂有延師之招，竟亡殷氏；魯受齊人之饋，遂失宣尼。馬融名士，大張女樂之譏；令公功臣，横被聲伎之誚。至於霓裳羽衣之曲，後庭玉樹之歌，識者至今寒心而捧腹也。

吾家遠祖可考者，自仲雲至壽梅凡□□，雖皆以文學知名勝國，國朝曾不得拜一官，得寸綬，以展抱負，自葵軒、玉洲至吾父凡三世，一僅爲郎，一爲大夫，父又早捐館舍，門户衰□，□厚饗薄，源遠流清，然皆砥節飭行，未嘗有□奢靡，今日之舉，大非祖宗之意，不可者一也。

古稱良弓①之子，必學爲箕；良冶之子，必學爲裘，前哲之修，後人之則也。子弟熟聞絲竹，

---

① 良弓之子，本作「良工之子」，據禮記學記改。

仗覩□□□，以父兄爲可法，樂事爲常調，異日畜優人以□賓席，賈妓女以充後帷，則又爲上乘事矣。今日之舉，大足以禍子孫，不可者二也。

吾邑言清白吏子孫首歸朱氏兄，以祖父之故，無赭衣對簿之苦，鮮徒跣執役之勞，側目於里人，垂涎於吏卒久矣。況法綱漸密，人情愈苛，通顯之家，未□高枕，恐一旦觸怒怨家，蜚語官長，特選横調旁□膠轕，百年之廬，立見易姓。兄雖典裘帶以供清興，貸息錢以事不經，誰能岐舌交口，深辨於官長之前哉？今日之事，大不利於家，不可者三也。

夫金、張之貴，足以消激楚陽阿之歡；王謝之饒，可以收粉澤脂香之樂。惟天厚畀，故能安享，理也。兄結髮讀書，才英質淑，竟困鉛槧，僅終布衣，天於兄也限之矣。今遯迹丘樊，寄情泉石，或蕩槳於微波，或掛巾於芳樹，累日未嘗巾櫛，經時不出城市，雖無仲長統樂志之高，亦庶幾乎李愿盤谷之隱，當遵老氏知足、知止之訓，以終平生矣。若少此而求進於彼，必以大快爲適，豈古人惜福而食止一器、飲僅一爵之道哉？今日之舉大無益於身，不可者四也。

兄日涉家園，時招子弟，撫朱絃於南風，歌虞舜之詩；望白雲於南畝，詠邠風之什。則天地爲隘，王侯爲卑，又何必吴歈、蔡謳、趙簫、鄭舞，然後爲樂也。故示剖心之忠，陳逆耳之諫，以兄能知弟於素耳。否則童翊佯喑以成兄之名，王充楊譽以掩兄之過，少自好者能爲之，弟何人而不避諱若此哉？兄可以察之矣。力疾上書，死罪死罪。

與莫方伯子良

昨公過家，某不修咫尺之書，爲欲懷刺自謁，以展積思，且有平生憤懣事，以雪於長者之側也。詎意被病甚牢，不見白日者五十餘日矣。爲醫者弗有，雖知公上官，欲執筆不能矣。今幸有生理，僅存皮骨，與公班荆道故，或有日也。歸長興公□，知之舊矣，吏事甚辦，而竟有此遷，冤之者不一口，吾里尚書潘公惜之特甚，謂當道鮮憐才之風，尚書辭比吉人，豈無故班班言哉？歸今去職，有惡少訟其吏人而連染之者，此風無賴不可長，不籍大吏鎮壓之，其噬嚙不可抵止。公精於吏理，且懷高誼，必能爲刁風建赤幟，無俟歸與其屬望也。公素不可干以私，某亦不欲以私干人，今日爲歸發書請者，爲吾道也。公少垂察之，當不譙讓矣。近詩石刻，請教。

復晏司理

往歲徐君羽人回，得報書甚慰，書詞奬借過實，開緘一誦，即愧汗蘇蘇下也。日懷君侯在苦塊間，不得一見勞苦，忽承竿牘遠遣，大開結思，辱以出處事相勉，君侯念之深矣。是欲走凡犬於韓盧之場，參駑馬於嚙膝之駕也。念當代人士，不以制科發跡，其人形體雖具，人必以醯雞厠鼠目之，且舉世同其指顧矣。某學殖荒落，不能取一第以繼先人之緒，棄諸生而遊太學，自辱已甚，若更以他途進，則厮臺隸卒，皆得而揶揄之。以故杜門裹足，死灰不復再然，所可自期者，固守貧賤，砥礪名節，不辱吾君子之黨，成可持此以報知己耳。入秋被病，委頓至今，裁書極草率。

復莫雲卿 二首

相去百里，無日去足下於懷，至開卷對古人，及操筆時，思足下更切也。向辱和篇，又承嘉訊，知足下不鄙夷賤子矣。賤子與足下稱知己，固從累世通家來，然非俠節文章相許可，恐無此氣味，彼日夕相握手而不異仇讎者可見也。聞齋中有大器，實欲就飲以洗窮愁，日爲人事所苦，非應酬收責人，即迎醫視家人病；非罄折接客，即爲所善美人排難解紛。逐逐曾無安坐時，以故望大器若渴，而唾從腹中下也。邑長官果賢，且無論其吏理卓絶，即肯問我寂寞人，非俗吏矣。但下士者固賢，而上當知分，何敢向彼加喙掉舌，妄論是非，賤子實欲守此道，以不辱吾黨耳。有言授使者，乞一問之。不悉。

又

不接眉宇者已二年矣。曾兩謁不值，授刺門者而行，猶鶴望者久之。董子元書來云尊公過家，不作大吏氣象，與故人班荆道故如昔。僕圖一上堂把臂，昭我懸遲，且有季布之窘，文舉之寃，求白於長者之側，以舒憤懣，誠僕夫理楫江上矣。即被危病，六十日不見白日，戚屬過問者謂僕不起，兒子、妻孥及侍者，亦謂僕不起，僕亦安心就木，謂得從先父母於地下。詎意椎魯放達之徒，泉臺中無地可着，牛鬼蛇神掖之使返，今世上尚存朱生矣。嗟乎，生則不容人世，死則見拒鬼門，僕亦奇矣哉！足下意氣大不類今人，想能爲朱生發一長嘆也。歸長興昨索一書上尊公，不知達未？此公自云職辦，人竟以吏事少之，殊不可解。尊公憐才好德，不混常調，或能爲之彌覆掩瑕耳。懷詩一首，得之枕上，用寫結思，近作同往，不知當意否？未能作字，口授兒子代筆。不具。

復張尚書

往歲知夫人化去，具一書以代勞苦，并陳香帛於夫人靈几下，詎意爲寄者所沉，今尚未達，惟自乏千里走吊之誼，不敢尤其人也。敝廬得雄文而重，賢豪東西行者，讀其文，皆願一臨其廬。顧廬中人行匪孝廉，才匪文學，不能如公期待，向人揖讓，每多愧色。嘉則來，得誨函甚慰，書詞真切，敬當珮服終身，但沉浮之軀，息肩無時，自靖寡術，不能窺達人哲士之户。然恐辱君子之教，堅忍貧賤，猶存故吾，不敢隤先大夫清白之聲，以自遺其戚也。念公負天下重望，久淹東山，雖公固持隱鱗藏羽之心，不欲與瑣瑣者競長短，然國是未還，大道在晦，爲世道計者，能無麟鳳之嘆哉。某被病兩時，僅免就木，力疾具書授嘉則，計不再沉矣。沉者實非箕仲，不欲以其人聞，全友道也，惟長者兩恕之。拙文二首附呈，請教。不具。

與徐文長

往歲知足下在長安，不肯爲相門作玄文，僕聞而高之。已而又知足下得狂疾，以鐵貫耳椎陰，僕又異之，今又聞足下遭人倫之變，被逮下獄，使人心折矣。任永、馮信，亦嘗負足下之羞，彼二君者，豈肯厭棄名節若此？顧有所重耳。何足下不能學盲雙眼，求快一時，以罹此禍也。僕與足下雖未把臂，神交已久，不能爲足下詣闕上書，深慚古道，馬遷所謂家貧貨賂不足以贖，交游莫救，足下今日大似之。所恃者日月尚明，覆盆可照，深文之吏不能違天理以自議，願足下彭考時，無以五毒參至而易其辭也。嘉則歸便勒布結思，金三錢附往，乞買一杯以酬臯陶之神，徼其理之於帝何如？僕一病甚憊，近從泉臺而還，幾先足下死矣。不具。

與謝茂秦

與足下別二十年矣。憶談詩燕市中，治脱粟，沽濁醪，爲歡竟夜，如在夢中也。往歲遭盧次楩於九峯下，略知足下去住消息，嗣後又得之子與、明卿、汝和，雖音問斷絶，已足慰空梁之思矣。然念足下舊有江南把臂之約，今竟成空談，豈江南人鄙俗，不能修賢者館人之禮耶？僕輩不足數，即一王元美兄弟，可使足下無寂寞也。老子出關時，要非年少，足下不以老爲解，何如？僕别後遭時坎壈，日以不能保守先人丘墓爲懼，今已白髮種種矣，欲縷數之，恐溷佳思也。友人王純叔，博洽能文章，而且有長厚風，今治彰郡，郡當大治。足下在巖穴，固自爲巖穴長價，今有賢大夫如王先生者，在價又當倍也。奉寄詩二首，一覽即見鄙懷，脱能和教，良慰我矣。不具。

上張明府子謙

某束髮時，即喜任俠之節，每開卷疏奈下，閲至晏子、魯連、朱家諸賢，慕其排難解紛，生人於必死之地，氣即勃勃動於胸臆間，恨不得與此人同時，爲之執鞭無辭也。昨所談山陰徐渭，某未嘗識其面目，乃徐才頗高雋，爲童子時，名已滿人耳矣。不幸負任永之羞，求快其意而遂中國法，具獄成案，挈其七歲兒同處幽圄，衣帽盡蟣虱，日不得飽一餐，聞者爲之酸鼻。使徐早隨輩讀書，不務博洽名，人無忌娼，必有爲之請求輕比者，當不死。名固盛而戢其放誕高簡之性，無有下石者，亦不死。不爲胡開府記室，即爲，開府不被逮蒙寃，尚居大吏位，亦不死。今徐既爲不同調人所惡，而世之没開府浄海之勳，摘其微過以自功名者，又皆嫁非於徐，以故徐不免耳。某故常痛徐之寃，不能效前賢之誼，仰天扼腕，計無所出，旦夕念之，見今之所稱天下士，惟君侯一人，故敢加喙於君侯之前，爲徐乞生於既死。而君侯又言故御史黄先生爲天下士，又適攬吏權於越中，是猶促息之鱗，尚遊於沸釜；□毛之燕，復托於危梁矣。幸君侯遺咫尺之書於黄先生，揚其寃於監司之前，得從末減，俾徐即死道路，亦不爲棄市之鬼也。孰謂君侯非今之晏子、魯連、朱家哉？嗟乎，徐尚困三木，天道之晦明未定也。開府已爲陳人，寃從何白？恐後之任難肩重，爲國家效力者懼矣。感慨及此，不免尸祝治庖之罪，惟君侯恕之。不具。

與俞仲蔚

僕病起交人事才一月，爲陳廬州知僕深，不幸客死，故千里一往吊哭。意得歸泊城下，一造高士之廬，并謝問病勤厚意。昨行春巾里中，遇鄰人，言山妻病甚，以故欲兼程歸，親賢初念，竟爲私情奪也。大王先生負海内重望，僕欲交之久矣，而乃難之者，恐不禮濩落狂生也。昨來訪百穀，知僕在庵中，即解帶而入，一見如平生歡，已而復治具召僕，大醉，種種使人可親，此公真長者也。足下有書相及，幸爲僕謝之，去冬歸先生書來，自謂不出矣，僕報書高之，乃竟出何哉？足下亦何不出一言，以成歸先生也。所須古印譜，奉踐宿諾，舟次草草。

與王彰德純叔

家弟得友足下，以故僕之名字，時時污足下耳，竊自幸矣。丁卯歲，幸足下多巨卿風，千里赴家弟約，使僕得親玄度，聞高談，大慰平生懷。僕與所善評足下曰：「王先生非獨爲快士，乃長者也。」一時望足下眉宇者，皆嘖嘖是僕言。僕知足下在里中，不治生産，裦然有孝廉名，今幸足下守其故吾，堅事清節，比數於史起、黄香諸人在魏郡時，始無負足下平生心也。僕與足下别，計又兩年矣，日惟罄折人事，汗顔混俗，平生真性藏之殆盡。昨又被病十月，幾就夜臺，雖不死，不可不言死矣。家弟遭母喪，家且多故，懷抱鬱結，不病亦病。今將吊信陵之遺跡，尋梁王之勝風，與足下班荆道故，一洗窮愁，知足下有以慰之也。謝茂秦，臨清人也，流寓彰德，爲彰德人，其詩名爲足下所知，見當禮爲重客，不格以公儀矣。今聞携美姬在趙藩，趙藩去足下所治甚遠，僕有咫尺書，恐不能達，望足下計之。聞其郎君不偕往，或以郎君故得達，權在足下也。尤望以茂秦故，無驚其郎君。不具。

答張明府

去冬曾附一札與潘録事蒼頭，計已達矣。君侯政績，爲江南百城尤異，竟爲忌者所中，有此遷謫。賤子始而憤懣，髮欲指冠，恨不得爲君侯伏闕上書以白，已而大笑，曰：「直木見伐，芳蘭被焚，自古□然也。否則長沙、夜郎，何有高賢之跡哉？」眉爲古□□地，張綱、李密，皆其所産，君侯一游其間，使千古忠孝人，皆有生色，而長公輩又當效靈于椽筆間矣。但道里遥遠，驅馳爲難，昔公孫瓚受知太守，辭先人墓而隨之日南，賤子心常義之，君侯禮賤子過於等夷，昨讀所示竿牘，有不入偃室等語，知己之言，使人感泣，今日之事，誠有愧於瓚也。眉俗畏公無訟，較吾土稍醇，以君侯才，固可使百佳吏辟易，能少斂風裁，效班君之平平，未必非今日遭蹶思起道也。昔人云：「水至清則無魚。」君侯得無病是乎？賤子椎魯，何敢妄議賢者？以受知君侯故，故爲君侯忠臣耳。賤子雖乏古人行，每對古孝廉於史册，心即勃勃動，願爲忻忻執鞭，即印綬滿篋，盪鏐盈車，在前不欲以彼易此。乃今不能取一第，又恐隤先大夫家聲，以羊質而混虎文，浮沉於世，未能堅守踰垣之節，致爲豎子以蜚語相垢，心實寃之。但被誣遭毁，宣尼尚不免於當年，舌在人口，烏得而捫之哉？惟求不愧白日，不爲鬼責神誅，他日可見先大夫於地下也。計君侯過家上冢，方走蜀墓，景雲公夫人弱息，幸借卑辭有問，蒯緱之劍，固藏室中，墓上白楊蕭蕭，掛有日也。潛谷先生復下第，海内賢豪，無由把臂，如何如何！賤子瘍發，左足拇如大卵，幾弗有於醫，卧床已兩月矣。遥望高軒，惟有楊花可寄也。不具。

與建昌凌太守代

某等生異鄉縣，初膺仕籍，雖慕公文章政事，炳耀當代，未得一識荆州眉宇，徒勤山斗之懷，非敢佞也。適事有可憐可痛，傷義士之心，出仁人之涕者，爲公陳之。

敝同年黄君文煒，公所治産也，弱冠以能文名，旋至發跡，知公聞之舊矣。不幸拜上海令，操堅冰蘗，政尚神明，攻苦食淡，惟□用於縣中水火。文符山積，獄訟蝟起，迎刃立解，庭無留人，展采錯事，寢食俱忘，下士親賢，吐握不逮，民受其恩，士懷其德者，莫不欲爲之死。以孱弱之軀，竭盡精力，遂至一疾不起，官舍蕭然，囊無長物，生乏買藥之資，死無收檢之費，惟有寡妻幼女哭泣之聲，達於比舍鄰屋而已。上海士民，如喪父母，遠近匍匐而來，肩摩踵接，吊哭甚哀。有欲爲之請祀以特祠者，有欲爲之葬衣冠於道傍者，有欲爲之斂賻以歸其喪者，雖古人之舂而不謡，賦斂奠醊以千數者，不是過也，是可以見黄君之生死矣。

某等念黄君蓄德勵志，爲吏清白，乃蹈夫苦節貞凶之禍，年踰二十，乏嗣夭死，悠悠蒼天，莫從而問，知黄君目固不瞑矣。今旅櫬雖歸，妻才二十有三，女僅七歲，家故中落，難以自存，黄君之目益難瞑也。乃揆諸同榜之私情，集上海士民之輿見，復參以鄰封接壤長者之公議，欲以黄君所治之賻金若干，諸監司及有事於地方者之賻金若干，置田宅於故里，俾妻女守之，以堅其節，以待其嫁，雖黄君目終不瞑，聊以畢後死者之事耳。但事須成於建瓴，謀必濟於好德，惟公切義士之心，秉仁人之懿，而又懸其建瓴之權，不以此事求成於公，永無完績，終爲廢議，某等與上海士民，難逃夫爲德不竟之過，又何以慰死者於泉下也？

嘗聞徐熙守豫章，樹松於徐孺子之墳；晦庵守南康，立門於劉凝之之墓，重其所治産之賢也。

公，今之徐輿、晦庵也，黄君，公之所治産也。乞憐其逸群之才，重其循良之政，惜其乏嗣之夭，哀其妻女之伶仃，俯從所請，收其所賻之金，置其田宅，俾爲恒産，并乞移文監司，免其差役，以安生死，則公之高誼，又豈在樹松立門者下哉？

嗟乎，黄君已作陳人矣，豈能知所報塞？某等頗知向慕，竊欲以元伯之死友自期，豈不能效啣結之事以代黄君耶？謹布竿牘，言與淚俱。

先君子少孤，嗜學，不偶於時，竊有意不朽之業，著述無慮數廿卷。爲人代草者，篇成，多棄去，曰：「丈夫乃爲人作優孟耶？」問撫所存稿，謂法兄弟曰：「我先慎毋濫灾於木，爲譏者譏評，校讐須以屬之沈丈人，丈人能不姑息，即若等亦不得我私也。」嗚呼，斯言詎敢背哉！敬與丈人校讐再過，凡得詩二百五十四首，得文一百五十六首，共爲十五卷，僅存什之三耳。梓成，謁序於王弇州先生，昔左太冲三都賦成，以皇甫士安序而後重，先生良重我先君子矣。

不肖男家法百拜識

不肖孫　長世
長統　重刻

上郡侍御乞崇祀雲間朱察卿鄉賢書

古鄞余寅

寅聞賢者天地之精神，生人之綱紀。故生則寵之爵秩，以匡贊皇猷；殁則署之俎豆，以掖扶世道。蓋執誼勞苦，處志悠邈，保完情性，發越芳香，永世立號，終矢靡他。遂使標表高張，風聲遐訖，往往所如，關其鉅重。是故司化念世之士，三致意焉。生而得官之，則官之；生而不得官之，死而猶叙之，意何勤厚也。賢者行事，揭諸日月，賢者既往，日月猶來，吾與其日月謀也。是以不遺幽獸，不羞卑賤，幸然僻壤地有之，猶名鑛也，千百年有之，猶踵接也。煇之無闕，篤以不淤，壹范世經，歸我王路，然後吾與賢者兩無憾也。

竊見雲間朱察卿，天與高放，志彌曠遠，尊序正經，澡身若雪。九歲喪其父福州太守，母蔡性嚴，待察卿有苛，察卿備極孝敬，母稍愠，輒率其子婦跪庭下，既解，乃解，不解，終不敢興。察卿愛客，放意觥舩，酒豪自命，母殁，絶不御桮杓者三年。友愛兄弟，和而能規，訾産故薄，而性又好施，勤恤急難，自其兄始及乎賓朋州里，不問嘗識不識，輒向察卿告語所須，察卿慷慨揮應，無有已時。如與韓山人俞臣殮具，韓進士謙貞葬地，不可縷數。

察卿赴義甚於飢渴，委財侈於溝壑，能使鄉里之人，得其片言，丘山等重，得其一顧，白肉再恩。意氣殷洽，傾動遐邇，以故郡守吏直臣，折節下交，縣令黄文煒日造請其廬，郡倅陳懋觀欲爲置買田宅，察卿謝不敢當，後黄與陳偕卒官，俱察卿經紀其喪。趙尚書文華，視師海上，殺生在手，文武大吏，惴不自保，以嘗德福州殷勤邀察卿，歆以官爵，啗以金錢，察卿不爲動。部下梁將軍暮夜橐金，一得關説，察卿正色拒之。其後趙敗，諸馮藉尚書者，莫不匿口，察卿語及，未嘗不酸鼻太息，人以是益多察卿。

初，察卿爲諸生游太學，累舉不第，遂棄其業。攻古文辭，畢力抗引，成一家言，才名蔚然，充乎海内，海内知名之士，争願結内，近者命駕，遠者命赤牘，可謂不出户而收名里中，不出其鄉而收名天下。若察卿者，贊有其宅，輔以文章，方其斂采不展，逡巡退讓，一書生耳。及遇事風生，迅邁有截，皦皦强節，作之不止，殆萬夫之特，矯然塵表者乎？

雲間聞人，自漢以前，莫得而詳，至績、續以孝行著，機、雲以詞章顯，暨乎斯今益隆。嚮述以觀察卿，實協彬彬，世有績、續，察卿且顔行矣；世有機、雲，察卿且盱衡矣。故察卿之賢，古人以爲信，而今人以爲偶然。惟執事不絶天地之命，相厥生民之類，照其平生，采之輿論，瑚簋一鄉，羽儀其人，增光天壤，良非淺鮮。

又書與邵侍御

古鄞余寅

小溪還，知有微恙，旋聞康勝，幸甚，三吴豪傑，想望風采久矣，何時按部。不佞與雲間朱察卿厚善，高懷至行，明白淳備，風流儒雅，海内少雙，而位不及躬，年不酬德，天上一失少微，吴中遂無處士，較功程行，無忝鄉賢。伏乞躋之祀典，以光世道，謹撰長牋一通，用備財擇，并察卿傳四首呈上，具見平生。沈明臣、王穉登，布衣錚錚，太倉王元美最慎許可，華亭陸宗伯恬退孤往，不屑卿相之位，其不以甘言語媚一鄉黨後生明甚。同邑潘司寇推重察卿，誌察卿墓，不自立一語，而舉讀傳中語，固謂傳中語的也。察卿歲收不滿九百石，而公租私給，别無取辦，兄弟宗親視爲寄橐，屨常滿户，酒常滿尊，問遺四方，不絶於道，於是察卿遂貧，而察卿漫不省。察卿九子，一太學生，三縣學生，綽有父風，此皆箋奏所不及詳者，夫褒表善良，扶植風義，示以向方，歸之長厚，蓋有司鈞責，而在執事，風紀尤先。倘蒙鑒念，一發竊歎，決以風霆，猶懼未迅。夫所謂按部者，非謂衣繡持斧，赫干觀聽，又非特循習故常，不爲世教裨益萬分已也。此非察卿之幸也，不佞又何敢知焉。不宣備。

朱邦憲傳

故太學生象罔朱君墓誌銘

潘恩

海上脩文之士名者，予近時以太學生象罔朱君爲巨擘。君學文好古，章鍛字鍊，務斥去陳言，蒸蒸乎登作者之途矣。隆慶壬申冬十月二十日，寒疾，卒于家，距生嘉靖甲申六月十三日，年四十有九耳。越來年，萬曆癸酉冬十月十有二日，家學諸孤，卜葬肇溪南原祖塋之次，迺摭拾行實，屬銘。君始疾時，呼諸孤榻前，謂曰：「疇昔夜夢天帝召我，授筆札，屬書記，殆不起之徵乎？」諸孤飲泣，莫能仰視者久之。君曰：「吾豈不念若，如有成命何？翼日碧鶴雙下，戛然長鳴，此吾去時也。」越一日，果然君卒。在昔有唐李長吉歿，謂帝召作玉樓記，載故籍中，人至今傳信，言極章顯，君其是類耶？夫元化炳靈，二氣離合聚散，倏爾成形，俄復旋返，若帝有命，然厥理無足訝矣。予與君交知久，不忍辭銘，迺援筆識之據狀。

君諱察卿，字邦憲，象罔其別號也。朱氏世姑蘇人，勝國時七世祖仲雲公以詩名，六世祖克恭精易，五世祖木攻左氏春秋，兼長黃石公略，高皇帝驛馬聘用，多運籌功，旋以事論死獄中，上書訟寃，得不死。文皇帝時，上安邊十二策，麒麟頌，深嘉納焉。高祖元振，有隱操，善文辭。曾祖祐，舉景泰庚午鄉試，任南昌府同知。祖曜，歲貢，授清江提舉封監察御史。父豹，進士，起家縣令，擢御史，遷福州守，雲仍玉映，簪組蟬聯，其世德可紀也。

君禀岐嶷之質，長負冲邈之志，始受春秋，學徐筠岡、余竹癯所，通曉大旨，十五補邑弟子員，已而進登太學，非其好也。連試有司不第，即棄去，業古文詞，讀先秦、兩漢、諸子百家言，亹亹不怠，漱芳潤於簡編，矯步趨於班、馬，材勤丹漆，文擅鸞龍，其問學可稽也。

君九歲，福州公故，即哀毁擗踊如成人，襄事種種合度。事母蔡孺人，孝敬惇至，循脩子職，親執饋食，晨夕靡懈，母有不色喜，即率子孫跽請謝過。爲常母疾，禱神祠，請以身代。母好施散，所遺釵服，目不一□□□起閉不問，雖疏屬視疾，散去殆盡，君亦不問。昔曾氏之養志，無以踰之。

時方弱冠，應試北都，身已薄都門，遇從父子明公喪，即護殯回車，人以爲難。先人丘隴垣屋，葺治頹圮，族人貧窶不能喪者、婚者、舉火者，君輒埤助緩急，先人後己，遠利篤親，其孝友可稱也。性倜儻，好飲酒，客至挈榼提壺，聲伎雜進，其樂陶陶，迺自號醉石。不飭廉隅小節，視天壤間物，無一足以當意者，意度豁如，至禮義大防，則又謹守兢兢，不失尺寸。福州故人陳君懋觀倅郡，來視邑事，請爲君置田宅，君辭之。邑令黄君文煒、郡守史君直臣雅善君，君居間未嘗一有私請，人故重君。趙尚書文華視師海上，夙與君善，接見，握手交歡，君亦不一干以私。尚書部下梁將軍者，持三百金壽君，君曰：「吾忍以尚書金緇我乎？」拒不納，後陳、黄二君相繼卒官，君往赴經紀，歸其喪，人稱不背德。執友韓俞臣卒，爲之治槻，義效脱驂。鄉貢士韓謙貞卒，爲置葬地，賙恤匍匐於有喪，衡于不失。夫取予信約，不侵於然諾，其行誼可述也。

出門，同人千里孚應，一時知名賢士，如吴下文待詔徵明、許太僕初、陸尚寶師道、楚中吴藩參國倫、長興徐臬憲中行，咸時時以詩翰相寄贈，歲無虚月。君疾時，魯中詩人謝榛寄詩至，君次韻酬答歸焉，疾劇，猶作破帳記，口授迺子書於册，詞旨奇崛可誦，具載集中。所著朱山人集舊雨軒稿，文材若干卷，藏于家。

華亭陸宗伯樹聲、太倉王觀察世貞、鄞沈隱君明臣、吴王文學穉登爲君作傳，聲應景從，芝芬蘭嗅，其聚樂可考也。宗伯曰：「朱君以文學里行著稱，翩翩然儒雅弘博君子也。至其遠權利，皭然不緇，處故舊，存亡不倍德，又何其表表風義也。」隱君曰：「邦憲海内名士，交記室中，赤牘坌至，數千里外内，信使趾屬於道，丙舍榻不得懸。又喜任俠，高誼感慨，抵人之急，語云『鄧林之木，玄圃之玉，難爲材矣』。邦憲上承下啓，爲孝子，爲慈孫，爲名父，余所睹，近世罕儷哉，罕儷哉！」王文學曰：「先生爲人排難解紛，氣足蓋當世，及其自居，逡巡退讓，意蔑如也。家故廉吏，無餘貲，以好施益落。昔魯朱家，俠；今吴朱家，亦俠。得非其苗裔耶？然魯朱家少文，不迨矣。」王觀察曰：「沈、王二子，傳朱生以任俠稱，雖朱生亦欣然自命俠也。夫俠者奪情而强爲義，屈己重己，乃朱生恬穆，胡强耶？其暢朗多引讓，始而信，終蓋郭林宗、徐孺子之流云。」四傳□人人殊矣，嫺於文辭則一。憶君令名，將與諸君子作偕流傳不朽，無疑也。抑予於是有深慨焉。昔者夫子謂顔淵：「吾見其進，未見其止。」蓋顔氏有龍德，進進不已，其胡有涯諶，惜其殀徂也。以象罔之才之敏修，以年齡益宏樹立，奚啻如前所云云爾乎？修短定數，蘭芳早萎，今也則亡，云何吁矣。

君娶唐氏，繼室沈氏、張氏，咸有士行。子九人，長即家學，庠生，側室陸出。次家賓，國子生，唐出。次家教、家法，皆庠生，沈出。次家馮，側室諸出。次家風、次家聲，皆張出。次家禮，亦諸出。次家政，亦張出。其家教則立爲從伯可山君後。女一人，字唐國定。孫男七人，長生、長祚、長庚、長春、長善、長康、長胤。孫女九人，長字杜開美，次字韓廷咸，次字高正倫，次字張祖功，餘幼。子嗣繩繩，荀龍竇桂，其後禄克綏也。予悼惜君亡，爰綴厥略，肆乙餘慟，闡以銘辭，曰：

猗象罔，嗟醉石。斅伯倫，矜酒德。捧尊罍，飫糟魄。睨青天，歔白月。縱賢豪，古任俠。麗詞華，研體格。模史遷，玩丘索。黜凡蕪，完色澤。晋以年，究幽賾。文人名，永昭晰。霜露溥，晻荆璧。問大鈞，嗟醉石。

朱邦憲別傳

陸樹聲

朱邦憲，名察卿，予同郡上海人也。朱氏望於海，七世世傳經學，自佑以明經稍仕爲南昌同知，再傳而御史豹，御史守福州，著名蹟。君，福州子也。君生九歲而福州卒，已穎異露頭角，稍長，治經生業，以文學高等補邑諸生。及游太學，從太學生試高等，既再試，不第。顧所業經生程限，不屑君意，即棄去，肆力古文詞，讀先秦、兩漢、諸子百家言，通其意，所著文近東西京，詩能道開元、天寶人口語，君自是以文章著。名樹交游，聞海内，文章士名高者，不憚遠與交，其就而交君者，君與傾倒。

性好任俠，喜賓客，賓客至者與就飲，引觴浮白，歌吟慷慨，意氣常傾一座，客遇君極驩，以得交君爲重。君所與同鄉邑長老、大夫士皆推轂君，郡邑吏始至者，聞朱君名，咸折節交君，君爲奏刺一往，不藉以爲重也。福州故所善客陳給舍懋觀者倅郡，顧君厚請，爲置田宅，君謝曰：「察卿貧，幸未塵甑，何至從郡大夫問生産？」皇恐辭，不欲。邑令黄君文煒雅善君，郡守史君直臣，君與通家世，皆樂交君，君即見未嘗居間有所請。

趙尚書文華，領重敕，視師海上，驕恣甚，守令懾其威，視所向爲之地，獨顧問上海令：「予故人朱福州子何在？盍戒以來謁？」令馳告君，私戒樓舩，要君往，君固謝，輕舟詣尚書上謁。尚書迎見君，數問君何所須者，君起對，一無所須，尚書愕視君曰：「此真福州子，以吾不能强也。」益重君，留君信宿。與談燕，君知尚書溢也，酒間微言置諷，尚書貌善之，少從也。尚書所部梁將軍者，爲君行三百金爲壽，君麾去之曰：「我終不以尚書客自汙者。」久之，尚書被罪，諸嘗客門下者，默塞不敢道前事，君獨時時稱説尚書存舊，爲酸楚，人以是益賢君。君前所與厚善陳倅、黄令者，先後卒於官，君匍匐往弔，經紀歸其喪，其尚義急人之難類若此。

君内行淳至，事母蔡孺人孝，疾，亟以身禱。處宗族姻黨，篤於義，其尤貧而倚辦君者，君劑量所須應之，即一再不倦。韓山人俞臣病革，其子謀後事於君，君曰：「度若翁病不起，已治木矣。」韓進士謙貞貧而死，君爲置葬地。諸以困投君者，即其人素昧生平，周之視力所至，有諷君者曰：「君曷厚藉而好施若此？」君曰：「郭代公、范忠宣何如人哉？吾直師其心耳。」君既富文學，劬於著述，已稍厭苦之，曰：「自予爲經生，積歲年矣，獨奈何役神慮以奸時好？自今予其游淳寂鄉乎？盟諸心，莫予轉也。」因自號「醉石子」。醉石子近游越中，探禹穴，歸而以書抵予，有俗外之旨，予心嘉之，爲之著别傳。

史氏曰：予讀王無功記，其稱醉鄉淳寂，若眇小人間世者，何邈乎？其託意也。迺今觀朱君以文學里行著稱於時，翩翩然儒雅弘博君子矣。至其遠權利，皭然不緇，處故舊存亡而不倍德，又何其表表風義也。與夫藉勢交陰，薦媚於時，移慚面以德色，更死生崇替，鮮不變者，其處世何相遼哉？ 君視之眇小矣。 君所爲託於醉鄉，引之以自命者，有以哉，有以哉。

朱邦憲傳

王世貞

古里閈之士而傾公侯，豈盡衡度參伍哉？ 其巨者樹頤頦，信眉抗腕，多抑以示揚，欲以奇釣名，而細者務蘄中於人之好，東贄而西借交，西贄而東借交，以苟自重而已。 余生一得折節而游其間，坐是意稍稍怠，蓋晚而獲與上海朱邦憲者識，而始自悔曰：「士誠有之，奈何以鹵莽輕失士哉？」上海去吾鄉二百里而近，邦憲用文章起聲，余竊已耳之，既遇於吳門王穉登所，落落穆穆也。 稍與語，稍心異之，已而驩然相得也。 邦憲故善武昌吳國倫、吳興徐中行，語絶不及之，意不欲借交以重也。

朱氏爲上海著姓，世世受經，至同知佑而以經顯，一傳而提舉曜，再傳而太守豹，益貴重有名。 邦憲甫九歲，太守見背，人或竊少之，邦憲就外傳讀書，嶄然示頭角矣。 已治經生義及它小文輒工，流雋郡國，補邑諸生高第，爲太學生，一再試不利，輒束所售業而謝之曰：「歲月吾自饒①，不以擲汝。」益讀先秦古文家言，旁及百氏，詩書之業粲然矣。

---

① 饒，原本作「曉」，據弇州山人四部稿卷八十四改。

邦憲白晳髟須，善談笑而特好飲，客至不復問，輒呼酒數行，螓蛾曼睩，秦聲燕絲，雜伎競進，邦憲所舉觥船累十，客人人釂也。嘯歌忼慨，意若無足當者，乃竟酒退讓逡巡矣。性又喜任俠感慨，急人之難甚於己，以德報怨厚施而薄望，即所叩而其人非故識者，驟以欲請，亦得飽去。所叩而非力所辦者，必旁宛爲濟之乃已。客或謂曰：「多施固善，而先太守槖裝幾何？」邦憲曰：「施不緣富，自性耳，且不見夫太史公傳任俠而稱原憲、季次哉。」行之自若。

邦憲既以文稱薦紳間，而太守故嘗任御史，多所推轂其客，給事陳懋觀出倅郡，故兄事邦憲甚昵。且欲爲買田宅，邦憲固謝曰：「幸不至溝壑，奈何以不肖而鬻先人恩？」邑令黄文煒善邦憲，日造請其廬，命酒飲竟日，欲以居閒爲邦憲歡，卒不得請而罷。趙尚書文華者，故太守友也，以天子命視師，便宜生殺，勢張甚。守令惴惴前謁，輒報罷。獨好謂上海令：「吾故人子朱生安在？與偕來。」爲言其家世甚悉。令大驚，恨不能前爲地，具樓船裝，令邦憲往。邦憲復固謝，而操一葉上刺幕府，尚書迎勞苦：「生欲官乎？」謝無所事官，「欲金錢乎？」謝無所事金錢。尚書大笑：「而翁騃固有種哉。」然心益奇邦憲。治軍暇則與投壺雅歌，甚適也。邦憲念尚書汰顯，爭之不得，業以酒解所默①，挽救不少矣。而麾下有梁將軍者，爲邦憲尚書重客，故夜齎三百金

① 所默，原作「默所」，據弇州山人四部稿卷八十四改。

爲壽，邦憲大驚，曰：「客爲三百金來耶？趣麾去，毋污我。」而久之，尚書還治部，竟以汰敗，天子怒之甚，其門下客争鳥獸匿，不敢名其主，而邦憲時時爲人言尚書恩，至酸鼻矣。前是，倅懋觀、令文煒先後死，郡邑中邦憲爲哭調棺斂，經紀其妻子歸葬人。或難邦憲不倍德，何至客尚書所？夫智伯國士之知豫讓所不辭也，毋以難邦憲矣。

邦憲爲人内行淳至，事母蔡夫人，所以扶侍萬端，冀其歡。蔡夫人歿而邦憲所幸好聲酒，一切謝絶，至服除而不忍御者累年。養其兄與娣之子，愛之甚於己子。内外親之窶，待而火者若而人，待而士者若而人，邦憲悉家而資與供所善客不倦也。其於文，法東、西京，詩法開元以前諸大家，即撰著已脱稾，猶令人彈射竄易，務當乃已。

邦憲名察卿，少時人稱之曰「象岡」。已家黄浦，遂稱曰「黄浦」，又自稱「醉石居士」。有八子，咸彬彬世其家，余所傳大都云其詳，沈明臣、王穉登業先之矣。

贊曰：自二子之傳朱生而以任俠稱，雖朱生亦欣然自命俠也。共俠者，奪情而强爲義，屈己重己，乃朱生恬穆，胡强耶？其暢朗多引讓，始而信，終葢郭林宗、徐孺子之流云爾。雖然，以朱生之恬穆無强而不能忘身後名，吾始殊厭名，乃亦愛之矣。

黃浦先生傳

沈明臣

黃浦先生者，上海人云。上海，雲間支邑，而雲間四大姓曰「朱、張、顧、陸」。先生姓朱氏，名察卿，字邦憲，少時人稱曰「象罔」，已而自號曰「醉石」，友人稱曰「黃浦」，而「黃浦」最著於士林，四方縉紳先生曰「黃浦」者，十蓋五六。已而行輩以古道相砥，務確質，時過凡相稱引，輒曰邦憲，而先生亦願以邦憲稱於人人。

邦憲爲人美風儀，肥白便腹，穎敏踰匹，十歲時先輩以句屬對，應聲答，出人意外，迺大奇之。治春秋經，課進士業，超等，十五補邑弟子員，二十補國學，連舉有司不第，遂棄去。攻古文辭，文不作先秦、兩漢以下語，詩總唐初、盛間十四大家語，然時時自鑄偉辭，又字字不鑿空，撰著已定，人或瑕瑜之，輒彈射竄易，務當乃已，嘗謂一字不繇古人齒頰，即非作者。海內知名士，咸以不得交邦憲爲不比數，故記室中赤牘坌至，數千里外內，信使趾屬於道。性好客，內舍榻不得懸，又喜任俠，高誼感慨，抵人之急，盡己財力，鄉邑有爭，輒爲分之。人有德於邦憲，著之肺腑，雖家人子女皆令不忘，邦憲有德於人，旦暮忘之矣。邵邑長吏至其地者，聞其賢，輒先投謁，過朱先生廬，車馬塞巷，人豔異之。而先生固嚄唶自咤曰：「寒士當如是耶？」揚榷文字，外無一闌語，或講先王之業，究當世之務，迺亹亹焉，客退，輒楗關讀書。

有黄令者諱文煒，雅重先生，先生益自退，非屢召，足不一入公府，非以書通不自奏一刺。後黄死，先生經紀報稱之，不愧國士。邦憲父兩爲大邑令，爲御史，爲郡太守，所至輒有異政，所樹立多才賢者，後爲官人至雲間，輒來報稱，朱生固遜不居。有欲益其田宅者，迺以好言謝去之，其人嘆服，謂生真長者，而少古之廉夫節士爲不如云。

先是，尚書趙文華者，貴幸一時，勢甚熏灼，嘗督察江南軍事諸有事，所部大吏皆股慄不敢仰視，生死在眉睫。間喜怒，故有司自太守，皆長跽道左不起。尚書故德於朱之先世，迺檄郡縣加禮朱生，致之幕府，願以軍功起家，殊顯之。時上海令者爲劉克學，奉檄惟謹，一日三及朱生門，致尚書意旨殊甚固，强朱生一行。又言尚書接遇殊禮故，實在朱生，爲朱生具舟楫供帳，使人趣朱生行，朱生固謝，迺扁舟一詣督察所謝，督察見朱生驩甚，握手相勞苦，再拜，問堂上母夫人無恙。飭治具飲酒，酒酣，督察示朱生乘時射取功名意者三，又令朱生多持其金錢爲生産訾，朱生皆固謝之，卒不可强。督察反笑朱生迂，然心殊大敬之，苦不能留。有梁將軍者，見督察無此重客，重朱生迺甚矣，操三百金爲母夫人壽，求生關説重用之，朱生目不一眤，峻却之去，已而尚書死，朱生心深哀之。

朱生父太守故守福州，九歲亡福州公，母夫人蔡故嚴教督生，恩不廢法。生事母夫人極孝敬，無論其他，即母夫人所愛憎人，生輒愛憎之，俟母意稍解，輒微言使薄其所憎者罪。而母夫人棄去且數年矣，家政一不改其故，可不謂孝乎？

朱生性幸酒善歌，州閭之會，每雜坐簪珥間，鼓鳴瑟度曲，合尊同席，驩如也，及其至樂，雖大故不問。迺持蔡夫人喪三年，諸所幸皆屏去，斤斤以禮自守，戚容不解。平居與故舊陳説平生，偶語次及蔡夫人，淚輒簌簌下，不能收。收疏窶屬數輩，舍養之，死爲殮葬，兄子、姊子，劬躬焉之，甚己之子，捐地葬韓謙貞母，他故人妻孥不能自存者，時時修問遺。人有以哀憐之事干請者，雖拂情難應，亦不以拂情難應爲解。奴産子死，其人忠幹，必自爲文祭哭之，又厚恤其私家。事兄弟恭謹友愛，不費箴規，居常振人不贍，家無餘貲，衣不完采，食不重味，處貴人重戚間，意澹如也。所謂高志確然，賢操獨行者，非耶？白璧青蠅，卒無毀玷，以故鉅公長者修文之士，如吳門文待詔徵明、許太僕初、陸尚寶師道、歸進士有光、文學彭年、黄姬水、周天球、王穉登，四明張大司馬時徹、孝廉余寅、張邦仁、文學沈九疇、吉士沈一貫、任子屠本畯，長興徐僉事中行、興國吳太守國倫、郡人林祭酒樹聲、莫副使如忠、何孔目良俊、同邑潘尚書恩、張知事之象、董文學宜陽、處士馮遷、顧光禄卿從禮、太學從德、大理評從義，相與折節忘年爲文字交。

生有八子，伯、仲、叔、季，卓然蚤成明經，修行表，樹有時矣。伯曰家學，仲曰家賓，叔曰家教，季曰家法，幼者曰家風、家聲、家禮、家政云。

沈明臣曰：吾觀邦憲氏，蓋有感于世德云。其上世弗論，勝國時仲雲公者稱詩人，其七世祖。克恭爲六世，精易。楚材公諱木，爲五世，攻左氏春秋，習兵法。我高皇帝敕乘傳至行在，多籌畫功，已而論死，從獄中上書，得不死。文皇帝時，上安邊十二策及麒麟頌。高王大父爲元振，有隱操、文辭聲。曾王大父爲南昌公，諱佑，用鄉薦仕南昌府同知，先輩夏寅稱爲孝廉。王大父曜，字景易，以貢授清江提舉，子貴封監察御史，博學高行，世宗師之，門人多通顯者。福州公諱豹，字子文，學士稱爲青岡先生，才名德政，著在各郡乘中，語曰「鄧林之木，玄圃之玉，難爲材矣」。若邦憲者，上承下啓，爲孝子，爲慈孫，爲名父，余所睹近世罕儷哉，罕儷哉。

朱先生傳

王穉登

朱先生與余交，蓋忘年爾汝云。他日謂余言：「不佞幸與若從事所交若而人，厚善者若而人，善又嫺於辭者若而人，即人人皆能誦說朱先生矣。雖然，吾意在若，若不鄙遺我而惠好我，孰如傳我而令我不朽？」余深愧乎其言之也。無論文美惡，可不朽與否，其所爲朱先生者，豈有窮乎！豈有窮乎！

朱先生名察卿，字邦憲，雲間之上海人。雲間凡四著姓，而朱爲甲，自先生而上，七世攻詩，六世易，五世春秋，四世隱德，三世、二世、一世皆通顯，銀艾相亞，至先生獨以文章名於時，少敏慧，鋒鍔絶倫，公卿長者無不折節願交，爲文清茂弘雅，出入揚雄、劉向之間，詩典麗，類開元、天寶人，大曆以還弗論已。舉茂才，入太學，試有司不利，一旦棄去經生言，悉業古文辭，聲由此籍甚。倜儻好義，任俠自喜，慷慨然諾，周人之急，以故賓客日盛，州府交辟官其地者，不見朱先生則厚自愧，爲治無狀而令先生謝遠我。先生顧益爲好，不拂其請，所至命酒，盡數斗，昵昵如也。或司先生色喜，語稍及私，先生即蒼茫若不自解然者而退，州府愈多先生長者。先生與令文煒善，日造先生廬中，司先生意旨，卒無所請，罷去。先生父福州公故所樹士黄門郎懋觀出倅雲間，尤暱甚，欲爲先生置負郭二頃，先生曰：「大夫不以察卿不肖，以先人之故而屋烏，我幸釜中未生魚，其又何敢以口腹累大夫耶？」竟不受。後兩人相繼死，先生吊贈賻賵，經紀其喪甚至。

故尚書文華視師東方，亦德福州公，至即問：「朱生亡恙？今安在？」復好語上海令：「若趣生來謁我。」時尚書得幸先帝，貴甚，部曲將吏惟意生死，東方諸侯皆震魄不能保朝夕，無可得一好語者，顧獨語令，令驚喜過望。歸日三造先生，曰：「尚書遇令厚意，未嘗不在公，迺公不能爲令一起哉？」遣樓船候浦上，治裝甚盛，先生謝不敢當，輕舟詣幕府。尚書見先生，國士也，恨得之晚，命爲上客，供具，問：「生欲官乎？」先生謝無所事官，「欲金錢乎？」謝無所事金錢。尚書大笑：「朱生狂士哉。」心迺貴先生甚矣。其帳下梁將軍求幸尚書，陰遺先生金而令游説，先生笑曰：「吾舌可黄金動邪？」尚書既敗，諸所嘗從尚書得告身貨財者，削奪相踵，無敢復稱爲尚書客，又或彈射之，以倖免。先生對人誦述尚書舊恩，欷歔不自勝，人亦莫之罪。

性尤喜客，客至，便呼醇酎對飲，箜篌、琵琶、伎樂雜奏，自擁女子按曲，曲聲曼好，無不盡醉，群擧觥舩壽主人，主人一一爲釂，凡釂百觥舩，不爲酩酊，客皆願爲朱先生飲，造請無虚日。一當母蔡夫人病，即謝客，不復進杯酒，晝夜奉湯藥，客罕見其面。居喪三年，屏遠粉黛，柴毁骨立，羸然孝子矣。朱故隸尺伍戍者，時時自萬里來，歸從族人索衣糧不得，則朴抶而譁，先生割田半頃，歲收其入，治軍裝，官著爲令，族人賴此安堵。

先生清揚巧笑，肥白如瓠，爲人排難解紛，氣足蓋當世，及其自居，逡巡退讓，意蔑如也。家故廉吏，無餘訾財，以好施，家益落。從人貸得錢，隨手散盡，出息愈多，施愈不倦，非其天性然哉？八子並有門風，仲家賓在太學時與余善。

王先生曰：嘉靖間，東方有事，設幕府海上，奸人説客乞貴人書滿袖干幕府，公已，更挾幕府勢，横索部吏錢，去爲纏頭飲，不得則摇舌譏呵。吏懼幕府，莫敢孰何，客乃自快以爲俠比。解幕府，客勢衰，與錢者益少，猶謾駡如幕府時，人以此厭客。嗟夫，俠安在哉！如朱先生，不爲趙尚書富貴，以爲俠，則俠耳。昔魯朱家，俠；今吴朱家，亦俠。得非其苗裔耶？然魯朱家少文，不逮矣。

明誥贈奉直大夫工部營繕清吏司員外郎象岡朱公墓表

李維楨

上海朱象岡先生以隆慶壬申十月二十日卒，萬曆癸酉十月十有二日葬肇溪之南。原御史大夫潘公爲志墓，宗伯陸公、司寇王公，沈嘉則、王穀谷兩徵士爲之傳。既二十年而季子季則舉進士，爲信陽守，考最，贈先生如其官。季則既擢爲工部營繕郎，而會上建儲行慶，復贈先生官如其子。季則奉天子制詞，更題先生之墓，而屬不佞禎表墓門之石，以昭示永永。

先生名察卿，字邦憲，其先世自姑蘇徙家松江之上海，七世祖仲雲善詩，六世祖克恭善易，五世祖水善春秋，善黄石公三略，上安邊十二策、麒麟頌，士林稱之。高祖元振善屬文，曾祖佑以鄉舉仕南昌郡丞，祖耀以明經仕清江提舉，父豹以進士爲邑令，拜侍御史，知福州府。蓋自勝國至本朝，殆三百年，文苑儒林，蟬連不絶，江左聞家，以爲稱首云。

先生少而受春秋，十五補邑弟子員，二十爲太學生，所治博士家言，同人無不誦法。一再試不第，棄之而專攻詞賦之業，其詩興寄清遠，音節諧暢，出入高、岑、錢、劉間而藻飾過之，使寒儉粗豪者，望之色奪。其文考隲精審，劌琢細緻，春容大篇，上軼東京，而隋削小語，下擷柳州之勝。其腹實而心虚，人或有所彈射，則脩飾之，潤色之，不遺餘力，片言隻字，稍不直意，輒焚其草。一時文名，蔚起四方，鴻生鉅儒靡不折，行輩内交客以徵文至者，先生雖應酬旁午，操觚立辦，更不憚再三揚搉，務厭其意乃已。江左一切慶吊事，得先生文，重于百朋九鼎，客或掩爲己有，先生輒焚其草：「大丈夫乃以筆札作優孟耶？」今所傳邦憲集纔十五卷，精整無瑕，此其博學宏詞之大略也。

先生貌清揚而皙，美鬚眉，腹便便，肥白如瓠，人樂就之。復好客，無客不歡，客無日不滿坐，又饒酒德，善吴趨子夜白苧諸曲，與絲竹相和長于平康間，姿首殊異。及工歌舞者召而佐酒，酒酣以往，先生起舞度新聲，諸伎人人自廢，客舉酒相賞，累百觥船，申旦不休，而先生色益和，禮益恭，客以此益廣。急人之難，不啻其身，其人非素練，驟而歸先生，先生必應之，即力所不能，必爲曲濟之。陳給事謫郡倅，福州公弟子也，黄明府之令上海，有惠政，其卒也，經紀其喪甚具。族有隸尺藉伍符者，歸而索族人裝，聚訟不休，先生割田數十畝以爲歲入，族不復有争言。韓進士謙貞，死無地，捐地葬之。韓山人俞臣，死無木，市木殮之。奴産子死，爲文哭之。故人妻孥不能自存者，歲皆問遺之。内外宗待而舉火者，咸數十百人，此先生慷慨俠烈之大略也。食客日衆而好施日甚，或諷先生將不可繼，先生曰：「郭代公、范忠宣，何如人哉？吾師其心耳。」而視不義若浼，陳郡倅、黄明府以先生爲重客，邑人因先生白事，即兩公亦謀爲先生地，先生弗悦也：「倅與令寧能畢吾世而常相守？即無令與倅，吾遂不生活耶？士貴自立，奈何以居間取潤？」

趙尚書文華，故善福州公，有寵于上，奉命視師吴越，勢甚張，守令長跽庭下，不爲禮。獨好語上海令：「吾故人子朱生安在？可與偕來。」令大驚愧，初不識先生，而爲先生治樓船，共張甚設。先生固辭，操舴艋往謁尚書，尚書執手而勞苦之：「生欲官乎？」謝曰：「力不任。」「欲金錢乎？」謝曰：「有先人敝廬薄田在。」尚書大笑：「爾父騃，宜得此騃子。」禮之别室而皆與對酒、投壺、弈棊爲樂。尚書躁而狠，故時睚眦之忿必報，而先生從酒間以滑稽解之，然卒不識其姓名。而有梁將軍者，持三百金爲先生壽，先生麾之去：「吾若以金錢故爲尚書客，何愛此區區者？」尚書尋敗，門下客鳥獸散，或更姓名自免，先生絶不連及，而恒涕泣爲人言：「尚書誠負國，然不負吾父子，愧吾鄒者重自全，不能面折廷争，使至此極耳。」

先生事母蔡夫人，就養無方，母没而柴毁，聲色杯酒之奉三年不御。而其兄與姊皆有子而孤，子之甚於己子。病且革，聞其從兄以二女子付絃工，學秦聲，上書力言不可，狀此先生孝弟、忠信、正直、廉潔之大略也。先生之友，吴則文待詔徵明、王司寇世貞、許太僕初、陸璽卿師道、歸太僕有光、文學彭年、黄姬水、周天球、王穉登，越則張司馬時徹、余太常寅、孝廉張邦仁、左丞徐中行、沈九疇、沈少傅一貫、山人沈明臣、郡守屠本畯，楚則參知吴國倫，同郡則陸少保樹聲、莫右丞如忠、何孔目良俊、潘尚書恩、張知事之象、董文學宜陽、馮處士遷、顧光禄兄弟從禮、從德、從義，皆韋布往還久之，胥爲名臣令士，其負人倫鑒若此。

先生之子九人，家學、家賓、家教、家法、家禮、家風、家聲、家齊、家政，人擬之荀龍。家法，即所稱季則者也。先生之原配唐，繼配沈，再繼張，皆以季則贈宜人，沈宜人者，季則因母也。婦德母儀，與唐宜人詳先生自爲狀中。蓋文人無行，結習固然，而先生厚德高誼，章明較著，乃爾且以貴介公子長爲諸生，没世而無慍色，子孫多且賢，在朝在野，象賢若一。

天子命之國史書之，名與實俱美，福與德俱懋，沈嘉則所云「近世罕儷」者，信然哉。余誠不佞，不以一縑部郎諛冢中枯骨，庶幾中郎之于有道云爾。

賜進士出身，中大夫，河南布政使司右參政，兼按察司僉事，奉敕督理南直隸屯種、倉場、驛傳、糧儲、江防、河道，整飭廬、鳳、滁、和兵備，前浙江按察使，陝西督學副使，翰林院修撰國史官，南新市人李維楨撰。

附録

四庫提要・朱邦憲集十五卷江蘇巡撫採進本

明朱察卿撰。察卿，上海人，福州知府豹之子，邦憲其字也。爲太學生，慷慨任俠，與沈明臣、王穉登友善。集凡詩二百五十四首，文一百五十六首，即明臣所訂定也。

嘉慶松江府志卷五十三

朱察卿，字邦憲，上海人。父豹，官福州守。察卿幼敏慧，九歲喪父，哀毁如成人，事母蔡，孝敬倍至。邑令黄文煒、推官陳懋觀並重之。然察卿未嘗有私謁，後兩人没於官，爲經紀歸其喪。生平慷慨，重然諾。韓謙貞之没，獨力葬之。他婚嫁讀書、習業親友難其事者，察卿若有簿稽，促其期而賙給隨之。少習舉業，稍長，閱覽典籍，不屑爲時文。詩筆古雅絶倫，所著有邦憲集十五卷。太倉王世貞以爲徐孺子、郭林宗之流，人以爲允。

豹子察卿，字邦憲，號醉石居士。幼慧敏，長薄經生言，思砥行立言，爲不朽業。時福州故吏官雲間者，郡司李陳懋①、邑令黄文煒，咸器重之。察卿無所干，欲請問為察卿壽，終不敢言。及黄、陳故，察卿經紀其喪，千里還葬。趙文華視師海上，謂邑令曰：「爾屬有朱邦憲，吾故人子，今安在？爲吾好致之。」令具樓船，邀察卿。察卿自操一小艇詣趙，趙喜，數問所需，察卿謝曰：「儒生雞豚足供老母，承先人薄田數百畝，不缺賦額。此外正如鼹鼠飲河，不知天地之大。」趙笑曰：「足下高士，人固不得而輕重。」前志遺事載：邦憲能文，而豪於酒，嘗於十月望夜，餞客學士橋，酒酣，賦詩至深夜，遂中寒疾。病中尚作破帳記，甚奇麗。易簀之先，自云：「自鶴下來，乃吾去時。」果於庭中聞鶴唳三聲而逝。後王弇州來唁，有大蝶如椀，集懸像上。唁畢，乃去。

① 當作「陳懋觀」。

圖書在版編目（CIP）數據

朱豹集·石英中集·朱察卿集／〔明〕朱豹，〔明〕石英中，〔明〕朱察卿撰；戎默整理.
—上海：復旦大學出版社，2015. 5
（浦東歷代要籍選刊）
ISBN 978-7-309-10814-9

Ⅰ. 朱…　Ⅱ. ①朱…②石…③朱…④戎…
Ⅲ. ①朱豹—文集②石英中—文集
③朱察卿—文集　Ⅳ. Z424.8

中國版本圖書館CIP數據核字（2014）第159274號

朱豹集·石英中集·朱察卿集

〔明〕朱豹〔明〕石英中〔明〕朱察卿　撰　戎默　整理

出版發行　復旦大學出版社
上海市國權路五七九號　郵編：二〇〇四三三
八六—二一—六五六四二八五七（門市零售）
八六—二一—六五一一八八五三（團體訂購）
八六—二一—六五一〇九一四三（外埠郵購）
fupnet@fudanpress.com　http://www.fudanpress.com

責任編輯　張旭輝

印　　刷　浙江新華數碼印務有限公司
開　　本　八九〇×一二四〇　三十二分之一
印　　張　十九·七五
版　　次　二〇一五年五月第一版第一次印刷

書　　號　ISBN 978-7-309-10814-9/Z·75
定　　價　玖拾捌圓

ISBN 978-7-309-10814-9

9 787309 108149 >

定价：98.00元